SAISON-KALENDER

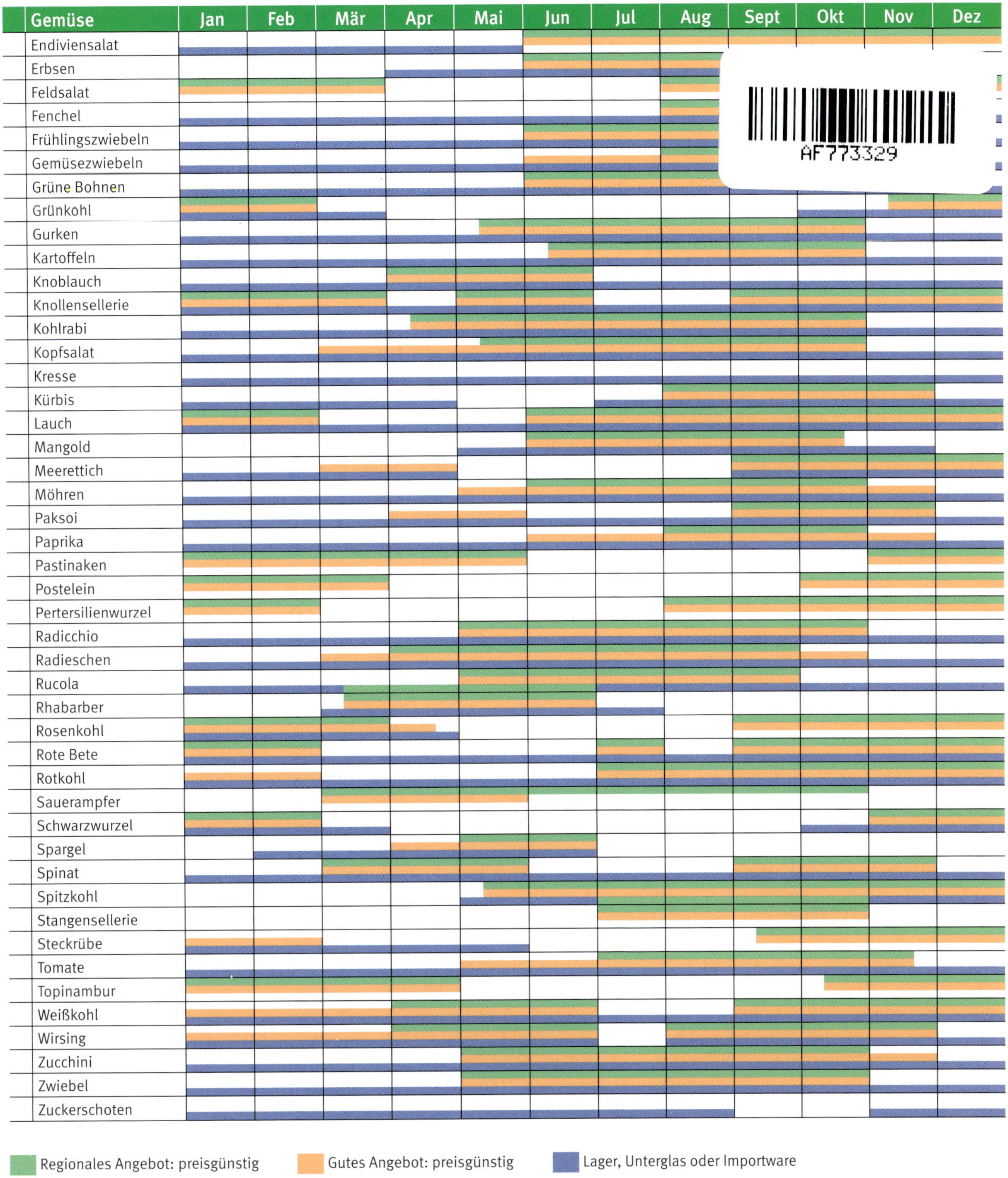

Edith Gätjen liegen als vierfacher Mutter und Großmutter die Themen »Familie« und »vegetarische Ernährung« seit vielen Jahren am Herzen. Sie weiß: »Fleischlos kochen ist heute ›In‹. Keine Sorge, bei einer abwechslungsreichen vegetarischen Kost gedeihen Kinder und Jugendliche wie ihre nicht-vegetarischen Altersgenossen. Sie benötigen auch keine speziellen Lebensmittel. Erweitern Sie einfach Ihre Lebensmittelauswahl durch mehr Gemüse und Obst, Vollkornprodukte, Hülsenfrüchte sowie Nüsse und Ölsamen.« So ist sie seit vielen Jahren Expertin für vegetarische und vegane vollwertige Ernährung. Als Ökotrophologin, systemische Familientherapeutin mit eigener Praxis, Präsidentin und Dozentin des UGB, Lehrbeauftragte an der Hochschule für Gesundheit in Bochum (HSG) und Ausbilderin in verschiedenen Institutionen bildet sie Ernährungsfachkräfte aus und berät Familien in Sachen Ernährung. Sie lebt mit ihrer Familie in Köln.

Ich widme dieses Buch meinem Mann, Dr. Bram Gätjen.

Prof. Dr. oec. troph. Markus Keller ist Ernährungswissenschaftler, wissenschaftlicher Autor und Dozent. Im Jahr 2010 gründete er in Gießen das Institut für alternative und nachhaltige Ernährung (IFANE). Das Institut wurde 2013 von der Deutschen UNESCO-Kommission als Offizielles Projekt der UN-Dekade »Bildung für nachhaltige Entwicklung« ausgezeichnet. Seit 2016 leitet er als verantwortlicher Hochschullehrer den Studiengang Vegan Food Management an der Fachhochschule des Mittelstands (FHM), wo er 2018 zum weltweit ersten Professor für Vegane Ernährung berufen wurde. Schwerpunkte seiner wissenschaftlichen Arbeit sind die Themen Vegetarismus/Veganismus, alternative Ernährungsformen sowie nachhaltige Ernährung; dazu zahlreiche Vorträge, Seminare, TV-, Radio und Presse-Interviews sowie Veröffentlichungen. Seit seinem 18. Lebensjahr ist er Vegetarier und lebt seit vielen Jahren weitgehend vegan. Er ist begeisterter Halbmarathonläufer, hat vier Söhne und lebt mit seiner Familie in der Nähe von Gießen.

Edith Gätjen
Prof. Dr. Markus Keller

Das geniale Familien-kochbuch – vegetarisch

Ihr Wochenplaner: saisonal einkaufen, entspannt kochen, vergnügt essen

TRIAS

Vorwort

Für mich ein Würstchen bitte mit ohne Fleisch ...

Das ist die Bitte unserer Enkeltochter an mich gewesen. Sie liebt Würstchen ... aber auch die Tiere und die dürfen für ihren Genuss nicht sterben, da ist sie sich mit ihren fünf Jahren sehr sicher.

Meine Tierliebe verbunden mit dem sehnlichen Wunsch nach einem Hund und die starke Beziehung zu meinem vegetarisch lebenden Großvater führten dazu, dass ich auch mit zehn Jahren beschloss, Fleisch, Wurst und Fisch wegzulassen. Es gab dann immer mal wieder Phasen, in der Regel ausgelöst von dem Gefühl, »dazugehören zu wollen«, in denen ich Fleisch und Fisch gegessen habe, doch der Genuss stellte sich nie wieder ein. Nun lebe ich seit fast zehn Jahren überwiegend vegan, diesen Schritt bin ich allerdings aus gesundheitlichen Gründen gegangen. Ein Erfolg stellte sich schnell ein und heute bin ich fasziniert von der Vielfalt der veganen Küche; durch die Arbeit mit Markus Keller motiviert mich der Umwelt- und Tierschutzgedanke immer mehr. An dieser Stelle möchte ich ihm ganz herzlich danken für die theoretische Einführung in diesem Buch!

Saisonal, regional und Bio, das verbinden seit Jahrzehnten Eltern, Schüler/-innen, Student/-innen und Fortbildungsteilnehmer/-innen mit meiner Person und meinem Namen und da zeigt sich, wie sehr ich das lebe. So ist auch dieses Buch entstanden mit dem Wunsch, Sie mit Ihrer Familie durch das saisonale und regionale Angebot zu führen, Ihnen zu zeigen, wie einfach es ist, sich genussvoll, gesundheitsförderlich und umweltbewusst zu ernähren, ohne Stunden in der Küche zu verbringen. Bei den Zubereitungszeiten stehen zwar immer wieder auch »12 Stunden Einweichzeit« oder »1 Stunde Quellzeit«, doch das verlangt von ihnen keine Präsenzzeit, sondern allenfalls Organisation.

Die Deutsche Gesellschaft für Ernährung (DGE) empfiehlt 1–2 Mahlzeiten mit Fleisch und 1 Mahlzeit mit Fisch pro Woche, also bleiben noch 4–5 vegetarische Mahlzeiten übrig. Mit diesem Buch möchte ich auch allen Nichtvegetariern Ideen geben, wie schmackhaft, ausgewogen und nährstoffreich die vegetarische Küche ist. Also ist es kein »Fleischessenhasser«-Buch, sondern eher ein »Gemüseessenliebhaber«-Buch. Alle diejenigen, die Fleisch essen, wissen, wie es zubereitet wird, und so habe ich es in diesem Buch nicht mit aufgenommen. Jede Mahlzeit mehr, die Sie sich vegetarisch oder auch vegan ernähren, ist ein wertvoller Beitrag für Ihre Gesundheit und die Umwelt.

Danken möchte ich dem TRIAS-Verlag, insbesondere Uta Spieldiener, Kerstin Mendler, Sabine Klonk und Alice Meunier, die mir zum wiederholten Male die Möglichkeit gaben, meine Ideen umzusetzen und zu gestalten, und die immer wieder auf meine Bedürfnisse liebevoll eingegangen sind. Ein großer Dank gilt auch meinem Mann, Bram Gätjen, sowie unseren beiden jüngeren Kindern Frieder und Philine, die immer wieder mit gutem Appetit und kritischem Blick alles gegessen und bewertet haben, und den beiden großen Studenten für die emotionale Unterstützung.

Viel Spaß beim Kochen!

Bergisch Gladbach, im Herbst 2014

Gut versorgt in der vegetarischen Familienküche

Vegetarisch + vollwertig = tierfreundlich, nachhaltig und gesund

Inzwischen gibt es etwa sechs Millionen Vegetarier in Deutschland! Eine tolle Zahl, oder? Und die Tendenz ist nach wie vor steigend, vor allem bei Jugendlichen und jungen Erwachsenen.

Manchmal hat man den Eindruck, der Vegetarismus sei erst in den letzten Jahren so richtig in der breiten Öffentlichkeit angekommen – aber seine Ursprünge reichen weit zurück! In manchen Regionen der Welt, wie in Indien, hat die vegetarische Ernährung nämlich eine lange, religiös begründete Tradition. In Europa lassen sich die Anfänge der pflanzenbasierten Ernährung auf den Philosophen und Mathematiker Pythagoras zurückführen, der sich bereits im 6. Jahrhundert v. Chr. mit der ethischen Problematik des Tötens von Tieren zur Nahrungsgewinnung beschäftigte. In seiner Entwicklung von der Antike bis heute hat der Vegetarismus besonders in den letzten 20 Jahren an Bedeutung gewonnen. Vor allem die vegane Lebensweise findet immer mehr Zuspruch – sicher ist Ihnen die vermehrte Berichterstattung in den Medien nicht entgangen und auch schon aufgefallen, dass immer mehr vegane Restaurants oder Supermärkte aus dem Boden sprießen. Und vielleicht sind auch schon Ihre Tochter oder Ihr Sohn mit Fragen auf Sie zugekommen oder haben scheinbar aus heiterem Himmel verkündet: »Ich bin ab jetzt Vegetarier!«

Formen vegetarischer Ernährung

Bezeichnung	Meiden von*
Lakto-Ovo-Vegetarier	Fleisch und Fisch**
Lakto-Vegetarier	Fleisch, Fisch und Ei
Ovo-Vegetarier	Fleisch, Fisch und Milch
Veganer	alle vom Tier stammenden Nahrungsmittel*** (Fleisch, Fisch, Milch, Ei, Honig)

* Bei allen Lebensmitteln sind auch die jeweiligen daraus hergestellten Produkte eingeschlossen
** Fisch beinhaltet hier alle aquatischen Tiere
*** Meist auch Meiden aller Gebrauchsgegenstände und Konsumgüter, die Rohstoffe von Tieren enthalten (z. B. Leder, Wolle, Reinigungsmittel mit Molke, usw.)

Aber was sind eigentlich Vegetarier? Vegetarier verzehren überwiegend pflanzliche Lebensmittel, ergänzt durch Lebensmittel, die von lebenden Tieren stammen (z. B. Milch und Milchprodukte, Eier, Honig). Ausgeschlossen sind Lebensmittel von toten Tieren, wie Fleisch und Fisch, sowie daraus hergestellte Produkte (z. B. Wurst, Schmalz, Gelatine). Besonders konsequent sind die Veganer: Sie meiden alle Produkte, die von Tieren stammen, also beispielsweise auch Honig oder Eier.

Gute Gründe für eine vegetarische Ernährung

Schätzen Sie mal: Wie viele Tiere isst wohl jeder Deutsche im Laufe seines Lebens? Es sind mehr als 1000 – und hier reden wir nur über Fleisch, Fische und andere Meerestiere sind noch nicht einmal eingerechnet. Ein Großteil dieser Tiere wird unter alles andere als tiergerechten Bedingungen gehalten, transportiert und geschlachtet. Grund genug für immer mehr

Vegetarier – jung, weiblich und ethisch motiviert

Wer ist eigentlich »der typische Vegetarier«? Eine Untersuchung der Universität Jena hat ergeben: Er bzw. viel eher sie ist weiblich, jung, überdurchschnittlich gebildet und lebt in der Großstadt. Studien ermitteln üblicherweise einen Frauenanteil von etwa 70 bis 80 Prozent. Für die meisten Vegetarier stehen ethische Motive für ihre Lebensweise ganz klar an erster Stelle. Aber auch Gesundheit, Umwelt- und Klimaschutz sowie Sicherung der Welternährung werden häufig als Beweggründe genannt.

Menschen, sich einer vegetarischen Ernährung zuzuwenden.

Die weltweite Tierhaltung zur Erzeugung von Fleisch, Milch und Eiern stößt mehr Treibhausgase aus als der globale Verkehrssektor – also alle Autos, Lkw, Schiffe, Flugzeuge und Züge zusammen. In Deutschland entfallen etwa 40 Prozent der Klimagase im durchschnittlichen Lebensmittelkorb auf Fleisch und Wurst. Durch eine vegetarische Ernährung können wir bis zur Hälfte unserer Treibhausgasmenge im Ernährungsbereich einsparen.

Für die Erzeugung unserer Lebensmittel verbraucht jeder Deutsche etwa 3900 Liter Wasser – pro Tag! Tierische Lebensmittel sind dabei viel wasserintensiver als pflanzliche, vor allem wegen des Wasserbedarfs der Futtermittel. Allein für die Herstellung von 1 kg Rindfleisch werden etwa 15 500 Liter Wasser benötigt, davon 15 300 Liter für die Futterpflanzen. Wer sich dagegen vegetarisch ernährt, kann seinen persönlichen Wasserfußabdruck im Ernährungsbereich um mehr als ein Drittel verringern. Also: 50 Prozent weniger Treibhausgase und ein über 30 Prozent kleinerer Wasserfußabdruck alleine durch vegetarische Ernährung – das sind doch tolle Zahlen!

Etwa ein Drittel der weltweiten Ackerflächen wird für den Anbau von Futtermitteln wie Soja und Futtergetreide in Anspruch genommen – also um unsere Mastschweine, Rinder und Hühner zu füttern. Diese Flächen könnten jedoch auch direkt der Ernährung der Weltbevölkerung dienen. Zudem ist der Umweg über Tiere auch eine riesige Verschwendung, denn nur ein kleiner Teil der in den Futtermitteln enthaltenen Kalorien ist dann auch tatsächlich im Endprodukt enthalten. So müssen beispielsweise bei der Herstellung von Schweinefleisch etwa drei Kalorien verfüttert werden, um eine Kalorie im Endprodukt zu erhalten. Der Rest der Kalorien geht über den Stoffwechsel der Tiere sowie für den Aufbau von Knochen, Sehnen und anderen nicht Fleisch liefernden Körperteilen verloren.

Alleine wenn wir an unser Klima und unsere Umwelt denken, haben wir also gute Gründe für eine vegetarische Ernährung. Aber auch die Gesundheit profitiert davon. So zeigen zahlreiche Studien, dass Vegetarier schlanker sind, einen niedrigeren Blutdruck haben und seltener an Typ-2-Diabetes sowie Herz-Kreislauf-Erkrankungen leiden und sterben. Auch das Risiko für verschiedene Krebsarten, vor allem Dickdarmkrebs, sinkt bei vegetarischer Ernährung. Dabei ist die insgesamt gesündere Lebensweise von Vegetariern bereits statistisch berücksichtigt.

Vollwert ist Trumpf!

Eine vegetarische Ernährung ist besonders gesund, wenn eine vollwertige Lebensmittelauswahl erfolgt. Wer »nur« Fleisch und Fisch weglässt, aber ansonsten viele stark verarbeitete Fertiggerichte und vegetarisches Fast Food konsumiert, tut seiner Gesundheit keinen großen Gefallen. Eine Orientierung an der Vollwert-Ernährung bietet hingegen einen maximalen Gesundheitsnutzen. Gerade für Sie als Eltern wird das ein wichtiger Aspekt sein – schließlich sollen Ihre Kinder in der Wachstumsphase auch wirklich alle nötigen Nährstoffe bekommen.

Die Prinzipien der Vollwert-Ernährung sind schon seit der Antike bekannt. Verknüpft mit modernen wissenschaftlichen Erkenntnissen wurde daraus die Gießener Konzeption der Vollwert-Ernährung entwickelt. Sie ist definiert als »eine überwiegend pflanzliche (lakto-vegetabile) Ernährungsweise, bei der gering verarbeitete Lebensmittel bevorzugt werden. Gesundheitlich wertvolle, frische Lebensmittel werden zu genussvollen und bekömmlichen Speisen zubereitet (…)«. Heute sind viele Lebensmittel, die man im Supermarkt kaufen kann, stark verarbeitet – denken Sie nur einmal an Weißmehl, Suppenpulver aus der Tüte oder konservierte Produkte, deren Mindesthaltbarkeitsdatum jenseits der 2-Jahres-Marke liegt. Bei diesen Verarbeitungsprozessen gehen oft wertvolle Inhaltsstoffe verloren – beispielsweise Vitamine, Mineral- und Ballaststoffe bei der Herstellung von Weißmehl. Außerdem enthalten Fertigprodukte meist mehr Fett, Zucker und Salz als frische Lebensmittel.

In der Vollwert-Ernährung hingegen werden Lebensmittel bevorzugt, die noch ihren »vollen Wert« haben: Vollkornprodukte statt Auszugsmehl, frisches Gemüse und Obst statt Konserven und Fertigprodukte, Pellkartoffeln statt Pommes frites und Kartoffelchips usw. Zahlreiche Studien zeigen, dass eine überwiegend pflanzliche Ernährung das Risiko für zahlreiche ernährungsabhängige Krankheiten wie Übergewicht, Diabetes mellitus Typ 2 und Herz-Kreislauf-Erkrankungen senkt. Insbesondere die vegetarische Variante der Vollwert-Ernährung hat ein großes Potential, uns vor diesen häufigen Zivilisationskrankheiten zu schützen. Und weil möglichst gering verarbeitete, frische Lebensmittel bevorzugt werden, liefert die Vollwert-Ernährung auch reichlich gesundheitsfördernde Vitamine, Mineralstoffe, Ballaststoffe und sekundäre Pflanzenstoffe.

Vollwert-Ernährung: ein ganzheitlicher Ansatz

Die Vollwert-Ernährung ist ganzheitlich orientiert: Neben gesundheitlichen Aspekten wird auch die Umwelt-, Wirtschafts- und Sozialverträglichkeit unseres Ernährungssystems berücksichtigt. Denn die Auswahl unserer Lebensmittel beeinflusst nicht nur unsere eigene Gesundheit, sondern hat viele weitere Auswirkungen – wir hatten ja unter anderem bereits das Beispiel mit den enormen Wassermengen, die für die Futtermittelherstellung benötigt werden. Mit unserem Einkaufskorb entscheiden wir beispielsweise mit, wie Tiere in der Landwirtschaft gehalten werden, ob Böden, Wasser und unsere Lebensmittel mit Pestiziden belastet sind, wie groß unser Wasserfußabdruck ist und ob die Kleinbauern, die den Kakao für unsere Schokolade erzeugen, von ihrer Arbeit leben können. Die Vollwert-Ernährung als nachhaltige und zukunftsfähige Ernährungsweise berücksichtigt diese und viele weitere Aspekte. Zusammengefasst wurden sie in den Sieben Grundsätzen der Vollwert-Ernährung

Pflanzliche Lebensmittel – ein Plus für die Gesundheit

Pflanzliche Lebensmittel versorgen uns mit vielen wichtigen Nährstoffen, die wir für den Erhalt unserer Körperfunktionen brauchen. Dabei haben pflanzliche Produkte wie Vollkorngetreide, Hülsenfrüchte, Gemüse und Obst meist eine höhere Nährstoffdichte als tierische Lebensmittel: Sie enthalten mehr Nährstoffe (wie Vitamine und Mineralstoffe) bei weniger Energie, also Kalorien. Außerdem liefern pflanzliche Lebensmittel meist weniger Fett, dafür von besserer Qualität (weniger gesättigte, mehr einfach und mehrfach ungesättigte Fettsäuren),

Die sieben Grundsätze der Vollwert-Ernährung

- Genussvolle und bekömmliche Speisen
- Bevorzugung pflanzlicher Lebensmittel (überwiegend lakto-vegetabile Kost)
- Bevorzugung gering verarbeiteter Lebensmittel – reichlich Frischkost
- Ökologisch erzeugte Lebensmittel
- Regionale und saisonale Erzeugnisse
- Umweltverträglich verpackte Produkte
- Fair gehandelte Produkte

(Quelle: von Koerber et al. 2012)

sowie mehr komplexe, langkettige Kohlenhydrate. Zusätzlich versorgen sie uns mit gesundheitsfördernden Ballaststoffen und sekundären Pflanzenstoffen.

Frischkost bietet mehr!

Fertiggerichte, Fast Food und stark verarbeitete Lebensmittel sind beliebt, vor allem weil sie Zeit sparen. Als Eltern kennt man das ja: Gerade selbst erst von der Arbeit nach Hause gekommen, da steht auch schon die Kinderschar in der Küche – »Was gibt's denn heute?«. Der Griff zum Fertiggericht ist da manchmal vielleicht verlockend. Aber man sollte bedenken: Bei der industriellen Verarbeitung gehen viele wertvolle Inhaltsstoffe verloren oder werden vermindert: Vitamine, Mineralstoffe, Ballaststoffe und sekundäre Pflanzenstoffe. Dadurch sinkt die Nährstoffdichte der Lebensmittel und damit gleichzeitig auch ihr Beitrag zu einer gesundheitsfördernden Ernährung. Außerdem enthalten diese Produkte oft mehr Fett, Zucker und Salz sowie Zusatzstoffe, wie Farb- und Konservierungsstoffe. Frische, möglichst gering verarbeitete pflanzliche Lebensmittel, versorgen uns dagegen reichlich mit gesundheitsfördernden Nährstoffen. Da viele Vitamine und sekundäre Pflanzenstoffe hitzeempfindlich sind, sollte etwa ein Drittel bis die Hälfte der Nahrungsmenge in Form unerhitzter Frischkost verzehrt werden – individuell angepasst nach Geschmack und Bekömmlichkeit. Übrigens freut sich auch unser Geldbeutel, denn Fertiggerichte sind meist deutlich teurer als die eigene Zubereitung aus unverarbeiteten Nahrungsmitteln.

Öko: der Umwelt zuliebe

Biologisch erzeugte Lebensmittel haben eine bessere Ökobilanz als konventionelle, da weniger Energie und Rohstoffe verbraucht werden und weniger Treibhausgase entstehen. Im ökologischen Landbau sind chemisch-synthetische Pestizide und mineralische Stickstoffdünger – die Klima, Wasser und Böden belasten – verboten. Dies fördert, ebenso wie die schonendere Bodennutzung, die natürliche Bodenfruchtbarkeit und den Humusaufbau. Auch die Artenvielfalt von Pflanzen und Tieren ist auf ökologisch bewirtschafteten Flächen größer. Auf Gentechnik wird bei der Erzeugung und Verarbeitung von Öko-Lebensmitteln komplett verzichtet. Zudem sind in der ökologischen Landwirtschaft (etwas) tiergerechtere Haltungsbedingungen vorgeschrieben. Mit dem Kauf von Öko-Lebensmitteln tun wir auch unserer Gesundheit etwas Gutes, denn sie enthalten tendenziell mehr wertgebende Inhaltsstoffe, vor allem gesundheitsfördernde sekundäre Pflanzenstoffe, und deutlich weniger Pestizidrückstände als Produkte aus konventioneller Landwirtschaft. Außerdem sind bei Bio-Lebensmitteln nur etwa 10 Prozent der Zusatzstoffe konventioneller Lebensmittel zugelassen.

Regional und saisonal

Wenn wir regionales und saisonales Gemüse und Obst kaufen, unterstützen wir die heimische Landwirtschaft

Wo »bio« draufsteht, muss auch »bio« drin sein!

Die Begriffe »Bio« und »Öko« sind im Lebensmittelbereich durch die EU-Öko-Verordnung gesetzlich geschützt. Eindeutige Erkennungsmerkmale sind das vorgeschriebene EU-Bio-Siegel oder das freiwillige deutsche Bio-Siegel auf dem Etikett. Außerdem muss auf jedem Bio-Produkt die Nummer der Öko-Kontrollstelle angegeben werden. Oft finden Sie auf den Produkten auch das Warenzeichen eines deutschen Bio-Anbauverbandes, die strengere Anforderungen an die Erzeugung und die Produkte stellen.

und sichern uns Frische, Qualität und vor allem Geschmack. Saisonale Lebensmittel hatten ausreichend Zeit zum Ausreifen, daher weisen sie meist einen höheren Gehalt an Vitaminen und sekundären Pflanzenstoffen auf. Regional erzeugte Lebensmittel sparen lange Transportwege, die viel Energie verbrauchen und das Klima mit Treibhausgasen belasten. Besonders klimaschädlich sind Flugtransporte, z. B. für Erdbeeren aus Südafrika im Winter. Optimal sind regional und saisonal erzeugte Bio-Produkte. Aber auch den Einkauf selbst können wir umweltverträglicher gestalten, indem wir beispielsweise zu Fuß gehen oder das Rad nehmen. Schauen Sie sich doch einmal um, ob es in Ihrer Nähe nette Hofläden oder einen tollen Wochenmarkt gibt und nehmen Sie Ihre Kinder direkt mit zum Einkauf – oft bieten diese Läden und Märkte fast vergessene Obst- und Gemüsesorten an, sodass das Einkaufen zu einer wahren Entdeckungsreise wird.

Direkt zu Beginn dieses Buches finden Sie einen Saisonkalender für Gemüse und Obst. Er bietet einen guten Überblick, welche Lebensmittel in welchem Monat Saison haben bzw. gerade nicht regional-saisonal verfügbar sind (Lager- oder Importware).

Umweltfreundliche Verpackungen verbessern die Ökobilanz

Wenn wir Verpackungen vermeiden bzw. bewusster damit umgehen, können wir den Energie- und Ressourcenverbrauch für deren Herstellung und Entsorgung senken. Mit ein paar einfachen Tipps können auch Sie Ihren Beitrag dazu leisten:

- Kaufen Sie lose statt verpackte Lebensmittel (z. B. Gemüse, Obst und Kartoffeln)
- Wählen Sie Mehrweg statt Einweg
- Achten Sie auf umweltfreundliche Verpackung (Stofftaschen oder Faltkörbe zum Einkauf mitnehmen, Plastiktüten, Kleinst- und Mehrfachverpackungen vermeiden).

Wussten Sie, dass wir in Deutschland pro Person und Jahr 65 Plastiktüten verbrauchen? Das sind 5,3 Milliarden pro Jahr oder 10 000 Stück pro Minute. Plastiktüten sind biologisch nicht abbaubar – bis sie zerfallen sind, dauert es Hunderte bis Tausende Jahre. Landen sie nicht ordnungsgemäß im Plastikmüll, belasten Plastiktüten die Umwelt und gefährden Tiere. In den Szenevierteln von Großstädten erlebt derzeit die gute alte Jutetasche ein Revival. Wählen Sie sich eine hübsche aus und machen Sie sie zu Ihrem Einkaufsbegleiter – oder schnappen Sie sich an einem verregneten Sonntag Ihre Kinder und gestalten ihre ganz individuellen Taschen.

Fair gehandelte Produkte – Genuss mit guten Gewissen

Viele unserer Lebens- und Genussmittel werden aus sogenannten Entwicklungsländern importiert. Doch nur wenigen ist bewusst, unter welchen Bedingungen diese Produkte dort hergestellt werden: Teilweise herrschen menschenunwürdige Arbeitsbedingungen, einschließlich Kinderarbeit. Aber auch Landwirte in Deutschland können oft nicht mehr kostendeckend arbeiten. Der faire Handel trägt dazu bei, diese Ungerechtigkeiten zu vermindern. So erhalten die Erzeugerinnen und Erzeuger von fair gehandelten Produkten einen Mindestpreis, der ihre Produktionskosten deckt und über dem Weltmarktpreis liegt. Weitere Mindeststandards sorgen für eine geringere Gesundheits- und Umweltbelastung, etwa beim Pestizideinsatz und Trinkwasserschutz. Fairer Handel fördert auch den Bau von Schulen, Krankenhäusern und anderen sozialen Einrichtungen. Fair gehandelte Produkte erkennen Sie an verschiedenen Siegeln, beispielsweise dem »Fairtrade Deutschland«-Siegel.

Lebensmittelabfälle vermeiden

In Deutschland landen viele Lebensmittel im Müll. Neben den Abfällen in der Lebensmittelindustrie, im Handel und bei Großverbrauchern (z. B. Restaurants, Kantinen und Schulmensen) entstehen die meisten Lebensmittelabfälle in Privathaushalten: Jede/r Deutsche wirft jährlich mehr als 80 kg

Lebensmittel weg. Ein Großteil davon wäre noch verzehrsfähig gewesen. Vor allem Gemüse, Obst und Backwaren, aber auch Essensreste, landen in der Tonne. Für die Erzeugung dieser weggeworfenen Lebensmittel wurden Wasser, Energie und Rohstoffe verbraucht, Landfläche belegt und Treibhausgase verursacht. Angesichts von etwa 840 Millionen hungernden Menschen weltweit ist die Verschwendung von Lebensmitteln ethisch nicht zu verantworten.

Wer im Voraus plant, sinnvoll einkauft und Reste verwertet, kann diese Verschwendung verringern oder vermeiden – und spart außerdem bares Geld, das direkt in die Familienkasse für den nächsten Ausflug wandern kann.

Mindesthaltbarkeitsdatum (MHD)

Das Mindesthaltbarkeitsdatum (MHD) ist im Gegensatz zum Verbrauchsdatum kein Verfallsdatum. Viele Lebensmittel sind über das MHD hinaus haltbar – wenn das Produkt noch gut aussieht und riecht, kann es bedenkenlos verzehrt werden. Das Verbrauchsdatum hingegen gibt Auskunft über die Genießbarkeit von sehr leicht verderblichen und dann bedrohlichen Lebensmitteln wie Hackfleisch, Räucherfisch und Vorzugsmilch und sollte tatsächlich nicht überschritten werden.

Gesund mit vegetarischer Vollwert-Ernährung

Zahlreiche Studien zeigen, dass Vegetarier/innen gesünder sind als vergleichbare Mischköstler/innen. Das hat zwar auch damit zu tun, dass Vegetarier deutlich seltener rauchen, weniger Alkohol trinken und meist mehr Sport treiben. Der Hauptgrund, warum Vegetarier ein teilweise deutlich geringeres Risiko für chronische Erkrankungen aufweisen, ist jedoch die Ernährung. Insbesondere der vermehrte Verzehr von gesundheitsfördernden pflanzlichen Lebensmitteln, aber auch das Meiden von Fleisch und Wurst sorgen für das günstige Abschneiden der Vegetarier.

Und je früher man damit anfängt, umso besser. Das Ernährungsverhalten wird nämlich bereits im Kindesalter geprägt und meist lebenslang beibehalten. Aber auch zahlreiche ernährungsabhängige Krankheiten nehmen ihren Anfang in der Kindheit. Das frühzeitige Erlernen einer vollwertigen vegetarischen Ernährung zahlt sich somit auch im späteren Leben aus. Mit der Entscheidung für dieses Kochbuch sind Sie und Ihre Familie also auf einem tollen Weg!

Vegetarische Ernährung hält gesund!

Die Häufigkeit von Übergewicht und Adipositas steigt in den letzten Jahren immer weiter. Mittlerweile sind in Deutschland etwa 66 Prozent der Männer, 51 Prozent der Frauen sowie 15 Prozent der Kinder und Jugendlichen übergewichtig (davon 6,3 Prozent adipös). Vegetarier sind im Durchschnitt schlanker als Fleischesser. Das liegt vor allem an der geringeren Energiedichte pflanzlicher Kost: bei gleichem Volumen ist weniger Nahrungsenergie enthalten, sprich: weniger Kalorien. Zusätzlich sorgt der höhere Ballaststoffanteil für eine bessere Sättigungswirkung. Übergewicht erhöht das Risiko für viele Folgeerkrankungen, wie Bluthochdruck, Fettstoffwechselstörungen und Diabetes mellitus Typ 2 – diese Auswirkungen sind zunehmend bereits bei Kindern zu beobachten.

Studien zeigen, dass Vegetarier seltener an Typ-2-Diabetes und Bluthochdruck erkranken. Das Diabetesrisiko sinkt bei vegetarischer Ernährung im Vergleich zu Mischkost um etwa die Hälfte. Neben dem niedrigeren Körpergewicht sind insbesondere die höhere Ballaststoffzufuhr sowie weitere gesundheitsfördernde Inhaltsstoffe aus Gemüse, Obst, Vollkornprodukten und Hülsenfrüchten für diese günstigen Wirkungen verantwortlich. Fleischverzehr hingegen erhöht das Risiko für beide Erkrankungen. Auch bei bereits bestehendem Typ-2-Diabetes und Bluthochdruck konnten durch die Umstellung auf eine vegetarische oder vegane Ernährung deutliche Verbesserungen erreicht werden.

Herz-Kreislauf-Erkrankungen sind die häufigste Todesursache in Deutschland – und Vegetarier haben im Vergleich

Gesunde Ernährung von Anfang an

Das Ernährungsverhalten wird bereits in der Kindheit geprägt (die Geschmacksprägung beginnt sogar bereits in der Schwangerschaft). Daher wirkt sich eine gesundheitsfördernde, vegetarische Vollwert-Ernährung über Jahrzehnte hinweg vorbeugend gegenüber chronischen Erkrankungen aus.

zu Fleischessern eine etwa 25 Prozent niedrigere Sterberate an diesen Krankheiten. Übrigens findet man Verdickungen der Gefäßwände – eine Vorstufe von Herz-Kreislauf-Erkrankungen – bereits bei Schulkindern! Besonders herzschützend sind Nüsse, Vollkornprodukte, Obst und Gemüse sowie Sojaprodukte. Der Verzehr von (rotem) Fleisch und Wurst erhöht hingegen das Risiko, an einer Herz-Kreislauf-Erkrankung zu erkranken und zu sterben.

Auch Krebs als zweithäufigste Todesursache in Deutschland tritt bei Vegetariern im Vergleich zu Mischköstlern seltener auf. Hier wirken vor allem Ballaststoffe aus Vollkornprodukten und sekundäre Pflanzenstoffe in Gemüse und Obst schützend.

Einzelne Untersuchungen gibt es auch zum Einfluss vegetarischer Ernährung auf Gicht, rheumatoide Arthritis, Nierenerkrankungen und Katarakt (grauer Star). Auch hier zeigt sich ein positiver Einfluss: niedrigere Harnsäurewerte (Gicht), Verbesserung der Symptome bei rheumatoider Arthritis, verzögertes Fortschreiten chronischer Nierenerkrankungen und niedrigeres Risiko für eine Katarakt.

Was steckt in unseren Lebensmitteln?

Unsere Lebensmittel versorgen uns mit Energie und Nährstoffen. Die Bestandteile der vegetarischen Kost lassen sich in die drei Hauptnährstoffe Protein (Eiweiß), Kohlenhydrate und Fett, in Vitamine und Mineralstoffe sowie Wasser einteilen. Außerdem nehmen wir Ballaststoffe und Begleitstoffe, beispielsweise sekundäre Pflanzenstoffe, mit der Nahrung auf.

Diese Inhaltsstoffe erfüllen verschiedene Funktionen:

- Energie: Kohlenhydrate und Fett (teilweise auch Protein) liefern Energie für Bewegung, Wärmeerzeugung und alle Stoffwechselvorgänge.
- Baustoffe: Proteine, Mineralstoffe, essentielle Fettsäuren und Wasser dienen zum Aufbau (Wachstum, Entwicklung) und Erhalt der Körpersubstanz und aller Körperzellen.
- Wirk- und Schutzstoffe: Vitamine, Mineralstoffe und Proteine regeln die Körpervorgänge, sind wichtig für das Immunsystem und schützen uns vor Krankheiten.
- Ballaststoffe und sekundäre Pflanzenstoffe: Ballaststoffe fördern die Sättigung, haben positive Wirkungen auf den Darm, regulieren den Blutglukosespiegel und senken den Cholesterinspiegel. Die vielfältigen sekundären Pflanzenstoffe üben zahlreiche Schutzfunktionen aus. Als Farb-, Duft- und Geschmacksstoffe regen sie den Appetit an.

Bei Nährstoffmangel kommt es zu zahlreichen Beeinträchtigungen des Stoffwechsels, aber auch zu Störungen im Wachstum, was besonders im Kindes- und Jugendalter von Bedeutung ist. Eine vollwertige vegetarische Ernährung, die an die speziellen Bedürfnisse dieser Altersgruppen angepasst ist, liefert alle Nährstoffe in ausreichender Menge.

Energie

Der Körper benötigt Nahrungsenergie, um seine Funktionen wahrnehmen zu können. Da Kinder noch im Wachstum sind, ist ihr Energiebedarf, bezogen auf das Körpergewicht, höher als bei Erwachsenen. Absolut gesehen benötigen sie aber natürlich weniger. Die Energiezufuhr von Vegetariern liegt, anders als bei der Allgemeinbevölkerung, nur selten über den Richtwerten – ein wichtiger Grund, warum Vegetarier im Durchschnitt schlanker sind als Fleischesser.

Kohlenhydrate

Kohlenhydrate bestehen aus Zuckermolekülen, die man nach ihrer Anzahl in Einfachzucker (z. B. Trauben-,

Fruchtzucker), Zweifachzucker (Haushalts-, Milchzucker) oder Mehrfachzucker (Stärke aus Getreide, Kartoffeln, Hülsenfrüchten) einteilt. Zu diesen Mehrfachzuckern zählen auch die meisten Ballaststoffe. Das sind für den Menschen unverdauliche Bestandteile pflanzlicher Lebensmittel.

Wofür brauchen wir Kohlenhydrate?
Kohlenhydrate liefern den Hauptteil unserer Nahrungsenergie. Zucker und Süßigkeiten enthalten vor allem Einfach- und Zweifachzucker – diese werden schnell verdaut und die Energie wird sehr schnell bereitgestellt, hält aber auch nur kurz an. Getreide oder Kartoffeln hingegen enthalten komplexere, längerkettige Kohlenhydrate. Diese werden langsamer verdaut und ins Blut abgegeben, was uns länger satt hält. Vollgetreide, Gemüse, Obst, Hülsenfrüchte und Nüsse enthalten reichlich Ballaststoffe, die ebenfalls für eine längere Sättigung sorgen. Zusätzlich beeinflussen sie den Blutzuckerspiegel, die Blutfettwerte sowie unsere Verdauung positiv.

Verzehrdaten von Vegetariern
Vegetarier nehmen im Vergleich zu Mischköstlern mehr Kohlenhydrate auf und liegen dadurch näher an den empfohlenen Zufuhrmengen. Dabei nehmen sie reichlich Mehrfachzucker, aber aufgrund des höheren Obstverzehrs auch mehr Einfachzucker (vor allem Fruchtzucker) zu sich. Die Ballaststoffzufuhr von Vegetariern ist, insbesondere bei Veganern, deutlich höher als in der Durchschnittsbevölkerung.

Protein (Eiweiß)

Protein (Eiweiß) ist aus Aminosäuren aufgebaut. Manche davon kann der Körper nicht selbst herstellen (unentbehrliche oder essentielle Aminosäuren), daher müssen wir sie mit der Nahrung zuführen. Man unterscheidet pflanzliches und tierisches Protein. Letzteres ist vom Körper etwas besser verwertbar. Werden verschiedene pflanzliche Proteinquellen über den Tag kombiniert, kann das jedoch problemlos ausgeglichen werden. Viele traditionelle Gerichte bieten solch eine Kombination sogar innerhalb einer Mahlzeit: Linsen und Spätzle in Schwaben, Maisbrei mit Bohnen in Südamerika oder Kichererbsenbällchen (Falafel) mit Fladenbrot im Nahen Osten.

Wofür brauchen wir Protein?
Protein wird vor allem für den Aufbau von Körpergeweben (z. B. Muskeln, Organe, Blutzellen), Botenstoffen (z. B. Hormone), Funktionsstoffen (z. B. Enzyme) und für die Immunabwehr benötigt. Bei unzureichender Energiezufuhr können Proteine auch als Energiequelle genutzt werden.

Verzehrdaten von Vegetariern
Die durchschnittliche Proteinzufuhr in Deutschland liegt etwa 50 Prozent über den Empfehlungen. Auch viele Kinder nehmen mehr Protein auf als notwendig. Die DONALD-Studie des Forschungsinstituts für Kinderernährung (FKE) ergab, dass eine hohe Zufuhr an tierischem Protein, besonders aus Milch und Milchprodukten, im Kleinkind- und frühen Schulalter zu einem höheren BMI (Body Mass Index) und Körperfettanteil mit 7 Jahren führte. Außerdem kann eine hohe Proteinzufuhr in früher und mittlerer Kindheit das Eintreten der ersten Monatsblutung bei Mädchen beschleunigen, was als Risikofaktor für die spätere Entwicklung von Brustkrebs und Osteoporose gilt.

Mit einer vegetarischen Kost kann der Proteinbedarf in allen Altersgruppen problemlos gedeckt werden. Aber auch die meisten Vegetarier nehmen mehr Protein auf als erforderlich wäre. Einzelne Studien zeigten bei vegetarisch lebenden Teenagerinnen (14-19 Jahre) eine zu geringe Proteinaufnahme. Besonders in der Pubertät sollte daher auf eine ausreichende Zufuhr geachtet werden.

Fett

Bei Fetten unterscheidet man tierische Fette (z. B. Butter) und pflanzliche Fette (z. B. Olivenöl). Tierisches Fett enthält überwiegend gesättigte Fettsäuren (Ausnahmen: fettreiche Seefische und Wildtiere), während sich in pflanzlichen Fetten vor allem ungesättigte Fettsäuren finden (Ausnahmen: Palm- und Kokosfett). Gesättigte Fette sind aus gesundheitlicher Sicht eher unerwünscht, da sie den Blutcholesterinspiegel erhöhen und die körpereigenen Fettdepots auffüllen. Ungesättigte, langkettige Fettsäuren sind hingegen wichtig für Nerven- und Gehirnfunktion, Aufbau von Zellen und wirken unter anderem Herz-Kreislauf-Erkrankungen entgegen. Zwei dieser ungesättigten Fettsäuren sind für Menschen essentiell: die Omega-6-Fettsäure Linolsäure und die Omega-3-Fettsäure α-Linolensäure. Beide führen wir vor allem über pflanzliche Öle zu. Da im Durchschnitt zu viel Linolsäure und zu wenig α-Linolensäure aufgenommen werden, sollten auch für Kinder Öle bevorzugt werden, die reichlich α-Linolensäure liefern: Lein-, Rapsöl-, Hanf- und Walnussöl.

Vitamin D – das Sonnenschein-Vitamin

Unser Hauptquelle für Vitamin D ist die Sonne: Wir bilden es unter UV-B-Strahlung in unserer Haut. Dazu sollten wir uns täglich zwischen 12 und 15 Uhr für etwa 15 Minuten im Freien aufhalten, mit unbedecktem Gesicht und Händen sowie Teilen von Armen und Beinen. In den sonnenarmen Monaten zwischen Mitte Oktober und Mitte März reicht die UV-B-Strahlung in unseren Breiten jedoch nicht mehr aus, um Vitamin D zu bilden. Da in den meisten Lebensmitteln nur wenig Vitamin D enthalten ist, ist für diese Zeit eine Nahrungsergänzung mit Vitamin D empfehlenswert (20 Mikrogramm pro Tag ab dem 2. Lebensjahr).

Wofür brauchen wir Fett?
Fett als eine weitere Hauptenergiequelle liefert pro Gramm doppelt so viel Energie wie Kohlenhydrate und Protein. Fette dienen außerdem als Lösungsmittel für die fettlöslichen Vitamine A, D, E und K, als Zellwandbestandteile sowie als Vorstufen für Hormone und Gallensäuren sowie zur körpereigenen Vitamin-D-Bildung.

Verzehrdaten von Vegetariern
Die Fettzufuhr in der Gesamtbevölkerung ist zu hoch, auch bei vielen Kindern und Jugendlichen. Vegetarier nehmen im Vergleich zu Mischköstlern meist weniger Fett auf und auch die Fettqualität ist günstiger: weniger gesättigte und mehr ungesättigte Fettsäuren sowie weniger Cholesterin. Allerdings könnte die Zufuhr an Omega-3-Fettsäuren verbessert werden.

Vitamine

Vitamine sind lebensnotwendige organische Substanzen. Da sie unser Körper nicht selbst herstellen kann (Ausnahme: Vitamin D unter Sonneneinstrahlung), müssen sie mit der Nahrung aufgenommen werden. Es werden wasserlösliche Vitamine (B_1, B_2, B_6, Folsäure, B_{12}, Biotin, Niacin, Pantothensäure, C) und fettlösliche Vitamine (A, D, E, K) unterschieden. Während die meisten wasserlöslichen Vitamine nur geringe Körperspeicher haben (Ausnahme: Vitamin B_{12}), können fettlösliche Vitamine in Körperdepots (z.B. der Leber) gespeichert werden.

Wofür brauchen wir Vitamine?
Vitamine übernehmen vielfältige Funktionen im Körper: Sie sind unerlässlich für zahlreiche Stoffwechselvorgänge, wie DNA-Synthese, Energiegewinnung, Wachstum, Immunsystem, Sehvermögen, Knochenaufbau, Blutbildung usw.

Verzehrdaten von Vegetariern
Vegetarier sind mit vielen Vitaminen besser versorgt als Nicht-Vegetarier, vor allem mit Beta-Carotin (Provitamin A), Vitamin B_1, C und E, Biotin, Pantothensäure sowie Folsäure. Studien zeigen, dass auch vegetarisch ernährte Kinder bei der Vitaminversorgung im Durchschnitt besser abschneiden als ihre nicht-vegetarischen Altersgenossen. Auf eine ausreichende Versorgung mit Vitamin B_{12} sollte bei allen vegetarischen Ernährungsformen geachtet werden – dies gilt besonders für Schwangere, Stillende und Kinder. Neben Milch und Milchprodukten bieten sich mit Vitamin B_{12} angereicherte Lebensmittel, Nahrungsergänzungsmittel (z.B. Tropfen) oder eine Vitamin B_{12}-Zahnpasta an.

Mineralstoffe

Mineralstoffe sind anorganische Nährstoffe, die der menschliche Körper nicht herstellen kann. Wir nehmen sie über das Trinkwasser, Pflanzen oder über tierische Produkte auf. Man teilt sie ein in Mengenelemente wie Natrium, Kalium, Kalzium, Magnesium, Phosphor und Chlor, die in größerer

Konzentration im Körper vorkommen und Spurenelemente wie Eisen, Zink, Jod, Mangan, Kupfer und Selen, die sich im Körper in geringerer Konzentration finden.

Wofür brauchen wir Mineralstoffe?
Mineralstoffe sind als Wirk- und Baustoffe an vielen Stoffwechsel- und Aufbauprozessen im Körper beteiligt. Hierzu zählen die Reizübertragung im Nervensystem, der Sauerstofftransport, die Regulierung des Wasserhaushalts oder der Aufbau von Knochen und Zähnen. Sie sind außerdem wichtige Bestandteile von Enzymen und Hormonen.

Verzehrdaten von Vegetariern
Die Mineralstoffversorgung von Vegetariern ist teilweise günstiger als bei Mischköstlern: So nehmen sie meist weniger Natrium und Phosphat, aber mehr Magnesium auf. Bei der Zufuhr von Kalium und Kalzium sowie Kupfer und anderen Spurenelementen gibt es keine großen Unterschiede zwischen Vegetariern und Nicht-Vegetariern. Vegetarier sollten jedoch auf eine gute Versorgung mit Zink und Eisen achten – letzteres gilt vor allem für Frauen. Da unsere Böden kaum Jod enthalten, ist Jod bei allen Ernährungsformen ein kritischer Nährstoff. Die wichtigsten Quellen sind Jodsalz sowie damit hergestellte Lebensmittel, z. B. Brot. Auch bei Selen gilt Deutschland aufgrund niedriger Konzentration im Boden als Mangelgebiet. Nicht nur für Vegetarier sind Paranüsse eine gute pflanzliche Selenquelle.

Eisenversorgung optimieren

Eisen aus pflanzlichen Lebensmitteln wird vom Körper schlechter aufgenommen als das aus Fleisch. Die Resorption von pflanzlichem Eisen kann aber durch Vitamin C und andere organische Säuren deutlich verbessert werden. Empfehlenswert ist daher die Kombination von eisenreichen Lebensmitteln wie Vollkornprodukte, Hülsenfrüchte und Nüsse mit Vitamin C-reichen Lebensmitteln, wie Gemüse und Obst.

Sekundäre Pflanzenstoffe

Sekundäre Pflanzenstoffe sind bioaktive Substanzen, die zahlreiche gesundheitsfördernde Wirkungen entfalten. Wir nehmen sie vor allem über Gemüse, Obst, Vollgetreide, Kartoffeln und Hülsenfrüchte auf. Den Pflanzen dienen sie u. a. als Farb-, Duft-, Geschmacks- und Abwehrstoffe sowie zum Schutz vor UV-Strahlung. Als Begleitstoffe in unserer Nahrung regen sekundäre Pflanzenstoffe Appetit und Verdauung an, senken Blutdruck und Cholesterinspiegel und wirken entzündungshemmend. Carotinoide, Polyphenole, Phytoöstrogene und viele weitere Substanzen wirken der Krebsentstehung entgegen und schützen uns vor freien Radikalen (aggressive Stoffwechselprodukte).

Verzehrdaten von Vegetariern
Durch den reichlichen Verzehr von Gemüse und Obst nehmen Vegetarier meist deutlich mehr sekundäre Pflanzenstoffe auf als die Allgemeinbevölkerung. Das ist eine der Ursachen für den besseren Gesundheitsstatus von Vegetariern.

Wenn Kinder zu Vegetariern werden

Vielleicht kennen Sie ja auch das Problem, das manche Familien haben: eines oder mehrere der Kinder möchten sich vegetarisch ernähren – und in Teilen des Familien- und Bekanntenkrei-

ses sind spontan die unterschiedlichsten Bedenken da. Oder aber Sie selbst sind sich noch nicht so sicher, wie sinnvoll eine vegetarische Ernährung bei Kindern und Jugendlichen ist? Ich kann Sie beruhigen: Bei einer abwechslungsreichen vegetarischen Kost gedeihen Kinder und Jugendliche wie ihre nicht-vegetarischen Altersgenossen. Der durch das Wachstum erhöhte Nährstoffbedarf kann durch eine vollwertige vegetarische Ernährung leicht gedeckt werden, gleichzeitig ist das Risiko für Übergewicht dabei geringer. Das Ernährungsmuster vegetarischer Kinder ist oft sogar deutlich günstiger als das von Mischkost-Kindern: Sie essen mehr Gemüse und Obst und konsumieren weniger Fast Food und Limonaden. Die Aufnahme von Fett, gesättigten Fettsäuren, Cholesterin und Natrium (d. h. Salz) ist niedriger, die Aufnahme von Kohlenhydraten sowie einfach und mehrfach ungesättigten Fettsäuren höher. Auch die Versorgung mit den Vitaminen A (bzw. Beta-Carotin) und C, Folsäure und Kalzium lag bei vegetarischen Vorschul- und Schulkindern höher als bei nichtvegetarischen. Die Blutwerte an Eisen (Ferritin und Hämoglobin) und Zink sind bei vielen Schulkindern nicht optimal, niedrige Werte kommen bei vegetarisch ernährten Kindern jedoch häufiger vor. Auf eine ausreichende Zufuhr dieser kritischen Nährstoffe sollte daher besonders geachtet werden – und genau darauf gehe ich auf den nächsten Seiten daher auch noch ausführlich ein.

Teenager

Besonders im Teenageralter sind eine ausreichende Energiezufuhr und eine abwechslungsreiche Lebensmittelauswahl wichtig, da der Bedarf für einige Nährstoffe aufgrund des Wachstumsschubs ansteigt. Hierzu zählen vor allem Kalzium, Eisen und Zink. Mit einer vegetarischen Vollwert-Ernährung wie ich sie Ihnen in diesem Kapitel vorstelle, ist dies gut umsetzbar – Sie müssen sich also keine Sorgen machen, dass Ihre Kinder nicht ausreichend versorgt werden.

Vegane Ernährung – worauf muss man achten?

Veganer streichen alle tierischen Lebensmittel vom Speiseplan, vor allem aus ethischen Gründen. Richtig durchgeführt, ist eine vollwertige vegane Ernährung auch für Kinder und Jugendliche geeignet – und ebenso gesund wie eine vegetarische. Da auch Milch, Milchprodukte und Eier wegfallen, muss auf die ausreichende Zufuhr einzelner Nährstoffe jedoch mehr geachtet werden. Hier ist vor allem das Vitamin B_{12} von Bedeutung. Es kommt in nennenswerten Mengen nur in tierischen Lebensmitteln vor. Bei veganer Ernährung muss daher eine ausreichende Vitamin B_{12}-Versorgung (angereicherte Lebensmittel, Nahrungsergänzungsmittel oder Vitamin B_{12}-Zahnpasta) sichergestellt werden. Auch Vitamin B_2 (enthalten in Vollkornprodukten, Nüssen, Pilzen, Ölsaaten und Hülsenfrüchten) und Vitamin B_6 (in Walnüssen, Hülsenfrüchten, Vollgetreide und Bananen) werden von einigen Veganern zu wenig aufgenommen. Kalzium ist besonders wichtig für den Knochenaufbau von Kindern und Jugendlichen – viele Veganer sind nicht optimal versorgt. Gute pflanzliche Quellen sind Sesam und Sesammus (Tahin), Mandeln, Haselnüsse, »Sojafleisch«, Grünkohl, angereicherte pflanzliche Milchalternativen und kalziumreiches Mineralwasser. Und wie bei vegetarischer Ernährung sollte etwas mehr auf eine ausreichende Zufuhr von Eisen, Zink und Jod sowie von Omega-3-Fettsäuren geachtet werden.

Auf diese Nährstoffe sollten Veganer besonders achten

- Vitamin B_{12}
- Kalzium
- Eisen
- Zink
- Vitamin B_2
- Omega-3-Fettsäuren
- Jod

So sind alle gut versorgt

Nährstoffempfehlungen können ja manchmal etwas abstrakt sein – und genau um diese abstrakten Nährstoffempfehlungen in die Praxis umzusetzen, wurde eine vegetarische Ernährungspyramide entwickelt. Sie zeigt, welche Lebensmittelgruppen in welchen Mengen empfehlenswert sind.

Die Basis der Pyramide bilden ungesüßte Getränke. Es folgen die Lebensmittel, die besonders häufig verzehrt werden sollten: Gemüse und Obst, Vollkornprodukte und Kartoffeln, Hülsenfrüchte, Nüsse und Samen sowie pflanzliche Fette und Öle. An der Spitze stehen geringe Mengen an Milchprodukten und Eiern, die optional auch weggelassen werden können. Für Veganer wird auf eine Vitamin-B_{12}-Supplementierung hingewiesen. Körperliche Aktivität sowie Sonnenlicht (u. a. für die Bildung von Vitamin D!) sind ebenfalls wichtig für einen gesunderhaltenden Lebensstil.

Richtig trinken

Bevorzugte Getränke sollten energiearme bzw. -freie Getränke wie Wasser, ungesüßter Tee oder verdünnte Fruchtsäfte (Verhältnis Saft: Wasser = 1:3–4) sein.

Empfohlene Mengen sind nach Altersgruppen:

- 1–3 Jahre: ca. 300–700 ml pro Tag
- 4–6 Jahre: ca. 800 ml pro Tag
- 7–12 Jahre: ca. 1,1 L pro Tag
- ab 13 Jahren: ca. 1,3–1,7 L pro Tag

Dies sind Durchschnittswerte, die sich je nach Aktivität oder Lufttemperatur auch erhöhen können. Für die Praxis bedeutet das: Ihr Kind trinkt so viel, wie es trinkt. Es sollte kein Stress oder Druck aufgebaut werden. Am besten ist es, ein Vorbild zu sein und immer wieder gemeinsam mit dem Kind zu trinken.

Fünfmal am Tag Gemüse und Obst

Gemüse und Obst liefern viele wertvolle Inhaltsstoffe und gleichzeitig wenig Energie. Die Deutsche Gesellschaft für Ernährung empfiehlt täglich mindestens drei Portionen Gemüse und zwei Portionen Obst zu essen – egal ob jung oder alt. Die Portionsgröße kann dabei mit der Hand abgemessen werden: eine Portion entspricht einer Handvoll Gemüse oder Obst. Kinder haben kleinere Hände und dementsprechend kleinere Portionen als Erwachsene.

Sonnenlicht
(mindestens 15 min pro Tag)
...für Vitamin D
(in den sonnenarmen Monaten kann die Vitamin-D-Vesorgung durch entsprechend angereicherte Produkte oder Supplemente gesichert werden)

***Vitamin B$_{12}$**
Bei **veganer** Ernährung sollte die sichere Versorgung mit Vitamin B$_{12}$ durch entsprechend angereicherte Produkte (z.B. Sojamilch, Säfte, ...) und Supplemente abgesichert werden.

****Kalzium**
Bei **veganer** Ernährung sollten gezielt kalziumreiche pflanzliche Lebensmittel (z.B. dunkelgrünes Gemüse, Nüsse, Samen, ...), kalziumreiche Mineralwässer sowie mit Kalzium angereicherte Produkte verzehrt werden.

Körperliche Aktivität
(mindestens 30 min pro Tag)

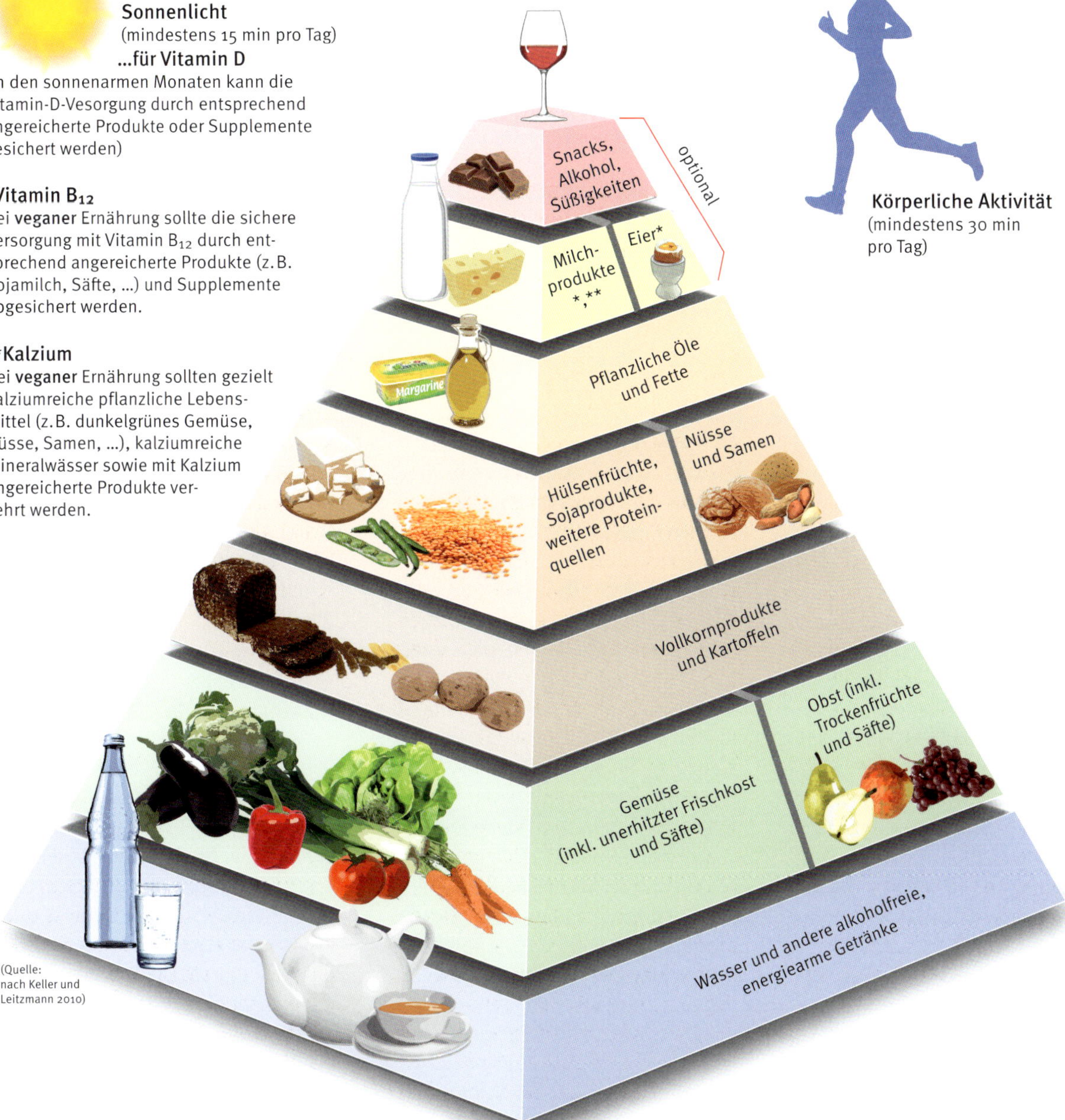

(Quelle: nach Keller und Leitzmann 2010)

In Gramm umgerechnet ergibt das ungefähr:

- 1–3 Jahre: 330–430 g/Tag
- 4–6 Jahre: 500–550 g/Tag
- 7–12 Jahre: 600–650 g/ Tag
- ab 13 Jahren: 700–750 g/Tag

Vollkornprodukte und Kartoffeln: die guten Sattmacher

Getreide ist der wichtigste Energie- und Proteinlieferant bei vegetarischer Ernährung. Vollgetreide versorgt uns außerdem mit Kohlenhydraten, Ballaststoffen, B-Vitaminen, Mineralstoffen, sekundären Pflanzenstoffen und mehrfach ungesättigten Fettsäuren. All diese Nährstoffe stecken besonders im Keim und den Randschichten des Getreidekorns – daher sind Vollkornprodukte den niedrig ausgemahlenen Weißmehlprodukten vorzuziehen. Die frühe Einführung von Vollgetreide hat den Vorteil, dass sich das Kind an den Geschmack sowie dessen Verdauungssystem an die Verstoffwechselung gewöhnt. Wichtig dabei ist gutes Kauen, damit alle wertvollen Inhaltsstoffe aufgenommen werden. Dies bietet nicht nur ein besseres Geschmackserlebnis, sondern fördert auch die Entwicklung des Kiefers und der Zähne. Die enthaltenen Ballaststoffe sorgen für eine gute Verdauung und helfen, Verstopfungen vorzubeugen.

Kartoffeln liefern ebenfalls Proteine und Kohlenhydrate und sind eine wichtige Quelle für B-Vitamine, Vitamin C und verschiedene Mineralstoffe. Sie sollten möglichst gering verarbeitet und abwechselnd zu Vollkornprodukten verzehrt werden.

Was kommt aufs Brot?

Neben einer großen Auswahl an Frisch- und Schnittkäse sowie süßen Brotaufstrichen gibt es eine große Vielfalt an pflanzlichen Brotaufstrichen sowie Wurstalternativen (z. B. vegane Salami). Noch besser sind selbstgemachte Getreide-, Kartoffel- oder Gemüseaufstriche (siehe Rezepte S. 30 bei Abendessen). Auch Nussmuse (z. B. Mandelmus), bevorzugt ungesüßt, und Sesammus (Kalzium) sind empfehlenswert. Abwechslung bringen zudem Bananenscheiben, Avocadostreifen oder Tomatenwürfel aufs Brot.

Wie viel Getreide pro Tag?

Empfehlenswert sind 2–3 Mahlzeiten pro Tag:

- 1–3 Jahre: 80–120 g + 90 g Kartoffeln
- 4–6 Jahre: 170 g + 130 g Kartoffeln
- 7–12 Jahre: 230 g + 170 g Kartoffeln
- ab 13 Jahren: 350 g + 250 g Kartoffeln

Welche Getreideprodukte?

Empfehlenswert ist:

- Brot und Backwaren aus 100 Prozent Vollkornmehl
- Vollkornreis und Vollkornnudeln
- Hirse, Quinoa, Buchweizen, Grünkern und weitere Vollkornprodukte
- ungesüßte Vollkornflocken

Hülsenfrüchte, Tofu & Co.

Hülsenfrüchte liefern viel Protein sowie komplexe Kohlenhydrate, Ballaststoffe, Mineralstoffe, Vitamine und sekundäre Pflanzenstoffe. Zudem haben sie eine hohe Sättigungswirkung. Traditionelle asiatische Fleischalternativen wie Tofu, Tempeh und Seitan liefern vor allem pflanzliches Protein. Sie können auf vielfältige Weise zubereitet werden. Aber auch daraus hergestellte Produkte wie Tofu-Burger oder Seitan-Würstchen bieten eine Bereicherung des Speiseplans – und sind gerade bei Kindern sehr beliebt. Auch hier sollten Bio-Produkte bevorzugt werden, da sie keine Farbstoffe, Süßstoffe oder isolierte Geschmacksverstärker (z. B. Glutamat) enthalten dürfen.

Wie viel davon?

Hülsenfrüchte

- 1–2 x pro Woche je 100 g (gekocht; entspricht 40-60 g Rohware), auf Wunsch auch öfter

Sojaprodukte, Seitan usw.:

- 1–6 Jahre: 50–70 g/Tag
- ab 7 Jahren: 50–150 g/Tag

Nüsse und Ölsamen: gesunde Kerne

Trotz ihres hohen Energiegehalts sind Nüsse, Nussmuse und Ölsamen sehr zu empfehlen. Zum einen enthalten sie günstige Fettsäuren und weitere wertgebende Inhaltsstoffe, wie Protein, Folat, Vitamin E, Eisen, Zink, Ballaststoffe und sekundäre Pflanzenstoffe. Sesam und Sesammus sind besonders reich an Kalzium. Zum anderen zeigen Studien, dass auch reichlicher Nussverzehr – anders als lange Zeit angenommen – nicht zur Gewichtszunahme führt.

Wie viel davon?
Empfehlenswert ist:
- 1–6 Jahre: 15–30 g/Tag (1–3 Jahre: in zerkleinerter Form, z.B. als Mus oder gemahlen)
- ab 7 Jahren: 30–60 g/Tag

Öle und Fette

Pflanzliche Öle sind tierischen Fetten vorzuziehen, denn sie enthalten deutlich mehr einfach und mehrfach ungesättigte Fettsäuren, dafür aber weniger gesättigte Fettsäuren. Öle mit einem hohen Gehalt an Omega-3-Fettsäuren, wie Lein-, Raps-, Hanf- oder Walnussöl, sollten in unerhitzter Form täglich auf dem Speiseplan stehen. Da Vegetarier oft ein ungünstiges Verhältnis von Omega-6- zu Omega-3-Fettsäuren aufweisen, sollten Omega-6-Fettsäure-reiche Öle (z.B. Distel-, Sonnenblumen- und Maiskeimöl) weniger verwendet werden. Standardöl für die warme Küche ist Olivenöl, zum Braten können Kokosfett oder ölsäurereiches Bratöl verwendet werden. Alle Öle sollten kaltgepresst und nativ sein.

Wie viel davon?
Empfehlenswert ist:
- 1–3 Jahre: 15–20 g/Tag (1–2 Esslöffel)
- 4–6 Jahre: 25 g/Tag (2 Esslöffel)
- 7–12 Jahre: 30 g/Tag (2–3 Esslöffel)
- ab 13 Jahren: 40–45 g/Tag (3–4 Esslöffel)

Milchprodukte und Eier: maßvoll genießen

Milchprodukte bieten Protein, Kalzium, Vitamin B_2 und B_{12}. Etwa 300 bis max. 400 ml Milch und Milchprodukte decken einen Großteil des Kalziumbedarfs von Kindern und Erwachsenen. Zuviel sollte es jedoch nicht sein, denn hoher Milchkonsum im frühen Kindesalter erhöht das Risiko für späteres Übergewicht.

Eier enthalten Protein, Vitamine (u.a. A, D, B_{12}) und Eisen. Sie liefern jedoch auch unerwünschte Inhaltsstoffe wie gesättigte Fettsäuren und Cholesterin, weshalb Eier nur in Maßen (1 bis 2 Eier pro Woche) verzehrt werden sollten.

Welche Milchprodukte?
Empfehlenswert ist:
- pasteurisierte Milch (3,5% Fett)
- pasteurisierter Joghurt (3,5% Fett)
- Joghurt und Dickmilch ersetzen Milch 1:1
- naturbelassener Käse (Schnittkäse, Hartkäse, Weichkäse, Frischkäse)
- 100 ml Milch können durch 10 g Parmesan, 15 g Schnittkäse oder 30 g Weichkäse ausgetauscht werden

»Extrawurst« für Vegetarier?

Man benötigt keine speziellen Lebensmittel, um sich vegetarisch zu ernähren. Üblicherweise erweitert man jedoch seine Lebensmittelauswahl durch mehr Gemüse und Obst, Vollkornprodukte, Hülsenfrüchte sowie Nüsse und Ölsamen. »Exotische« Lebensmittel wie Quinoa, Maniok oder Algen liefern neue Geschmackerlebnisse. Aber auch Produkte auf Soja- oder Weizenproteinbasis, wie Tofu, Tempeh und Seitan, bieten eine willkommene Ergänzung der vegetarischen Vollwert-Küche. Sie haben den Vorteil, dass sie nach Belieben weiter zubereitet und vielfältig variiert werden können. Gelegentlich dürfen auch (Halb)Fertigprodukte wie Tofuwürstchen, Seitanhacksteaks oder Lupinengeschnetzeltes auf dem Speiseplan stehen. Milch und Milchprodukte können problemlos durch pflanzliche Alternativen auf der Basis von Soja, Hafer, Dinkel, Reis, Cashewnüssen, Mandeln und anderen Nüssen ersetzt werden – am besten selbstgemacht. Aber auch fertige Pflanzendrinks, -joghurt oder -sahne können verwendet werden. Wie bei den Fleischalternativen sollte auf Bio-Qualität geachtet werden, um unnötige Zusatzstoffe und Geschmacksverstärker zu vermeiden.

Küchenmanagement

Die Gefahr, sich den Tag über zu verzetteln oder vor lauter Stress im Job täglich zu Fertigprodukten zu greifen, ist sehr groß. Teilen Sie sich die Arbeit ein – Reis oder Hülsenfrüchte kochen prima nebenher und auch andere Küchenarbeiten wollen gemanagt werden. So haben auch Eltern mit wenig Zeit die Chance, ihre Kinder und sich mit einem frisch gekochten Essen und ohne Fertigprodukte zu verwöhnen.

Werfen Sie einen Blick auf den Aufbewahrungstipp – hier sehen Sie, wie lange Sie die Lebensmittel bzw. die Gerichte aufbewahren können, ob sie sich einfrieren lassen oder ob Sie die Gerichte gleich in doppelter Menge zubereiten für den nächsten Tag. So haben Sie nur halb so viel Arbeit und können praktisch für den nächsten Tag oder die nächste Woche mitkochen.

Die Rezepte in diesem Kochbuch sind immer für vier Personen berechnet, wenn Sie also mittags zu zweit sind, reicht es auch noch für den nächsten Tag.

- Gemüse direkt nach dem Einkauf vorputzen und entsprechend verpackt kühl aufbewahren.
- Blattsalate im ganzen Blatt waschen, trocknen, verpacken und kühl aufbewahren.
- Salatsauce (ohne rohe Zwiebel) für 1 Woche anfertigen und im Schraubglas aufbewahren.
- Vollkornreis, Hirse, Bulgur, etc. während der Zeit des Frühstücks kochen, bis zum Mittag ausquellen lassen.
- Hülsenfrüchte abends einweichen, zur Frühstückszeit kochen, bis zum Mittag ausquellen lassen.
- Kartoffeln, Nudeln, Reis gleich für 2 Tage kochen und kühl aufbewahren.
- Backlinge, Nudelsaucen, Gemüsebrühe, Gemüsewaffeln, Pizzaböden, etc. gleich in größeren Mengen zubereiten und einfrieren.

Versäumen Sie es nicht, die Arbeiten in der Küche auch auf andere Familienmitglieder aufzuteilen. Kleine Kinder können weiche Gemüsearten schon gut schneiden, größere lieben es zu rühren, und bestimmt lässt sich auch Ihr(e) Partner(in) einspannen. Gemeinsam am Tisch essen heißt auch, gemeinsam den Weg dorthin zu bestreiten.

Kochen wie die Profis

Manch ein Hobbywerkraum im Keller ist leider besser ausgestattet als die Küche in der Wohnung. Dabei gibt es einige wichtige Küchenhelfer, mit denen Sie Zeit und Mühe sparen und gleichzeitig die Lebensmittel besonders schonend behandeln.

Diese Utensilien sollten Sie sich gönnen:

- mindestens 3 auf die Größe der Herdplatten abgestimmte Töpfe mit gut schließendem Deckel
- Großraumpfanne mit Deckel, eine beschichtete Pfanne, eine kleine Pfanne
- Sparschäler
- Schneebesen mit fester Spange
- 5 kleine Küchenmesser mit und ohne Spitze
- 1 großes Schneidemesser, 1 Brotmesser
- 2 große Schneidebretter, 3 kleine Schneidebretter
- Salatschleuder
- Messbecher
- Haushaltswaage
- Pürierstab/Turbomixer
- Küchenmaschine mit Gemüseraspelvorrichtung
- Auflaufformen mit Deckel zum Einfrieren
- Dosen, verschiedene Größen, zum Aufbewahren und Einfrieren

Wenn Sie eine neue Küche planen, sollten Sie die Anschaffung eines Dampfgarers als Einbau- oder Standgerät überdenken. Ein praktisches Gerät, das den Kochalltag in einer Familie auf gesündeste Art und Weise enorm erleichtert! Im Dampfgarer könenn Sie nicht nur Gemüse hervorragend bissfest und nährstoffschonend garen, sondern auch Hülsenfrüchte und Getreide optimal garen. Auch ein Kühlschrank mit sog. Klimazonen ist praktisch. Hier bleibt Gemüse besonders lange frisch.

Der oben aufgelistete Turbomixer ist besonders in der veganen Küche ein Muss. Die im Turbomixer zubereiteten pflanzlichen Milchen, Cremes und Brotaufstriche werden besonders fein püriert und bieten dadurch ein besonderes Geschmackserlebnis.

Zeitmanagement

Wie Sie bei der täglichen Arbeit in der Küche Zeit gewinnen und Energie sparen:

- »Mise en place«: Das Rezept in Ruhe durchlesen und alle Zutaten und Küchengeräte der Reihenfolge nach zurechtlegen.
- Bitte scharf: Messer und Schäler sollten geschärft sein.
- Schön groß: Ein großes Brett und ein großes Messer machen jedes Gemüse schneller klein.

WWW: Welche Lebensmittel darf man wo und wie lange aufheben?

Produkt	Wie?	Wo?	Wie lange?
frische Milch	Originalverpackung	Kühlschrank	5 Tage
Joghurt, Quark, Dickmilch	Originalverpackung	Kühlschrank	10–14 Tage
Butter	Originalverpackung oder Butterdose	Kühlschrank	14 Tage
Käse	spezielles Käsepapier oder Dosen	Kühlschrank	14 Tage
Parmesan	Küchenhandtuch	Kühlschrank	mehrere Monate
Eier	Eierfach oder -karton	Kühlschrank	3 Wochen
Brot oder Brötchen	Brotkasten oder -dose oder Papiertüte und lockere Plastiktüte	Zimmertemperatur	2–14 Tage
festes Gemüse (das Blattgrün entfernen, Möhren und Spargel in ein feuchtes Küchenhandtuch einwickeln)	Gemüsefach, Dosen	Kühlschrank	bis zu 14 Tage
Tomate, Gurke, Paprika,			
Aubergine, Zucchini, Kürbis	Gemüseschale	Zimmertemperatur	1 Woche
Blattsalate, Spinat (im ganzen Blatt gewaschen und getrocknet	spezielle Dosen, dünne Tüten	Kühlschrank	5–7 Tage
Apfel, Birne, Zitrusfrüchte	Obstschale	Zimmertemperatur	3–5 Wochen
Beeren	Dose oder Schüssel, abgedeckt	Kühlschrank	1–2 Tage

- Wasserkocher im Einsatz: Einen großen Topf auf den Herd stellen und kochendes Wasser aus dem Wasserkocher einfüllen. Übrigens: Je größer der Topf, desto schneller wird alles warm.
- Zugedeckt: Energie sparen und Garzeit reduzieren mit einem gutschließenden Deckel. Auch zu viel Rühren verlängert die Garzeit.
- Vorheizen: Rechtzeitig den Backofen anstellen und gleich schieben.
- Tisch decken und aufräumen: Während der Geh-, Steh-, und Garzeiten den Tisch decken, die Küche aufräumen und spülen.

Frühstück

Wir können zwar nicht die Weisheit mit Löffeln essen, dennoch zeigt sich immer wieder, dass Produktivität und Lernbereitschaft maßgeblich von einer regelmäßigen und ausgewogenen Nahrungs- und Flüssigkeitsaufnahme abhängen.

Da in der Nacht während des Schlafes die Kalorien verbraucht werden, sind am Morgen die Energiereserven aufgezehrt (das englische Wort »breakfast« für Frühstück heißt wörtlich »Fasten brechen«!). Der Körper braucht neue Energie, um die Anstrengungen des Tages gut zu bewältigen. So sollten das erste und zweite Frühstück ca. 35 Prozent des Tagesbedarfs an Energie und Nährstoffen ausmachen. Das Mittagessen und der Nachmittagssnack liefern dann wieder 40 Prozent und das Abendessen die restlichen 25 Prozent der Gesamtenergie.

Was man für ein gutes Frühstück braucht

Sie kennen das selbst: Bis die ganze Familie geweckt, gewaschen und angezogen ist, bleibt für das Frühstück wenig Zeit. Die Erwachsenen verbrennen sich den Mund am Kaffee und für die Kinder bleiben die 3 Euro für den Einkauf beim Bäcker oder Schulkiosk. Aber ein Tag, der mit Hektik beginnt, an dem die Energie- und Nährstoffspeicher nicht adäquat aufgefüllt worden sind, verspricht kein guter Tag zu werden!
Ein Frühstück will organisiert sein. Am Abend vorher kann der Tisch gedeckt (Teller, Tassen und evtl. die Müslibar) und die Kaffeemaschine präpariert werden, das Gemüse und Obst gewaschen, Brot und Käse geschnitten und gut verpackt sowie die Butterbrotdosen vorbereitet sein. Jetzt stellt sich nur noch die Frage, und diese ist sicherlich abhängig vom Alter der Kinder, wer was und wann übernimmt und schon stehen 20 Minuten für ein gemeinsames Frühstück zur Verfügung. Hier zeigt die Erfahrung, dass selbst der überzeugteste Frühstücksmuffel irgendwann zu einer Tasse, einem Glas Milch oder ein paar Apfelschnitzen greift.

1. **Getränke:** Ob Wasser, Tee oder Saft, ob kalt oder warm, 150–250 ml sollten es sein.
2. **Obst und Gemüse:** Eine Hand voll, 100–150 g roh und frisch, am Stück, geschnitten, geraspelt oder püriert.
3. **Getreide:** Ob Weizen, Dinkel, Roggen oder Hafer, als Brot, Müsli oder gekochter Getreidebrei, Vollkorn sollte es sein. 100–150 g Brot bzw. 40–80 g Flocken.
4. **Milch und Milchprodukte:** Milch, Joghurt oder pflanzliche Alternativen, ca. 200 ml, naturbelassen und ungesüßt. 30 g Bergkäse sind auch eine Möglichkeit.
5. **Zeit nehmen und Arbeiten verteilen:** 20 Minuten fürs Frühstück wären prima!

Getreide-Frucht-Milch

optional vegan

Für 4 Personen

5 Min.

400 g Früchte der Saison oder ungesüßte TK-Früchte · 600 ml Milch oder pflanzliche Milch · 200 ml Joghurt oder pflanzlicher Joghurt · 60 g Haferflocken · Mineralwasser

- Alles pürieren und mit Mineralwasser verdünnen.

Das passt dazu: Vollkornzwieback

Möhrenmilch vegan

vegan

Für 4 Personen

5 Min.

200 g Seidentofu · 500 ml pflanzliche Milch · 300 ml Apfelsaft · 300 ml Möhrensaft · 2 EL Zitronensaft · 1–2 EL Raps- oder Leinöl · Agavendicksaft

- Alle Zutaten pürieren und mit Agavendicksaft abschmecken.

Das passt dazu: Vollkornknäckebrot mit Margarine und Bananenscheiben

Crunchy-Müsli

vegan

Für 4 Personen

20 Min.

80 g Kokosöl · 50 g Mandeln · 300 g Haferflocken, Großblatt · 40 g Vollrohrzucker · 1 Msp. Vanille · 1 Msp. Zimt

- Backofen auf 200 Grad vorheizen.
- Kokosöl schmelzen, Mandeln fein hacken, alle Zutaten miteinander vermischen und auf ein mit Backpapier ausgelegtes Backblech geben. Ca. 10 Min. goldbraun backen.
- Abkühlen lassen, evtl. zerbröseln und in einem Schraubglas aufbewahren.

Möhrenmilch

Für 4 Personen

5 Min.

220 ml Milch · 500 ml Buttermilch · 250 ml Apfelsaft · 300 ml Möhrensaft · 1 EL Raps- oder Leinöl · Zitronensaft · Honig

- Alle Zutaten pürieren und mit Zitronensaft und Honig abschmecken.

Das passt dazu: Vollkornknäckebrot mit Butter und Bananenscheiben

Müslibar

optional vegan

Für 4 Personen

10 Min.

Haferflocken · Hirseflocken · Dinkelflocken · Sesam · Sonnenblumenkerne · Mandeln (gehackt) · Kokoschips · Rosinen · Cranberries · Apfelringe

- Alle Zutaten getrennt voneinander in Gläser füllen und auf den Tisch stellen.
- Obstsalat oder püriertes Obst, Milch, Joghurt, Buttermilch oder Sojamilch, Haferdrink bzw. Saft dazu servieren.
- So kann sich jeder in der Familie sein individuelles Müsli zusammenstellen und genießen.

Streifenmüsli aus dem Glas

Für 4 Personen

10 Min.

250 g Milch · 50 g Polenta · 250 g Quark · 1 Msp. Vanille · 300 g Beeren, frisch oder TK · 1 Banane · 4 EL Crunchy-Müsli zum Dekorieren

- Milch mit Polenta aufkochen, 2–3 Min. unter Rühren köcheln, von der Herdplatte nehmen und den Quark einrühren. Mit Vanille abschmecken.
- Beeren mit der Banane pürieren, Polenta und Fruchtmus abwechselnd in 4 großen Gläsern schichten und mit Crunchy-Müsli bestreuen.

Süßes Brot

Für 4 Personen
10 Min.

4–8 Scheiben Weizenvollkornbrot · Butter · Honig · ca. 100 g Quark · 20–30 g Kokoschips · 400 g Obst der Saison

- Brot zuerst mit Butter, dann mit Honig und Quark bestreichen. Mit Kokoschips bestreuen.
- Obst waschen und in mundgerechte Stücke schneiden.

Porridge

optional vegan
Für 4 Personen
10 Min.

200 g Haferflocken, Kleinblatt · 1 l Milch oder pflanzliche Milch · 400 g frisches Obst

- Alle Zutaten miteinander cremig kochen und mit klein geschnittenem frischem Obst servieren.

Mandel-Porridge

vegan
Für 4 Personen
10 Min.

160 g Haferflocken, Kleinblatt · 2 EL Rosinen · 3 EL weißes Mandelmus · 2 EL Leinöl · 4 EL Buchweizen · 400 g frisches Obst

- Haferflocken mit 800 ml Wasser und Rosinen cremig kochen. Mandelmus und Leinöl einrühren.
- Buchweizen in einer Pfanne trocken rösten, über das Mandel-Porridge streuen und mit kleingeschnittenem frischen Obst servieren.

Frischkornmüsli

optional vegan
Für 4 Personen
12 Stunden Einweichzeit + 10 Min.

100 g Dinkel · 300 g Joghurt oder pflanzlicher Joghurt · 500 g Obst der Saison · 40 g Nüsse oder Samen · 100 g Dinkelkeimlinge

- Dinkel grob schroten und 8–12 Stunden mit Wasser bedeckt einweichen.
- Joghurt einrühren, Obst waschen, evtl. schälen, entkernen, raspeln oder klein schneiden und unterrühren.
- Nüsse oder Samen hacken und untermischen und mit Dinkelkeimlingen bestreut servieren.

Herzhaftes Brot

vegan
Für 4 Personen
10 Min.

1 Avocado · Kräutersalz · Zitronensaft · 4 Tomaten · ½ Salatgurke · 4–8 Scheiben Roggenvollkornbrot

- Avocado mit einer Gabel zerkneten und mit Kräutersalz und Zitronensaft abschmecken. Tomaten und Gurke waschen und in Scheiben schneiden.
- Brote mit der Avocadocreme bestreichen und mit Tomaten und Gurkenscheiben belegen.

Schokoaufstrich

optional vegan
Für 4 Personen
10 Min.

150 g Butter/Margarine · 100 g Haselnussmus · 50 g Mandelmus · 2–3 EL Kakao · Agavendicksaft/Zucker · Vanille

- Margarine mit dem Handrührgerät schaumig aufschlagen. Haselnuss- und Mandelmus einrühren. Kakao darüber sieben und verrühren.
- Mit Agavendicksaft und Vanille abschmecken. Hält sich bis zu 4 Wochen im Kühlschrank.

Möhren-Frischkäse

optional vegan
Für 4 Personen
10 Min.

150 g Möhren · 200 g Frischkäse oder pfl. Frischkäse · 50 g Mandeln, gemahlen · Kräutersalz · Zitronensaft · frische Kräuter

- Möhren waschen und sehr fein raspeln und mit Frischkäse und Mandeln gut verrühren. Mit den Gewürzen abschmecken.

Pflaumenaufstrich

vegan
Für 4 Personen
4 Stunden Einweichzeit + 10 Min. Zubereitungszeit

150 g getrocknete Pflaumen · 150 ml Apfelsaft · 150 g Cashewkerne/Mandeln · 50–100 ml pflanzliche Sahne · Agavendicksaft · Zimt · Zitronensaft · Zitronenabrieb

- Pflaumen klein schneiden und 4 Stunden in dem Saft einweichen.
- Nüsse trocken in einer Pfanne rösten, grob hacken und mit Pflaumen und Sahne fein pürieren. Mit den Gewürzen abschmecken.

Zwiebel-Hafer-Aufstrich

vegan
Für 4 Personen
20 Min.

140 g Zwiebel · 70 g Kokosöl · 220 ml Gemüsebrühe · 10 g frische Hefe · 2 EL Haferflocken · 2 EL Paniermehl · 1 EL Majoran · 2 EL Haferflocken

- Zwiebel abziehen, sehr fein würfeln, Kokosöl schmelzen und Zwiebel darin 10 Min. glasig dünsten.
- Gemüsebrühe und Hefe aufkochen und mit Zwiebeln, Haferflocken und Paniermehl fein pürieren. Anschließend Majoran und 2 EL Haferflocken unterrühren.

Erdbeer-Aprikosen-Marmelade

vegan
Für 4 Personen
4 Stunden Einweichzeit + 10 Min. Zubeitungszeit

100 g Aprikosen, getrocknet · 100 ml Apfelsaft · 300 g Erdbeeren/Himbeeren

- Aprikosen klein schneiden und im Apfelsaft mindestens 4 Stunden einweichen.
- Erdbeeren, waschen, trocknen und mit eingeweichten Aprikosen zusammen pürieren.

Abendessen

Die Brotmahlzeit am Abend hat in Deutschland Tradition. Kein Wunder, in einem Land mit über 300 verschiedenen Brotsorten und einer Riesenauswahl an Wurst und Käse!

Doch Brote aus Auszugsmehl wie Weißbrot und Graubrot sättigen nicht gut, liefern wenig Nähr- und Ballaststoffe, Wurst und Käse aber jede Menge tierische Fette und Salz.
Das Abendessen bietet eine gute Gelegenheit, kurz zu reflektieren, was heute schon gegessen wurde:

- Gab es heute schon 5-mal Gemüse und Obst?
- 4- bis 5-mal Vollkorngetreideprodukte, Brot, Flocken, Reis oder Nudeln?
- 2-mal Milchprodukte, pflanzliche Milch, Tofu oder Hülsenfrüchte?
- Und was ist mit der Flüssigkeitsaufnahme?

Die Antworten auf diese Fragen bilden dann die Grundlage für die Essensauswahl, ergänzt durch kleine Reste von mittags und abgestimmt auf die Jahreszeit. Im Sommer kühlt und erfrischt uns die Rohkostplatte mit Dip oder mariniertes Gemüse mit Fladenbrot und Aufstrichen und einem Glas Wasser, im Winter hingegen freuen wir uns auf eine warme Suppe oder einen Gemüseauflauf und einen Tee am Abend! Übrigens: In Frankreich, Italien und Spanien ist es üblich, zweimal warm zu essen, in der Regel wird dadurch sehr viel mehr Gemüse gegessen und preiswerter ist es ohnehin. Im großen Rezeptteil des Buches finden Sie in jeder Woche eine Anregung für eine Kleinigkeit für den Abend – immer aus den Resten oder zusätzlich mitgekochten Zutaten der Mittagsmahlzeit.
Vielleicht essen Sie aber auch die warme Mahlzeit am Abend, dann gelten die Ideen der folgenden Seiten für die Mittagsmahlzeit, ob unterwegs oder zu Hause. Hier finden Sie auch Ideen für Brotaufstriche, die für Abwechslung sorgen und weniger oder gar keine tierischen Fette, Eiweiße und Salz enthalten.

Pesto-Dip

optional vegan
Für 4 Personen
10 Min.

1 Bund Bärlauch oder Rucola oder Basilikum · 120 g Walnüsse, Pinienkerne oder Mandeln · 100 ml Rapsöl oder Olivenöl · Zitronensaft · Salz · Pfeffer · evtl. 150 g Joghurt oder pflanzlicher Joghurt

- Alle Zutaten pürieren, abschmecken und in ein Schraubglas füllen, mit Öl bedeckt im Kühlschrank aufbewahren.
- Evtl. 150 g Joghurt mit 2 EL Pesto verrühren und als Dip für aufgeschnittenes Gemüse servieren.

Möhrenwaffeln

Für 4 Personen
30 Min.

50 g flüssige Butter · 1 Ei · 250–300 ml Milch · 1 TL Kräutersalz · 300 g Möhren · 100 g Polenta · 100 g Weizenvollkornmehl

- Butter, Ei, Milch und Kräutersalz gut verquirlen. Möhren waschen, bürsten, evtl schälen, fein raspeln und unter die Ei-Milch-Masse geben.
- Polenta und Mehl unterrühren und den Teig 15 Min. quellen lassen. Waffeleisen vorheizen und Waffeln ausbacken.

Rote-Bete-Creme

vegan
Für 4 Personen
10 Min.

500 g Rote Bete, gegart · 80 g Mandeln · 80 g Walnusskerne · 2 Knoblauchzehen · 70 ml Olivenöl · 30 ml Walnussöl · 1 Zitrone, Saft · Salz · Agavendicksaft

- Rote Bete abziehen und mit Mandeln und Walnüssen im Standmixer fein pürieren.
- Knoblauchzehen fein würfeln und mit Olivenöl, Walnussöl, Zitronensaft unter die Creme rühren. Evtl. etwas Wasser hinzufügen. Mit Salz und Agavendicksaft abschmecken.

Getreide-Brotaufstrich

vegan
Für 4 Personen
20 Min.

1 kleine Zwiebel · 30 g Getreide, Grieß oder Schrot · ca. 120 ml Wasser, Gemüsesaft oder –brühe · ca. 100–150 g Gemüse/Obst · 1 EL Oliven- oder Rapsöl · Gewürze (z. B. Salz, Pfeffer, Kräuter, Curry, Muskat, Paprika)

- Zwiebel abziehen, sehr fein würfeln und mit Getreide zusammen in einem Topf ohne Fettzugabe leicht anrösten. Flüssigkeit dazugießen und unter ständigem Rühren 2–3 Min. köcheln lassen.
- Getreidemasse zugedeckt ausquellen und auskühlen lassen. Gemüse und/oder Obst in wenig Wasser bissfest dünsten bzw. dämpfen, pürieren und mit Öl unter die Getreidemasse ziehen. Mit den Gewürzen abschmecken.

Gelungene Kombinationen: Grünkern, Sellerie, Apfel, Majoran; Reis, Möhre, Curry, Petersilie; Polenta, Zucchini, Tomatenmark, Basilikum; Dinkelgrieß, Aubergine, Knoblauch, Feta; Hirse, Sauerkraut, Apfel, Kümmel; Haferflocken, Trockenfrüchte, Haselnüsse (dann keine Zwiebel verwenden); Dinkelgrieß, Pflaumen, Zimt (dann keine Zwiebel verwenden)

Tipp: Der Brotaufstrich ist 3–5 Tage in einem heiß ausgespülten Schraubglas im Kühlschrank haltbar. Sie können ihn auch portionsweise einfrieren.

Kartoffel Brotaufstrich

optional vegan
Für 4 Personen
15 Min.

100 g gekochte Kartoffeln · 100 g saure Sahne, Quark, Joghurt oder pflanzlicher Joghurt · 1–2 EL kalt gepresstes, natives Öl · 50 g Gemüse · Zwiebeln · Gewürze (z. B. Salz, Pfeffer, frische Kräuter, Paprika)

- Kartoffeln mit einer Gabel gut zerdrücken, saure Sahne und Öl unterziehen und alles zusammen zu einer homogenen Masse verarbeiten.
- Gemüse und/oder Zwiebeln waschen, evtl. schälen, sehr fein raspeln oder würfeln und zu der Kartoffelmasse geben. Mit den Gewürzen kräftig abschmecken.

Gelungene Kombinationen: Quark oder Seidentofu, Leinöl, Zwiebel, Paprika; Joghurt, Olivenöl, Salatgurke, Knoblauch; saure Sahne, Rapsöl, Apfel, Meerrettich; Quark oder Seidentofu, Rapsöl, Radieschen, Kresse; saure Sahne, Olivenöl, Rucola, getrocknete Tomaten; Ziegenfrischkäse, Olivenöl, Schnittlauch

Tipp: Der Brotaufstrich hält sich 1 Tag im Kühlschrank, wenn Sie das Gemüse bzw. die Zwiebel roh verwenden. Mit vorher gedünstetem Gemüse beträgt die Haltbarkeit 3–4 Tage im Kühlschrank. Der Brotaufstrich eignet sich nicht zum Einfrieren!

Paprika-Macadamia-Dip

vegan
Für 4 Personen
60 Minuten

2 Paprika, rot · 2 Knoblauchzehen · 70 g Macadamianüsse · 4 EL Olivenöl · Salz · Pfeffer · Zitronensaft

- Backofen auf 180 Grad Ober-/Unterhitze vorheizen.
- Paprika waschen, halbieren, entkernen. Paprikahälften auf ein mit Backpapier ausgelegtes Backblech mit der Schnittstelle nach unten legen und auf der obersten Schiene im Backofen 30–40 Min. backen, bis die Paprikahaut leichte Blasen wirft.
- Frisches Küchenhandtuch nass machen und sofort nach dem Herausnehmen der Paprika das Handtuch fest auf diese legen. Nach 10 Min. lässt sich die Paprikahaut leicht ablösen.
- Knoblauch abziehen und mit Paprika, Macadamianüssen und Olivenöl pürieren. Mit Salz, Pfeffer und Zitronensaft abschmecken.

Tipp: Der Dip hält sich 5 Tage im Kühlschrank.

Haselnuss-Pilz-Creme

vegan
Für 4 Personen
20 Min.

10 g getrocknete Steinpilze · 800 g Crèmechampignons · 1 Zwiebel · 1 EL Olivenöl · 100 g Haselnüsse · Olivenöl · Salz · Pfeffer · Zitronensaft · Majoran

- Steinpilze in etwas Wasser einweichen. Champignons mit Küchenkrepp säubern, den unteren Stielansatz knapp abschneiden und vierteln. Zwiebel abziehen, würfeln. Öl in einer Pfanne mit 1 EL Wasser erhitzen, Pilze darin kräftig anbraten, bis die Flüssigkeit verdampft ist.
- Zwiebel und Steinpilze mit der Flüssigkeit dazugeben und so lange offen garen, bis die Flüssigkeit verdampft ist. Haselnüsse in einer Pfanne trocken rösten, grob hacken. Pilze mit Haselnüssen cremig pürieren, evtl. etwas Öl hinzufügen und mit den Gewürzen abschmecken.

Möhren-Walnuss-Brot

vegan
1 Brot
120 Min. Gehzeit + 15 Min. Arbeitszeit

1 Würfel Hefe · 1 TL Salz · 200 g Möhre · 150 g Walnusskerne · 500 g Dinkelvollkornmehl · 1 TL Koriander, gemahlen · Kokosfett

- Hefe in 300 ml lauwarmem Wasser auflösen, Salz hinzufügen. Möhren waschen und fein raspeln. Zusammen mit Walnüssen, Mehl und Koriander in das Wasser mit einem Kochlöffel einrühren. 10 Min. mit der Hand oder 7 Min. mit der Küchenmaschine zu einem geschmeidigen Teig kneten. Evtl. etwas Wasser oder Mehl zugeben.
- Zugedeckt an einem warmen Ort ca. 30–45 Min. gehen lassen, bis sich das Volumen verdoppelt hat. Teig noch einmal kräftig durchkneten, formen und in eine mit Kokosfett ausgefettete Kastenform geben. Teig an der Oberseite einschneiden und 15 Min. gehen lassen.
- Backofen auf 220 Grad vorheizen. Brot in den Ofen geben und nach 15 Min. die Temperatur auf 180 Grad absenken und weitere 45 Min. backen.
- Brot auf einem Gitter auskühlen lassen.

Dreierlei Tofu

vegan

Für 4 Personen

15 Min.

400 g Tofu, Natur · 2 EL Olivenöl · 1 TL Kurkuma · ½ TL Salz · 100 g Räuchertofu · 1 E Olivenöl · 250 g Seidentofu · Pfeffer · Schnittlauch

- Tofu mit einer Gabel zerbröseln und mit Olivenöl, Kurkuma und Salz 10 Min. marinieren. Räuchertofu sehr fein würfeln und in einem EL Olivenöl kross braten und zur Seite stellen.
- Marinierten Tofu mit der Marinade heiß braten, Räuchertofu dazu geben, Seidentofu mit einer Gabel durchziehen, kurz mit erhitzen.
- Mit Pfeffer und Schnittlauch bestreuen und sofort servieren.

Himbeerquark mit Leinöl

optional vegan

Für 4 Personen

10 Min.

500 g Quark oder 250 g Seidentofu + 250 g Tofu · 2 EL Honig oder Agavendicksaft · EL Leinöl · 350 g Himbeeren · Vollkorncracker oder Zwieback

- Quark mit Honig und Leinöl glatt rühren, 300 g der Himbeeren pürieren, unter den Quark ziehen und mit den restlichen Himbeeren dekorieren.
- Mit Crackern oder Zwieback servieren.

Fladenbrot aus der Pfanne

vegan

Für eine1 Pfanne Ø 26–28 cm

60 Minuten

½ Würfel Hefe · 1 TL Salz · 1 EL Olivenöl · 500 g Dinkelvollkornmehl · 100 g Polenta · Butterschmalz oder Kokosfett für die Pfanne · Olivenöl · Schwarzkümmel

- Hefe in 480 ml Wasser auflösen, Salz und Olivenöl einrühren und mit einem Kochlöffel Dinkelmehl und Polenta zu einem geschmeidigen Teig verrühren (der Teig ist nicht knetbar!). 10 Min. zugedeckt gehen lassen. Teig noch einmal durchrühren und in eine gefettete, beschichtete Pfanne geben. Oberfläche mit 1 EL Olivenöl bepinseln und mit Schwarzkümmel bestreuen. Deckel auflegen.
- Die Pfanne auf eine passende kalte Herdplatte stellen und bei mittlerer Hitze ca. 30 Min. backen. Den Deckel erstmals nach 30 Min. schnell wegnehmen, damit das Dunstwasser nicht auf das Brot tropft. Das Fladenbrot aus der Pfanne auf einen Teller geben und mit der Oberseite nach unten in die Pfanne zurückgeben. Weitere 8 Min. ohne Deckel backen.
- Noch warm servieren.

Gemüsecremesuppe

vegan

Für 4 Personen

20 Min.

150 g Gemüse · 80 g Kartoffeln oder ca. 40–50 g Weizenvollkornmehl oder Maismehl bzw. Weizengrieß · 1 EL Olivenöl · 400 ml Gemüsebrühe · 200 ml Milch oder pflanzliche Milch · Gewürze (z. B. Salz, Pfeffer, Muskat, frische Kräuter, Essig, Zitronensaft, etc.)

- Gemüse waschen und klein schneiden. Kartoffeln waschen, schälen und klein schneiden. Olivenöl mit 1 EL Wasser in einem Kochtopf erhitzen, Gemüse und Kartoffeln oder das Mehl bzw. den Grieß darin anschwitzen und die Gemüsebrühe angießen. 10 Min. köcheln lassen.
- Kochtopf von der Herdplatte nehmen und alles pürieren. Milch hinzufügen, einmal aufkochen lassen und mit den Gewürzen abschmecken.

Gelungene Kombinationen: Lauch, Kartoffel, Muskat, Schnittlauch;
Blumenkohl, Weizengrieß, Curry, Zitronensaft;
Rote Bete, Kartoffel, Zimt, Apfeldicksaft;
Zucchini, Kartoffel, Basilikum, Tomatenwürfel;
Möhre, Kürbis, Piment, Orangensaft;
Champignons, Kartoffel, Knoblauch, Petersilie;
Grünkohl, Kartoffel, Zwiebel, Sahne, Muskat;
Kohlrabi, Weizenvollkornmehl, Kerbel

Grundrezepte Teige

Die Grundrezepte für die Teige bieten Ihnen die Möglichkeit, zu jeder Jahreszeit den passenden Kuchen auf den Tisch zu bringen.

Hefeteig (neutral)

vegan
Für 1 Blech
45 Min.

20 g Hefe · 1 TL Salz · ca. 230 ml lauwarmes Wasser · ca. 350 g Weizen- oder Dinkelvollkornmehl · Gewürze (z. B. Kümmel, Rosmarin, Kräuter der Provence, Zwiebeln, Knoblauch) · 2 EL Olivenöl

- Hefe und Salz in Wasser auflösen. Mehl mit den Gewürzen dazugeben und gut verrühren. Zum Schluss das Öl dazugeben. 1–2 Min. kneten, Feuchtigkeit überprüfen, evtl. noch etwas Wasser oder Mehl hinzufügen, weitere 8 Min. zu einem geschmeidigen Teig verkneten (Küchenmaschine: insgesamt 7 Min.).
- Teig abgedeckt 30 Min. gehen lassen, bis sich sein Volumen verdoppelt hat und sich Poren an der Oberfläche zeigen. Teig nochmals kräftig durchkneten und weiter verarbeiten.

Hefeteig (süß)

optional vegan
Für 1 Blech
45 Min.

20 g Hefe · ¼ TL Salz · ca. 230 ml lauwarme Milch oder pflanzliche Milch · 350 g Weizen- oder Dinkelvollkornmehl · 40 g Zucker · Gewürze (z. B. Vanille, Zimt, Zitronenabrieb) · 2 EL Mandel- oder Haselnussöl

- Hefe und Salz in der Milch auflösen. Mehl mit Zucker und den Gewürzen dazugeben und gut verrühren. Zum Schluss das Öl dazugeben. 1–2 Min. kneten, Feuchtigkeit überprüfen, evtl. noch etwas Milch oder Mehl hinzufügen, weitere 8 Min. zu einem geschmeidigen Teig verkneten (Küchenmaschine: insgesamt 7 Min.).
- Teig abgedeckt 30 Min. gehen lassen, bis sich sein Volumen verdoppelt hat und sich Poren an der Oberfläche zeigen. Teig nochmals kräftig durchkneten und weiter verarbeiten.

Mürbeteig

optional vegan
Für eine Springform
40 Min.

200 g Weizen- oder Dinkelvollkornmehl · ½ TL Salz · 70 g weiche Butter · 1 Ei · 2–4 EL kaltes Wasser · Vegane Version: 200 g Weizen- oder Dinkelvollkornmehl · ½ TL Salz · 100 g vegane Margarine · 2–4 EL kaltes Wasser · Süße Version: 50 g Zucker · Vanille

- Für den Teig alle Zutaten zügig zu einem Mürbeteig verkneten. Eine Springform oder Quiche-Form mit Backpapier auslegen.
- Teig etwas größer als die Form ausrollen und in die Form legen, dabei den Rand hochdrücken. Teig gut abgedeckt mindestens 30 Min. kalt stellen, oder, falls erforderlich, einfrieren. Nach Rezept weiter verarbeiten.

Rührkuchen

Für 1 Kuchen
20 Min. + 1 Stunde Backzeit

200 g Butter · 100 g Honig · 2 Eier · 400 g Dinkelvollkornmehl · ½ Pck. Backpulver · 1 Prise Salz · ca. 200 ml Milch

- Backofen auf 180 Grad vorheizen.
- Butter schaumig rühren, Honig dazugeben, Eier trennen, Eigelb zur Butter-Honig-Masse geben, Eiweiß zu Schnee schlagen. Mehl, Backpulver und Salz vermischen und abwechselnd mit der Milch mit einem Schwingbesen unter die Buttermasse rühren. Eischnee zügig unterziehen.
- Teig in eine mit Backpapier ausgelegte Spring- oder Kastenform geben. Evtl. mit Obst belegen und 45–60 Min. bei 180 Grad backen.

Rührkuchen vegan

vegan
Für 1 Kuchen
60 Minuten

**200 g Dinkelvollkornmehl · 180 g Dinkelmehl 1050 · 30 g Paniermehl · 1 Pck. Backpulver · 1 Pck. Vanillezucker · 125 g Zucker ·
100 ml Olivenöl · 50 ml pflanzliche Sahne · ca. 150 ml Sprudelwasser**

- Backofen auf 180 Grad vorheizen.
- Alle Zutaten miteinander verrühren und in eine mit Backpapier ausgelegte Springform geben. Evtl. mit Obst belegen und 30–40 Min. backen.

Strudelteig

vegan
Für einen Strudel
45 Min.

200 g Dinkelvollkornmehl · 2 EL Olivenöl · 1 EL Zitronensaft · ¼ TL Salz · 1 TL Olivenöl · 50 g Dinkelvollkornmehl als Streumehl · 2 EL Olivenöl · 50 g Paniermehl

- Mehl mit Öl, Zitronensaft und Salz sowie 100 ml lauwarmem Wasser zu einem Kloß verrühren. Teigkloß ca. 5 Min. kneten, bis er glatt und geschmeidig ist und die Oberfläche leicht glänzt. Teig mit 1 TL Öl bestreichen und abgedeckt mindestens ½ Stunde ruhen lassen.
- Ein Küchentuch ausbreiten, mit Streumehl großzügig bestäuben. Teig darauflegen – nicht noch einmal durchkneten – und mit Mehl bestäuben und auf Tuchgröße ausrollen. ⅔ des Teiges mit Olivenöl bestreichen und mit Paniermehl großzügig bestreuen.
- Nach Rezept weiterverarbeiten.

Klassischer Pfannkuchenteig

Für 6-8 Pfannkuchen
40 Min.

250 g Weizen- oder Dinkelvollkornmehl · 1 Prise Salz · 500 ml Milch · 2–3 Eier · 50 g flüssige Butter oder Öl · Butterschmalz

- Mehl und Salz mischen und mit der Hälfte der Milch und der Butter/dem Öl glattrühren. Eier nach und nach unterrühren und so viel Milch hinzufügen, dass ein dünnflüssiger Teig entsteht. Achtung: Vollkornmehle quellen nach, evtl. nach 10–15 Min. noch etwas Milch hinzufügen.
- Butterschmalz in einer Pfanne erhitzen und eine halbe Suppenkelle Teig mit einer drehenden Bewegung gleichmäßig in der Pfanne verteilen. Von beiden Seiten 2 Min. goldgelb backen. 5–6 Pfannkuchen backen.

Tipp: Fertig gebackene Pfannkuchen lassen sich gut einfrieren. Zwischen die einzelnen Pfannkuchen Butterbrotpapier zum besseren Portionieren legen.

Veganer Pfannkuchenteig

vegan
Für 6–8 Pfannkuchen
45 Min.

100 g Maismehl · 160 g Dinkelvollkornmehl · 40 g Vollsojamehl · ½ Pck. Backpulver · 1 TL Salz · 600 ml Sprudelwasser · 2 EL Oliven- oder Rapskernöl · Kokosfett

- Alle Zutaten zu einem glatten Teig verrühren und mindestens 15 Min. quellen lassen. Kokosfett in einer beschichteten Pfanne erhitzen und ½ Suppenkelle mit einer drehenden Bewegung gleichmäßig in der Pfanne verteilen. Von beiden Seiten 2 Min. goldgelb backen.

Salatsaucen

Die Salatsaucen sind berechnet für 1 Blattsalat (300–400 g) bzw. Gemüsesalat (ca. 600 g). Die Mengen können Sie beliebig erhöhen, sie halten sich 5–6 Tage im Kühlschrank. Wenn Sie Zwiebel verwenden, muss diese vorher angedünstet sein.

Sommervinaigrette

vegan
Für 1 Blattsalat (300–400 g) bzw. Gemüsesalat (ca. 600 g)
10 Min.

2–3 EL Balsamessig · Salz · Pfeffer · 1 TL Apfeldicksaft oder Balsamessigcreme · 2 EL Olivenöl · 2 EL Rapskernöl · Gewürze (z. B. Zwiebel, Knoblauch, frische Kräuter, Tomaten, Oliven, etc.)

- Essig mit Salz, Pfeffer und Apfeldicksaft verrühren, bis sich das Salz gelöst hat. Langsam das Öl unterrühren. Evtl. Gewürze dazugeben.

Wintervinaigrette

vegan
Für 1 Blattsalat (300–400 g) bzw. Gemüsesalat (ca. 600 g)
10 Min.

3 EL Zitronensaft oder weißer Balsamessig · Kräutersalz · Pfeffer · 1–2 TL Dijon-Senf · 1 TL Apfeldicksaft oder weiße Balsamessigcreme · 2 EL Olivenöl · 2 EL Rapskernöl oder Walnussöl · Gewürze (z. B. Zwiebel, getrocknete Kräuter, Meerrettich, Essiggurken)

- Zitronensaft mit Salz, Pfeffer, Senf und Apfeldicksaft verrühren, bis sich das Salz gelöst hat. Langsam das Öl unterrühren und evtl. Gewürze hinzufügen.

Weiße Salatsauce

optional vegan
Für 1 Blattsalat (300–400 g) bzw. Gemüsesalat (ca. 600 g):
10 Min.

150 g Joghurt oder pflanzlicher Joghurt · Kräutersalz · Pfeffer · 1 TL Senf · 2–3 EL Öl · Gewürze (z. B. frische oder getrocknete Kräuter, Zwiebel, Knoblauch, Curry, Paprika, Honig)

- Joghurt, Kräutersalz, Pfeffer und Senf glatt rühren, bis sich das Salz gelöst hat. Das Öl unterrühren und Gewürze dazugeben.

Orange Salatsauce

optional vegan
Für 1 Blattsalat (300 g) bzw. Gemüsesalat (ca. 600 g)
10 Min.

100 ml Möhrensaft · 2 EL Rapskernöl · 1 EL Olivenöl · ½ kleine Avocado · 2 EL Zitronensaft · Salz · Honig oder Agavendicksaft

- Alle Zutaten sämig pürieren.

Rote Salatsauce

vegan

Für 1 Blattsalat (300–400 g) bzw. Gemüsesalat (ca. 600 g)

10 Min.

2 Tomaten · 1 EL Balsamessig · 2 EL Olivenöl · 2 EL Rapskernöl · 1 EL Tomatenmark · Salz · Pfeffer · 10 Blätter Basilikum · Gewürze (Zwiebel, Knoblauch)

- Tomaten waschen, vierteln und mit restlichen Zutaten pürieren.

Mandel-Salatsauce

Für 1 Blattsalat (300–400 g) bzw. Gemüsesalat (ca. 600 g)

10 Min.

2 EL Zitronensaft · 6 EL warmes Wasser · 2 EL Olivenöl · 2 EL Rapskernöl · 1 EL weißes Mandelmus · ½ TL Agavendicksaft · 1 Msp. Kurkuma · Salz

- Alle Zutaten miteinander aufmixen, Konsistenz evtl. mit etwas Wasser korrigieren und mit Salz abschmecken.

Andere Saucen

Saucen geben jedem Gericht eine individuelle Note, runden den Geschmack ab, lassen das Essen besser »rutschen« und bringen Farbe auf den Teller.

Vegane Mayonnaise

vegan
Für 4 Personen
10 Min.

250 ml Sojadrink · 35–40 ml Zitronensaft · 1–2 EL Dijonsenf · 1 EL Agavendicksaft · Kurkuma · Paprika edelsüß · ½ TL Salz · 200 ml Olivenöl, mild · 50 ml Rapskernöl

- Sojadrink und Zitronensaft 10 Min. stocken lassen. Senf, Agavendicksaft, Kurkuma, Paprika und Salz dazugeben, die Zutaten in einem Standmixer oder mit dem Pürierstab aufmixen und ganz langsam das Öl in einem dünnen Strahl einfließen lassen.

Tipp: Die Mayonnaise hält sich 5–6 Tage im Kühlschrank.

Béchamelsauce

optional vegan
Für 4 Personen
10 Min.

100 ml Wasser (bzw. Gemüsebrühe oder Kochwasser vom Gemüse) · 200 ml Milch oder pflanzliche Milch · 1–2 EL Reismehl (bzw. Maismehl, Weizenvollkornmehl oder Weizenmehl Type 1050) · Gewürze (z. B. Salz, Pfeffer, Muskat, Zitronensaft, frische Kräuter, Curry) · 20 g Butter oder 20 ml Olivenöl

- Wasser bzw. Gemüsebrühe und die Milch aufkochen, Reismehl einstreuen und unter Rühren 2–3 Min. köcheln lassen. Mit Gewürzen abschmecken und Butter unterrühren.

Tipp: Weizenmehl Type 1050 vorher in etwas Wasser separat anrühren, sonst klumpt es.

Variationen:
- Tomatensauce: 2 EL Tomatenmark
- Käsesauce: 80 g geriebener Hartkäse oder 30–50 g Blauschimmelkäse
- Currysauce: 1 TL Curry und 1 TL Zitronensaft
- Kräutersauce: 2 EL frische Kräuter, z. B. Kerbel, Petersilie, Sauerampfer
- Senfsauce: 1 EL Senf und 2 EL gehackter Dill

Gemüsesauce

optional vegan
Für 4 Personen
10 Min.

1 Zwiebel · 150 g Gemüse · 1–2 TL Weizenvollkornmehl (bzw. Maismehl oder Reismehl) · 30 ml Sahne oder pflanzliche Sahne oder Olivenöl · Gewürze (z. B. Salz, Pfeffer, frische Kräuter, Muskat, Curry, Paprika, etc.)

- Zwiebel würfeln und in wenig Wasser glasig dünsten. Gemüse waschen, evtl. schälen, klein schneiden und zu den Zwiebeln geben. 100–150 ml Wasser angießen und zugedeckt bissfest garen.
- Gemüse sehr fein pürieren, Mehl einrühren und unter Rühren 2–3 Min. köcheln lassen. Konsistenz evtl. mit Wasser bzw. Mehl korrigieren. Sahne dazugeben und mit den Gewürzen abschmecken.

Gelungene Kombinationen: Möhre, Apfelsaft, Sahne, Curry; Rote Bete, Gemüsebrühe, Schmand, Meerrettich; Blumenkohl, Gemüsebrühe, Sahne, Bärlauch oder Schnittlauch; Zucchini, Tomatensaft, Schmand, Basilikum; rote Paprika, Zwiebel, Schmand, Oregano

Frische Gemüsewürze

vegan
Für den Vorrat
10 Min.

100 g Zwiebeln · 100 g Möhren · 100 g Lauch · 100 g Sellerie · 100 g Tomaten · 100 g Petersilie, mit Stängel · 40–60 g Salz · 1 EL Kurkuma · 1 TL Pfeffer · 8 EL Olivenöl

- Gemüse und Petersilie waschen, grob schneiden oder raspeln. Mit restlichen Zutaten im Standmixer fein pürieren.
- In ein oder zwei Schraubgläser füllen und im Kühlschrank aufbewahren, hält sich mehrere Monate.

Tipp: Diese Gemüsewürze ist die Grundlage für die Gemüsebrühe, die in einigen Rezepten hier verwendet wird. Hier lösen Sie 1–2 TL Gemüsewürze in ½ Liter Wasser auf.

Vegane braune Sauce

vegan
Für 1 l braune Sauce
60 Minuten

2 Bund Suppengrün · 100 g Crèmechampignons · 2 Zwiebeln · 50 ml Sesamöl · 1 Lorbeerblatt · 8 getrocknete Tomaten · 10 g getrocknete Steinpilze · ½ TL Fenchel · 1 TL Koriander · ½ TL schwarzer Pfeffer · 120 g Tomatenmark · 40 ml roter Balsamessig · 1 ½ TL Miso bzw. Sojasauce · Salz

- Suppengrün waschen, grob schneiden. Champignons mit Küchenkrepp abreiben und klein schneiden. Zwiebeln waschen, halbieren.
- Einen großen Topf auf den Herd stellen und erhitzen. Zwiebel mit Schnittfläche nach unten in den Topf setzen und bräunen. Gemüse dazugeben, Öl angießen und alles kräftig anbraten. Restliche Zutaten außer Salz dazugeben und mit ca. 1 ½ l Wasser ablöschen. Offen bei mittlerer Hitze 30–45 Min. köcheln lassen. Die Sauce abseihen und mit Salz abschmecken. Lässt sich prima einfrieren.

Tipp: Von dem abgesiebten Gemüse die Schale der Zwiebel und das Lorbeerblatt entfernen und mit etwas Wasser oder nur Olivenöl cremig pürieren. Entweder als Brotaufstrich oder als Würzpaste nutzen. Lässt sich gut im Eiswürfelbehälter einfrieren.

Sahnige braune Sauce

optional vegan
Für 4 Personen
60 Minuten

200 ml vegane braune Sauce · 80 ml Sahne oder pflanzliche Sahne

- Miteinander aufkochen und 10 Min. köcheln lassen.

Vegane Tausch-Börse

Die vegane Tausch-Börse hilft Ihnen, Ihre eigenen Rezepte zu »veganisieren« und geschmacklich und auch von der Konsistenz für das jeweilige Rezept das entsprechende vegane Produkt auszuwählen.

Wenn Sie das tierische Produkt nehmen – z.B. Milch – dann wissen Sie, dass der Geschmack nach dem Fettgehalt und dem Erhitzungsprozess variiert. Aber die Geschmacksdifferenzen sind relativ gering. Bei den veganen Milchalternativen gibt deutlichere Geschmacksunterschiede zwischen den verschiedenen Herstellern und die Auswahl ist viel größer. Finden Sie selbst heraus, was Ihnen und Ihrer Familie am besten schmeckt – und das kann auch vom Einsatz her variieren. Das industrielle Angebot ist reichlich, aber auch in der Regel hoch verarbeitet und nicht immer preisgünstig. Daher finden Sie auch einige selbst herzustellende Alternativen, die den Vorteil haben, dass sie preiswert, vollwertig und geschmacklich individuell sind. Gerade hier lohnt es sich, auf einen Turbomixer zurückzugreifen – das Endprodukt wird immer besser.

Rezept Cashewdrink:
50 g Cashewkerne, 2 Datteln, 500 ml kochendes Wasser, 1 Pr. Salz, 24 h einweichen und aufmixen.

Rezept Hafer»sahne«:
25–30 g Haferflocken, 25 g Cashewkerne, 2 EL Öl, 400 ml kochendes Wasser, 1 Pr. Salz, alles aufmixen, evtl. passieren.

Rezept Cashew»sahne«:
50 g Cashewkerne, 120 ml kochendes Wasser, 24 Stunden einweichen und aufmixen.

Rezept selbst gemachte »saure Sahne«:
100 g Tofu natur, 100 g Seidentofu, 30 g Cashewkerne/Mandeln, gemahlen, 15 ml Zitronensaft, 1 EL Öl, ¼–½ TLSenf, 1 Pr. Salz, alles aufmixen.

Rezept selbst gemachter »Joghurt«:
50 g Hirseflocken, 50 g Cashewkerne, 25–40 ml Zitronensaft, 500 ml kochendes Wasser, evtl. 4–8 Datteln, alles aufmixen.

Rezept selbst gemachtes Streichfett:
140 g Kokosöl (erwärmt), 60 g Leinöl, Pr. Salz, 1 Spritzer Zitronensaft vermischen und kalt stellen.

Rezept selbst gemachter Tofu-Quark:
200 g Tofu Natur, 200 g Seidentofu, 80 g Cashewkerne, 30 ml Zitronensaft, 1 EL Walnussöl, alles aufmixen.

Rezept selbst gemachter kerniger »Quark«:
100 g Mandeln, blanchiert, 130 g Cashewkerne, in 500 ml kochendem Wasser 24 h eingeweicht, 30–40 ml Zitronensaft, evtl. Hefeflocken, Salz. Einweichwasser verwerfen, alles aufmixen.

Rezept selbst gemachter »Parmesan«:
50 g Pinienkerne, geröstet, 50 g Mandeln, geröstet, 50 g Hefeflocken, 50 g Paniermehl, ½ TLSalz, ¼ TLPaprika (evtl. geräuchertes Paprikapulver), alles aufmixen.

Rezept selbst gemachter »Frischkäse«:
150 g Tofu, Natur, 50 g Seidentofu, 30 g Cashewkerne, gemahlen, 1 EL Zitronensaft, 1 EL Hefeflocken, Salz, Senf, alles aufmixen.
Oder: 500 g Sojajoghurt Natur in einen Kaffeefilter mit Filterpapier geben und mindestens 12 Stunden abtropfen lassen. Herausnehmen und kühl stellen.

Rezept selbst gemachter »Feta«:
Tofu Natur, gewürfelt, in Zitronen-Knoblauch-Salz-Wasser 8 Min. kochen. Abgießen und 2–3 Tage in Olivenöl mit Kräutern marinieren.

Tauschbörse

Original	Alternativen	Geschmack	Verwendung
Kuhmilch 1:1 austauschbar	Sojadrink	Eigengeschmack	kann bei Kaffee ausflocken, lässt sich für Cappuccino gut aufschäumen, kann beim Kochen ausflocken; warm/kalt, herzhaft/süß
	Haferdrink	neutral, vollmundig	Kaffee, warm/kalt, herzhaft/süß
	Dinkeldrink	neutral, vollmundig	warm/kalt, herzhaft/süß
	Reisdrink	neutral, wässrig	warm/kalt, herzhaft/süß
	Mandeldrink	Eigengeschmack	warm/kalt, süß
	Haselnussdrink	Eigengeschmack	warm/kalt, süß
	Cashewnussdrink*	neutral, vollmundig	warm/kalt, herzhaft/süß
	Kokosmilch	Eigengeschmack, cremig	warm/kalt, herzhaft/süß
süße Sahne 1:1 austauschbar	Sojacuisine	neutral, leichter Eigengeschmack	warm/kalt, herzhaft/süß, aufschlagbar, kann ausflocken
	Hafercuisine	sehr neutral	warm, herzhaft/süß
	Dinkelcuisine	wässrig	warm, herzhaft/süß
	Reiscuisine	wässrig	warm, herzhaft/süß
	Hafer»sahne«*	neutral, vollmundig	warm, herzhaft/süß
	Cashew»sahne«*	neutral, vollmundig	warm/kalt, herzhaft/süß
	Kokoscreme	Eigengeschmack, cremig	warm/kalt, herzhaft/süß
mit Wasser 1:3 verdünnt	Nussmuse	starker Eigengeschmack, cremig	warm/kalt, herzhaft/süß
saure Sahne 1:1 austauschbar	pflanzliche saure Sahne	neutral	warm/kalt, herzhaft/süß
	selbstgemachte saure Tofusahne*	neutral, cremig	warm/kalt, herzhaft/süß
Joghurt 1:1 austauschbar	Sojajoghurt	neutral, leichter Eigengeschmack	warm/kalt, herzhaft/süß
	selbstgemachter* »Joghurt«	sehr neutral, mild	warm/kalt, herzhaft/süß
Butter 1:1 austauschbar	milcheiweißfreie, ungehärtete Margarine	neutral	Streichfett, warm/kalt, herzhaft/süß,
	selbstgemachtes Streichfett*	starker Eigengeschmack	kalt, herzhaft/süß
	pflanzliche Öle	Eigengeschmack	warm/kalt, herzhaft/süß, (Rührteig, Hefeteig)

* Rezept auf S. 41

Original	Alternativen	Geschmack	Verwendung
Quark 1:1 austauschbar	Tofu, Natur, püriert	neutral	warm/kalt, herzhaft/süß
	Seidentofu	neutral, cremig	warm/kalt, herzhaft/süß
	selbst gemachter »Quark«*	kernig, mild	warm/kalt, herzhaft/süß
Käse 1:1 austauschbar	selbst gemachter »Parmesan«*	kräftig	warm/kalt, herzhaft, über Nudeln, zum Überbacken
	pflanzlicher Reibekäse	mild bis kräftig	warm, herzhaft, zum Überbacken
	pflanzlicher Frischkäse	mild	warm/kalt, herzhaft/süß
	selbst gemachter »Frischkäse«*	frisch, mild	warm/kalt, herzhaft/süß
	selbst gemachter »Feta«*	mild	warm/kalt, herzhaft
1 Ei 1:1 austauschbar als Binde- und Lockerungsmittel bei Rezepten mit 1–2 Eiern	20 g Leinsamenschrot + 50 ml lauwarmes Wasser	ganz neutral	Rührteig, herzhaft, süß
	60 g Seidentofu, püriert	neutral	Rührteig, Hefeteig, Getreidemassen, herzhaft, süß
	60 g Apfel- oder Kürbismus	leichter Eigengeschmack	Rührteig, Hefeteig, Getreidemassen, herzhaft, süß
	15 g Stärke + 30 ml Wasser	neutral	Rührteig, Hefeteig, Getreidemassen, herzhaft, süß
	10 g Vollsojamehl + 40 ml Wasser	leicht bohnig	Rührteig, Hefeteig, Getreidemassen, herzhaft, süß
1:1 austauschbar zur Lockerung von Backlingen	2 EL Tomatenmark	neutral + Farbe	für Backlinge, Brotaufstriche
	50 ml Kokosmilch	Eigengeschmack	für Backlinge, Brotaufstriche, Puddings
	50 g Seidentofu, püriert	neutral	für Backlinge, Brotaufstriche, Puddings
Fleisch	Seitan	mild bis fleischig	warm/kalt, herzhaft
	Tofu	mild	warm/kalt, herzhaft
	Lupine	mild	warm/kalt, herzhaft
	Tempeh	Eigengeschmack, bohnig	warm, herzhaft
	Sojageschnetzeltes	neutral	warm, herzhaft
	Räuchertofu	rauchig, kräftig	warm/kalt, herzhaft
Speckwürfel	Roggenbrot, gebraten	kräftig	warm/kalt, herzhaft
Wurstaufschnitt	vegane Wurstwaren	Eigenschmack	warm/kalt, herzhaft

* Rezept auf S. 41

Winter

Frisch dazukaufen

- 1,2 kg Lauch, 1 Ingwer, 1 Zitrone, 1 rote Zwiebel, 500 g Crèmechampignons, 250 g Kräuterseitlinge oder Austernpilze, 250 g Shiitakepilze, 1 Bund glatte Petersilie, 200 g Petersilienwurzel, 200 g Pastinaken, 1,8 kg Möhren, 150 g Kidneybohnen, 2 Schalotten
- 150 ml Sahne oder pflanzliche Sahne, 200 ml Hafersahne
- 600 g Tofu oder Feta
- Zitronensaft, 100 ml Möhrensaft
- 2–3 EL Cashewkern- oder Mandelmus, Sesam, 40 g Haselnüsse

Aus dem Vorrat

- Hirse, Vollkornspaghetti, Kichererbsenmehl, Kastanienmehl, feine Haferflocken, Dinkelmehl Type 1050, Cornflakes, Zucker
- Olivenöl, Rapskernöl, Rapsöl, Sesamöl, Haselnussöl
- Gemüsebrühe, Sojasauce, Kräutersalz, Tomatenmark, Lorbeerblätter, Chiliflocken, Koriander
- Knoblauch

Mögliche Beilagen

- Backkartoffeln, Rührei, dreierlei Tofu
- vegane Parmesan-Brösel
- Möhrensalat, Gemüse der Saison
- Obstsalat

JANUAR WOCHE 1

Lauch: als Würzzutat schmeckt er allen

Lauch ist ein typisch deutsches Gemüse und wird deshalb auch hauptsächlich in Deutschland (und Frankreich) angebaut. Ob in der Suppe oder als eigenständiges Gemüse – Lauch mit seiner charakteristisch-zwiebeligen Note verleiht den Speisen einen besonderen Pfiff.

Steckbrief Lauch

Ob als Lauch oder Porree bekannt, diese pikant-herben, zwiebelig schmeckenden 30–45 cm langen weiß-grünen Stangen gehören in jedes Suppengrün und sind besonders in der Getreide- und Hülsenfruchtküche als pikante Würzzutat beliebt. Lauch ist das ganze Jahr über erhältlich. Frühjahrs- und Sommerlauch hat einen längeren Schaft und ist hellgrün, Herbst- und Winterlauch ist kürzer und die Blätter sind dicker, fester und dunkelgrün. Lauch liefert Kalium, Kalzium und Eisen sowie die Vitamine K, B_6, C, Provitamin A und Folsäure. Die Blattspitzen sollten frisch und fest sein, die Wurzelfasern trocken, so ist der Lauch im Gemüsefach des Kühlschranks 5–6 Tage haltbar. Lauch können Sie roh oder blanchiert problemlos einfrieren.

Lauch mit Ingwer und Zitrone

optional vegan

Für 4 Personen

25 Min.

1,2 kg Lauch · 2 EL Olivenöl · 1–2 cm Ingwer · Saft von ½–1 Zitrone · 150 ml Sahne oder pflanzliche Sahne · Salz · Sojasauce

- Lauch der Länge nach einschneiden, waschen und schräg in 2–3 cm dicke Scheiben schneiden.
- Öl in einer Pfanne mit drei EL Wasser erhitzen, Lauch darin anschwitzen.
- Ingwer reiben und mit Zitronensaft und 100 ml Wasser zu dem Lauch geben. Mit geschlossenem Deckel garen.
- Sahne angießen und bei geöffnetem Deckel weitere ca. 5 Min. garen, der Lauch sollte bissfest sein. Mit Salz und Sojasauce abschmecken.

Das passt dazu: Backofenkartoffel, Kartoffelpüree, Rührei oder dreierlei Tofu (siehe S. 33)

Zeit sparen: Am Abend vorher Lauch waschen putzen und gut verpackt kühl aufbewahren.

Hirse mit gemischten Pilzen

optional vegan

Für 4 Personen

40 Min.

1 rote Zwiebel · 1 EL Rapskernöl · 250 g Hirse · ½ l Gemüsebrühe · 500 g Crème-champignons · 250 g Kräuterseitlinge oder Austernpilze · 250 g Shiitakepilze · Kräutersalz · Knoblauch · Zitronensaft · Sojasauce · 1 Bund glatte Petersilie · 200 g Tofu oder Feta

- Zwiebel würfeln. Rapskernöl mit 1 EL Wasser in einem Topf erhitzen, Zwiebel darin anschwitzen.
- Hirse unter fließendem heißem Wasser abspülen und zu der Zwiebel geben. Umrühren, kurz mit erhitzen und mit der heißen Gemüsebrühe ablöschen. 5 Min. köcheln, auf der ausgeschalteten Herdplatte mit geschlossenem Deckel 20 Min. ausquellen lassen.
- Pilze mit einem Küchentuch gut säubern und in mundgerechte Stücke schneiden. Pilze kräftig anbraten, bis das Wasser verdunstet ist, anschließend mit den Gewürzen kräftig abschmecken.
- Petersilie waschen, trocknen, schneiden, mit Hirse unter die Pilze ziehen.
- Tofu würfeln und kurz braten und dazugeben, Feta würfeln und über die Hirse-Pilz-Pfanne verteilen.

Das passt dazu: Möhrensalat

Zeit sparen: Am Abend vorher Hirse zubereiten, ausquellen lassen und kühl stellen.

Wurzelspaghetti

vegan

Für 4 Personen

30 Min.

400–500 g Vollkornspaghetti · 200 g Petersilienwurzel · 200 g Pastinaken · 600 g Möhren · 2 EL Rapsöl · 100 ml Gemüsebrühe · 2-3 EL Cashewkern- oder Mandelmus · 200 ml Hafersahne · Salz · Pfeffer · Zitronensaft und -schale · Knoblauch

- Spaghetti zubereiten.
- Gemüse waschen, bürsten, evtl. schälen und in sehr feine Streifen schneiden (Julienne). Rapsöl mit 2 EL Wasser in einer Pfanne erhitzen und Gemüse darin kräftig anbraten. Mit Gemüsebrühe ablöschen und 2 Min. mit geschlossenem Deckel garen.
- Cashewkernmus mit der Hafersahne verrühren und zu dem Gemüse geben, umrühren, noch einmal aufkochen und mit Salz, Pfeffer, Zitronensaft und -schale und Knoblauch kräftig abschmecken. Sofort mit den Spaghetti vermischen und servieren.

Das passt dazu: Vegane Parmesan-Brösel (s. vegane Tauschbörse, S. 41) und Obstsalat zum Nachtisch

Backlinge aus Kidneybohnen

optional vegan

Für 4 Personen

8–12 Stunden Einweichzeit + 45 Min. Garzeit + 45 Min. Ausquellzeit + 10 Min. + 20 Min. Backzeit

150 g Kidneybohnen · 1 Lorbeerblatt · 50 g Kichererbsenmehl · 10 g Kastanienmehl · 20 g feine Haferflocken · 50 g Tomatenmark · 2 Schalotten · Salz · Petersilie · 3–4 TL geröstetes Sesamöl · 1–2 EL Sesam

- Bohnen in der 3–4-fachen Menge Wasser mit dem Lorbeerblatt 8–12 Stunden einweichen, 45 Min. garen, 45 Min. ausquellen lassen. Überschüssiges Wasser abgießen, Lorbeerblatt entfernen. Bohnen pürieren, mit den Mehlen, den Flocken und dem Tomatenmark zu einem Teig verkneten.
- Schalotten abziehen, sehr fein würfeln und unter den Teig kneten. Mit den Gewürzen abschmecken.
- Backofen auf 200 Grad vorheizen. Aus dem Bohnenteig flache Backlinge formen und auf ein mit Backpapier ausgelegtes Blech legen. 10 Min. backen, herausnehmen, mit Öl bestreichen und mit Sesam bestreuen und weitere 10 Min. backen.

Das passt dazu: Gemüse der Saison oder zwischen 2 Brötchenhälften mit Salat und Tomate

Zeit sparen: Am Abend vorher Bohnen einweichen. Am nächsten Morgen: Bohnen während des Frühstücks garen und ausquellen lassen. Für die **Kleinigkeit:** 50 g Kidneybohnen zusätzlich garen.

Möhrenpüree mit gebratenem Tofu

optional vegan

Für 4 Personen

35 Min.

400 g Natur-Tofu · 2 EL Sojasauce · 1 EL Olivenöl · 1 cm Ingwer · 1 Knoblauchzehe · 1 EL Dinkelmehl 1050 · 2 EL Cornflakes · Salz · Chiliflocken · Sesamöl zum Braten · 1,2 kg Möhren · 1 Zwiebel · 1 EL Rapskernöl · 1–2 TL Zucker · 100 ml Möhrensaft · Salz · Zitronensaft · Koriander · 40 g Haselnüsse · 1–2 EL Haselnussöl

- Tofu trocken tupfen, in dünne Scheiben schneiden. Sojasauce und Olivenöl verrühren, Ingwer und Knoblauch schälen, fein reiben und unterrühren. Tofu in der Marinade mindestens 30 Min. ziehen lassen.
- Mehl mit Wasser glatt rühren, Cornflakes zerkrümeln und würzen. Tofuscheiben erst durch Mehl ziehen, dann in den Cornflakes wälzen. Sesamöl in einer beschichteten Pfanne erhitzen und Tofuscheiben knusprig braten.
- Möhren putzen, evtl. schälen und in Scheiben schneiden. Zwiebel würfeln. Rapsöl mit 1 EL Wasser erhitzen, Zwiebeln anschwitzen, Möhren dazugeben und mit Zucker bestreuen. Leicht karamellisieren. Mit Möhrensaft ablöschen und geschlossen bei mittlerer Hitze 8–10 Min. dünsten. Möhren fein pürieren, evtl. noch etwas Saft hinzufügen und fein abschmecken. Haselnüsse trocken in einer Pfanne rösten, hacken, mit Öl verrühren und über das Püree geben.

Das passt dazu: Pellkartoffeln

Kidneybohnen-Salat

100 g Pastinaken, 100 g Möhren, 1 Apfel, 30 g Mandeln. Das Gemüse und den Apfel grob raspeln. Mandeln rösten. Alles zusammen mit den Bohnen und Wintervinaigrette (siehe S. 36) vermischen.

Frisch dazukaufen

- 200 g weiße Riesenbohnen, 2 kg Grünkohl, 2 Bund Suppengrün, 20 g Steinpilze, 350 g Möhren, 200 g gegarte Kastanien, 250g Schalotten, 250 g Pastinaken, 250 g Kürbis, 800 g Äpfel, 1 Bund Petersilie, 800 g Lauch
- 100 g Räuchertofu, 6 Eier
- 100 ml Sahne oder pflanzliche Sahne, 100 ml Milch oder pflanzliche Milch, 100 ml Hafersahne
- 20 getrocknete Tomaten
- 100 g geschälte Mandeln
- 150 ml Traubensaft oder alkoholfreies Bier, 50 ml Mandelöl

Aus dem Vorrat

- Buchweizenmehl, Dinkelvollkornmehl, Maismehl, Buchstabennudeln, Vollkornnudeln oder Risottoreis, Couscous, Zucker
- 200 g TK-Erbsen
- Lorbeerblätter, Gemüsebrühe, Muskat, Paprikapulver, Bohnenkraut, Pfefferkörner, Salbei
- Zwiebeln, Knoblauch
- Olivenöl, Essig
- Tomatenmark

Mögliche Beilagen

- Blattsalat, Pellkartoffeln
- Orangen; Apfel
- Orangensalat, Apfelauflauf (siehe S. 50)

Grünkohl: faszinierende Oldenburger Palme

Grünkohl mit Speck und Pinkel kennt man im Norden, doch es geht auch ohne Wurst und Fleisch. Er harmoniert wunderbar mit einer anderen wertvollen Eiweißquelle. Probieren Sie ihn doch einmal mit weißen Bohnen!

Steckbrief Grünkohl

Grünkohl mag es kalt, denn erst nach einigen Frostnächten entwickelt er seinen vollen Geschmack. Frost bewirkt, dass sich ein Teil der Stärke in Zucker umwandelt und dass die Zellstruktur lockerer wird, was den Kohl milder und bekömmlicher macht. Der Gehalt an Kalium, Kalzium, Magnesium und Eisen sowie an Vitamin K und Folsäure ist sehr hoch. Der Gehalt an Provitamin A und Vitamin C konkurriert problemlos mit dem von Möhren und Paprika. Um 1 kg Grünkohl auf den Tisch zu bringen, müssen Sie rund 2 kg einkaufen, da Sie beim Einkauf von ungeputztem Grünkohl mit 50 Prozent Abfall rechnen müssen. Das größte Problem bei Grünkohl: Er passt nicht in den Kühlschrank. Entweder Sie putzen ihn gleich und verringern so sein Volumen oder lagern ihn mit einem ganz leicht angefeuchteten Küchenhandtuch bedeckt auf dem Balkon. Gewaschen, gerupft und gut trocken geschleudert hält sich Grünkohl, verpackt in einem Tiefkühlbeutel oder einer Kunststoffdose, 3–4 Tage im Gemüsefach des Kühlschranks.

Weiße-Bohnen-Sterz mit Grünkohl

optional vegan

Für 4 Personen

8–12 Stunden Einweichzeit + 45 Min. Garzeit + 45 Min. Ausquellzeit + 30 Min.

200 g weiße Riesenbohnen · 1 Lorbeerblatt · 1 Zwiebel · 100 g Buchweizenmehl · ca. 250 ml Gemüsebrühe · Salz · Pfeffer · 100 g Räuchertofu · 3 EL Olivenöl · 2 kg Grünkohl (oder 600–800 g Grünkohl TK) · 1 Zwiebel · 2 EL Olivenöl · 100 ml Gemüsebrühe · 100 ml Sahne bzw. pflanzliche Sahne · 1 EL Maismehl · Salz · Muskat · geräuchertes Paprikapulver

- Bohnen in der 3–4-fachen Menge Wasser 8–12 Stunden einweichen. Lorbeerblatt dazugeben. 45 Min. garen, 45 Min. ausquellen lassen. Zwiebel würfeln, mit Buchweizenmehl trocken rösten, Brühe angießen und zu einem Brei kochen. Mit den Gewürzen abschmecken.
- Tofu würfeln. Öl in einer Pfanne erhitzen, Tofu anbraten, Bohnen und »Sterz« dazugeben, vermischen und braten.
- Grünkohl waschen, schneiden. Zwiebel abziehen, fein würfeln. Öl in einem Topf mit 2 EL Wasser erhitzen. Zwiebel anschwitzen, Grünkohl dazugeben, Brühe angießen, den Kohl 15 Min. dünsten. Sahne mit Mehl verrühren, unter den Kohl ziehen und 2 Min. köcheln lassen. Mit den Gewürzen abschmecken.

Das passt dazu: Orangensalat zum Nachtisch

Zeit sparen: Am Abend vorher Bohnen einweichen, während des Frühstücks garen, ausquellen lassen.

Rotes Mandel-Pesto mit Tagliatelle

vegan

Für 4 Personen

20 Min.

400–500 g Vollkorntagliatelle · 100 g getrocknete Tomaten in Öl · 10 getrocknete Tomaten · 100 g geschälte Mandeln · 100 g Tomatenmark · 40 g Couscous · 50 ml Mandelöl · 50 ml Olivenöl · ½ Bund Petersilie · Balsamessig

- Tagliatelle nach Packungsanweisung zubereiten. Tomaten grob schneiden, Mandeln hacken, mit Tomatenmark, Couscous und dem Öl fein mixen.
- Petersilie waschen, trocknen und Blättchen abziehen.
- Tagliatelle tropfnass mit dem Pesto vermischen und Petersilienblättchen locker unterrühren. Sofort servieren.

Das passt dazu: Blattsalat der Saison mit viel Gemüse

Tipp: Die Menge ist reichlich bemessen, hält sich aber mehrere Wochen im Kühlschrank.

Risotto mit Kastanien

vegan

Für 4 Personen

40 Min.

850 ml Gemüsebrühe · 150 ml weißer Traubensaft oder alkoholfreies Bier · 2 EL Olivenöl · 250 g Vollkornrundreis oder Risottoreis · 600 g Lauch · 1 EL Olivenöl · Salz · 200 g gegarte Kastanien, vakuumverpackt oder im Glas · 1 EL Olivenöl · grober Pfeffer · Salbei

- Gemüsebrühe mit dem Saft oder Bier erhitzen. Öl mit 2 EL Wasser ein einem großen breiten Topf erhitzen, Reis darin glasig anschwitzen. Ca. 2 Suppenkellen von der heißen Brühe angießen, umrühren und warten, bis die Flüssigkeit ganz aufgenommen ist. Diesen Vorgang mehrere Male wiederholen, bis der Reis gar und cremig ist.
- Lauch waschen, in sehr feine Ringe schneiden.
- Öl in einer hohen Pfanne mit 1 EL Wasser erhitzen, Lauch darin bissfest dünsten, salzen und in den Reis einrühren. Kastanien in Scheiben schneiden und im Öl braten, mit Pfeffer und Salbei würzen und über das Risotto geben.

Das passt dazu: Feldsalat mit Wintervinaigrette (siehe S. 36)

Zeit sparen: Am Abend vorher Lauch waschen, putzen und gut verpackt aufbewahren.

Klare Gemüsesuppe mit Buchstabennudeln

vegan

Für 4 Personen

40 Min.

Für die Brühe: 2 Zwiebeln · 2 Bund, Suppengrün · 20 g getrocknete Steinpilze · 5 getrocknete Tomaten · 2 Lorbeerblätter · 1 Knoblauchzehe · 1 TL Paprika edelsüß · 1 TL Bohnenkraut · 1 TL Pfefferkörner · 1 TL Salz · Für die Einlage: 200 g TK-Erbsen · 100 g Möhre · 1 St. Lauch · 60–80 g Buchstabennudeln · ½ Bund Petersilie · 40 ml Olivenöl

- Für die Brühe Zwiebeln längs halbieren und mit der Schnittfläche nach unten in einen großen, hohen Topf aufsetzen und bräunen.
- Suppengrün waschen, grob schneiden und mit Steinpilzen, Tomaten und Gewürzen zu den Zwiebeln geben. Mit 2,2 l kaltem Wasser ablöschen. Bei mittlerer Hitze langsam zum Kochen bringen und 20–30 Min. offen köcheln lassen. Vom Herd nehmen und abkühlen lassen. Anschließend die kalte Gemüsebrühe durch ein feines Sieb geben und auffangen.
- Erbsen kurz antauen lassen. Möhre und Lauch waschen und in dünne 4 cm lange Streifen schneiden.
- Suppennudeln in ca. 1,2 l Gemüsebrühe garen. Möhren und Erbsen 3 Min. mitgaren, Lauch ganz zum Schluss 1 Min. mitkochen. Gemüsesuppe kräftig mit Salz und Pfeffer würzen. Petersilie waschen, zupfen und mit dem Öl pürieren. Petersilienöl in die Suppe träufeln.

Das passt dazu: Apfelauflauf (siehe S. 50) mit Streuseln

Zeit sparen: Am Abend vorher Brühe zubereiten oder eingefrorene Brühe nutzen.

Tipp: Als andere Einlage eignen sich z. B. Reis, Graupen oder Pfannkuchenstreifen.

Gemüsequiche ohne Boden

Für 4 Personen

15 Min. + 40 Min. Backzeit

250 g Schalotten · 250 g Pastinaken · 250 g Kürbis · 250 g Möhren · 3 EL Olivenöl · 6 Eier · 100 ml Milch · 60 g Dinkelvollkornmehl · Salz · Pfeffer

- Backofen auf 180 Grad vorheizen. Schalotten abziehen, evtl. der Länge nach halbieren. Pastinaken, Kürbis und Möhren waschen, evtl. schälen und in mundgerechte Stücke schneiden. Gemüse und Schalotten mit dem Öl vermischen und in einer Quicheform gut verteilen. 25 Min. backen.
- Eier, Milch und Mehl zu einem Teig glatt rühren und würzen.
- Quicheform herausnehmen, Gemüse mit Salz und Pfeffer würzen, Teig angießen und weitere 10–15 Min. backen. Die Quiche sollte nicht mehr weich sein.

Das passt dazu: Pellkartoffeln

Kleinigkeit: Apfelauflauf

800 g Äpfel in Spalten schneiden und in eine Auflaufform geben. 100 ml Hafersahne angießen und Walnussstreusel (vom Apfelkuchen mit Walnussstreusel, siehe S. 55) darüber streuen. 30 Min. bei 180 Grad backen.

Frisch dazukaufen

- 1,3 kg Möhren, 6 Chicorée, 1 Ingwer, 800 g Lauch, 800 g Champignons, 1 Bund Schnittlauch, 1 kg Rosenkohl, 200 g Kastanien, 400 g Süßkartoffeln, 200 g Fenchel, 200 g Hokkaido-Kürbis, 100 g Linsen- oder Mungobohnenkeimlinge, 200 g Sellerie, 100 g Petersilienwurzel, 4–8 Äpfel, 2 Orangen, Minze
- 2 Gläser Tomatenstückchen
- 750 ml Milch oder pflanzliche Milch, 100 g Butter, 200 ml Sahne oder Hafersahne, 300 g Joghurt oder Sojajoghurt, 200 g saure Sahne oder pflanzliche saure Sahne
- Agavendicksaft, Zitronensaft, ½ l roter Tee, ½ l Apfelsaft, ¼ l Orangensaft
- 400 g Tofu, 300 ml Kokosmilch
- Orangenabrieb
- 4 TL Apfel- oder Quittengelee
- getrocknete Steinpilze
- 30 g Sesam, 70 g Cashewkerne, 2 EL Mandeln, 2–3 EL Rosinen

Aus dem Vorrat

- Dinkelvollkornmehl, Polenta, Kastanien- oder Maismehl, Zucker
- Kartoffeln, Zwiebeln, Knoblauch
- Muskat, Honig, Sojasauce, Kräutersalz, Gemüsebrühe, Curry, Koriander, Kreuzkümmel, Ingwer, Chili, Lorbeerblätter, Pfefferkörner, Senfkörner, Tomatenmark
- Backpulver, Vanillestangen, Zimtstange, Anis, Nelken, Zimtzucker
- Rapsöl, Olivenöl, Apfelessig, Sesamöl

Mögliche Beilagen

- Feldsalat, Endiviensalat, Gemüse, Chicoréesalat
- Obst
- Vollkornreis, Spätzle, Bandnudeln

Chicorée: fein – mit Obst kombiniert

Charakteristisch für Chicorée ist der leicht bittere Geschmack. Ist er Ihnen (oder den Kindern) zu intensiv, können Sie den Strunk, in dem sich die meisten Bitterstoffe versammeln, kegelförmig herausschneiden.

Steckbrief Chicorée

Chicorée ist der zweite Austrieb der Zichorienpflanze und wächst in sogenannten Treibereien bei Dunkelheit innerhalb von knapp vier Wochen. Die 10–15 cm langen Stauden sollten fest verschlossen sein. Sie sind frisch, wenn die Spitzen leicht gelblich sind, falsch gelagert, wenn die Spitzen grün sind, und überlagert, wenn im Inneren viele braune Stellen sind. Den zarten, bitteren Geschmack liefert der Bitterstoff Intybin, der die Verdauung anregt. Chicorée ist besonders reich an Vitamin C, Vitamin A und Folsäure und lässt sich in Papier eingeschlagen 1 Woche im Gemüsefach lagern.

Chicorée mit Honig Orangen Sauce

Für 4 Personen
45 Min.

500 g Möhren · 500 g Kartoffeln · 250 ml Milch · 30 g Butter · Salz · Muskat · 1–2 EL Honig · 30 g Butter · 6 Chicorée · Saft von 1 Orange · Salz · grober Pfeffer

- Möhren waschen, evtl. schälen, in Scheiben schneiden. Kartoffeln schälen, in dünne Scheiben schneiden. Möhren und Kartoffeln in wenig Wasser weich garen. Milch und Butter erhitzen, über das Gemüse gießen und alle grob stampfen. Mit den Gewürzen abschmecken.
- Honig und Butter in einer Pfanne erhitzen, Chicorée der Länge nach halbieren und in Honig-Butter-Gemisch rundherum braten, mit Orangensaft ablöschen, weiter 5 Min. garen. Mit Salz und Pfeffer würzen, zu dem Stampf servieren.

Das passt dazu: Feldsalat mit Wintervinaigrette (siehe S. 36)

Lauch mit mariniertem Tofu

vegan
Für 4 Personen
40 Min.

400 g Tofu · 1 cm Ingwer · 2 EL Sojasauce · 2 Sesamöl · 800 g Lauch · 200 g Möhren · 1 EL Sesamöl, geröstet · Saft von 1 Orange · Salz · Agavendicksaft · Orangenabrieb · 30 g Sesam

- Tofu würfeln. Ingwer abziehen, fein reiben, mit Sojasauce und Sesamöl verrühren, den Tofu darin mindestens 30 Min. marinieren.
- Lauch waschen, der Länge nach halbieren und schräg in 1 cm breite Streifen schneiden. Möhren waschen, evtl. schälen, der Länge nach halbieren und ebenfalls schräge in 1 cm breite Scheiben schneiden.
- Öl in einer breiten hohen Pfanne erhitzen, Tofu mit Marinade anbraten, Gemüse dazugeben, 2 Min. mitbraten und mit dem Orangensaft ablöschen. Geschlossen ca. 6 Min. bissfest dünsten. Mit den Gewürzen abschmecken.
- Sesam trocken in einer Pfanne rösten und vor dem Servieren den Lauch damit bestreuen.

Das passt dazu: Vollkornreis und Endiviensalat mit oranger Salatsauce (siehe S. 36) und Orangenfilets
Zeit sparen: Am Abend vorher das Gemüse waschen, putzen und gut verpackt kühl aufbewahren.

Möhrenwaffeln mit Champignons

vegan
6–8 Waffeln
45 Min.

70 g Cashewkerne · 200 g Dinkelvollkornmehl · 50 g Polenta · ½ Pck. Backpulver · 1 TL Kräutersalz · 250 g Möhren · 800 g Champignons · 1 Zwiebel · Salz · Pfeffer · 1 Bund Schnittlauch

- Cashewkerne mit 350 ml Wasser gut aufmixen und mit Mehl, Polenta, Backpulver und Salz verquirlen.
- Möhren waschen, sehr fein raspeln und unter die Teigmasse ziehen. Teig 20 Min. quellen lassen, evtl. noch etwas Wasser hinzufügen, der Teig sollte nicht zu fest sein. Waffeleisen aufheizen und abbacken. Im Backofen auf einem Gitter warm halten.
- Champignons mit einem Küchentuch abreiben und halbieren bzw. vierteln, Zwiebel würfeln. Champignons anbraten, Zwiebel dazugeben, und so lange offen braten, bis die Flüssigkeit verdampft ist. Mit Salz und Pfeffer abschmecken.
- Schnittlauch waschen und in feine Röllchen schneiden und über die Champignons geben.

Das passt dazu: Rohkostplatte mit Tomatendipp (siehe S. 53) – diese dann doppelt zubereiten.

Zeit sparen: Am Abend vorher Champignons mit Küchenkrepp abreiben und in Papier verpackt kühl aufbewahren.

Sahniger Rosenkohl mit Kastanien

optional vegan
Für 4 Personen
25 Min.

1 kg Rosenkohl · 500 ml Gemüsebrühe · 200 ml Sahne oder pflanzliche Sahne · 1 EL Kastanienmehl oder Maismehl · 200 g Kastanien, vorgegart · Salz · Pfeffer · Zitronensaft · 1 EL Olivenöl

- Rosenkohl waschen, evtl. halbieren und in der Brühe bissfest garen. Sahne mit Mehl glatt rühren und zum Rosenkohl geben, einmal unter Rühren aufkochen lassen.
- Von den Kastanien zwei zur Seite legen, restliche zu dem Kohl geben und 5 Min. mitgaren. Mit den Gewürzen abschmecken. Die beiden Kastanien sehr fein würfeln und trocken in einer Pfanne mit etwas Salz rösten. Am Schluss das Öl dazugeben. Weitere 2 Min. braten und vor dem Servieren über das Gemüse streuen.

Das passt dazu: Spätzle oder Bandnudeln, Chicoréesalat mit Äpfeln und weißer Salatsauce (siehe S. 36)

Kartoffel-Curry mit Joghurtsauce

optional vegan
Für 4 Personen
40 Min.

400 g Kartoffeln · 400 g Süßkartoffeln · 1 Gemüsezwiebel · 2 EL Rapskernöl · 1 TL Curry, mild · 200 g Möhren · 200 g Fenchel · 200 g Hokkaido-Kürbis · 2 Gläser Tomatenstückchen · 1 TL Koriander · 1 TL Kreuzkümmel · 300 ml Kokosmilch · Salz · Ingwer · Chili · Zucker · 100 g Linsen- oder Mungobohnenkeimlinge · 300 g Joghurt oder Sojajoghurt · Salz · Zitronensaft · Minze

- Kartoffeln und Süßkartoffeln schälen und fein würfeln. Zwiebel abziehen, fein würfeln. Öl mit 2 EL Wasser und Curry erhitzen, Kartoffeln und Zwiebeln anbraten, mit 100 ml Wasser ablöschen, 10 Min. dünsten.
- Möhren waschen, evtl. schälen, würfeln. Fenchel waschen, mit einem Küchenmesser die äußeren festen Haare vom Strunk in Richtung Fenchelgrün abziehen, vierteln, den groben Strunk herausschneiden, würfeln. Kürbis waschen, vierteln, entkernen und würfeln.
- Gemüse mit Tomaten incl. des Safts aus dem Glas zu den Kartoffeln geben, umrühren und zugedeckt bei mittlerer Hitze 15 Min. köcheln.
- Koriander und Kreuzkümmel trocken in einer Pfanne rösten, mörsern und mit Kokosmilch einrühren. Aufkochen lassen und offen weitere 5 Min. cremig garen. Mit den Gewürzen abschmecken.
- Keimlinge 1 Min. blanchieren und vor dem Servieren das Curry dekorieren. Joghurt glatt rühren, mit den Gewürzen abschmecken und dazu servieren.

Das passt dazu: Obst mit einem Keks zum Nachtisch

Kleinigkeit: Rohkost mit Tomatendip

Möhre, Chicorée, Champignons, Äpfel aufschneiden, 200 g saure Sahne oder pflanzliche saure Sahne mit 2 EL Tomatenmark pürieren, mit Salz und Paprika abschmecken.

Winterkuchen

Immer lecker – ob als Nachtisch nach einer Gemüsesuppe, nach einer winterlichen Wanderung gemeinsam mit der Familie oder als Energiekick zwischendurch.

Schoko-Orangen-Konfekt

Für 4 Personen

1 Stunde Einweichzeit + 15 Min.

200 g Datteln, entsteint · 60 ml Orangensaft · 60 g Kokosöl · 50 g Kakaopulver · 50 g Walnüsse oder Haselnüsse · 1/4 TL Orangenabrieb

- Datteln klein schneiden und mindestens 1 Stunde in Orangensaft einweichen. Kokosöl schmelzen, zu den Datteln geben, Kakaopulver hinzufügen und alles zusammen ganz fein pürieren. Walnüsse fein hacken und mit dem Orangenabrieb unter die Masse kneten.
- Die Masse auf einen Teller oder eine Platte gut 1 cm dick zu einem 20 × 20 cm Quadrat ausstreichen und mindestens 4 Stunden kühl stellen. In kleine Würfel schneiden und in einer Dose aufbewahren.

Apfelbrot

2 Brote

15 Min. + 1 Stunde Backzeit

1 kg Äpfel (Boskoop) · 100 g Vollrohrzucker · 200 g Rosinen · 2 EL Zitronensaft · 500 g Dinkelvollkornmehl · 200 g Haselnüsse oder Mandeln, ganz · 1 1/2 Pck. Weinsteinbackpulver · 2 EL Kakao · 2 EL Zitronensaft

- Äpfel, waschen, entkernen, grob raspeln und mit dem Zucker 1 Stunde ziehen lassen. Backofen auf 170 Grad vorheizen. Äpfel mit den restlichen Zutaten verrühren.
- 2 Kastenformen mit Backpapier auslegen, Teig gleichmäßig verteilen und glatt streichen. Das Apfelbrot 45 bis 60 Min. backen. Anschließend das Brot gut auskühlen lassen, in Frischhaltefolie fest verpacken – so hält es sich 3–4 Wochen im Kühlschrank.

Nussecken

40 Ecken

30 Min. + 30 Min. Backzeit

Grundrezept Mürbeteig · 100 g vegane Margarine · 100 g Kokosöl · 200g Zucker · 200 g gehackte Mandeln · 200 g gehackte Haselnüsse · 100 g Aprikosenmarmelade · 200 g schwarze Kuvertüre

- Mürbeteig (siehe S. 34) zubereiten und auf ein mit Backpapier ausgelegtes Blech ausrollen und für mindestens 30 Min. kalt stellen.
- Margarine und Kokosöl schmelzen, Zucker und 2 EL Wasser dazugeben und 1–2 Min. köcheln lassen. Mandeln und Haselnüsse dazugeben und abkühlen lassen.
- Backofen auf 180 Grad vorheizen. Aprikosenmarmelade gleichmäßig auf dem Teig verteilen, die Nussmasse darüber glatt streichen, ca. 30 Min. backen. Auskühlen lassen, in Dreiecke schneiden, Kuvertüre schmelzen und die Ecken darin eintauchen. Auf einem Gitter abtropfen lassen und in einer Dose aufbewahren.

Schneebälle

Für 15–20 Stück
30 Min.

80 ml Sahne · 40 g Haferflocken, Kleinblatt · 40 g Kokosflocken · 1 EL Zucker · Zitronenabrieb · Vanille · Kokosflocken · gemahlene Mandeln zum Wälzen

- Sahne steif schlagen und die restlichen Zutaten vorsichtig unterheben. Mit den Gewürzen abschmecken und 10–15 Min. quellen lassen. Kleine Kugeln formen, in Kokosflocken und gemahlenen Mandeln wälzen.
- Die Schneebälle halten sich 2–3 Tage abgedeckt im Kühlschrank.

Energiekugeln

vegan
Für 30 Stück
20 Min.

40 g Sesam · 75 g Sonnenblumenkerne · 100 g Nüsse · 125 g Soft-Trockenfrüchte · 1 ½ EL Kokosraspeln · 1 EL Honig · 1 TL Zitronenabrieb · 1 EL Saft · Nüsse zum Wälzen

- Sesam, Sonnenblumenkerne und Nüsse mahlen. Trockenfrüchte mit dem Pürierstab zerkleinern. Alles mit den restlichen Zutaten zu einem festen Teig kneten. Kleine Kugeln formen, in den gehackten Nüssen wälzen.
- Die Energiekugeln halten sich ca. 1 Woche im Kühlschrank.

Apfelkuchen mit Walnussstreuseln

vegan
Für 4 Personen
45 Min. + 35 Min. Backzeit

300 ml Apfelsaft · 1 Würfel Hefe · 30 ml Agavendicksaft · 50 ml Walnuss- oder Olivenöl · 500 g Dinkelvollkornmehl · 70 g Cashewkerne · 1 EL Zucker · ¼ TL Vanille · 1 kg Äpfel · Saft von 1 Zitrone · 100 g Walnüsse · 50 g Vollrohrzucker · 50 ml Olivenöl

- Apfelsaft leicht erwärmen, Hefe darin auflösen, Dicksaft und Öl dazugeben, dann Mehl unterkneten. 10 Min. kneten (mit der Küchenmaschine 7 Min.), 30 Min. gehen lassen. Noch einmal durchkneten und auf ein mit Backpapier ausgelegtes Blech ausrollen.
- Cashewkerne mit 100 ml kochendem Wasser übergießen und 10 Min. quellen lassen. Mit Zucker und Vanille fein pürieren und auf den Teig streichen.
- Äpfel waschen, trocknen, evtl. schälen, entkernen und in feine Spalten schneiden. Sofort mit Zitronensaft vermischen. Walnüsse sehr fein hacken und mit Zucker und Öl vermischen.
- Backofen auf 180 Grad vorheizen, Äpfel gleichmäßig auf der Creme verteilen, Walnussstreusel darüber streuen, nochmals 10 Min. gehen lassen und 35 Min. auf der unteren Schiene backen.

Schokokuchen mit Cashewcreme

vegan
Für 4 Personen
12 Stunden Einweichzeit + 15 Min. + 40 Min. Backzeit

120 g Cashewkerne · 30 g Datteln, ohne Stein · 1 Msp Vanille · 1 Spritzer Zitronensaft · 380 g Dinkelmehl 1050 · 2 EL Kastanienmehl · 300 g Zucker · 50 g Kakao · 1 ½ Pck. Weinsteinbackpulver · 1 TL Salz · 120 g Bitterschokolade · 100 ml Olivenöl · 50 g Kokosöl · 50 g Zuckerrübensirup

- Cashewkerne in 150 ml kochendem Wasser 8–12 Stunden einweichen, mit den Datteln pürieren, mit Vanille und dem Zitronensaft abschmecken.
- Backofen auf 180 Grad vorheizen. Mehl, Zucker, Kakao, Backpulver und Salz fein sieben. Schokolade schmelzen, mit Oliven- und Kokosöl, Rübenkraut und 400 ml Wasser zu der Mehlmischung geben und einrühren. Auf einem mit Backpapier ausgelegtem Backblech glatt streichen und ca. 35–40 Min. backen.
- Kuchen auf einem Gitter auskühlen lassen, in kleine quadratische Stücke schneiden und mit der Cashewcreme dekorieren.

Frisch dazukaufen

- 880 g Möhren, 250 g Weißkohl, 250 g Sauerkraut, 120 g weiße Bohnen, 4–5 Chicorée, 1 Orange, 200 g frische Ananas, 1 kg Lauch, gegarte Bohnen
- 1 Kästchen Kresse, 1 Ingwer, Basilikum, 200 g Sellerie
- 250 g Butter oder vegane Margarine, 200 g saure Sahne oder pflanzliche saure Sahne, 600 ml Sahne oder pflanzliche Sahne, 300 ml Milch oder pflanzliche Milch
- 4 Eier
- 15 g getrocknete Steinpilze, 13 getrocknete Tomaten
- 50 g Räuchertofu, 200 g Seitan
- 4 Datteln, Sonnenblumenkerne, 20 g Pinienkerne
- Zitronensaft, Agavendicksat

Aus dem Vorrat

- Dinkelvollkornmehl Type 1050, Dinkelvollkorngrieß, Vollkornreis, Vollkornpenne, Zucker
- 1 Päckchen Backpulver, Honig
- Zwiebeln, Kartoffeln, mehlige Kartoffeln
- Rapskernöl, Olivenöl, Sesamöl, Leinöl, Butterschmalz
- Paprika edelsüß, Kümmel, Senf, Gemüsebrühe, Kreuzkümmel, Kümmel, Cayennepfeffer, Curry
- 1 l Tomatenpassata, Tomatenmark

Mögliche Beilagen

- Pellkartoffeln, Möhren, Apfel, Feldsalat
- Quark
- Pfannkuchen

Sauerkraut: Gut kombiniert kommt es bei allen an

Sauerkraut steckt voller Nähr- und Wirkstoffe und ist ideal für eine energiearme, aber ballaststoffreiche Ernährung mit viel Vitamin C. Es lässt sich vielseitig kombinieren, ob mit Obst oder Hülsenfrüchten oder verpackt in einem Möhrenteig.

Steckbrief Sauerkraut

Unter Einfluss von Milchsäurebakterien entsteht über einen natürlichen Gärprozess aus fein geschnittenem Weißkohl plus Salz Sauerkraut. Sauerkraut liefert jede Menge Vitamin C, Ballaststoffe und Milchsäurebakterien, die positiv auf die Darmflora wirken. So stärkt der Verzehr von frischem Sauerkraut im Winter das Immunsystem. Diese optimale Nährstoffzusammensetzung und besten Geschmack finden Sie vor allem in frischem, also rohem Sauerkraut, das Sie in gut sortierten Supermärkten oder im Bioladen kaufen können. Gut verschlossen hält sich frisches Sauerkraut 2–3 Tage im Kühlschrank. Sauerkraut aus der Dose ist pasteurisiert, also erhitzt, und daher deutlich weniger wertvoll.

Piroggen mit Sauerkraut und Pilzen

optional vegan

Für 4 Personen

50 Min. + 25 Min. Backzeit

280 g Möhren · 300 g Dinkelvollkornmehl · 1 Pck. Backpulver · 1 TL Salz · 250 g Butter oder Margarine · 15 g getrocknete Steinpilze · 250 g Weißkohl · 250 g Sauerkraut · 1 Zwiebel · 1 EL Rapskernöl · 4 Datteln · 50 g Räuchertofu · Salz · Pfeffer · Paprika edelsüß · Kümmel · 200 g saure Sahne oder pflanzliche saure Sahne

- Möhren waschen, sehr fein reiben, mit Mehl, Backpulver und Salz vermischen. Fett in Stückchen darüber geben und alles zügig mit 3–5 EL Wasser zu einem geschmeidigen Teig verkneten. In Folie verpacken und mindestens 30 Min. kalt stellen.
- Steinpilze mit kochendem Wasser überbrühen. Weißkohl waschen, vierteln, den groben Strunk herausschneiden und in feine Streifen schneiden bzw. hobeln. Sauerkraut fein schneiden. Zwiebel abziehen, fein würfeln.
- Öl in einer hohen breiten Pfanne mit einem EL Wasser erhitzen. Zwiebel anschwitzen, Sauerkraut und Weißkohl hinzufügen und bei geschlossenem Deckel 5 Min. dünsten. Eingeweichte Pilze hinzufügen und weitere 5–10 Min. offen garen, sodass die Flüssigkeit verdampft. Datteln und Räuchertofu sehr fein würfeln und dazugeben. Mit Salz, Pfeffer, Paprika und Kümmel abschmecken.
- Backofen auf 180 Grad vorheizen. Den Teig teilen und in zwei 2–3 mm dicke Rechtecke auf einer bemehlten Arbeitsfläche ausrollen. Aus den Teigplatten Quadrate mit 10 cm Seitenlänge ausschneiden. In die Mitte eines jeden Quadrats 2–3 TL Füllung geben und diagonal zu einem Dreieck zusammenklappen. Mit einer Gabel die Kanten mehrfach eindrücken. Auf ein mit Backpapier ausgelegtes Backblech legen und ca. 25 Min. backen.
- Saure Sahne aufschlagen und dazu servieren.

Zeit sparen: Linsenkeimlinge ansetzen, für Kartoffelstampf mit Apfel-Zwiebel-Gemüse.

Weiße-Bohnen-Eintopf mit Seitan

vegan

Für 4 Personen

8–12 Stunden Einweichzeit + 45 Min. Garzeit + 45 Min. Quellzeit + 30 Min.

120 g weiße Bohnen · 1 Gemüsezwiebel · 200 g Möhren · 200 g Sellerie · 200 g Seitan · 3 EL Olivenöl · 1 l Tomatenpassata · 3 EL Tomatenmark · 1 EL Senf · 1 EL Gemüsebrühe · ½ TL Kreuzkümmel · ¼ TL Kümmel · Zucker · Salz · Cayennepfeffer

- Bohnen in der 3–4-fachen Wassermenge 8–12 Stunden einweichen, 45 Min. garen und mindestens 45 Min. ausquellen lassen.
- Zwiebel abziehen, Möhren und Sellerie waschen, evtl. schälen und in kleine Würfel schneiden. Olivenöl mit 3 EL Wasser in einem großen Topf erhitzen, Zwiebel, Bohnen und Gemüse darin anbraten. Seitan würfeln und dazugeben. Mit Tomatenpassata ablöschen. Bei geschlossenem Deckel ca. 15 Min. garen.
- Tomatenmark, Senf, Gemüsebrühe, Kreuzkümmel und Kümmel dazugeben. Weitere 5 Min. köcheln und mit Zucker, Salz und Cayennepfeffer abschmecken.

Das passt dazu: Pellkartoffeln und Quark mit Apfelsinen zum Nachtisch

Zeit sparen: Am Abend vorher Bohnen einweichen, während des Frühstücks garen und ausquellen lassen. Für die **Kleinigkeit** 25 g Bohnen zusätzlich garen.

Chicorée in Senfsauce mit Reis

optional vegan
Für 4 Personen
40 Min.

250 g Vollkornreis · 1 Zwiebel · 1 EL Rapskernöl · 150 ml Sahne oder pflanzliche Sahne · 150 ml Milch oder pflanzliche Milch · 1 EL Dinkelmehl 1050 · 1–2 EL grober Senf · Salz · Zitronensaft · Honig · 4–5 Chicorée · 1 EL Rapskernöl · 30 g Sonnenblumenkerne · 1 Orange · 1 Kästchen Kresse

- Reis nach Packungsanweisung zubereiten.
- Zwiebel, würfeln. Öl mit 1 EL Wasser erhitzen, Zwiebel anschwitzen. Sahne, Milch und Mehl glattrühren, zur Zwiebel geben und unter Rühren 2–3 Min. köcheln. Senf einrühren und mit den Gewürzen abschmecken.
- Chicorée putzen, halbieren. Öl mit 1 EL Wasser in einer Pfanne erhitzen, Chicorée darin 2–3 Min. von beiden Seiten braten.
- Sonnenblumenkerne trocken in einer Pfanne rösten. Orange filetieren. Sauce über den Chicorée geben, mit Sonnblumenkernen, Orangenfilets und Kresse dekoriert zu dem Reis servieren.

Das passt dazu: Apfel-Möhren-Salat

Zeit sparen: Reis während des Frühstücks 20 Min. garen und ausquellen lassen.

Kartoffelstampf mit Apfel-Zwiebel-Gemüse

optional vegan
Für 4 Personen
35 Min.

1,4 kg Kartoffeln, mehlig kochend · Salz · 220 ml Milch oder pflanzliche Milch · 140 ml Sahne oder pflanzliche Sahne · Muskatnuss · Salz · 500 g Gemüsezwiebel · 1 EL Rapskernöl · Majoran · Zucker · Salz · 100 ml Apfelsaft · 500 g Boskoop-Apfel · 1 EL Rapskernöl · Salz · Pfeffer · 30 g Kürbiskerne

- Kartoffeln schälen, grob schneiden, in wenig Salzwasser weich garen. Milch, Sahne, Salz und Muskat aufkochen. Die Kartoffeln abgießen, das Wasser auffangen. Kartoffeln in der heißen Sahne-Milch grob stampfen, Konsistenz mit der Garflüssigkeit einstellen. Mit den Gewürzen abschmecken.
- Zwiebeln abziehen, vierteln, in Scheiben schneiden. Öl in einer Pfanne mit 1 EL Wasser erhitzen, Zwiebeln darin anbraten, Majoran, Zucker und Salz dazugeben. Mit dem Saft ablöschen und 10 Min. schmoren.
- Äpfel waschen, trocknen, mit einem Apfelausstecher entkernen und in dünne Scheiben schneiden. Öl mit 1 EL Wasser in einer Pfanne erhitzen, die Apfelscheiben darin kräftig anbraten, mit Salz und Pfeffer abschmecken und mit den Zwiebeln vermischen. Kürbiskerne trocken in einer Pfanne rösten, grob schneiden. In eine Schüssel zuerst das Kartoffelstampf, dann das Apfel-Zwiebel-Gemüse geben und mit Kürbiskernen bestreuen.

Das passt dazu: Feldsalat mit Linsenkeimlingen

Möhrensuppe mit Ananas

optional vegan
Für 4 Personen
25 Min.

400 g Möhren · 1 Gemüsezwiebel · 2 EL Sesamöl · 1 TL geröstetes Sesamöl · 1 TL Curry · 1–2 cm Ingwer · 800 ml Gemüsebrühe · 1 kg Kartoffeln · 100 ml Sahne oder pflanzliche Sahne · Salz · Agavendicksaft · Zitronensaft · 200 g frische Ananas

- Möhren waschen, evtl. schälen, klein schneiden. Zwiebel würfeln. Öl mit 2 EL Wasser und Curry erhitzen, Zwiebel und Möhren anschwitzen. Ingwer abziehen, reiben, mitdünsten und mit Gemüsebrühe ablöschen.
- Kartoffel schälen, fein reiben, einrühren und geschlossen bei mittlerer Hitze 10 Min. garen. Fein pürieren, Sahne einrühren, noch einmal aufkochen und mit Salz, Agavendicksaft und Zitronensaft fein abschmecken.
- Ananas schälen, klein würfeln und 2 Min. in der Suppe mit ziehen lassen.

Das passt dazu: Pfannkuchen mit Schokocreme oder Fruchtaufstrich zum Nachtisch

Kleinigkeit: Bohnenaufstrich

Gegarte Bohnen, 2 EL Olivenöl, 1 EL Leinöl, 8 getrocknete Tomaten, Basilikum, Salz und Pfeffer zusammen pürieren.

Penne mit Lauchgemüse

optional vegan
Für 4 Personen
25 Min.

400–500 g Vollkornpenne · 1 kg Lauch · 1 EL Olivenöl · 200 ml Gemüsebrühe · 5 getrocknete Tomaten in Öl · 200 ml Sahne oder pflanzliche Sahne · Salz · Pfeffer · 20 g Pinienkerne · Basilikum

- Penne nach Packungsanweisung garen.
- Lauch waschen und schräg in 1–2 cm breite Streifen schneiden. Öl in einer hohen Pfanne erhitzen, Lauch darin anbraten und mit Gemüsebrühe ablöschen, 5 Min. garen. Tomaten in Streifen schneiden und mit Sahne zum Lauch geben. 5–10 Min. offen köcheln lassen und mit Salz und Pfeffer vermischen.
- Pinienkerne trocken in einer Pfanne anrösten. Lauch mit den Penne vermischen, mit den Pinienkernen bestreuen und mit dem Basilikum dekorieren.

Das passt dazu: Feldsalat mit Fenchel

Zeit sparen: Am Abend vorher Lauch waschen, putzen und gut verpackt im Kühlschrank aufbewahren.

Frisch dazukaufen

- 2 Zitronen, 800 g Rote Bete, 2 Zitrone, 6 Schalotten, 800 g Lauch, 500 g Möhren, 500 g Sauerkraut, 1 Apfel
- 1 kg Knollensellerie, 1 Bund Frühlingszwiebeln, Zitronengras, Ingwer, Koriandergrün, 1 Bund Petersilie
- 100 ml Hafersahne, 400 ml Kokosmilch, 200 ml Sahne oder pflanzliche Sahne, 80 g Feta, 200 ml Milch oder pflanzliche Milch, 20 g Butter oder vegane Margarine
- 2 Scheiben Sesamvollkorn-Knäckebrot
- Kokosfett
- 20 g Kokoschips, 50 g Mandeln, 70 g Sonnenblumenkerne, 50 g gemahlene Mandeln, Pinienkerne
- 400 g Tofu
- 5 getrocknete Tomaten
- 1–2 TL Apfeldicksaft

Aus dem Vorrat

- Dinkelvollkornmehl, Quinoa, Puy-Linsen, Buchweizen, Couscous, Vollkornpenne, Paniermehl, Reismehl (oder Mais- oder Weizenmehl)
- Sesam, weißer Pfeffer, Anis, Fenchelsamen, Meerrettich, Lorbeerblätter, Gemüsebrühe, Kräutersalz, Paprikapulver, Sojasauce, Kümmel, Kreuzkümmel
- Sesamöl, Olivenöl, Essig
- Kartoffeln, Zwiebeln

Mögliche Beilagen

- Süßkartoffelmus (siehe S. 213), Feldsalat, Möhren, Chicoréesalat, Backofenkartoffeln
- Walnüsse
- Quarkspeise

Sellerie: als versteckter Begleiter immer beliebt

Roher Sellerie, z. B. geraspelt, schmeckt prima mit Äpfeln, Nüssen oder Weintrauben. Als Klassiker gilt der Waldorfsalat, aber auch Bratlinge lassen sich sehr gut aus fein geriebenem Sellerie herstellen. Und beim Sellerieschnitzel landet die Knolle sogar vegan paniert in der Pfanne.

Steckbrief Sellerie

Die Legende, dass Sellerie die männliche Liebeskraft stärke, hält sich schon seit Homers Zeiten. Dennoch hat es die faustgroße 500–1000 g schwere Wurzelknolle in sich. Ihren sehr würzigen Geschmack verdankt sie einem hohen Anteil an ätherischen Ölen, aber auch Mineralstoffe wie Kalium und Kalzium sowie die B-Vitamine sind ausreichend vorhanden. Achten Sie beim Einkauf auf eine straffe Oberfläche der Knolle und dass sie sich fest und kompakt anfühlt. So können Sie den Sellerie eingeschlagen in ein feuchtes Küchenhandtuch oder in einem locker geschlossenen TK-Beutel 2 Wochen im Kühlschrank aufbewahren. Das Blattwerk sollten Sie vorher abschneiden, es eignet sich wunderbar zum Würzen von Suppen, Saucen und Salaten und lässt sich gewaschen, getrocknet, roh oder gegart bestens einfrieren.

Sellerieschnitzel

vegan
Für 4 Personen
30 Min.

1 kg Knollensellerie · 2 EL Dinkelvollkornmehl · 100 ml Hafersahne · 2 Scheiben Sesamvollkornknäckebrot · 1 EL Sesam · Kokosfett zum Braten · Pfeffer, weiß

- Sellerie waschen und in 1–2 cm dicke Scheiben schneiden. In wenig Wasser bissfest dünsten beziehungsweise dämpfen.
- Drei tiefe Teller vorbereiten, einen mit Mehl, einen mit Hafersahne und einen mit fein geriebenem Knäckebrot vermischt mit Sesam.
- Selleriescheiben trockentupfen erst im Mehl, dann kurz in Hafersahne, anschließend gut in Knäckebrotbröseln wenden. Schnitzel nach und nach mit Kokosfett knusprig braten, mit Pfeffer bestreuen.

Das passt dazu: Süßkartoffelmus (siehe S. 213), gebratene Zwiebeln, Feldsalat mit Äpfeln und Walnüssen

Rote Bete und Kartoffeln vom Blech

optional vegan
Für 4 Personen
15 Min. + 50 Min. Backzeit

800 g Rote Bete · 1200 g Kartoffeln · ½ TL Anis · 1 TL. Fenchelsamen · 2–3 EL Olivenöl · 1 Zitrone, unbehandelt · 4 Schalotten · 50 g Mandeln · 1 Grundrezept Béchamelsauce · 1–2 TL Meerrettich

- Rote Bete und Kartoffeln gut bürsten und vierteln bzw. achteln. Anis und Fenchel andrücken und mit Olivenöl vermischen, Gemüse darin wenden. Zitrone waschen, trocknen, achteln. Schalotten abziehen und vierteln.
- Backofen auf 200 Grad vorheizen. Gemüse, Zitrone und Schalotten auf ein mit Backpapier ausgelegtes Blech geben und 40 Min. backen. Zwischendurch Gemüse wenden.
- 20 Min. vor Ende der Backzeit Mandeln über dem Gemüse verteilen.
- Béchamelsauce (siehe S. 38) zubereiten, mit Meerrettich abschmecken, dazu servieren.

Das passt dazu: Endiviensalat

Zitronentofu in Kokosmilch mit Quinoa

vegan
Für 4 Personen
35 Min. + 3 Stunden Marinierzeit

400 g Tofu, natur · 2 Zitronen · 250 g Quinoa · 2 EL Sesamöl · 2 EL Dinkelvollkornmehl · 400 ml Kokosmilch · 1 Bund Frühlingszwiebeln · Salz · Zitronengras · Ingwer · Koriandergrün · 20 g Kokoschips

- Tofu würfeln, Zitronen heiß waschen, trocknen. Schale von 1 Zitrone abreiben, auspressen. Tofu im Zitronensaft und der Zitronenschale mind. 3 Stunden marinieren.
- Quinoa nach Packungsanleitung zubereiten. Öl in einer Pfanne mit 2 EL Wasser erhitzen, Tofu aus der Marinade nehmen, bemehlen, in Öl kräftig anbraten, Marinade aufbewahren. Mit Kokosmilch ablöschen und 10 Min. offen köcheln lassen.
- Frühlingszwiebeln waschen, evtl., der Länge nach halbieren, in 3–4 cm lange Stücke schneiden, zum Tofu geben und weitere 10 Min. garen. Mit Zitronengras, Ingwer, Koriandergrün und der Marinade fruchtig abschmecken.
- Kokoschips trocken in einer Pfanne rösten und Tofu damit bestreuen. Zum Quinoa servieren.

Das passt dazu: Möhrengemüse

Zeit sparen: Für die **Kleinigkeit** 100 g Quinoa zusätzliche garen

Linsen-Lauch-Auflauf

optional vegan

Für 4 Personen

30 Min. Garzeit + 30 Min. Ausquellzeit + 25 Min. + 15 Min. Backzeit

200 g Puy-Linsen · 1 Lorbeerblatt · 800 g Lauch · 2 EL Olivenöl · 100 ml Gemüsebrühe · Kräutersalz · Zitronensaft · 200 ml Sahne oder pflanzliche Sahne · 50 g Buchweizen · 30 g Sonnenblumenkerne · 20 g Couscous 5 getrocknete Tomaten · Paprikapulver, geräuchert

- Linsen mit Lorbeerblatt in der 3–4-fachen Menge Wasser 30 Min. garen, 30 Min. ausquellen lassen. Lorbeerblatt entfernen. Lauch waschen, schräg in Ringe schneiden. Öl mit 2 EL Wasser erhitzen, Lauch anschwitzen, mit Brühe ablöschen und geschlossen bei mittlerer Hitze ca. 6 Min. bissfest dünsten. Mit Kräutersalz und Zitronensaft abschmecken.
- Backofen auf 180 Grad vorheizen. Gegarte Linsen mit Sahne zu dem Lauch geben, umrühren und in eine Auflaufform füllen. Buchweizen, Sonnenblumenkerne und Couscous in einer Pfanne trocken rösten, mit Tomaten im Mixer nicht ganz fein mixen. Mit Paprikapulver würzen und über den Auflauf streuen. 15 Min. backen.

Das passt dazu: Quarkspeise mit Orangen , Apfel und Banane zum Nachtisch

Schnelle Möhrennudeln

vegan

Für 4 Personen

30 Min.

400–500 g Vollkornpenne · 2 Schalotten · 500 g Möhren · 2 EL Olivenöl · 1 Bund Petersilie · 40 g Sonnenblumenkerne · 1 EL Sojasauce · 50 g gemahlene Mandeln · 50 g Paniermehl · 2 EL Olivenöl · Salz · Koriander · Zitronensaft

- Penne nach Packungsanweisung zubereiten.
- Schalotten abziehen, fein würfeln. Möhren, waschen, evtl. schälen, der Länge nach vierteln, fein aufschneiden. Öl mit 2 EL Wasser erhitzen, Schalotten anschwitzen, Möhren dazugeben, kurz mitbraten, mit 100 ml Wasser ablöschen, geschlossen 8 Min. bissfest garen.
- Petersilie waschen, trocknen, grob schneiden. Sonnenblumenkerne trocken in einer Pfanne rösten, Pfanne vom Herd nehmen, Sojasauce angießen und gut verrühren. Die Petersilie mit den Sonnenblumenkernen, den Mandeln, dem Paniermehl und dem Öl im Mixer auf kleiner Stufe nicht ganz cremig pürieren, mit Olivenöl und Salz abschmecken und mit Möhren und tropfnassen Nudeln vermischen.

Das passt dazu: Chicoréesalat

Sauerkraut auf polnische Art

vegan

Für 4 Personen

2 Stunden Einweichzeit + 30–45 Min. Garzeit + 30 Min.

350 g gelbe geschälte Erbsen · 1 Lorbeerblatt · 1 Gemüsezwiebel · 1 EL Olivenöl · 500 g Sauerkraut · 1 TL Kümmel oder Kreuzkümmel · 1–2 TL Apfeldicksaft · 2 EL Olivenöl

- Erbsen in der dreifachen Menge Wasser mit Lorbeerblatt 2 Stunden einweichen, anschließend 30–45 Min. weich garen.
- Zwiebel abziehen und fein würfeln. Öl mit 1 EL Wasser in einer großen hohen Pfanne erhitzen, Zwiebel darin anschwitzen. Sauerkraut grob schneiden und zu der Zwiebel geben. Kümmel leicht zerstoßen und dazugeben. Mit geschlossenem Deckel ca. 10 Min. dünsten, evtl. etwas Wasser hinzufügen.
- Erbsen salzen unter das Sauerkraut rühren. Apfeldicksaft und Olivenöl darüber träufeln, ein paar Min. zusammen ziehen lassen und servieren.

Das passt dazu: Backofenkartoffeln, Feldsalat

Kleinigkeit: Quinoasalat

80 g Feta, 1 Apfel würfeln, 200 g gegarter Quinoa, Essig, Öl und Pinienkernen vermischen, abschmecken.

Frisch dazukaufen

- 1 kg Champignons, 3 Schalotten, 300 g Möhren, 300 g Kürbis, 300 g Pastinaken, 1,2 kg Lauch, 500 g Fenchel, 1 Orange, 1 kg Grünkohl, 1 Ingwer, 1–2 Bund Schnittlauch
- 250 g Magerquark, 250 g Quark 20 %, 250 g Bergkäse, 200 g Crème fraîche, 150 ml Sahne oder pflanzliche Sahne, 300 g Joghurt oder Sojajoghurt, 250 ml Sojadrink
- 4 Eier
- 1 türkisches Fladenbrot
- 300 g Dinkel
- 40 g Rosinen, 60 g Pistazien
- 100 ml Orangensaft, Zitronensaft, Agavendicksaft

Aus dem Vorrat

- Paniermehl
- Kartoffeln, Zwiebeln, Knoblauch
- schwarzer Sesam, Sojasauce, Fenchelsamen, Kreuzkümmel, Koriander, Kardamomsamen, Tomatenmark, Dijonsenf, Kurkuma, Paprika edelsüß
- Olivenöl, Rapskernöl

Mögliche Beilagen

- Vollkornbaguette, Vollkornreis
- Feldsalat, Rote Bete, Möhrensalat
- Schokoladenpudding

FEBRUAR WOCHE 2

Champignons: Die Zubereitung entscheidet!

Für die wasserscheuen Vertreter der Pilzfamilie gilt: nicht waschen! Sie saugen sich sonst mit Wasser voll und werden dadurch beim Dünsten zäh. Einfaches Abreiben mit einem Küchenkrepp reicht völlig aus. Es gibt auch sogenannte Pilzbürsten, mit denen man die Hüte schonend säubern kann.

Steckbrief Champignons

Pilze sind eine eigene Gruppe, sie gehören nicht zum Gemüse. Champignons, die hierzulande am häufigsten angebauten Zuchtpilze, gibt es in Weiß mit einem milden Aroma, in Braun bis Braunrosa mit einem kräftigeren Aroma (dann auch Crème-Champignons genannt) und als Riesenchampignons mit einem Durchmesser von 10 cm. Champignons liefern sehr wertvolle essenzielle Aminosäuren, die Vitamine K, E und B sowie Kalium, Eisen und Zink. Frische Pilze erkennen Sie daran, dass Hut, Lamellen und Stiel fest sind und der Hut weder Druckstellen noch Flecken hat oder an den Rändern ausgefranst ist. In Papier verpackt halten sich Pilze dann etwa 3 Tage im Kühlschrank. Sie können Champignons roh im Ganzen oder geschnitten einfrieren und dann gefroren weiterverarbeiten.

Champignonauflauf

Für 4 Personen
20 Min. + 40 Min. Backzeit

1 kg Crèmechampignons · 1 Schalotte · 1 EL Olivenöl · Sojasauce · 250 g Magerquark · 250 g Quark 20% · 4 Eier · 100 g Bergkäse · Salz · Pfeffer · 2 EL Olivenöl · 2 EL Paniermehl · 1 TL Schwarzkümmel · 1–2 Bund Schnittlauch

- Champignons mit Küchenkrepp säubern und in dünne Scheiben schneiden. Schalotte abziehen, würfeln. Pilze anbraten, bis die Flüssigkeit verdampft ist, die Schalotten und das Öl dazugeben, kurz mit braten. Mit der Sojasauce kräftig abschmecken.
- Backofen auf 180 Grad vorheizen. Magerquark und Quark (20%) mit Eiern verquirlen. Käse reiben und mit Champignons unter die Quarkmasse ziehen. Mit Salz und Pfeffer würzen. Eine Quicheform (26 cm ⌀) mit Öl einfetten, großzügig mit Paniermehl und Schwarzkümmel ausstreuen, Masse einfüllen, glatt streichen und 35–40 Min. backen. Schnittlauch waschen, in feine Röllchen schneiden und den Auflauf damit bestreuen.

Das passt dazu: Vollkornbaguette und Feldsalat

Zeit sparen: Am Abend vorher Champignons mit Küchenkrepp abreiben und in Papier verpackt aufbewahren.

Überbackenes Fladenbrot mit Lauch

Für 4 Personen
20 Min. + 10 Min. Backzeit

1 großes türkisches Fladenbrot · 1,2 kg Lauch · 2 EL Rapskernöl · 200 g Crème fraîche · Salz · Pfeffer · 150 g Bergkäse

- Backofen auf 220 Grad vorheizen. Fladenbrot waagerecht durchschneiden und beide Hälften 5 Min. rösten. Lauch waschen, in sehr feine Ringe schneiden. Öl mit 2 EL Wasser erhitzen, Lauch darin 6 Min. bissfest garen. Creme fraîche einrühren und mit Salz und Pfeffer abschmecken.
- Lauch auf die Brothälften verteilen. Käse reiben und darüber streuen, 5–10 Min. überbacken, sodass der Käse gerade beginnt, zu fließen.

Das passt dazu: Rote Bete Frischkost

Zeit sparen: Am Abend vorher Lauch waschen, putzen und gut verpackt kühl aufbewahren.

Gemüse vom Blech mit veganer Mayonnaise

vegan
Für 4 Personen
30 Min. + 35–40 Min. Backzeit

1 Grundrezept vegane Mayonnaise · 500 g Kartoffeln · 300 g Möhren · 300 g Kürbis · 300 g Pastinaken · 2 Schalotten · 2 EL Olivenöl · Salz · Pfeffer

- Mayonnaise (siehe S. 38) nach Grundrezept vorbereiten.
- Backofen auf 200 Grad vorheizen. Kartoffeln und Gemüse waschen, in mundgerechte Stücke schneiden, mit Olivenöl vermischen und auf einem Blech verteilen. 35–40 Min. backen, zwischendurch wenden.
- Mit Salz und Pfeffer würzen.

Das passt dazu: Schokoladenpudding mit Vanillesauce zum Nachtisch

Zeit sparen: Am Abend vorher die Mayonnaise zubereiten und kühl stellen.

Cremiger Dinkel mit Fenchel

optional vegan
Für 4 Personen
8–12 Stunden Einweichzeit + 45 Min. Garzeit + 45 Min. Ausquellzeit + 20 Min.

300 g Dinkel · 40 g Rosinen · 100 ml Orangensaft · 500 g Fenchel · 1 Zwiebel · 2 EL Rapskernöl · 1/ TL Fenchelsamen · 150 ml Sahne oder pflanzliche Sahne · Salz · Pfeffer · 1 Orange · 20 g Pistazien

- Dinkel in der 2–3-fachen Menge Wasser 8–12 Stunden einweichen, 45 Min. garen und weitere 45 Min. ausquellen lassen.
- Rosinen in Orangensaft einweichen. Fenchel waschen, das Grün abschneiden und zur Seite legen, achteln, den groben Strunk herausschneiden, mit einem Küchenmesser die äußere feste Haare vom Strunk in Richtung Fenchelgrün abziehen, in Streifen schneiden.
- Zwiebel abziehen, in Streifen schneiden. Öl in einer hohen breiten Pfanne mit 2 EL Wasser erhitzen, Zwiebel und Fenchelsamen anbraten, Fenchel dazugeben, 1 Min. mitbraten, die Rosinen dazugeben und geschlossen bei mittlerer Hitze 6 Min. dünsten. Sahne angießen, einmal aufkochen, Dinkel dazugeben und mit den Gewürzen abschmecken.
- Orange filetieren, Pistazien hacken, Fenchelgrün fein schneiden und alles unter den cremigen Dinkel ziehen.

Das passt dazu: Feldsalat mit Möhren

Grünkohl-Kartoffel-Pfanne mit Joghurt

optional vegan
Für 4 Personen
40 Min.

2 Zwiebeln · 2 EL Rapskernöl · 450 g Kartoffeln · 1 kg Grünkohl · 1 TL Kreuzkümmel · 1 TL Koriander · ½ TL Kardamomsamen · 2 Knoblauchzehen · 2–3 cm Ingwer · 300 g Joghurt oder Sojajoghurt · 2 EL Tomatenmark · Salz · Pfeffer · 40 g geröstete gesalzene Pistazien

- Zwiebeln abziehen, würfeln. Öl mit 2 EL Wasser in einer breiten Pfanne erhitzen, Zwiebeln anschwitzen. Kartoffeln waschen, in mundgerechte Stücke schneiden, 2 Min. mitbraten und mit 400 ml Wasser ablöschen. Geschlossen 10 Min. dünsten.
- Grünkohl waschen, die groben Stängel herausschneiden, Blätter grob schneien und zu den Kartoffeln geben. Geschlossen bei mittlerer Hitze 10 Min. dünsten.
- Kreuzkümmel, Koriander und Kardamom trocken in einer Pfanne rösten. Knoblauch und Ingwer abziehen und mit den Gewürzen zusammen mörsern, zum Gemüse geben.
- Joghurt mit Tomatenmark und 5 EL von der Garflüssigkeit verrühren, Gemüse von der Herdplatte nehmen, Joghurt langsam unterrühren, noch einmal erwärmen aber nicht mehr kochen. Mit Salz und Pfeffer abschmecken, mit Pistazien bestreut servieren.

Das passt dazu: Vollkornreis und Möhrensalat

Zeit sparen: Am Abend vorher Grünkohl waschen, putzen und gut verpackt kühl lagern.

Kleinigkeit: Gemüsesalat

Restliche Mayonnaise mit etwas Joghurt glattrühren, TK-Erbsen dünsten, mit der Sauce vermischen, und wenn noch Gemüse übrig ist (Pilze oder Gemüse vom Blech), dazugeben und vermischen. Mit Estragon abschmecken.

Schwarzwurzel: mild und nussig

Manche kennen Schwarzwurzeln nur so, wie man sie früher oft aß: säuerlich eingelegt und aus der Dose. Kein Wunder, dass sie diesem winterharten Gemüse aus dem Weg gehen. Dabei kann man viele wunderbare Gerichte aus frischen Schwarzwurzeln zubereiten!

Steckbrief Schwarzwurzeln

Schwarzwurzeln, äußerlich wegen ihrer rauen, erdigen Borke eher unscheinbar, werden wegen ihres darunter verborgenen weißen Fleisches oft auch Winterspargel genannt. Der Geschmack ist leicht nussig, eher herzhaft, wohingegen die Konsistenz sehr weich ist. Dieses Wintergemüse, das vorrangig in Frankreich, Belgien und Holland angebaut wird, liefert neben Vitamin E und Folsäure jede Menge Eisen und Kalium. Schwarzwurzeln sind in der Zubereitung nicht ganz einfach, einmal tritt beim Schälen ein milchiger Saft aus, der braune Flecken an den Händen hinterlässt, darum empfiehlt es sich, Handschuhe zu tragen. Zum anderen müssen Sie die geschälten Schwarzwurzeln sofort in Wasser mit Zitronensaft bzw. Essig legen, damit das weiße Fleisch nicht braun wird. In Papier verpackt halten sich Schwarzwurzeln im Kühlschrank 5–6 Tage. Blanchiert kann man sie prima einfrieren.

Frisch dazukaufen

- 1 kg Schwarzwurzeln, 3 Zitronen, 800 g Rote Bete, 100 g Möhren, 100 g Pastinaken, 100 g Sellerie, 450 g Weißkohl, 150 g Sauerkraut, 800 g Austernpilze, 1 Bund Petersilie, 1 kg Möhren, 1 Ingwer, 2 Stangen Lauch, 400 g Linsenkeimlinge, 200 g Dinkelkeimlinge,
- 1 Blutorange, 1 Apfel, 2 Orangen
- Apfeldicksaft, Agavendicksaft
- 150 g Joghurt oder Sojajoghurt
- 3 Gewürzgurken
- 20 g Pinienkerne, 20 g Pistazien, 100 g Walnüsse, 25 g Maiskerne, 75 g Mandeln, 50 g Sesam
- 50 g getrocknete Tomaten, 80 g Datteln, ½ TL getrocknete Minze

Aus dem Vorrat

- Dinkelmehl Type 1050, Couscous, Paniermehl, Dinkelvollkorngrieß, Puy-Linsen,
- Gemüsebrühe, Lorbeerblätter, Kümmel, Kräutersalz, Sojasauce, Zimtstange, Kreuzkümmel, Koriander, Chiliflocken, Dijonsenf, Zitronenthymian, Salbei, Fenchel, Anis
- Rapskernöl, Olivenöl, Kürbiskernöl, Leinöl, Kokosöl
- Zwiebeln, Kartoffeln, Knoblauch

Mögliche Beilagen

- Feldsalat, Chinakohlsalat
- Roggenvollkornbrot, Kartoffelstampf, Mi-Nudeln, Bratkartoffeln
- Orangenquark

Schwarzwurzel mit Tomatencouscous

vegan

Für 4 Personen

35 Min.

50 g getrocknete Tomaten · 250 g Couscous · 300 ml Gemüsebrühe · 1 kg Schwarzwurzeln · Saft von 1 Zitrone · Salz · 1 EL Rapskernöl · 1 EL Olivenöl · Salz · Pfeffer · 20 g Pinienkerne · 20 g Pistazien

- Tomaten in Streifen schneiden und mit Couscous in einer Schüssel vermischen. Mit heißer Gemüsebrühe übergießen, umrühren und geschlossen 15 Min. quellen lassen.
- Schwarzwurzeln schälen, waschen, in 15 cm lange Stücke schneiden, in Zitronenwasser legen, anschließend in wenig Salzwasser bissfest dünsten beziehungsweise dämpfen. Mit einem Schaumlöffel herausnehmen und kalt brausen.
- Öl in einer Pfanne mit 2 EL Wasser erhitzen, Schwarzwurzeln darin braten, mit den Gewürzen abschmecken.
- Pinienkerne und Pistazien trocken in einer Pfanne rösten, grob hacken und über das Gemüse streuen. Couscous mit den Fingern lockern, evtl. abschmecken und zu dem Gemüse servieren.

Das passt dazu: Feldsalat mit Äpfeln und Möhren

Zeit sparen: Am Abend vorher Couscous einweichen.

Borschtsch

optional vegan

Für 4 Personen

50 Min.

800 Rote Bete · 2 rote Zwiebeln · 2 EL Olivenöl · 1,5 l Gemüsebrühe · 1 Lorbeerblatt · 1 TL Kümmel · 100 g Möhren · 100 g Pastinaken · 100 g Sellerie · 300 g Kartoffeln · 150 g Weißkohl · 150 g Sauerkraut · Salz · Pfeffer · Apfeldicksaft · 3 Gewürzgurken · evtl. saure Sahne oder pflanzliche Sahne

- Rote Bete schälen und fein würfeln. Zwiebeln abziehen, würfeln. Öl in einem großen Topf mit 2 EL Wasser erhitzen, Zwiebeln und Rote Beete darin anbraten, mit der Gemüsebrühe ablöschen, Lorbeerblatt und Kümmel hinzufügen und 20 Min. zugedeckt bei mittlerer Hitze köcheln lassen.
- Möhren, Pastinaken und Sellerie waschen, evtl. schälen und würfeln.
- Kartoffeln schälen, vierteln. Weißkohl vierteln, den Strunk herausschneiden und fein schneiden. Sauerkraut fein schneiden. Gemüse zur Roten Bete geben und weitere 20 Min. unter gelegentlichem Rühren garen.
- Mit den Gewürzen mild, süßlich abschmecken. Gewürzgurken in Scheiben schneiden und kurz vor dem Servieren unterrühren.

Das passt dazu: Roggenvollkornbrot und Orangenquark

Zeit sparen: Der Borschtsch lässt sich gut am Tag vorher zubereiten, dann kühl stellen und schnell aufwärmen.

Gebratene Austernpilze mit Petersilie

vegan

Für 4 Personen

25 Min.

800 g Austernpilze · Dinkelmehl 1050 · 2–3 EL Kokosöl · Kräutersalz · Pfeffer · 1 Bund glatte Petersilie · 2 EL Olivenöl · 2 EL Paniermehl · Salz · Zitronenabrieb

- Austernpilze putzen, evtl. klein schneiden. Mehl glatt sieben und Austernpilze damit rundum bestäuben. Kokosöl in einer beschichteten Pfanne erhitzen, Pilze portionsweise goldbraun braten und würzen.
- Petersilie waschen, trocknen, sehr fein schneiden, mit Öl, Paniermehl, Salz und Zitronenabrieb vermischen, kurz vor dem Servieren über die Pilze streuen.

Das passt dazu: Kartoffelstampf, Salat der Saison

Zeit sparen: Kartoffeln für Bratkartoffeln zu lauwarmem Linsengemüse (siehe S. 70) mitgaren.

Keimen für Einsteiger

Würzig scharf über dem Salat, knackig im Risotto oder nussig mild im Müsli – Sprossen und Keime sind wahre Allrounder.

Sprossen sind Samen, die gezogen und anschließend über dem Samenkorn abgeschnitten wurden. Sie werden ohne Samenkorn und Wurzeln gegessen, z. B. Kresse oder Alfalfa.
Keimlinge sind angekeimte Samen mit ihren Wurzeln, sie werden komplett gegessen. Beim Keimen geht das Samenkorn vom Zustand des Energiespeicherns in den Zustand des Wachsens über.
Sprossen und Keimlinge sind wunderbar geeignet, auch im Winter die Familie mit frischen Vitaminen zu versorgen.
In einer Zeit, in der frisches Gemüse in unseren Breitengraden rar ist oder von weit her kommt, wachsen Keimlinge und Sprossen ganz frisch in der eigenen Küche und können direkt vom »Anbau« in unsere Töpfe oder Teller gelangen. Also: kurze Transportwege, Reichtum an Vitaminen, Ballaststoffen und sekundären Pflanzenstoffen, unglaublich preiswert, leicht und bequem in der Zubereitung und vielseitig einsetzbar. Und übrigens: Durch das Keimen wird die Verdaulichkeit von Hülsenfrüchten deutlich verbessert.

Und so wird es gemacht:

- Die Samen unter fließendem Wasser spülen.
- Kleine Samen 1 Stunde, größere bis zu 12 Stunden einweichen.
- Samen abgießen und in ein Keimglas oder in ein feines Küchensieb geben und so stellen, dass das Wasser bequem abtropfen kann.
- 2–3 Mal am Tag mit kaltem Wasser durchspülen.
- Erntezeitpunkt: Nach 2 bis 8 Tagen.

Darauf sollten Sie achten:

- Kaufen Sie gute Samenqualität ein!
- Halten Sie das Keimgerät sauber!
- Nicht zu viele Samen in ein Keimgerät geben, Keimlinge brauchen Platz.

Übrigens: Sie können fertige Keimlinge und Sprossen sehr gut in einer Kunststoffdose oder in einem Schraubglas im Kühlschrank 3–4 Tage aufbewahren. Zwischendurch durchspülen. Keimlinge und Sprossen lassen sich auch einfrieren.

So viel Zeit brauchen die Keimlinge:

Samen	Einweichzeit in Stunden	Ernte in Tagen	Ertrag Samen/Keimling
Weizen, Dinkel, Roggen, Gerste	12	2–3	1 : 2
Hafer, Hirse, Quinoa	4–8	2–4	1 : 1,5–1:2
Linsen, Mungobohnen	12	2–5	1 : 5
Kichererbsen, Sojabohnen	12	3–5	1 : 4
Kresse, Alfalfa	4–6	6–8	1 : 4

Linsenkeimling-Salat

vegan

Für 4 Personen

45 Min. inkl. Marinierzeit

400 g grüne Linsenkeimlinge · 1 Lauchstange · 1 Apfel · 1 Möhre · 3 EL Olivenöl · 2–3 EL Zitronensaft · 1 TL Dijonsenf · 1 TL Agavendicksaft · Salz · Pfeffer · Zitronenthymian · Salbei

- Linsenkeimlinge kalt abbrausen.
- Lauch, Apfel und Möhre waschen und fein schneiden. Olivenöl, Zitronensaft, Senf und Agavendicksaft verrühren, mit den Gewürzen abschmecken, alle Zutaten gut miteinander vermischen und ½ Stunde ziehen lassen.
- Nach Geschmack mit gerösteten Sonnenblumenkernen bestreuen.

Dinkel-Weißkohl-Orangen-Salat

optional vegan

Für 4 Personen

40 Min. inkl. Marinierzeit

200 g Dinkelkeimlinge · 300 g Weißkohl · 2 Orangen · 150 g Joghurt oder pflanzlicher Joghurt · 2 EL Leinöl · ½ TL Fenchel · ¼ TL Anis · Salz · Pfeffer · Zitronensaft

- Dinkelkeimlinge durchspülen. Weißkohl waschen, vierteln, den groben Strunk herausschneiden, sehr fein schneiden bzw. hobeln.
- Orangen filetieren.
- Joghurt mit Leinöl glattrühren, Fenchel und Anis fein mörsern, unterrühren und mit den Gewürzen abschmecken. Alle Zutaten miteinander vermischen und 30 Min. ziehen lassen.

Möhren mit Walnüssen

vegan

Für 4 Personen

20 Min.

1 kg Möhren · 2 Zwiebeln, rot · 2 EL Rapsöl · 1 EL Dinkelvollkorngrieß · 300 ml Gemüsebrühe · 40 g Datteln · 100 g Walnüsse · Sojasauce · Ingwer

- Möhren waschen, evtl. schälen, der Länge nach vierteln und schräg in 3–4 cm große Stücke schneiden. Zwiebel abziehen und achteln. Öl in einer hohen Pfanne mit 2 EL Wasser erhitzen, Zwiebeln und Möhren darin anbraten, mit dem Grieß bestreuen, weitere 2 Min. braten.
- Gemüsebrühe angießen und Möhren ca. 5 Min. mit geschlossenem Deckel bissfest garen. Datteln der Länge nach vierteln und dazugeben.
- Walnüsse trocken in einer Pfanne rösten und zu den Möhren geben. Mit den Gewürzen abschmecken.

Das passt dazu: Mi-Nudeln

Lauwarmes Linsen-Gemüse

optional vegan

Für 4 Personen

50 Min.

250 g Puy-Linsen · 1 Lorbeerblatt · 1 Lauchstange · 6 Datteln · 1 EL Kürbiskernöl · 2 EL Olivenöl · Saft von 1 Orange · Salz · Pfeffer · 25 g Kürbiskerne · evtl. 100 g Schmand oder pflanzliche saure Sahne

- Linsen in der 3-fachen Menge Wasser mit Lorbeerblatt und Zimtstange 20 Min. garen.
- Lauch waschen, sehr fein schneiden. Datteln fein würfeln, beides mit dem Öl und dem Saft unter die heißen Linsen rühren, abschmecken. Auf der ausgeschalteten Herdplatte geschlossen 20 Min. ausquellen und ziehen lassen.
- Lorbeerblatt und Zimtstange herausnehmen, nochmals abschmecken. Kürbiskerne trocken in einer Pfanne rösten, hacken und über die Linsen streuen. Evtl. mit Schmand servieren.

Das passt dazu: Bratkartoffeln und Chinakohlsalat

Kleinigkeit: Gewürzmandeln

75 g Mandeln rösten und fein hacken. 1 TL Kreuzkümmel, 1 TL Koriander, 50 g Sesam rösten, mit ½ TL getrockneter Minze mörsern, 1 TL Salz dazugeben und mit Chiliflocken abschmecken. Mit Öl auf geröstetem Brot servieren.

Frisch dazukaufen

- 2 Zitronen, 2 Avocado, Petersilie, Minze, 1 kg Sauerkraut, 500 g Rote Bete, 800 g Obst der Saison, 50 g Cranberries, 150 g weiße Bohnen, 1 Bund Petersilie
- 950 ml Hafersahne, 200 ml Sahne oder pflanzliche Sahne, 100 g Schmand oder Seidentofu, 400 g Quark
- 150 g Räuchertofu, 60 g Sojajoghurt
- Agavendicksaft, 150 ml roter Traubensaft
- Sesam, 150 g Cashewkerne
- 75 g Schokolade
- 3 Eier

Aus dem Vorrat

- Vollkornspaghetti, Stärke, Vollkornrundreis oder Risottoreis, Haferflocken, Dinkelvollkorngrieß
- 100 g getrocknete Tomaten
- 800 g TK-Erbsen
- 1 Päckchen Vanillezucker, Kakao, Zucker
- Knoblauch, Zwiebeln
- Chili, Tomatenmark, Lorbeerblätter, Kreuzkümmel, Gemüsebrühe, Paprika edelsüß, Meerrettich
- Olivenöl, Sesamöl

Mögliche Beilagen

- Salat, Postelein-Salat, Möhren
- Backofenkartoffeln, dreierlei Tofu (siehe S. 33), Spiegelei, Gemüsesuppe
- Schoko-Cashew-Pudding

Avocado: ein ungewöhnliches Obst, das satt macht

Die Mexikaner bereiten traditionell Avocados als Guacamole zu, die als Dip mit kleingewürfelten Tomaten und frischem Koriander zu vielen Gerichten serviert wird. In Brasilien isst man Avocado mit Limettensaft und Zucker vermengt als erfrischendes Dessert.

Steckbrief Avocado

Avocado, das fetthaltigste Obst auf dem Markt, wird zu Recht die Butter des Waldes genannt. Je nach Sorte hat die 200–400 g schwere birnenförmige Frucht eine glatte oder raue Schale, eine grüne, oder blauviolette bis braune Farbe. Das Fruchtfleisch ist hellgrün bis gelblich und schmeckt mild bis leicht nussig. Der hohe Gehalt an einfach ungesättigten Fettsäuren verleiht der aus Israel, Südamerika oder Südafrika importierten Frucht eine gut sättigende Eigenschaft bei hoher Bekömmlichkeit. Zudem ist sie reich an Vitamin E und Kalium. In Zeitungspapier gewickelt und bei Zimmertemperatur gelagert reift die meist hart und somit unreif gekaufte Avocado innerhalb von 2–3 Tagen. Kühl und unverpackt dauert es bis zu 5–6 Tage. Mit Zitronensaft püriert lassen sich Avocados problemlos einfrieren.

Spaghetti mit Avocado

vegan
Für 4 Personen
25 Min.

400–500 g Vollkornspaghetti · 2 Knoblauchzehen · 250 ml Hafersahne · 3–4 EL Zitronensaft · 1 TL Zitronenabrieb · Salz · Chili · 2 reife Avocado · Pfeffer · Petersilie

- Spaghetti nach Packungsanweisung zubereiten.
- Knoblauch abziehen, fein schneiden und mit Hafersahne 10 Min. leicht köcheln. Vom Herd nehmen, Zitronensaft und -abrieb einrühren und mit den Gewürzen abschmecken.
- Avocado halbieren, entkernen, das Fruchtfleisch herauslösen und würfeln.
- Sauce und Avocado sofort mit den Spaghetti vermischen und mit Pfeffer und Petersilie bestreuen.

Das passt dazu: Salat

Kleinigkeit: Schoko-Cashew-Pudding

100 g Cashewkerne in 500 ml kochendem Wasser 30 Min. einweichen, aufmixen, mit 75 g Schokolade, 50 g Zucker, 1 EL Kakao und 30 g Stärke aufkochen und kalt stellen.

Tomaten-Sauerkraut

optional vegan
Für 4 Personen
25 Min.

1 kg Sauerkraut · 1 Gemüsezwiebel · 2 EL Olivenöl · 100 g Tomatenmark · 100 g getrocknete Tomaten · 1 Lorbeerblatt · 1 EL Stärke · 200 ml Sahne oder Hafersahne · Agavendicksaft · Kreuzkümmel · Salz

- Sauerkraut schneiden. Zwiebel abziehen, würfeln. Olivenöl mit 2 EL Wasser erhitzen, Zwiebel mit dem Tomatenmark darin anschwitzen. Sauerkraut dazugeben, evtl. Wasser angießen.
- Getrocknete Tomaten in Streifen schneiden und mit dem Lorbeerblatt zu dem Sauerkraut geben. Bei geschlossenem Deckel ca. 10 Min. köcheln lassen.
- Stärke mit der Hafersahne glatt rühren, das Sauerkraut damit abbinden. 3 Min. köcheln und mit Agavendicksaft, Kreuzkümmel und Salz abschmecken.

Das passt dazu: Backofenkartoffeln, Schoko-Cashew-Pudding

Sesamkartoffeln mit Erbsenpüree

vegan
Für 4 Personen
45 Min.

1,2 kg Kartoffeln · 2 EL Sesamöl · 1 TL Kräutersalz · 1–2 EL Sesam · 800 Erbsen, TK · 100 ml Gemüsebrühe · 100 g Schmand oder Seidentofu · Kräutersalz · Minze · Zitronensaft · 1–2 EL Olivenöl · Paprika edelsüß

- Backofen auf 180 Grad vorheizen. Kartoffeln waschen, bürsten, halbieren. Blech mit Sesamöl bestreichen und mit Kräutersalz und Sesam bestreuen. Kartoffeln mit der Schnittfläche nach unten aufsetzen und ca. 35–40 Min. backen.
- Erbsen in der Gemüsebrühe 8–10 Min. weich garen, mit Schmand fein pürieren und mit den Gewürzen abschmecken. Öl mit Paprikapulver verrühren und kurz vor dem Servieren über das Püree träufeln.

Das passt dazu: Dreierlei Tofu (siehe S. 33) oder Spiegelei, Möhren als Fingerfood

Risotto mit Roter Bete

vegan
Für 4 Personen
55 Min.

500 g Rote Bete · 2 rote Zwiebeln · 2 EL Olivenöl · 250 g Vollkornrundreis, Risottoreis · 150 g roter Traubensaft · 850 ml Gemüsebrühe · Salz · Pfeffer · Meerrettich · 50 g Cashewkerne · 2 EL Hefeflocken

- Rote Bete waschen, im Ganzen ca. 45 Min. garen.
- Zwiebeln abziehen und fein würfeln. Öl in einem großen breiten Topf mit 2 EL Wasser erhitzen, Zwiebeln darin anschwitzen, Reis dazugeben und glasig dünsten. Saft und Brühe erhitzen und suppenkellenweise zum Reis geben. Wenn die Flüssigkeit aufgenommen ist, die nächste Kelle zugeben, bis der Reis weich und cremig ist.
- Rote Bete abziehen und sehr fein würfeln, unter den Reis rühren und kräftig abschmecken. Den größten Teil der Cashewkerne mit den Hefeflocken zerkleinern und unter das Risotto ziehen. Einige weitere Cashewkerne leicht rösten, grob hacken und das Risotto damit bestreuen.

Das passt dazu: Postelein-Salat mit Birne

Grießauflauf mit Obst

Für 4 Personen
20 Min. + 30 Min. Backzeit

800 g Obst der Saison · 700 ml Haferdrink · 3 EL Zucker · 140 g Dinkelvollkorngrieß · 3 Eier · 1 EL Zucker · 400 g Quark · 1/4 TL Zitronenabrieb · 1 Pck. Vanillezucker · 50 g Cranberries

- Obst waschen, entkernen und in mundgerechte Stücke schneiden. Backofen auf 180 Grad vorheizen.
- Haferdrink mit dem Zucker aufkochen, den Grieß einrühren und 2–3 Min. unter Rühren kochen lassen.
- Eier trennen, Eiweiß mit 1 EL Zucker aufschlagen. Eigelb und Quark unter den Grieß rühren, Eiweiß mit dem Zitronenabrieb und dem Vanillezucker unterziehen.
- Eine flache Auflaufform einfetten, die Masse einfüllen, die Cranberries darüber verteilen, anschließend das Obst eindrücken. Auflauf ca. 30 Min. backen.

Das passt dazu: Gemüsesuppe als Vorspeise

Backlinge aus weißen Bohnen

Für 4 Personen
8–12 Stunden Einweichzeit + 45 Min. Kochzeit + 45 Min. Ausquellzeit + 10 Min. + 25 Min. Backzeit

150 g weiße Bohnen · 1 Bund Petersilie · 1 Knoblauchzehe · 150 g Räuchertofu · 60 g Sojajoghurt · Pfeffer · Salz · Zitronensaft · Dinkelvollkornmehl · 2 EL Olivenöl

- Bohnen in der 3–4-fachen Menge Wasser 8–12 Stunden einweichen, 45 Min. kochen und 45 Min. ausquellen lassen. Backofen auf 180 Grad vorheizen.
- Petersilie waschen und grob schneiden. Knoblauch abziehen und fein schneiden. Räuchertofu grob raspeln. Bohnen und alle Zutaten bis auf das Mehl und das Olivenöl miteinander vermischen, entweder stampfen oder leicht anpürieren und so viel Mehl dazugeben, dass eine geschmeidige und formbare Masse entsteht.
- Backlinge formen und auf ein mit Backpapier ausgelegtes Blech legen. 15 Min. backen, herausnehmen und mit dem Olivenöl bestreichen. Weitere 10 Min. backen.

Das passt dazu: Möhrengemüse

Zeit sparen: Doppelte Menge zubereiten und einfrieren.

Frisch dazukaufen

- 900 g Knollensellerie, 1 kg Möhren, 300 g Stangensellerie, 1 kg Spinat, 1 kg Rosenkohl, 200 g schwarze Bohnen, ½ Avocado
- Minze, Kresse, Basilikum, ½ Bund Petersilie
- 1 TL Butter oder vegane Margarine, 120 ml Sahne oder Hafersahne, Butterschmalz, 100 g Feta oder Tofu
- 3 Eier, 240 g Seidentofu
- 1 Vollkornbrötchen, 30 g Sonnenblumenkerne, 1 EL Mandelmus
- Agavendicksaft, Zitronensaft
- 14 getrocknete Tomaten, 3 Datteln
- 1 Glas stückige Tomaten

Aus dem Vorrat

- Dinkelvollkorngrieß, Dinkelvollkornmehl, Vollkorngireß
- 200 g TK-Erbsen
- Rapskernöl, Olivenöl, roter Balsamessig
- Muskat, Curry, Thymian, Lorbeerblatt, Tomatenmark, Salbei, Kräutersalz
- Knoblauch, Zwiebeln, Kartoffeln

Mögliche Beilagen

- Pellkartoffeln, Bandnudeln, Couscous
- Kohlrabi
- Obstsalat

Spinat: mediterran oder klassisch ein Hit

Jetzt gibt es wieder frischen, jungen Spinat auf dem Wochenmarkt zu kaufen. Man unterscheidet zwischen dem groben dunkelgrünen Winterspinat und dem feinen hellgrünen Frühjahrs- bzw. Sommerspinat. Die Blätter sind dann meist so zart, dass man sie auch prima als Salat zubereiten kann.

Steckbrief Spinat

Auch wenn Spinat längst nicht so viele Nährstoffe enthält wie man jahrelang vermutet hatte, ist er dennoch ein mineralstoff- (Eisen, Kalium, Magnesium) und vitaminreiches (Vitamin A, C, B) vielseitiges Gemüse. Der hohe Gehalt an Nitrat und Oxalsäure mindert allerdings bei nicht sachgemäßer Verwendung das Spinaterlebnis. Kaufen Sie möglichst nur Freilandspinat und entfernen Sie die groben Stängel und Blattrippen, so gehen Sie in puncto Nitrat kein Risiko ein. Sollte von Ihrem Spinatgericht etwas übrig bleiben, heißt es schnell herunterkühlen und kühl lagern, damit aus Nitrat nicht Nitrit bzw. Nitrosamine entstehen können, da diese Stoffe eine nachweislich gesundheitsbeeinträchtigende Wirkung haben. Die im Spinat vorhandene Oxalsäure behindert die Kalziumaufnahme, dies können Sie mit einer guten Portion Parmesan oder Milch wieder ausgleichen. Spinat kann man blanchiert prima einfrieren.

Spinatknödel mit Möhrensauce

vegan

Für 4 Personen

45 Min. + 1 Stunde Ruhezeit

1 Vollkornbrötchen · 1 kg Spinat · 1 Knoblauchzehe · 1 EL Olivenöl · 250 g Dinkelvollkornmehl · 30 g Sonnenblumenkerne · Salz · Pfeffer · Muskat · 250 g Möhren · 2 EL Rapskernöl · ½ TL Curry · 1 EL Vollkorngrieß · Salz · Zitronensaft · Agavendicksaft

- Brötchen in etwas Wasser einweichen.
- Spinat waschen und grob schneiden. Knoblauch abziehen und fein schneiden. Olivenöl mit 1 EL Wasser erhitzen, Knoblauch kurz darin schwenken und Spinat hinzufügen. So lange dünsten, bis er zusammenfällt. Spinat abtropfen, fein schneiden, auskühlen lassen.
- Brötchen ausdrücken und mit Mehl unter den Spinat rühren. Sonnenblumenkerne trocken in einer Pfanne rösten, grob schneiden, unterziehen und den Teig mit den Gewürzen kräftig abschmecken. Teig mindestens 1 Stunde ruhen lassen. Danach aprikosengroße Knödel formen, in reichlich Salzwasser gar ziehen.
- Möhren waschen, evtl. schälen, grob schneiden. Öl mit 2 EL Wasser und dem Curry erhitzen. Gemüse mit 1 EL Vollkorngrieß anschwitzen, mit 300 ml Wasser ablöschen, bissfest garen. Möhren pürieren und mit Gewürzen abschmecken.

Zeit sparen: Am Abend vorher Spinat zubereiten und garen, gegebenenfalls den Knödelteig zubereiten.

Selleriesoufflé

Für 4 Personen

30 Min. + 45 Min. Backzeit

900 g Knollensellerie · 1 TL Butter · 120 ml Sahne · Salz · Muskat · 3 Eier · 60 g Dinkelvollkorngrieß · Butterschmalz für die Form · Grieß für die Form · 600 g Möhren · 300 g Stangensellerie · 2 EL Rapskernöl · Salz

- Sellerie waschen, bürsten, in mundgerechte Stücke schneiden. Butter mit 1 EL Wasser erhitzen, Sellerie darin anschwitzen, Sahne angießen, bei geschlossenem Deckel und mittlerer Hitze 20 Min. garen, zwischendurch umrühren. Sellerie sehr fein pürieren, mit den Gewürzen abschmecken.
- Backofen auf 180 Grad vorheizen. Eier mit Grieß verquirlen, unter das Selleriepüree ziehen. Eine hohe Auflaufform mit Butterschmalz einfetten, mit Grieß ausstreuen. Selleriemasse einfüllen, die Auflaufform in eine etwas größere Form mit heißem Wasser stellen. Im Backofen ca. 45–50 Min. backen.
- Möhren waschen, evtl. schälen und in 4 cm lange Stifte schneiden. Stangensellerie waschen, die zarten grünen Blätter aufbewahren und in 4 cm lange Stifte schneiden. Öl mit 2 EL Wasser erhitzen, erst Möhren darin 5 Min. dünsten, dann Stangensellerie dazugeben und weitere 5 Min. dünsten. Mit Salz abschmecken.
- Selleriegrün fein schneiden und über das Gemüse streuen.

Das passt dazu: Pellkartoffeln

Mediterraner Rosenkohl

optional vegan

Für 4 Personen

30 Min.

1 kg Rosenkohl · 2 rote Zwiebeln · 6 getrocknete Tomaten · 2 EL Olivenöl · 100 g Feta oder Tofu eingelegt · Salz · Pfeffer · Thymian · Balsamessig, rot

- Rosenkohl waschen, evtl. halbieren. Zwiebeln abziehen, würfeln. Tomaten in Streifen schneiden.
- Öl in einer hohen Pfanne mit zwei EL Wasser erhitzen. Zwiebeln anschwitzen. Rosenkohl und Tomaten dazugeben und mit 100 ml Wasser ablöschen. Geschlossen bei mittlerer Hitze bissfest dünsten.
- Feta würfeln, einrühren und mit Salz, Pfeffer, Thymian und Balsamessig abschmecken.

Das passt dazu: Bandnudeln, Obstsalat zum Nachtisch

Zeit sparen: Am Abend vorher Rosenkohl waschen, putzen, gut verpackt kühl aufbewahren.

Schwarze Bohnen in Kräuter-Tomaten-Sauce

vegan

Für 4 Personen

8–12 Stunden Einweichzeit + 45–60 Min. Kochzeit + 45–60 Min. Quellzeit + 25 Min.

200 g schwarze Bohnen · 1 Lorbeerblatt · 1 Zwiebel · 2 EL Olivenöl · 1 Glas stückige Tomaten · 2 EL Tomatenmark · 3 Datteln · ½ Bund Petersilie · Salz · Knoblauch · Salbei · Balsamessig, rot

- Bohnen mit dem Lorbeerblatt in der 3–4-fachen Menge Wasser 8–12 Stunden einweichen, 45–60 Min. garen und 45–60 Min. ausquellen lassen. Lorbeerblatt herausnehmen. Zwiebel abziehen, würfeln. Öl mit 2 EL Wasser erhitzen, Zwiebeln dünsten, Tomaten und Tomatenmark dazugeben.
- Datteln sehr fein würfeln, unterrühren und offen 15 Min. leicht köcheln.
- Petersilie waschen, trocknen, sehr fein schneiden und mit den Bohnen unter die Tomatensauce rühren. Mit Salz, Knoblauch, Salbei und Balsamessig kräftig abschmecken.

Das passt dazu: Couscous, Kohlrabigemüse

Zeit sparen: Am Abend vorher Bohnen einweichen, während des Frühstücks garen und ausquellen lassen. Für die Kleinigkeit 50 g Bohnen zusätzlich garen.

Backofenkartoffeln mit dreierlei Dip

vegan

Für 4 Personen

25 Min. + 30–35 Min. Backzeit

1,5 kg Kartoffeln · 2 EL Olivenöl · 200 g Erbsen, TK · ½ Avocado · Kräutersalz · Zitronensaft · Minze · 150 g Möhren · 120 g Seidentofu · 1 EL Mandelmus · Salz · Zitronensaft · Curry · Kresse · 8 getrocknete Tomaten in Öl · 120 g Seidentofu · 1–2 EL Olivenöl · Basilikum · Salz

- Backofen auf 180 Grad vorheizen. Kartoffeln waschen, der Länge nach vierteln, mit Öl vermischen und auf ein mit Backpapier ausgelegtes Blech legen, 30–35 Min. backen.
- Erbsen dünsten bzw. dämpfen, abgießen und mit Avocado pürieren, mit den Gewürzen abschmecken.
- Möhren waschen, evtl. schälen, in Scheiben schneiden, dünsten bzw. dämpfen, abgießen und mit Tofu und Mandelmus pürieren, mit den Gewürzen und Kresse abschmecken.
- Tomaten sehr fein würfeln, Tofu und Olivenöl pürieren, Tomaten unterrühren und abschmecken.
- Kartoffeln salzen und mit den drei Dips servieren.

Kleinigkeit: Bohnenaufstrich

Bohnen mit Olivenöl und Räuchertofu pürieren. Glatte Petersilie fein schneiden und unterziehen. Mit Kreuzkümmel, Zitronensaft, Knoblauch und Salz abschmecken.

Frisch dazukaufen

- 500 g Chicorée, 1 Apfel, 2 Bund glatte Petersilie, 1 Bund Radieschen, frische Kräuter, 500 g Crèmechampignons, 500 g Austernpilze, 3 Schalotten, 300 g Möhren, 1 kg Spinat, 1 Ingwer, 1 kg Gemüse der Saison für den Wok, Schnittlauch
- 500 g Magerquark, 200 ml Sahne oder pflanzliche Sahne, 250 ml Milch oder pflanzliche Milch, 3 Eier
- 250 g rote Linsen
- 12 Datteln
- Apfelsaft, Sprudelwasser, Zitronensaft
- 100 g gemahlene Mandeln, 3 EL Mandelmus, 1 EL Honig, 30 g Sesam
- Zitronenabrieb

Aus dem Vorrat

- Vollkornrundreis, Paniermehl, feine Haferflocken, Dinkelvollkorngrieß, Couscous, Dinkelvollkornmehl
- Zwiebeln, Knoblauch, Kartoffeln
- Olivenöl, Leinöl, Sesamöl, Kokosöl
- Curry, Gemüsebrühe, Sojasauce, Kreuzkümmel, Tomatenmark, Muskat, Paprika edelsüß

Mögliche Beilagen

- Vollkornreis, Vollkornnudeln
- Gemüse der Saison, Möhrensticks, Batavia-Salat, Möhren-Apfel-Salat, Chicoréesalat

MÄRZ WOCHE 2

Radieschen: klein und scharf für große Leute

Radieschen läuten den Frühling ein. Die kleinen, ca. 4 cm dicken Speicherknollen, außen rot und innen weiß, bringen die erste Farbe, aber auch Schärfe auf den Teller.

Steckbrief Radieschen

Erst seit dem 16. Jahrhundert gibt es die Radieschen in Europa, woher sie kommen, ist unklar. Die Franzosen haben sie zuerst kultiviert. Gesät werden die Radieschen in der Regel ab März im Folientunnel, sodass vier Wochen später die ersten Radieschen geerntet werden können. Es gibt aber auch Sommer- und Herbstsorten. Für den typischen scharfen Radieschengeschmack sind die Senfölglykoside verantwortlich, die sich beim Anschneiden oder Hereinbeißen in Senföl umwandeln. Radieschen haben wenig Energie, aber einen hohen Nährwert, Vitamin C, B_2, B_6 sowie Eisen, Kalium und Kalzium. Beim Einkauf sollten Sie darauf achten, dass die Blätter frisch aussehen und die Radieschen prall sind und keine Dellen haben. Das Grün sollten Sie sofort entfernen, die Radieschen waschen, trocknen und in einem Tiefkühlbeutel oder in einer Dose im Kühlschrank bis zu 5 Tage aufbewahren. Die Blätter bereichern roh jeden Salat, können aber auch gegart für Suppen und Saucen verwendet werden.

Pellkartoffeln mit Radieschen-Leinöl-Quark

Für 4 Personen

35 Min.

1,2–1,5 kg festkochende Kartoffeln · 500 g Magerquark · 100 ml Sprudelwasser · 1 EL Honig · 5 EL Leinöl · 1 Bund Radieschen · Salz · 2–3 EL frische Kräuter

- Kartoffeln waschen und als Pellkartoffeln garen.
- Quark mit Sprudelwasser und Honig aufpürieren. Langsam Leinöl dazugeben und unterpürieren. Radieschen waschen und in dünne Stifte schneiden, unter den Quark ziehen und abschmecken. Das Grün der Radieschen waschen, trocknen, mit den anderen Kräutern fein schneiden und zu dem Quark geben.
- Kartoffeln abgießen und zum Quark servieren.

Das passt dazu: Möhrensticks und Kekse zum Nachtisch

Zeit sparen: Für Kleinigkeit 500 g Kartoffeln zusätzlich garen.

Gebratene Reistaler

vegan

Für 4 Personen

35–45 Min. für den Reis + 30 Min. für die Taler

200 g Vollkornrundkornreis · 1 rote Zwiebel · ½ Bund glatte Petersilie · 80 g Paniermehl · 50 g feine Haferflocken · 100 g gemahlene Mandeln · 2 EL Mandelmus · Salz · Pfeffer · Zitronenabrieb · Kreuzkümmel · Kokosöl

- Reis nach Packungsanleitung weich garen und etwas abkühlen lassen.
- Zwiebel abziehen, sehr fein würfeln. Petersilie waschen, sehr fein schneiden. Reis mit Zwiebel, Petersilie, Paniermehl, Haferflocken, Mandeln und Mandelmus zu einem Teig verkneten. Mit den Gewürzen abschmecken und 15 Min. ruhen lassen. Sollte der Teig nicht gut formbar sein, dann mit Haferflocken oder Mandelmus korrigieren.
- Kleine Taler formen und in Kokosöl von beiden Seiten goldbraun braten.

Das passt dazu: Gemüse der Saison und Joghurtsauce mit Minze und Knoblauch

Kleinigkeit: Bauernomelette

500 g gegarte Kartoffeln in Scheiben schneiden, in Butterschmalz anbraten, 3 Eier verquirlen, darüber geben, stocken lassen, mit Salz, Pfeffer und Schnittlauch bestreuen.

Chicorée-Curry

vegan

Für 4 Personen

25 Min.

500 g Chicorée · 1 Gemüsezwiebel · 2 EL Olivenöl · 1 EL Curry · 250 g rote Linsen · 400 ml Gemüsebrühe · 200 ml Apfelsaft · 1 Apfel · 4 Datteln · Salz · Sojasauce · Knoblauch

- Chicorée putzen, in 2 cm breite Streifen schneiden. Zwiebel abziehen, würfeln. Öl mit 2 EL Wasser und Curry in einem Topf erhitzen, Chicorée und Zwiebel anschwitzen, rote Linsen einrühren, mit Brühe und Saft ablöschen. Unter gelegentlichem Rühren 10 Min. köcheln lassen.
- Apfel waschen, vierteln, entkernen, grob raspeln, Datteln fein würfeln, beides zu den Linsen geben und weitere 5 Min. garen. Mit Salz, Sojasauce und Knoblauch abschmecken.

Das passt dazu: Vollkornreis

Zeit sparen: Reis für gebratene Reistaler mitgaren.

Austernpilzragout

optional vegan
Für 4 Personen
25 Min.

500 g Crèmechampignons · 500 g Austernpilze · 3 Schalotten · 300 g Möhren · 2 EL Olivenöl · 200 ml Sahne, pflanzliche Sahne · 300 ml Gemüsebrühe · Salz · Pfeffer · Zitronensaft · Tomatenmark · 1 Bund glatte Petersilie

- Pilze mit einem Küchenkrepp putzen, den Stielansatz abschneiden, Champignons in Scheiben und Austernpilze in Streifen schneiden.
- Schalotten abziehen und würfeln, Möhren waschen, evtl. schälen und in Stifte schneiden.
- Öl in einer hohen Pfanne mit 2 EL Wasser erhitzen, Schalotten und Möhren darin anbraten, dann Pilze dazugeben. Ofen auf 180 Grad vorheizen. 5 Min. unter Rühren braten und mit Sahne und Brühe ablöschen.
- Im Ofen 10 Min. einkochen. Mit Salz, Pfeffer, Zitronensaft und Tomatenmark abschmecken. Petersilie waschen, trocknen und fein schneiden, kurz vor dem Servieren unterrühren.

Das passt dazu: Vollkornspaghetti oder -spirelli, Batavia-Salat

Kleine Spinatstrudel

optional vegan
Für 4 Personen
40 Min. + 1 Stunde Ruhezeit + 25–30 Min. Backzeit

1 Grundrezept Strudelteig · 250 ml Milch oder pflanzliche Milch · Salz · Muskatnuss · Knoblauch · 60 g Dinkelvollkorngrieß · 1 EL Mandelmus · 1 kg Spinat · 2 EL Olivenöl · Salz · 2 EL Olivenöl · ½ TL Paprika edelsüß

- Strudelteig (siehe S. 35) zubereiten.
- Milch mit den Gewürzen aufkochen, Grieß einrühren, 3–5 Min. unter Rühren kochen, das Mandelmus einrühren. Spinat waschen, trocknen, die groben Stiele entfernen. Öl mit 2 EL Wasser in einem Topf erhitzen, Spinat anschwitzen, zusammenfallen lassen, mit einem Schaumlöffel herausnehmen, grob schneiden und mit dem Grieß verrühren. Nochmals abschmecken.
- Backofen auf 180 Grad vorheizen. Strudelteig in vier Teile teilen, nicht noch einmal kneten und auf einem bemehlten Küchenhandtuch vier Teigplatten ausrollen. Olivenöl mit Paprika verrühren, ⅔ jeder Teigplatte mit dem Paprikaöl bestreichen, die Füllung gleichmäßig verteilen, die Außenkanten einklappen und mit dem Küchentuch aufrollen. Die Strudel von außen mit Paprikaöl bestreichen. Die Strudel auf ein mit Backpapier ausgelegtes Backblech legen und 25–30 Min. backen.

Das passt dazu: Möhren-Apfel-Salat

Couscous mit Sesam und Wokgemüse

vegan
Für 4 Personen
30 Min.

300 ml Gemüsebrühe · 250 g Couscous · 8 Datteln · 2 EL Sesamöl · ½ TL Sesamöl, geröstet · 30 g Sesam · ½ TL Zitronenschale · ½ Bund glatte Petersilie · Salz · Zitronensaft · Ingwer · evtl. Olivenöl · 1 kg Gemüse der Saison für den Wok · 2 EL Sesamöl · Sojasauce

- Gemüsebrühe erhitzen und über den Couscous geben, 15 Min. quellen lassen.
- Datteln entsteinen und in Streifen schneiden. Sesamöl in der Pfanne erhitzen, Datteln, Sesam und Zitronenschale anbraten. Petersilie waschen, trocknen, fein schneiden. Datteln und Petersilie unterrühren und mit den Gewürzen abschmecken. Evtl. etwas Olivenöl dazugeben.
- Gemüse waschen, trocknen, in Streifen schneiden. Öl in einem Wok erhitzen, Gemüse darin sehr bissfest garen, mit Sojasauce abschmecken.

Das passt dazu: Chicoréesalat mit weißer Sauce

Frisch dazukaufen

- 1 Bund Frühlingszwiebeln, 100 g Möhren, 100 g Sellerie, 500 g Blattspinat, 2 Schalotten, 800 g gekeimte Kichererbsen (200 g Rohgewicht), 1 rote Paprika, 300 g Austernpilze
- 1 Bund Schnittlauch, 1–1 ½ Bund Sauerampfer, 2 Bund Dill
- 300 ml Sahne oder pflanzliche Sahne, 400 g Vollmilchjoghurt, 500 ml Milch oder pflanzliche Milch, 80 g Parmesan
- 6–8 Eier
- Zitronensaft, Zitronenabrieb, Saft von 2 Orangen
- 100 g Walnusskerne, 130 g Datteln, 30 g Cashewkerne
- 600 ml Kokosmilch

Aus dem Vorrat

- Vollkornspaghetti, Maismehl, Polenta, Dinkelvollkorngrieß, Dinkelvollkornmehl, Paniermehl, Zucker
- Kartoffeln, Zwiebeln, Knoblauch
- Olivenöl, Leinöl, roter Balsamessig, Kokosöl
- Gemüsebrühe, Lorbeerblätter, Muskat, weißer Pfeffer, milder Senf, Curry, Miso, Schwarzkümmel, Tomatenmark, Paprika edelsüß, Majoran, Kümmel

Mögliche Beilagen

- Pellkartoffeln, Roggenvollkornbrot, Vollkornbaguette
- Dattel-Creme (siehe S. 82)
- Gemüse der Saison

Sauerampfer: auf der Wiese gepflückt

Der erste Vorbote des Frühlings wächst jetzt überall, Sie müssen ihn nur pflücken. Sauerampfer finden Sie von März bis Anfang Juni auf natürlichen, feuchten Wiesen und am Wegesrand bzw. Waldrand. Sie können ihn auch auf dem Balkon oder im Garten selbst züchten.

Steckbrief Sauerampfer

Sauerampfer enthält sehr viel Eisen, Vitamin C und Provitamin A, aber auch sehr viel Oxalsäure, diese bildet mit Kalzium ein Oxalat. Bei einem sehr hohen Konsum und entsprechender Veranlagung könnte es zu Nierensteinen oder Kalziummangelerscheinungen kommen. Sauerampfer, von den alten Römern schon als Magenbitter nach reichhaltigen Mahlzeiten geschätzt, hat sich in der modernen Küche sowohl als Wildgemüse als auch als Kraut wie beispielsweise in der grünen Frankfurter Sauce seinen Platz erobert. Trocken getupft hält sich der Sauerampfer in einem Tiefkühlbeutel oder einer Kunststoffdose 2–3 Tage.

Sauerampfer-Suppe

optional vegan
Für 4 Personen
25 Min.

1 Bund Frühlingszwiebeln · 100 g Möhren · 100 g Sellerie · 100 g Kartoffeln · 2 EL Olivenöl · 800 ml Gemüsebrühe · 1 Lorbeerblatt · 1–1 ½ Bund Sauerampfer · Salz · Muskat · Pfeffer, weiß · 100 ml Sahne oder pflanzliche Sahne

- Zwiebeln, Möhren und Sellerie waschen, Kartoffel schälen und alles grob würfeln, Olivenöl mit 2 EL Wasser in einem Topf erhitzen, Gemüse darin anbraten und mit der Gemüsebrühe aufgießen. Lorbeerblatt hinzufügen und ca. 10 Min. köcheln lassen.
- Sauerampfer waschen, 3 Blätter zur Seite legen, grob schneiden und 3 Min. mitgaren. Die Suppe fein pürieren und abschmecken. Mit frischem Sauerampfer blättern und Sahne verfeinern.

Das passt dazu: Dattel-Creme (siehe S. 82)

Zeit sparen: Kichererbsenkeimlinge für Kichererbsenkeimlinge in Kokosmilch (siehe S. 82) mit ansetzen.

Eier in Dill-Senf-Sauce

Für 4 Personen
25 Min.

6–8 Eier · 400 g Vollmilchjoghurt · 3 EL milder Senf · 1 EL Leinöl · 2 Bund Dill · Salz · Zucker · Zitronensaft

- Eier wachsweich kochen, pellen.
- Joghurt mit dem Senf unter ständigem Rühren leicht erwärmen, Leinöl einrühren. Dill waschen, trocknen, sehr fein schneiden und unterrühren, mit den Gewürzen abschmecken. Sauce über die Eier geben.

Das passt dazu: Pellkartoffeln, Gemüse oder Salat der Saison

Spaghetti mit Walnuss-Spinatsauce

Für 4 Personen
25 Min.

400–500 g Vollkornspaghetti · 500 g Blattspinat · 2 Schalotten · 1 EL Olivenöl · 200 ml Sahne oder pflanzliche Sahne · 100 ml Milch oder pflanzliche Milch · Salz · Pfeffer · Muskat · Zitronensaft · 100 g Walnusskerne

- Spaghetti nach Packungsanweisung zubereiten.
- Spinat waschen, die dicken Stiele herausschneiden. Schalotten abziehen, fein würfeln. Öl in einer hohen Pfanne mit 1 EL Wasser erhitzen, Schalotten anschwitzen, Spinat dazugeben und zusammenfallen lassen. Sahne und Milch angießen und offen 10 Min. köcheln. Mit den Gewürzen abschmecken.
- Walnüsse trocken in einer Pfanne rösten, evtl. grob hacken und mit Spinat und Spaghetti vermischen und sofort servieren.

Das passt dazu: Kohlrabi-Frischkost

Kichererbsenkeimlinge in Kokosmilch

vegan

Für 4 Personen

25 Min.

800 g gekeimte Kichererbsen (200 g Rohgewicht) · 1 Zwiebel · 2 EL Kokosöl · 1 TL Curry · 600 ml Kokosmilch · Salz · Miso · Zitronenabrieb · Knoblauch · 1 TL Schwarzkümmel

- Kichererbsen in einem Sieb spülen. Zwiebel abziehen, fein würfeln. In einer hohen Pfanne Öl erhitzen, Curry einrühren, dann Zwiebel anbraten. Kichererbsen dazugeben, 1 Min. unter Rühren mitbraten und mit Kokosmilch ablöschen. Offen ca. 15 Min. köcheln lassen.
- Mit den Gewürzen abschmecken und mit Schwarzkümmel bestreuen.

Das passt dazu: Jedes Gemüse der Saison – auch Wokgemüse

Austernpilz-Kartoffel-Gulasch

vegan

Für 4 Personen

45 Min.

2 Gemüsezwiebeln · 800 g Kartoffeln, festkochend · 2 EL Olivenöl · 3 EL Tomatenmark · 1 EL Paprika edelsüß · 1 EL Maismehl · 600 ml Gemüsebrühe · 2 EL Balsamessig, rot · 1 rote Paprika · 300 g Austernpilze · Salz · Pfeffer · Majoran · Kümmel · Knoblauch

- Zwiebel abziehen und grob würfeln. Kartoffeln schälen, fein würfeln. Öl in einem großen Topf mit 2 EL Wasser erhitzen, Zwiebeln darin glasig dünsten, Kartoffeln dazugeben, 1 Min. mitgaren, dann Tomatenmark, Paprikapulver und Maismehl dazugeben. Unter Rühren 1 Min. weiter garen. Brühe und Essig angießen, geschlossen 15 Min. garen.
- Paprika waschen, entkernen, würfeln. Pilze mit einem Küchenkrepp säubern und in mundgerechte Stücke schneiden. Beides zu den Kartoffeln geben und weitere 10 Min. zugedeckt garen. Mit Salz, Pfeffer, Majoran, Kümmel und Knoblauch kräftig abschmecken.

Das passt dazu: Roggenvollkornbrot, Vollkornbaguette

Gratinierte Polentanocken

Für 4 Personen

15 Min. + 30 Min. Ruhezeit + 15 Min. Backzeit

400 ml Milch · 400 ml Gemüsebrühe · 2 EL Olivenöl · ½ TL Salz · 200 g Polenta · 1 Bund Schnittlauch · Olivenöl für die Form · 80 g Parmesan

- Milch, Gemüsebrühe, Öl und Salz in einem geschlossenen Topf aufkochen, Polenta einrühren und 5 Min. unter Rühren kochen, 30 Min. geschlossen auf der ausgeschalteten Herdplatte ausquellen lassen.
- Schnittlauch waschen, trocknen, fein schneiden und unter die Polenta ziehen.
- Backofen auf 180 Grad vorheizen. Mit 2 Teelöffeln kleine Nocken abstechen und in eine gefettete Auflaufform geben. Parmesan fein reiben und darüber streuen. 15 Min. gratinieren.

Das passt dazu: Gemüse der Saison

Kleinigkeit: Dattel-Creme

130 g Datteln im Saft von 2 Orangen einweichen und mit 30 g Cashewkernen pürieren. 60 g Dinkelvollkorngrieß mit 220 ml Wasser aufkochen, Datteln einrühren. Creme mit Orangenfilets dekorieren.

Frisch dazukaufen

- 600 g Rhabarber, 2 EL Cranberries
- 1 Bund Radieschen, 1 Bund Petersilie, 1,2 kg Champignons, 2 Tomaten, 2 Avocado, 1,2–1,5 kg Spinat, Zitronen
- 100 g Butter oder vegane Margarine, 1 EL Kokosfett, 400 ml Kokosmilch, 100 ml Sahne oder pflanzliche Sahne
- 3 Eier
- 2 – 3 EL geriebene Mandeln, 2 EL Sesammus, 40 g Haselnüsse
- Zitronensaft
- 1 türkisches Fladenbrot

Aus dem Vorrat

- Dinkelmehl Type 1050, Buchweizen, Maismehl
- 400 g TK-Erbsen
- Mandelöl, Olivenöl
- Vanille
- Gemüsebrühe, Chiliflocken, Curry, Sojasauce, Kreuzkümmel, Kümmel, Fenchelsamen, Koriandersamen, geräuchertes Paprikapulver, Lorbeerblätter
- Knoblauch, Kartoffeln

Mögliche Beilagen

- Frühlingsgemüse, Blattsalat
- Tofuwürstchen, Rührei, dreierlei Tofu (siehe S. 33), Vollkornbaguette

Rhabarber: ein sauer-süßes Gemüse

Rhabarber ist ein Gemüse und kein Obst, da man ausschließlich die Stängel isst und nicht den Fruchtstand. Rhabarber lässt sich prima selbst im Garten anbauen, er benötigt Halbschatten, ist sonst genügsam und sollte erst im zweiten Jahr geerntet werden.

Steckbrief Rhabarber

Rhabarber, ein herrliches frisches Gemüse mit säuerlichem Geschmack, ist in China schon seit 4000 Jahren bekannt, in Europa aber erst seit 150 Jahren. Anfänglich fand er ausschließlich als Heilpflanze Verwendung, später jedoch eroberten sich die grün- bis rotstieligen, 30–40 cm langen Stängel in der Küche ihren Platz. Der sehr hohe Gehalt an Oxal-, Zitronen- und Apfelsäure schreckt so manche Zunge ab, doch durch Zugabe von Zitronensaft oder Wein beim Dünsten von Rhabarber wird dieser sehr viel milder. Ja, Säuren binden Säuren! Übrigens: Rote Rhabarberstangen mit rotem Fruchtfleisch haben ein sehr mildes Aroma und viel weniger Oxalsäure! Frische Stangen erkennen Sie an ihrer knackigen Struktur und dem frischen Blattansatz, so lässt sich Rhabarber in ein feuchtes Küchenhandtuch gewickelt 3 Tage im Kühlschrank aufbewahren. Er lässt sich roh und als Kompott einfrieren.

Rhabarberstrudel

Für 4 Personen

40 Min. + 1 Stunde Ruhezeit + 35 Min. Backzeit

1 Grundrezept Strudelteig · 3 Eier · 100 g weiche Butter · 80 g Zucker · ¼ TL Vanille · 140 g Dinkelmehl 1050 · 600 g Rhabarber · 3 EL Mandelöl · 2–3 EL geriebene Mandeln · Mandelöl zum Bestreichen · Puderzucker

- Strudelteig (siehe S. 35) zubereiten.
- Eier trennen. Eigelbe mit Butter, Zucker, Vanille cremig schlagen. Mehl unterrühren. Eiweiß halb steif schlagen, unterziehen. Rhabarber waschen, abziehen, dicke Stangen der Länge nach halbieren.
- Backofen auf 180 Grad vorheizen. Strudelteig nicht mehr durchkneten, auf ein bemehltes Küchentuch dünn ausrollen, ⅔ der Fläche mit Öl bestreichen und geriebenen Mandeln bestreuen. Eiercreme auf die beölte Strudelteigfläche streichen, Rhabarberstangen mittig darauf legen, Seiten einklappen und mit Hilfe des Tuchs aufrollen.
- Strudel auf ein mit Backpapier ausgelegtes Blech legen, 30 Min. backen, mit Öl bestreichen und noch einmal 5 Min. backen. Mit Puderzucker bestreuen.

Das passt dazu: Große Frühlingsgemüse-Suppe

Couscous mit Erbsen und Radieschen

vegan

Für 4 Personen

30 Min. + 30 Min. Ruhezeit

60 ml Zitronensaft · 200 ml Gemüsebrühe · 350 g Couscous · 400 g Erbsen TK · 1 Bund Radieschen · 3–4 EL Olivenöl · 2 EL Cranberries · Salz · Pfeffer · Petersilie · Chiliflocken

- Zitronensaft mit Gemüsebrühe erhitzen und über den Couscous gießen, umrühren und quellen lassen.
- Erbsen in wenig Wasser garen. Radieschen waschen, in Stifte schneiden, zarte Blätter des Grüns fein schneiden.
- Couscous mit den Fingern zerkrümeln, Erbsen und Radieschen unterheben, Öl und Cranberries dazugeben und mit Salz, Pfeffer, Petersilie und Chiliflocken abschmecken. 30 Min. ziehen lassen.

Das passt dazu: Tofuwürstchen, dreierlei Tofu (siehe S. 33) oder ein Rührei

Zeit sparen: Am Abend vorher Couscous zubereiten oder gegebenenfalls das ganze Gericht vorbereiten.

Geröstetes Fladenbrot mit Champignoncreme

vegan

Für 4 Personen

15 Min. + 20–30 Min. Garzeit

1,2 kg Champignons · 1 EL Kokosfett · 1 EL Curry · 2 EL Sesammus · 400 ml Kokosmilch · 2 Knoblauchzehen · Sojasauce · Zitronensaft · Chiliflocken · 1 großes türkisches Fladenbrot · ½ Bund glatte Petersilie

- Champignons mit einem Küchenkrepp abreiben und im Mixer grob mixen oder sehr fein schneiden. Kokosfett mit Curry erhitzen, Champignons anbraten, so lange unter Rühren braten, bis die Flüssigkeit verdampft ist, Sesammus einrühren, mit der Kokosmilch ablöschen. Unter gelegentlichem Rühren offen 20–30 Min. cremig kochen.
- Knoblauch abziehen, fein schneiden, unterrühren und mit den Gewürzen abschmecken.
- Backofen auf 200 Grad vorheizen. Fladenbrot waagerecht durchschneiden und 5–7 Min. im Backofen rösten. Petersilie waschen, trocknen, die Blättchen abziehen. Champignoncreme auf die Brothälften streichen, mit Petersilie bestreuen und sofort servieren.

Das passt dazu: Blattsalat mit Wintervinaigrette (siehe S. 36)

Knusprige Kartoffelstäbchen mit Guacamole

vegan
Für 4 Personen
30 Min. + 35 Min. Backzeit

1,5 kg festkochende Kartoffeln · 1 TL Kreuzkümmel · 1 TL Kümmel · 1 TL Fenchelsamen · 1 TL Koriandersamen · 1 TL geräuchertes Paprikapulver · 3 EL Olivenöl · Salz · 2 reife Avocado · Saft von ½ Zitrone · 2 Tomaten · Salz · Knoblauch

- Kartoffeln waschen, in Stäbchen schneiden, in einem Topf mit kaltem Wasser bedeckt aufkochen, 2 Min. kochen lassen, abgießen und abtropfen lassen.
- Backofen auf 190 Grad Umluft vorheizen. Kreuzkümmel, Kümmel, Fenchelsamen und Koriandersamen trocken in einer Pfanne rösten, mörsern und mit Paprikapulver und Olivenöl verrühren. Ölmischung in einem Topf erhitzen, Kartoffeln in dem heißen Öl wenden und auf 2 Blechen verteilen. 20 Min. backen, Kartoffelstäbchen einmal wenden, weitere 15 Min. backen.
- Avocado halbieren, das Fruchtfleisch herauslösen, mit der Gabel verkneten. Zitronensaft unterrühren. Tomaten waschen, fein würfeln und unterziehen. Mit Salz und Knoblauch würzen.

Das passt dazu: Backlinge aus Kidneybohnen (S. 47), Kohlrabi als Fingerfood

Zeit sparen: Für Kleinigkeit doppelte Menge Guacamole zubereiten.

Buchweizen mit Spinat

optional vegan
Für 4 Personen
40 Min.

250 g Buchweizen · 1 Lorbeerblatt · ½ TL Salz · 1 Glas Kichererbsen · 2 EL Haselnuss- oder Olivenöl · Pfeffer · Muskat · Zitronenfilets · 1,2–1,5 kg Spinat · 1 EL Olivenöl · 100 ml Sahne oder pflanzliche Sahne · 1 EL Maismehl · Salz · Knoblauch · 40 g Haselnüsse

- Buchweizen in einem Sieb unter fließendem Wasser waschen. 600 ml Wasser in einem Topf mit 1 Lorbeerblatt und dem Salz zum Kochen bringen. Buchweizen dazugeben, umrühren und zugedeckt bei mittlerer Hitze 15 Min. garen. Kichererbsen abgießen, mit dem Öl einrühren und kräftig abschmecken. Mit Zitronenfilet dekorieren.
- Spinat waschen, evtl. grobe Stiele entfernen. Öl in einem großen Topf mit 1 EL Wasser erhitzen, Spinat tropfnass dazugeben und zusammenfallen lassen. Sahne mit Mehl verrühren und in Spinat einrühren. Aufkochen lassen und mit Salz und Knoblauch abschmecken. Haselnüsse trocken rösten, hacken und über den Spinat geben.

Das passt dazu: Blattsalat mit Radieschen

Zeit sparen: Am Abend vorher Spinat waschen, putzen, gut verpackt aufbewahren.

Kleinigkeit: Radieschenbrot

Vollkornbaguette mit Guacamole großzügig bestreichen und mit Radieschenscheiben belegen. Aus den gewaschenen Radieschenblättern eine feine Gemüsesauce oder Suppe zubereiten.

Frühling

Frisch dazukaufen

- 1 Bund Bärlauch, 500 g Weißkohl, 1 ½ Bund Sauerampfer, 40 g Wachtelbohnen, 1 Bund Radieschen, 1,7 kg Blattspinat, 1 Kohlrabi, 2 Bund Radieschen, 1 Kressekästchen
- 100 g Ananas aus dem Glas, 1 Orange, 1 Zitrone, 1 Banane, 1,7 kg Rhabarber
- 25 g getrocknete Steinpilze
- 8 Eier, 40 g Hefe
- 200 g Tofu, 200 g saure Sahne oder pflanzliche saure Sahne, 100 g Feta, 2 l Milch oder pflanzliche Milch, 100 g Butter oder vegane Margarine, Butterschmalz, 150 g Bergkäse
- 60 g Cashewkerne, 20 g Pinienkerne, 200 g Mandeln, 50 g Honig, 50 g gehackte Mandeln, 50 g Rosinen
- Zitronensaft, 100 ml roter Saft, Agavendicksaft
- 4 Scheiben Brot

Aus dem Vorrat

- Vollkornspaghetti, Dinkelvollkorngrieß, Paniermehl, Polenta, Maismehl, Stärke, Weizen- oder Dinkelvollkornmehl, Zucker
- Olivenöl, Leinöl, Apfelessig
- Sojasauce, Gemüsebrühe, Lorbeerblätter, Kümmel, Paprika edelsüß, geräuchertes Paprikapulver
- Muskat, Sternanis, 1 Vanilleschote, Puderzucker, Kurkuma
- Knoblauch, Kartoffeln, Zwiebeln

Mögliche Beilagen

- Kohlrabi, Kartoffelpüree, Pellkartoffeln
- frisches Baguette
- Rhabarberkompott

APRIL WOCHE 1

Knoblauch: gesund für Jung und Alt

Fest steht, dass, egal, wie der Knoblauch auch genannt wird, Knofel, Knufloch oder Knobel, die alten Römer ihn schon für medizinische und kulinarische Zwecke nutzten.

Steckbrief Knoblauch

Die Knoblauchknolle, weiß oder leicht rosa bis violett, besteht aus mehreren Zehen, die jeweils in ein dünnes Häutchen eingeschlossen sind. Die Knolle selbst ist wiederum von einem Hüllblatt umgeben. Knoblauch ist sicherlich mehr als nur ein »Stinker«, so dachte man früher, dass er die Fruchtbarkeit erhöhe und ewig jung halte, heute weiß man, dass er auf den Blutdruck als auch auf den Cholesterinspiegel eine positive Wirkung hat. Knoblauch liefert Vitamin C, B_1, B_6 und K sowie Kalium und Selen. Knoblauch gibt es das ganze Jahr zu kaufen, frisch erst ab Mitte Mai, dann sind die Zehen auch saftig und zart und nicht scharf. Die Zehen sollten prall sein, keinen grünen Keimling und keine braunen Flecken haben. Intensiver Geruch deutet schon einmal auf verletztes Fruchtfleisch hin. Frische Knollen halten sich im Kühlschrank bis zu 2 Wochen, getrocknet bis zu 7 Monaten, wenn sie trocken und luftig gelagert werden. Knoblauch sollten Sie fein schneiden oder drücken, auf keinen Fall in den Mixer geben, dann wird er bitter.

Spaghetti mit Knoblauchcreme

vegan

Für 4 Personen

25 Min.

400–500 g Vollkornspaghetti · 60 g Cashewkerne · 1 EL Sojasauce · 200 g Tofu · 4 EL Olivenöl · 2 Knoblauchzehen · Salz · Zitronensaft · 1 Bund Bärlauch · grober Pfeffer

- Spaghetti nach Packungsanweisung zubereiten.
- Cashewkerne trocken in einer Pfanne rösten, von der Herdplatte ziehen und mit Sojasauce ablöschen, grob hacken und mit Tofu und Olivenöl fein pürieren. Evtl. etwas Wasser dazugeben. Knoblauch abziehen, sehr fein schneiden bzw. pressen, unterziehen und mit den Gewürzen abschmecken.
- Bärlauch waschen, trocken tupfen und in feine Streifen schneiden.
- Spaghetti tropfnass mit der Knoblauchcreme vermischen, mit grobem Pfeffer und Bärlauchstreifen bestreut heiß servieren.

Das passt dazu: geraspelter Kohlrabisalat mit Wintervinaigrette (siehe S. 36)

Weißkohlsuppe mit saurem Rahm

optional vegan

Für 4 Personen

35 Min.

25 g getrocknete Steinpilze · 500 g Kartoffeln · 500 g Weißkohl · 2 EL Olivenöl · 1,2 l Gemüsebrühe · 1 Lorbeerblatt · Salz · Sojasauce · Kümmel · ½ Bund Sauerampfer · 200 g saure Sahne oder pflanzliche saure Sahne · Salz · Pfeffer · Zucker · 4 Scheiben Brot · Olivenöl

- Pilze in Wasser einweichen. Kartoffeln schälen, fein würfeln. Weißkohl putzen, achteln und fein schneiden.
- Öl in einem großen Topf mit 2 EL Wasser erhitzen, Kartoffeln und Weißkohl anschwitzen, mit der Gemüsebrühe ablöschen, Lorbeerblatt hinzufügen, geschlossen 10 Min. garen, Steinpilze dazugeben und weiter 10 Min. garen. Lorbeerblatt herausnehmen und mit den Gewürzen abschmecken.
- Sauerampfer waschen, fein schneiden, mit saurer Sahne verrühren und mit Salz, Pfeffer und Zucker abschmecken.
- Brot rösten und mit Olivenöl beträufeln. Weißkohlsuppe mit Sauerrahm und Brot servieren.

Das passt dazu: Rhabarberkompott mit Vanillesauce zum Nachtisch

Gedeckter Spinatkuchen

Für 4 Personen

30 Min. + 30 Min. Ruhezeit + 35 Min. Backzeit

1 Grundrezept Hefeteig · 1 kg Blattspinat · 1 Zwiebel · 1 EL Olivenöl · Salz · Pfeffer · Knoblauch · 2 Eier · 100 g Feta · 20 g Pinienkerne · 2 EL Dinkelvollkorngrieß · 1 EL Olivenöl · ¼ TL Paprika edelsüß

- Hefeteig (siehe S. 34) nach Grundrezept zubereiten.
- Spinat waschen, trocknen, evtl. sehr grobe Stiele entfernen, fein schneiden. Zwiebel abziehen und fein würfeln. Öl in einem Topf mit 1 EL Wasser erhitzen, Zwiebel darin anschwitzen, Spinat dazugeben und zusammenfallen lassen. Überschüssiges Wasser wegnehmen. Mit den Gewürzen abschmecken.
- Eier verquirlen, Feta zerbröckeln, Spinat mit Eiern, Feta und Pinienkernen vermischen.
- ⅔ des Hefeteigs ausrollen und eine mit Backpapier ausgelegte Springform damit auslegen, einen hohen Rand ziehen. Mit Grieß bestreuen, die Spinatmasse darauf verteilen. Restlichen Hefeteig ausrollen und als Deckel auflegen. 10 Min. gehen lassen.
- Backofen auf 180 Grad vorheizen. Spinatkuchen 25 Min. backen, Öl mit Paprikapulver verrühren, den Kuchen herausnehmen und damit bestreichen, weitere 10 Min. backen. Vor dem Aufschneiden 10 Min. ruhen lassen.

Lauwarmer Wachtelbohnen-Salat

vegan
Für 4 Personen
8–12 Stunden Einweichzeit + 45 Min. Garzeit + 45 Min. Quellzeit + 20 Min.

400 g Wachtelbohnen · 1 Lorbeerblatt · 1 Bund Radieschen · 6 Blätter Bärlauch · 2 EL Zitronensaft · 2 EL Olivenöl · 2 EL Leinöl · 1 Zitrone · Salz · Pfeffer

- Bohnen mit dem Lorbeerblatt in der 3–4-fachen Menge Wasser 8–12 Stunden einweichen, 45 Min. garen, 45 Min. ausquellen lassen. Radieschengrün abschneiden, schöne Blättchen waschen, trocknen, klein schneiden. Radieschen waschen, in feine Scheiben schneiden. Bärlauch waschen, trocken tupfen, fein schneiden.
- Zitronensaft mit Öl und den Gewürzen verrühren.
- Zitrone filetieren und in kleine Stücke schneiden. Alles mit den noch warmen bzw. kurz wieder erwärmten Bohnen vermischen, noch einmal abschmecken und servieren. Schmeckt auch kalt.

Das passt dazu: Kartoffelpüree

Zeit sparen: Am Abend vorher Bohnen einweichen, während des Frühstücks garen und ausquellen lassen.

Panierte Polentaschnitten mit Rhabarber-Bananen-Kompott

Für 4 Personen
45 Min.

1 l Milch · 50 g Butter · 30 g Zucker · 1 Pr. Salz · 250 g Polenta, fein · 1 kg Rhabarber · 1 Banane · ½ Vanilleschote · 1 Sternanis · 100 g Zucker · 150 ml roter Saft · 2 Eier · 100–120 g Paniermehl · Butterschmalz zum Ausbacken

- Milch mit Butter, Zucker und der Prise Salz aufkochen, Polenta unter Rühren dazugeben, aufkochen lassen und unter ständigem Rühren 5–6 Min. zu einem dicken Grießbrei garen. Grießbrei auf ein Backpapier geben und fingerdick verstreichen, auskühlen lassen.
- Rhabarber waschen, abziehen, evtl. der Länge nach halbieren und in 2 cm lange Stücke schneiden. Banane in kleine Würfel schneiden. Vanilleschote aufschneiden und mit dem Sternanis, dem Zucker und dem Saft aufkochen. Rhabarber dazugeben und 4–5 Min. garen.
- Grießmasse in Rechtecke oder Rauten schneiden. In einem Teller die Eier verquirlen, in einen anderen das Paniermehl geben. Grießschnitten zuerst durch die Eimasse ziehen und dann im Paniermehl wenden. In Butterschmalz ausbacken.

Das passt dazu: Große Frischkostplatte als Vorspeise

Zeit sparen: Am Abend vorher Grieß garen und aufstreichen. Gegebenenfalls auch den Rhabarberkompott am Tag vorher zubereiten.

Kleinigkeit: Mandeln mit Räucherpaprika

3 TL Olivenöl mit 1 TL Puderzucker, ½ TL Salz, 1 TL geräuchertem Paprikapulver verrühren, 200 g Mandeln trocken in einer Pfanne rösten, das Öl einrühren und weitere 5 Min. rösten.

Rund um Ostern

Ostern ist ein Kinder- bzw. Familienfest. Die Kleinen lieben nicht nur Schokohasen und die Eiersuche, sondern wollen auch an den kreativen Vorbereitungen beteiligt sein. Eier färben, Hefeteig kneten, Osternester, -zöpfe und -figuren formen. Darüber hinaus gibt es in vielen Familien an den Feiertagen etwas Besonderes zu essen.

Kohlrabi-Radieschen-Carpaccio

vegan

Für 4 Personen

15 Min.

1 Kohlrabi · 2 Bund Radieschen · 2 EL Olivenöl · 1-2 EL Apfelessig · 1 TL Agavendicksaft · Salz · 1 Kressekästchen · Pfeffer aus der Mühle

- Zarte Blätter vom Kohlrabi abschneiden, waschen und zur Seite legen. Kohlrabi abziehen und in hauchdünne Scheiben schneiden bzw. hobeln. Radieschengrün abschneiden, Radieschen waschen, trocknen und ebenfalls hauchdünn schneiden. Kohlrabi und Radieschen auf einer Platte dachziegelartig anrichten, Radieschenscheiben in der Mitte, den Kohlrabi außen.
- Öl mit Essig, Agavendicksaft und Salz verrühren und über das Carpaccio träufeln. Die Kohlrabiblätter sehr fein schneiden und mit der Kresse darüberstreuen. Pfeffer aus der Mühle darüber geben und servieren.

Das passt dazu: Frisches Baguette mit Kräuterbutter

Spinat-Soufflé mit Sauerampfer

Für 4 Personen

15 Min. + 45 Min. Backzeit

1 Bund Sauerampfer · 700 g Blattspinat · Salz · 350 ml Milch · 70 g Maismehl · 150 g Bergkäse (gerieben) · Pfeffer · Muskat · 4 Eier · Butterschmalz

- Sauerampfer und Spinat waschen und in wenig Salzwasser 1 Min. dünsten bzw. dämpfen, mit einem Schaumlöffel herausnehmen, abbrausen und gut abtropfen lassen. Fein schneiden.
- Gemüsewasser mit der Milch auffüllen, sodass es ½ L ergibt. Maismehl einrühren, unter ständigem Rühren 3 Min. köcheln. Backofen auf 180 Grad vorheizen. Käse einrühren, kräftig mit Salz, Pfeffer und Muskat abschmecken.
- Eigelb mit Gemüse in die Käsesauce rühren. Aufgeschlagenes Eiweiß unterziehen. Alles in eine gefettete Auflaufform füllen, 20 Min. bei 180 Grad und weitere 20–25 Min. bei 160 Grad backen. Sofort servieren!

Das passt dazu: Pellkartoffeln

Rhabarber-Vanillepudding-Dessert

optional vegan

Für 4 Personen

15 Min.

700 g Rhabarber · Saft von 1 Orange · 2–4 EL Puderzucker · 500 ml Milch oder pflanzliche Milch · ½ Vanillestange · 30–40 g Stärke · 2 EL Zucker · 1 Msp. Kurkuma

- Rhabarber waschen, evtl. abziehen und in 1–2 cm große Stücke schneiden. Mit Orangensaft und Puderzucker aufkochen und 2 Min. köcheln lassen, Herdplatte ausschalten und zugedeckt weitere 5 Min. nachgaren.
- Von der Milch 50 ml abnehmen und Stärke darin einrühren. Restliche Milch mit der Vanillestange aufkochen, Zucker und Stärke einrühren, ein Mal aufkochen lassen und Kurkuma einrühren. Vanillepudding in eine Schüssel geben und direkt auf die Oberfläche Frischhaltefolie legen.
- Rhabarberkompott und Vanillepudding etwas abkühlen lassen und in 4 Gläsern dekorativ schichten.

Hefeteig für Osterhase und Osternest

optional vegan

90 Min. inkl. Gehzeit

20 g Hefe · ca. 300 ml lauwarme Milch oder pflanzliche Milch · 50 g Honig oder Agavendicksaft · ca. 500 g Weizen- oder Dinkelvollkornmehl · 50 g weiche Butter oder vegane Margarine

- Hefe in etwas lauwarmer Milch auflösen, Honig unterrühren. Mehl dazugeben, gut verrühren, anschließend die Butter einarbeiten. 1–2 Min. kneten, Feuchtigkeit überprüfen, evtl. noch etwas Mehl oder Milch hinzufügen, weitere 8 Min. zu einem geschmeidigen Teig verkneten (in der Küchenmaschine insgesamt 7 Min.).
- Teig abgedeckt 30 Min. gehen lassen, bis sich sein Volumen verdoppelt hat und sich Poren an der Oberfläche zeigen. Noch einmal kräftig durchkneten und beliebig formen.

Osterhase

- Für den Körper: Kugel formen mit einem Durchmesser von ca. 8–9 cm.
- Für die Ohren: Oval formen mit einer Länge von 7 cm und einer Breite von ca. 3 cm. Oval der Länge nach zu einschneiden, vorne am nicht zerteilten Ende mit den Fingerspitzen zwei Kuhlen für die Augen drücken und auf den Körper setzen. Das geteilte Ende zu zwei Schlappohren etwas auseinanderziehen. In die Kuhlen jeweils für die Augen eine Rosine stecken.
- Für das Schwänzchen: kleine Kugel mit einem Durchmesser von ca. 1 cm formen und an den Körper ansetzen.
- Auf ein mit Backpapier ausgelegtes Backblech geben und 10–15 Min. gehen lassen. Backofen auf 180 Grad vorheizen und den Hasen ca. 10–15 Min. backen.

Osternest

- Teig in 8 Stücke teilen, jedes Stück wiederum zu 3 gleichmäßigen Stangen formen, diese flechten und zu einem Kranz formen. Das Loch in der Mitte sollte so groß sein, dass ein Osterei darin Platz hat. Auf ein mit Backpapier ausgelegtes Backblech setzen und wie oben beschrieben weiter verfahren.

Osterzopf

- Hierfür werden noch zusätzlich 50 g gehackte Mandeln, 50 g Rosinen und 100 g Ananas aus dem Glas (kleingeschnitten)
- Teig in drei gleich große Stücke teilen, jeweils unter einen die Mandeln, die Rosinen bzw. die Ananas kneten. Drei Stränge zu einem Zopf flechten, auf ein mit Backpapier ausgelegtes Blech setzen, 15–30 Min. gehen lassen. Backofen auf 180 Grad vorheizen und den Zopf 30–40 Min. backen.

Frisch dazukaufen

- 4 Kohlrabi, 2 Schalotten, 1 Bund Radieschen, 200 g Belugalinsen, 10–12 Austernpilze, 1 kg Rübstiel, 1 Bund Frühlingszwiebeln
- 500 g geschälte Tomaten aus dem Glas
- 500 g Rhabarber
- 200 ml Sahne oder Hafersahne, 200 ml Milch oder pflanzliche Milch, 250 g Quark, 150 ml pflanzliche Milch, 300 ml Haferdrink, 50–100 ml Hafersahne, 100 g Räuchertofu, 250 ml Sojadrink
- 30 g Macadamianüsse, 20 g Pinienkerne
- 9 EL Hefeflocken
- 5 Datteln
- 400 g Blätterteig (TK)
- Sauce aus dem Öl von getrockneten Tomaten
- Zitronenabrieb, Zitronensaft, Agavendicksaft

Aus dem Vorrat

- Vollkornreis, Paniermehl, Dinkelvollkorngrieß, Dinkelmehl Type 1050, Vollkornspaghetti, Maismehl, Zucker
- Olivenöl, Sesamöl, Kokosöl, Rapskernöl
- Sojasauce, Lorbeerblätter, Kreuzkümmel, Curry, Senf, geräuchertes Paprikapulver, Muskat, Dijonsenf, Kurkuma, Paprikapilver edelsüß
- Knoblauch, Zwiebeln

Mögliche Beilagen

- Vollkornbrötchen, Backofenkartoffeln, Kartoffelstampf, Rührei
- Salat der Saison, Spinatsalat
- Rhabarberkompott

APRIL WOCHE 2

Kohlrabi: zart, knackig und süß

Kohlrabi ist vor allem bei Kindern mit Abstand die beliebteste Kohlsorte: Man kann ihn wunderbar roh essen und zart gedünstet schmeckt Kohlrabi schön mild. Genießen Sie jetzt die Zeit, in der die Knollen noch nicht holzig sind!

Steckbrief Kohlrabi

Ob rund oder oval, weißlich grün oder blauviolett, die Kohlrabiknolle ist eine der beliebtesten und vielseitigsten Kohlsorten. Die Knolle ist reich an Kalium, Kalzium, Magnesium und Eisen sowie an Folsäure und Vitamin C. Ihr Blattgrün ist allerdings um ein vielfaches nährstoffreicher, besonders an Phosphor und Karotinoiden. Rissige und schorfige Stellen an der äußeren Seite weisen schon einmal auf ein holzigeres Innenleben hin. Kohlrabiknollen halten sich 4–5 Tage im Gemüsefach des Kühlschranks, das Blattgrün bewahren Sie am besten getrennt in einem Tiefkühlbeutel oder einer Frischhaltedose auf.

Gefüllte Kohlrabi

optional vegan
Für 4 Personen
60 Minuten + 15 Min. Backzeit

150 g Vollkornreis · 4 Kohlrabi, eher kleine · 2 Schalotten · 1 Bund Radieschen · 2 EL Olivenöl · Salz · Sojasauce · 30 g Macadamianüsse · 1 EL Hefeflocken · 1 EL Paniermehl · 100 ml Sahne oder pflanzliche Sahne

- Reis nach Packungsanweisung garen.
- Zarte innere Blätter vom Kohlrabi waschen, trocknen und zur Seite legen. Kohlrabi abziehen, oben und unten flach abschneiden und halbieren. Mithilfe eines Kugelausstechers oder eines Küchenmessers die Hälften aushöhlen, sodass noch ein Rand von gut 1,5 cm stehen bleibt. Kohlrabi in wenig Wasser bissfest dünsten bzw. dämpfen und kalt abschrecken, die Garflüssigkeit aufbewahren.
- Schalotten abziehen, fein würfeln. Radieschen waschen, die schönen zarten Blätter waschen, trocknen und bei Seite legen.
- Öl in einer hohen Pfanne mit 2 EL Wasser erhitzen, Schalotten darin anschwitzen, Radieschen dazugeben, 2 Min. mitdünsten. Reis dazugeben und mit Gewürzen fein abschmecken. Kohlrabiblätter und Radieschenblätter sehr fein schneiden und unter den Reis ziehen. Kohlrabihälften mit dem Reis großzügig füllen.
- Nüsse im Blitzhacker mit Hefeflocken und Paniermehl zerkleinern, Reis damit bestreuen. Backofen auf 180 Grad vorheizen. Restlichen Kohlrabi in 200 ml der aufgefangenen Garflüssigkeit dünsten und mit Sahne pürieren. Mit Salz abschmecken.
- Kohlrabihälften in eine Auflaufform setzen, Sauce angießen und 15 Min. backen.

Das passt dazu: Vollkornbrot und Rhabarberkompott zum Nachtisch

Zeit sparen: Morgens den Reis 20 Min. garen und ausquellen lassen.

Rübstiel

optional vegan
Für 4 Personen
25 Min.

1 kg Rübstiel (ca. 3 Bund) · Salz · 1 Bund Frühlingszwiebeln · 2 EL Rapskernöl · 1–2 EL Maismehl · 200 ml Milch oder pflanzliche Milch · 100 ml Sahne, pflanzliche Sahne · Salz · Pfeffer · Muskatnuss · Zitronensaft

- Rübstiel unter fließendem Wasser waschen, trocknen, Blätter abschneiden. Stiele in 500 ml kochendem Salzwasser 3 Min. blanchieren, mit einem Schaumlöffel herausnehmen, kalt abschrecken, das Wasser aufbewahren.
- Frühlingszwiebeln waschen und in Ringe schneiden. Rapskernöl mit 2 EL Wasser in einer hohen Pfanne erhitzen. Zwiebeln darin anschwitzen, Stiele und Blätter hinzufügen. Mit Mehl bestäuben und unter Rühren 300 ml Garflüssigkeit, Milch und Sahne angießen. Aufkochen lassen und 2–3 Min. offen einkochen. Mit Salz, Pfeffer, Muskatnuss und Zitronensaft abschmecken.

Das passt dazu: Kartoffeln und dreierlei Tofu oder Rührei

Kleinigkeit: Rhabarberquark

500 g Rhabarber klein schneiden, garen, 250 g Quark unterrühren und mit Zucker abschmecken. Mit Crunchy Müsli oder zerbröselten Keksen bestreuen.

Spaghetti mit Räuchertofu

vegan

Für 4 Personen

25 Min.

400–500 g Vollkornspaghetti · 300 ml Haferdrink · 8 EL Hefeflocken · 6 TL Dinkelmehl 1050 · 1 EL Senf · 50–100 ml Hafersahne · Salz · geräuchertes Paprikapulver · 100 g Räuchertofu · 1 Zwiebel · 3–4 Knoblauchzehen · 1 EL Kokosöl

- Spaghetti nach Packungsanweisung zubereiten.
- Haferdrink, Hefeflocken, Mehl und Senf glattrühren und 3–4 Min. unter ständigem Rühren kochen. Mit Hafersahne verfeinern und mit den Gewürzen abschmecken.
- Tofu sehr fein würfeln. Zwiebel abziehen, sehr fein würfeln. Knoblauch abziehen, fein schneiden. Kokosöl in einer Pfanne erhitzen, Zwiebel und Tofu anbraten.
- Spaghetti tropfnass mit der Sauce vermischen, Räuchertofu und Knoblauch darüber streuen und servieren.

Das passt dazu: Spinatsalat mit Chicorée und Apfel

Gedeckte Linsen-Tarte

vegan

Für 4 Personen

25 Min. Garzeit + 25 Min. Ausquellzeit + 15 Min. + 30 Min. Backzeit

200 g Belugalinsen · 1 Lorbeerblatt · 400 g Blätterteig (TK) · 500 g geschälte Tomaten aus dem Glas · 5 Datteln · 2 EL Olivenöl · 50 g Dinkelvollkorngrieß · 20 g Pinienkerne · Salz · Knoblauch · pflanzliche Sahne zum Bestreichen

- Linsen in der 3–4-fachen Menge Wasser mit dem Lorbeerblatt 25 Min. garen und 25 Min. zugedeckt auf der ausgeschalteten Herdplatte ausquellen lassen.
- Blätterteig auftauen. ⅔ des Teigs ausrollen und in eine mit Backpapier ausgelegte Quicheform legen.
- Tomaten grob würfeln, Datteln sehr fein würfeln. 100 g der gegarten Linsen mit Öl, Grieß und etwas Tomatensaft von den Tomaten cremig pürieren. Restliche Linsen, Tomaten und Datteln unterziehen. Backofen auf 180 Grad vorheizen. Pinienkerne trocken in einer Pfanne rösten, grob hacken, zu den Linsen geben und mit den Gewürzen abschmecken. Linsenmasse auf dem Teig verteilen.
- Restlichen Blätterteig zu einem »Deckel« ausrollen und auflegen. Einige Male mit der Gabel einstechen. Mit Sahne bestreichen, Tarte ca. 30 Min. backen.

Das passt dazu: Salat der Saison

Zeit sparen: Morgens Linsen garen und ausquellen lassen.

Gebackene Austernpilze

vegan

Für 4 Personen

30 Min.

10–12 große Austernpilze · 100 g Dinkelmehl 1050 · 150 ml pflanzliche Milch · 1 EL Olivenöl · Salz · Curry · Zitronenabrieb · 5 EL Sesamöl · Pfeffer aus der Mühle · 1 Grundrezept vegane Mayonnaise · 1 Knoblauchzehe

- Pilze mit einem Küchenkrepp putzen und gut trocken tupfen. Mehl, Milch und Öl mit den Gewürzen glatt rühren.
- Öl in einer großen beschichteten Pfanne erhitzen, Austernpilze einzeln durch den Ausbackteig ziehen, kurz abtropfen lassen und 5 Min. von beiden Seiten ausbacken. Auf ein Küchenkrepp legen.
- Backofen auf 150 Grad stellen und Austernpilze darin warm stellen.
- Mayonnaise (siehe S. 38) nach Rezept zubereiten und mit Knoblauch abschmecken. Austernpilze kurz vor dem Servieren mit viel Pfeffer aus der Mühle bestreuen.

Das passt dazu: Backofenkartoffeln oder Kartoffelstampf und Blattsalat

Zeit sparen: Am Abend vorher Mayonnaise zubereiten.

Frisch dazukaufen

- 2 Stangen Lauch, 100 g Knollensellerie, 250 g Möhren, 400 g Crèmechampignons, 1 Wirsing (ca. 750g), 2 Kohlrabi, 2 Bund Radieschen, 500 g Spinat, 250 g rote Zwiebeln
- Koriandergrün, 2 Bund glatte Petersilie
- 200 g Rhabarber
- 20 g Hefe
- 150 g Bergkäse, 250 ml Sojadrink, 600 ml Milch oder pflanzliche Milch, 40 g Butter oder vegane Margarine
- Zitronensaft, Agavendicksaft
- 2 Eier
- Kokosfett oder Butterschmalz
- 10 getrocknete Tomaten

Aus dem Vorrat

- Hartweizengrieß, Kichererbsenmehl, Buchweizen, Reismehl (oder Mais- oder Weizenmehl), Weizen- oder Dinkelvollkornmehl
- Olivenöl, Rapskernöl
- Gemüsebrühe, Koriandersamen, Kräutersalz, Kreuzkümmel, Koriander, schwarzer Sesam
- Kartoffeln, Knoblauch, Zwiebeln

Mögliche Beilagen

- Blattsalat
- Crumble mit Rhabarber

APRIL WOCHE 3

Wirsing: Die krausen Blätter halten viel Sauce

Früher war der Maiwirsing das erste frische Gemüse und wurde von Groß und Klein ungeduldig erwartet. Durch seinen eher dezenten Geschmack ist Wirsing vielseitig kombinierbar.

Steckbrief Wirsing

Farbe, Geschmack und Form variieren sehr stark beim Wirsing. Frühwirsing ist gelblich grün, zart im Geschmack und der Kopf ist nicht fest geschlossen, Winterwirsing hingegen ist dunkelgrün und hat einen kräftigen Kohlgeschmack und der Kopf ist fest geschlossen. Frühwirsing eignet sich sehr gut für Salate oder bissfest gegart als Gemüsebeilage. Winterwirsing trumpft dann bei Eintöpfen und Rouladen auf. Neben dem wasserlöslichen Vitamin C und der Folsäure enthält Wirsing auch die fettlöslichen Vitamine E und K sowie die Mineralstoffe Kalium, Kalzium und Eisen. Winterwirsing hält sich im Gemüsefach des Kühlschranks 1–2 Wochen, Frühwirsing hingegen nur 3–4 Tage.

Wirsing-Lasagne

Für 4 Personen
45 Min. + 30 Min. Ruhezeit + 40 Min. Backzeit

250 g Hartweizengrieß · 2 EL Olivenöl · 1 Msp. Salz · 2 Stangen Lauch · 100 g Knollensellerie · 250 g Möhren · 400 g Crèmechampignons · 1 Wirsing (ca. 750 g) · 2 EL Olivenöl · 200 ml Gemüsebrühe · Zitronensaft · Salz · 1 EL Koriandersamen · 2 Grundrezepte Béchamelsauce · 150 g Bergkäse

- Hartweizengrieß, Olivenöl und 1 Msp Salz mit 120–150 ml heißem Wasser ca. 5 Min. kneten bis der Teig fest, glatt und elastisch ist. Teig in Folie verpackt, mindestens 30 Min. ruhen lassen.
- Lauch, Sellerie und Möhren waschen. Lauch fein würfeln, Sellerie und Möhre grob raspeln. Champignons mit einem Küchentuch abreiben, Stielansatz abschneiden und im Mixer grob zerhacken. Vom Wirsing die äußeren Blätter wegnehmen, Kohl vierteln, den groben Strunk herausnehmen und in feine Streifen schneiden.
- Olivenöl in einer hohen Pfanne mit 2 EL Wasser erhitzen, zuerst Lauch, Möhren und Sellerie anschwitzen, dann Champignons hinzufügen und zum Schluss Wirsing dazugeben. Mit der Gemüsebrühe ablöschen und 3–5 Min. bissfest garen.
- Koriander trocken in einer Pfanne anrösten und grob mörsern, zum Gemüse geben.
- Gemüse abgießen, Brühe auffangen und damit die Béchamelsauce (siehe S. 38) erstellen. Käse reiben, 100 g davon in die Sauce einrühren. Backofen auf 200 Grad vorheizen.
- Nudelteig dritteln (nicht noch einmal durchkneten) und jeweils auf die Größe der Auflaufform auf einer bemehlten Fläche ausrollen. Nudelplatten, Gemüse und Sauce schichten, mit einer Nudelplatte und Béchamelsauce enden.
- Lasagne mit Alufolie abdecken, 30 Min. backen, dann die Alufolie abnehmen, mit dem restlichen Käse bestreuen und weitere 20 Min. backen. Vor dem Anschneiden 10 Min. stehen lassen.

Das passt dazu: Blattsalat

Zeit sparen: Am Abend vorher Nudelteig zubereiten oder fertige Lasagneplatten verwenden.

Lauwarmer Buchweizen mit Petersilie

Für 4 Personen
30 Min.

250 g Buchweizen · 500 ml Gemüsebrühe · 2 Bund glatte Petersilie · 10 getrocknete Tomaten in Öl · 2–3 EL Zitronensaft · 2–3 EL Olivenöl · Salz · Knoblauch

- Buchweizen trocken in einem Topf rösten, Brühe angießen, einmal aufkochen, geschlossen 15 Min. auf der ausgeschalteten Herdplatte ausquellen.
- Petersilie waschen, trocknen, Blättchen abzupfen, evtl. etwas kleiner schneiden. Tomaten würfeln. Alle Zutaten miteinander vermischen und mit Zitronensaft, Olivenöl, Salz und Knoblauch abschmecken.

Das passt dazu: Gebackener Feta und Pellkartoffeln

Backofenkartoffeln mit Aioli und Frischkost

vegan

Für 4 Personen

20 Min. Ruhezeit + 2–3 Stunden + Backzeit 35 Min.

250 ml Sojadrink · 30–40 ml Zitronensaft · 150 ml mildes Olivenöl · 50 ml Rapskernöl · 100 g gekochte Kartoffel · 2–3 Knoblauchzehen · Salz · Agavendicksaft · 1,3 kg Kartoffeln · 1–2 EL Olivenöl · Kräutersalz · 2 Kohlrabi · 2 Bund Radieschen

- Sojadrink mit Zitronensaft vermischen, in den Standmixer geben und 10–15 Min. stehen lassen. Mixer anstellen und das Öl langsam einlaufen lassen.
- Kartoffel pellen, Knoblauch abziehen, dazugeben, nochmals gut aufmixen. Mit den Gewürzen abschmecken und 2–3 Stunden kalt stellen.
- Backofen auf 180 Grad vorheizen. Kartoffeln waschen, bürsten, halbieren, mit Öl vermischen und auf ein mit Backpapier ausgelegtes Blech legen. 30–35 Min. backen.
- Kohlrabi abziehen, in Stifte schneiden, Radieschen waschen, halbieren. Gemüse auf einer Platte anrichten und zu Kartoffeln und Aioli servieren.

Das passt dazu: Crumble mit Rhabarber

Zeit sparen: Am Abend vorher die Aioli zubereiten.

Fruchtiger Spinatkuchen aus dem Ofen

vegan

Für 4 Personen

20 Min. + 45 Min. Gehzeit + 30 Min. Backzeit

1 Grundrezept Hefeteig · 500 g Spinat · 1 EL Olivenöl · 250 g rote Zwiebeln · 200 g Rhabarber · Salz · Pfeffer · 2–3 EL Olivenöl

- Hefeteig (siehe S. 34) nach Grundrezept zubereiten.
- Spinat waschen, dicken Stiele herausschneiden. Öl mit 1 EL Wasser erhitzen, Spinat zusammenfallen lassen und ausdrücken.
- Zwiebeln abziehen, in dünne Ringe schneiden bzw. hobeln. Rhabarber waschen, abziehen, der Länge nach dritteln oder vierteln und in dünne Streifen schneiden.
- Teig auf ein mit Backpapier ausgelegtes Blech rollen, Zwiebeln, Rhabarber und Spinat darauf verteilen. Mit Salz und Pfeffer würzen und mit reichlich Olivenöl beträufeln. 10–15 Min. gehen lassen.
- Backofen auf 220 Grad vorheizen. Kuchen reinschieben und nach 5 Min. die Temperatur auf 180 Grad herunterschalten. Weitere 25 Min. backen.

Zeit sparen: Am Abend vorher Spinat waschen, putzen, gut verpackt kühl aufbewahren.

Kichererbsen-Pfannkuchen

Für 4 Personen

40 Min.

½ TL Kreuzkümmel · ½ TL Koriander · ¼ TL Schwarzkümmel · 250 g Kichererbsenmehl, geröstet · 200 ml Milch · ½ TL Salz · 2 Eier · Kokosfett oder Butterschmalz

- Kreuzkümmel, Koriander und Schwarzkümmel trocken in einer Pfanne rösten und dann mörsern. Aus Mehl, Milch und Eiern einen cremigen Teig rühren. Salz und Gewürze unterrühren und 10 Min. quellen lassen.
- Fett in einer beschichteten Pfanne erhitzen und mit 1 EL Teig kleine Pfannkuchen backen. Backofen auf 150 Grad aufheizen und Pfannkuchen warm halten.

Das passt dazu: Joghurt-Sauce mit Gurken und Möhrengemüse

Zeit sparen: Für **Kleinigkeit** ein paar Pfannkuchen zusätzlich zubereiten.

Kleinigkeit: Wraps

Kichererbsen-Pfannkuchen mit gekneteter Avocado und Gemüse aufrollen oder schichten.

Frisch dazukaufen

- 1 Kohlrabi, 1 rote Paprika, 2 Schalotten, 1 rote Zwiebel, 12–14 Wirsingblätter
- 2 Kästchen Kresse, 1 Ingwer, 2 Bund Petersilie, 1 Bund Bärlauch
- 200 g Linsen
- 140 g Grünkernschrot
- 4 Orangen, 2 Bananen
- 500 ml Milch oder pflanzliche Milch, 50 g Butter oder vegane Margarine
- Zitronensaft, 400 ml Orangensaft, Agavendicksaft
- 2 EL weißes Mandelmus, 50 g Sesam, 150 g blanchierte Mandeln, 30 g Rosinen, 60 g Haselnüsse, 100 g Cachewkerne, 75 g Macadamianüsse
- Zitronenabrieb

Aus dem Vorrat

- Couscous, Reismehl (oder Mais- oder Weizenmehl)
- Gemüsebrühe, Kardamom, Tomatenmark, Kümmel, Fenchelsamen, Kreuzkümmel, Kardamomsamen, Majoran
- Zimt, Kakao, Vanille
- Olivenöl, Mandelöl, Sesamöl

Mögliche Beilagen

- Vollkornreis, Hirse, Pellkartoffeln, Räuchertofu
- Gemüsecremesuppe, Gemüse der Saison, Salat
- Schoko-Bananen-Creme (siehe S. 100)

Kresse: macht jedes Schulbrot frischer

Gartenkresse peppt in einer Zeit, wo wir auf frische Gartenkräuter warten, viele Gerichte auf. Das satte Grün und der frische rettigartige, leicht scharfe Geschmack bringen eine oft lang ersehnte Abwechslung in die Küche.

Steckbrief Kresse

Die feinen empfindlichen grünen Blättchen liefern jede Menge Vitamin C, B und Beta-Carotin sowie Kalium, Kalzium und Eisen. Außerdem wirken die scharfen Senföle in der Kresse antibakteriell. Gartenkresse wird im sogenannten Kressebeet in allen gut sortierten Gemüseabteilungen bzw. auf Märkten angeboten. Leicht feucht und eher kühl gelagert hält sich die Kresse 7–8 Tage. Ziehen Sie doch selber Kresse, ein Erlebnis, besonders für die Kinder! Sie brauchen dafür: 1 Baumwollsocke, 1 Kordel, Sand, 1 Teller, Kressesamen. Füllen Sie das Fußteil der Socke mit Sand, binden Sie oberhalb der Ferse mit der Kordel dann die Socke zu. Das gefüllte Fußteil dann auf einen Teller legen und flach andrücken, sodass eine Fläche von 15 × 7 cm entsteht. Die Kressesamen darauf verteilen und am besten mit Wasser aus der Wäschespritze gut durchfeuchten. Regelmäßig besprüht, ist die Kresse dann nach 7–8 Tagen erntefertig. Wer mag, gestaltet die Socke mit aufgenähten Knöpfen zu einem freundlichen Igel.

Rahmkohlrabi mit Kresse

vegan
Für 4 Personen
25 Min.

1 Kohlrabi · Salz · 1 Grundrezept Béchamelsauce · Zitronensaft · 2 Kästchen Kresse

- Kohlrabi abziehen, zarte Blätter waschen, Kohlrabi in Stifte schneiden und in wenig Salzwasser bissfest dünsten bzw. dämpfen.
- Mit einem Schaumlöffel herausnehmen und mit der Garflüssigkeit eine Béchamelsauce nach Grundrezept (siehe S. 38) zubereiten. Mit Zitronensaft abschmecken, über Kohlrabi geben und kurz vor dem Servieren Kresse unterziehen.

Das passt dazu: Vollkornreis mit gebratenem Räuchertofu

Orangen-Mandel-Hirse

vegan
Für 4 Personen
40 Min.

400 ml Orangensaft · 200 ml Wasser · 200 g Hirse · ½ TL Salz · ½ TL Zimt · 1 cm Ingwer · ¼ TL Kardamom · 2 EL weißes Mandelmus · 1–2 EL Agavendicksaft · 1–2 EL geröstetes Mandelöl · 4 Orangen

- Saft mit Wasser in einem geschlossenen Topf aufkochen. Hirse heiß in einem Sieb waschen und mit den Gewürzen dazugeben. Bei mittlerer Hitze ca. 20 Min. geschlossen köcheln.
- Mandelmus und Agavendicksaft unterrühren und abschmecken. Mit Mandelöl beträufeln. Orangen filetieren und dazugeben.

Das passt dazu: Gemüsecremesuppe

Zeit sparen: Am Abend vorher Hirse zubereiten.

Couscous-Rote-Linsen-Backlinge

Für 4 Personen
60 Min. + 15 Min. Backzeit

1,1 l Gemüsebrühe · 200 g Couscous · 200 g Linsen · 1 rote Paprika (300 g) · 2 cm Ingwer · 1 rote Zwiebel · 200 g Tomatenmark · 20–30 g gemahlene Mandeln · 2 EL Olivenöl · Salz · Kreuzkümmel · Petersilie · 50 g Sesam · 2 EL Sesamöl

- Gemüsebrühe zum Kochen bringen. Couscous und Linsen in einem Sieb heiß waschen und in die kochende Brühe einrühren. 10 Min. bei mittlerer Hitze und gelegentlichem Umrühren cremig garen. 20 Min. ausquellen lassen.
- Paprika waschen, trocknen, entkernen und sehr fein würfeln. Ingwer schälen und reiben. Zwiebel abziehen und sehr fein würfeln. Öl mit 2 EL Wasser in einer Pfanne erhitzen, Paprika, Ingwer und Zwiebel darin kräftig anschwitzen und zu den Linsen geben. Tomatenmark, Olivenöl und Mandeln unterkneten und mit Salz, Kreuzkümmel und Petersilie kräftig abschmecken. Sesam trocken in einer Pfanne rösten.
- Backofen auf 180 Grad vorheizen. Aus dem Teig kleine Bällchen formen und in Sesam wälzen. Auf ein mit Backpapier ausgelegtes Blech legen und 10 Min. backen, herausnehmen, mit Öl bepinseln und weitere 5 Min. backen.

Das passt dazu: Joghurt-Gurken Dip und Salat mit Radieschen und Kohlrabi

Gewürzkartoffeln mit Petersilien-Bärlauch-Pesto

vegan

Für 4 Personen

15 Min. + 30–40 Min. Backzeit

1,2–1,5 kg Kartoffeln, festkochend · 1 TL Kümmel oder Kreuzkümmel · 1 TL Fenchelsamen · ¼ TL Kardamom-Samen · 5 EL Olivenöl · Salz · 150 g Mandeln, blanchiert · 1 Bund glatte Petersilie · 1 Bund Bärlauch (ca. 40 g) · 100–150 ml Olivenöl · Salz · Zitronenabrieb

- Backofen auf 180 Grad vorheizen. Kartoffeln waschen, bürsten, halbieren. Kümmel, Fenchel und Kardamom trocken, in einer Pfanne rösten und fein mörsern, mit dem Olivenöl vermischen und Kartoffelschnittfläche damit bestreichen. Kartoffeln mit der Schnittfläche nach oben auf ein Blech setzen. 30–40 Min. backen, anschließend salzen.
- Mandeln trocken einer Pfanne rösten, grob hacken. Petersilie und Bärlauch waschen, trocknen und mit Mandeln und Olivenöl pürieren. Mit Salz und Zitronenabrieb abschmecken. Zu den Kartoffeln servieren.

Das passt dazu: Gemüse als Fingerfood, Schoko-Bananen-Creme (siehe S. 100)

Zeit sparen: Am Abend vorher Petersilien-Bärlauch-Pesto zubereiten.

Wirsingrouladen mit Grünkern

optional vegan

Für 4 Personen

30 Min. + 20 Min. Backzeit

2 Schalotten · 2 EL Olivenöl · 140 g Grünkernschrot · 350 ml Gemüsebrühe · 12–14 Wirsingblätter · 60 g Haselnüsse · 30 g Rosinen · Salz · Pfeffer · Majoran · 1 ½ Grundrezepte Béchamelsauce

- Schalotten abziehen, fein würfeln. Öl mit 2 EL Wasser erhitzen, Schalotten glasig dünsten, Grünkern dazugeben, umrühren und mit Gemüsebrühe ablöschen. 5 Min. unter Rühren köcheln, 10 Min. auf der ausgeschalteten Herdplatte zugedeckt ausquellen lassen.
- Wirsingblätter waschen, 3–4 Min. dünsten oder dämpfen. Kalt abbrausen.
- Haselnüsse trocken in einer Pfanne rösten, fein hacken und mit Rosinen unter die Grünkernmasse rühren, mit den Gewürzen kräftig abschmecken. Wirsingblätter ausbreiten, das dicke Ende der Rippe herausschneiden. Füllung auf die Blätter verteilen, Blätter rechts und links einschlagen und aufrollen. Mit Öffnung nach unten in eine Auflaufform setzen.
- Backofen auf 180 Grad vorheizen.
- Béchamelsauce (siehe S. 38) zubereiten, über die Rouladen gießen und die Auflaufform abdecken. 15 Min. backen, Deckel abnehmen und weitere 5 Min. backen.

Das passt dazu: Pellkartoffeln und Salat der Saison

Kleinigkeit: Schoko-Bananen-Creme

100g Cashewkerne mit 75 g Macadamianüssen in 180 ml Wasser einweichen und mit 2 Bananen, 2–3 EL Kakao, Vanille und Zitronensaft aufmixen. In Dessertschalen anrichten und gut gekühlt zu frischem Obst servieren.

Frisch dazukaufen

- 1,2 kg grüner Spargel, 800 g weißer Spargel, 250 g Flageolet, 500 g Maiwirsing (oder Spitzkohl), 1 Ingwer, 1 ½ Bund Frühlingszwiebeln, frische Kräuter, 800 g Kohlrabi
- 200 ml Milch oder pflanzliche Milch, 20 g Butter oder vegane Margarine, 250 ml Sojadrink
- 500 ml Tomatenpassata
- 6 Datteln
- 15 Walnusshälften, 50 g Rosinen, 50 g getrocknete Aprikosen, 80 – 100 ml dicke Cashewcreme, 100 g weißes Mandelmus
- Zitronensaft, Agavendicksaft
- 3 Essiggurken
- 30 g getrocknete Tomaten

Aus dem Vorrat

- Vollkornreis, Paniermehl, Dinkelmehl Type 1050, grüne Bandnudeln, Reismehl (oder Mais- oder Weizenmehl), Zucker
- Olivenöl, weißer Balsamessig, Kokosöl, Rapskernöl
- Zwiebeln, Kartoffeln
- Tomatenmark, Miso-Paste, Kreuzkümmel, Curry, Raz el Hanout, Dijonsenf, Kurkuma, Paprikapulver edelsüß

Mögliche Beilagen

- Pellkartoffeln, Avocado, Zucchini, Blattsalat, Backofenkartoffeln
- Vollkornreis

MAI WOCHE 1

Spargel: Liebe auf den zweiten Blick

Kein anderes Gemüse signalisiert uns den Frühling und die nahende warme Jahreszeit so sehr wie Spargel. Und weil es heimischen Spargel nur bis zum 24. Juni zu kaufen gibt, schöpfen viele Liebhaber während dieser wenigen Wochen aus dem Vollen. Ob klassisch mit Kartoffeln und Ei, als Suppe oder Salat – aus Spargel lassen sich feine Gerichte zaubern.

Steckbrief Spargel

Grüner Spargel wurde bereits im alten Griechenland und in Italien hoch geschätzt, doch sein weißer Bruder wird erst seit Ende des 19. Jahrhunderts kultiviert. Weißer Spargel enthält viel Eiweiß, Eisen und Kalium sowie die Vitamine B_1, B_2, B_6, C, E und Provitamin A. Grüner Spargel, der wesentlich zarter ist und auch nicht geschält werden muss, weist einen wesentlich höheren Nährstoffgehalt auf. In ein feuchtes Küchenhandtuch gewickelt hält sich Spargel 4–5 Tage im Gemüsefach des Kühlschranks.

Spargel in Mandelsauce mit grünen Bandnudeln

Für 4 Personen
30 Min.

400–500 g grüne Bandnudeln · 800 g weißer Spargel · Salz · Zitronensaft · Zucker · 1 Bund Frühlingszwiebeln · 1 EL Olivenöl · 100 g Mandelmus, weiß · Salz · Zitronensaft · Pfeffer · 30 g getrocknete Tomaten in Öl

- Bandnudeln nach Packungsanweisung bissfest garen.
- Spargel waschen, schälen, in mundgerechte Stücke schneiden und mit den Gewürzen bissfest garen. Spargel mit einem Schaumlöffel herausnehmen und kalt abbrausen. Garflüssigkeit aufbewahren.
- Zwiebeln waschen, evtl. der Länge nach halbieren und in gleich große Stücke wie den Spargel schneiden. Öl in einer breiten hohen Pfanne mit 1 EL Wasser erhitzen, Zwiebeln anschwitzen und mit 200 ml der Garflüssigkeit ablöschen, 2 Min. zugedeckt dünsten. Mandelmus esslöffelweise einrühren, evtl. mit der Garflüssigkeit die Konsistenz einstellen und mit Salz, Zitronensaft und Pfeffer abschmecken.
- Tomaten in feine Streifen schneiden. Spargel und Bandnudeln mit Mandelsauce vorsichtig vermengen, noch einmal abschmecken und mit Tomaten dekorieren.

Das passt dazu: Blattsalat mit Radieschen

Kleinigkeit: Bohnensalat

Bohnen mit rohem grünem Spargel, Radieschen, Radieschenblättern und den Resten der Remoulade vermischen und mit Bärlauch würzen. Mit Pfeffer bestreuen und mit Zitronenfilets dekorieren.

Panierter Kohlrabi mit Remoulade

vegan
Für 4 Personen
40 Min.

800 g Kohlrabi · Salz · 2–3 EL Dinkelmehl 1050 · 80–100 ml dicke Cashewcreme oder Sojacuisine · Paniermehl · Kokosöl oder Bratöl · 1 Grundrezept vegane Mayonnaise (siehe S. 38) · 2 Frühlingszwiebeln · 3 Essiggurken · 2–3 EL frische Kräuter

- Kohlrabi waschen, abziehen und in 2 cm breite Scheiben schneiden. In Salzwasser bissfest dünsten bzw. dämpfen. Mit einem Schaumlöffel herausnehmen, mit kaltem Wasser abschrecken und mit einem Küchentuch trocken tupfen.
- Auf einen Teller Mehl, auf einen anderen Cashewcreme, auf einen dritten Teller Brösel geben. Kohlrabi erst in Mehl wenden, dann durch die Cashewcreme ziehen und zum Schluss in den Bröseln wenden. Kohlrabischeiben in reichlich Öl ausbacken.
- Mayonnaise nach Grundrezept zubereiten.
- Frühlingszwiebeln waschen, in sehr feine Ringe scheiden. Gurken sehr fein würfeln, Zwiebel, Gurke und Kräuter unter die Mayonnaise rühren. Zu den Kohlrabi servieren.

Das passt dazu: Backofenkartoffeln und Kopfsalat

Zeit sparen: Für Kleinigkeit mehr Remoulade zubereiten.

Grüner Spargel mit Walnüssen

vegan

Für 4 Personen

25 Min.

1,2 kg grüner Spargel · 2 EL Olivenöl · 1 TL Zucker · grobes Salz · Zitronensaft · 15 Walnusshälften

- Spargel waschen, den holzigen unteren Teil abschneiden. Köpfe abschneiden, Spargelstangen der Länge nach halbieren und einmal auf halbe Länge schneiden.
- Öl in einer hohen Pfanne mit 2 EL Wasser erhitzen, zuerst die Spargelstücke darin anbraten, dann mit Zucker bestreuen und 5 Min. dünsten, mit Salz bestreuen und mit Zitronensaft abschmecken.
- Walnusshälften in einer Pfanne trocken rösten. Vor dem Servieren Spargel mit Walnüssen bestreuen.

Das passt dazu: Pellkartoffeln, Avocado mit Zitronensaft geknetet.

Wirsing mit Flageolet

vegan

Für 4 Personen

8–12 Stunden Einweichzeit + 40 Min. Garzeit + 40 Min. Ausquellzeit + 25 Min

250 g Flageolet (kleine weiße Bohnen) · 500 g Maiwirsing (oder Spitzkohl) · 1 Zwiebel · 2 EL Olivenöl · 500 ml Tomatenpassata · 6 Datteln · Salz · Tomatenmark · Zucker · Miso-Paste

- Bohnen in der 3–4-fachen Menge Wasser 8–12 Stunden einweichen, 40 Min. garen und 40 Min. ausquellen lassen.
- Wirsing waschen, vierteln, den groben Strunk herausschneiden und in Streifen schneiden. Zwiebeln abziehen, würfeln. Öl in einer hohen breiten Pfanne mit 2 EL Wasser erhitzen, Zwiebel darin anschwitzen, Wirsing dazugeben und kurz mitdünsten und mit dem Tomatenpassata ablöschen.
- Datteln sehr fein würfeln, dazugeben. 8 Min. geschlossen dünsten, die gegarten Bohnen dazugeben und weitere 8 Min. offen garen. Mit Salz, Tomatenmark, Zucker und Miso-Paste abschmecken.

Das passt dazu: Vollkornreis und Obstsalat zum Nachtisch

Zeit sparen: Am Abend vorher – Bohnen einweichen, während des Frühstücks garen und ausquellen lassen. Zusätzlich 200 g Reis für Fruchtige Kartoffelwürfel auf Reis zubereiten. Für die Kleinigkeit 50 g Bohnen zusätzlich garen.

Fruchtige Kartoffelwürfel auf Reis

vegan

Für 4 Personen

35 Min.

200 g Vollkornreis · 500 g Kartoffeln · 2 Schalotten · 2 EL Olivenöl · 50 g getrocknete Aprikosen · 50 g Rosinen · 1 TL Kreuzkümmel · 1 TL Curry · ½ TL Raz el Hanout · 2 EL Balsamessig, weiß · 2 EL Agavendicksaft · Salz · Ingwer · Cayenne-Pfeffer

- Reis nach Packungsanweisung garen.
- Kartoffeln waschen, bürsten, sehr fein würfeln. Schalotten abziehen, würfeln. Öl in einer breiten hohen Pfanne mit 2 EL Wasser erhitzen, Schalotten und Kartoffeln anschwitzen, mit 800 ml Wasser ablöschen. Geschlossen 5 Min. dünsten.
- Aprikosen klein schneiden, mit Rosinen und Gewürzen dazugeben. Offen 10–15 Min. köcheln, sodass die Flüssigkeit ein wenig verdampft. Essig und Dicksaft einrühren und mit Salz, Ingwer und Cayenne-Pfeffer abschmecken. Mit Reis vermischen.

Das passt dazu: Zucchinigemüse und Blattsalat

Zeit sparen: Reis gegebenenfalls während des Frühstücks 20 Min. kochen und ausquellen lassen.

Frisch dazukaufen

- 250 g Rucola, 750 g Spinat (oder 150 g TK-Spinat), 500g Kohlrabi, 1 Bund Frühlingszwiebeln, 1 kg Wirsing, 1 milde Chilischote, ½ Bund Petersilie, 50 g Kidney-Bohnen, 50 g weiße Bohnen, ½ Bund Basilikum, 1,6 kg weißer Spargel, Radieschen, Avocado
- 1 Glas Tomaten
- 100 g Pinienkerne
- 80 g Parmesan, 200 ml Milch oder pflanzliche Milch, 200 g Ziegenfrischkäse, 60 g Bergkäse, 100 ml Sahne oder pflanzliche Sahne
- 2 Eier
- Butterschmalz
- 4 Dinkelvollkornbrötchen vom Vortag
- Orangenabrieb, Zitronenabrieb, Zitronensaft, Tomatensaft, Agavendicksaft
- 15 entsteinte schwarze Oliven, 12 getrocknete Tomaten

Aus dem Vorrat

- Vollkornspaghetti, Buchweizenmehl, Paniermehl, Zucker
- Gemüsebrühe, Kräutersalz, Chili, Paprikapulver edelsüß, Tomatenmark
- Puderzucker
- Olivenöl, Rapsöl, Balsamessigcreme
- Knoblauch, Zwiebeln

Mögliche Beilagen

- Salat, Gemüse, Sprossensalat
- Tomatensauce
- Bulgur, grüne Bandnudeln

Rucola: oft erst im Teenie-Alter ein Renner

Rucola können Sie kinderleicht leicht selbst ziehen, und zwar sowohl im Garten als auch in Balkonkästen und Töpfen. Dünger brauchen die Pflänzchen nicht, so verhindern Sie gleichzeitig hohe Nitratgehalte.

Steckbrief Rucola

Seitdem die mediterrane Küche bei uns auch immer wichtiger wird, zählt Rucola oder auch Rauke zu unserem beliebtesten Grünzeug. Die leicht scharf bis bitter schmeckenden Blätter haben einen hohen Gehalt an Senfölen, Bitterstoffen und Vitamin C, was Rucola einen beachtlichen Gesundheitswert verleiht, welcher allerdings je nach Jahreszeit und Anbaumethode durch extrem hohe Nitratwerte gemindert wird. Bevorzugen Sie daher am besten immer Freilandware, da das Sonnenlicht den Nitratabbau fördert. Sollten Sie selber Rucola im Freien ziehen, dann heißt es abends ernten, nachdem die Sonne ihre Arbeit getan hat. Beim Einkauf sollten die Blätter vom Stängel bis zur Spitze knackig sein. Gewaschen und gut getrocknet in einem Tiefkühlbeutel oder einer Kunststoffdose hält sich Rucola 4–5 Tage frisch.

Spaghetti mit Rucola und Pinienkernen

Für 4 Personen
25 Min.

400–500 g Vollkornspaghetti · 250 g Rucola · 40 g Pinienkerne · 4 EL Olivenöl · 80 g Parmesan · Olivenöl · Salz · Pfeffer · Knoblauch

- Spaghetti nach Packungsanweisung zubereiten.
- Rucola waschen, trocknen, in mundgerechte Stücke schneiden. Pinienkerne trocken in einer Pfanne rösten. Öl in einer hohen Pfanne leicht erwärmen, Rucola darin kurz schwenken, Pinienkerne und Spaghetti darin wenden und mit Parmesan bestreuen. Am Tisch mit Olivenöl, Salz, Pfeffer und Knoblauch individuell abschmecken.

Das passt dazu: Salat mit Gemüse und Schokopudding

Gefüllte Buchweizenpfannkuchen

Für 4 Personen
15 Min. + 30 Min. Quellzeit + 25 Min.

200 ml Milch · 100 g Buchweizenmehl · 2 Eier · 50 ml Olivenöl · 50 ml Rapsöl · ½ TL Salz · 750 g Spinat frisch oder 150 g TK · 1 TL Olivenöl · 200 g Ziegenfrischkäse · Salz · Knoblauch · Pfeffer · Butterschmalz zum Braten

- Milch, Mehl, Eier, Öl und Salz glatt rühren und mind. 30 Min. quellen lassen.
- Spinat waschen, grobe Stiele herausschneiden. Öl mit einem EL Wasser erhitzen, Spinat zusammenfallen lassen, herausnehmen und ausdrücken, grob schneiden. Ziegenfrischkäse unterkneten, mit Salz, Knoblauch und Pfeffer abschmecken.
- Backofen auf 180 Grad vorheizen. Butterschmalz in einer Pfanne erhitzen, je ½ Suppenkelle Teig mit einer drehenden Bewegung gleichmäßig in der Pfanne verteilen, von beiden Seiten 4–6 Pfannkuchen 2 Min. goldgelb backen.
- Pfannkuchen mit Spinat-Käsemischung füllen, aufrollen, in eine Auflaufform legen und 10 Min. backen.

Das passt dazu: Tomatensauce aus Tomaten aus dem Glas mit Datteln und Zwiebeln und Gemüse als Fingerfood

Zeit sparen: Teig vorbereiten und max. 5 Stunden kühl stellen.

Brotauflauf mit Kohlrabi

optional vegan
Für 4 Personen
25 Min. + 15 Min. Backzeit

500 g Kohlrabi · 1 Bund Frühlingszwiebeln · 1 EL Olivenöl · Kräutersalz · 1 Glas Tomaten (200 g) · 4 Dinkelvollkornbrötchen vom Vortag oder Baguette · 500 ml Gemüsebrühe · 100 ml Sahne oder pflanzliche Sahne · evtl. 60 g Bergkäse

- Grün vom Kohlrabi abschneiden, die zarten Blätter waschen, trocknen, fein schneiden. Kohlrabi abziehen und würfeln. Zwiebeln waschen, in Ringe schneiden. Öl in einem Topf mit 1 EL Wasser erhitzen, Zwiebel und Kohlrabi anschwitzen und geschlossen 8 Min. bei mittlerer Hitze dünsten. Mit Salz abschmecken.
- Tomaten abtropfen, Saft auffangen, Tomaten würfeln.
- Backofen auf 180 Grad vorheizen. Brötchen fein würfeln, trocken in einem Topf rösten, nach und nach die Gemüsebrühe angießen. Alles miteinander vermischen, Sahne, Kohlrabiblätter und Kohlrabi unterziehen und in eine Auflaufform geben. Evtl. mit geriebenem Käse bestreuen und 15 Min. überbacken.

Das passt dazu: Salat mit Radieschen

Zeit sparen: Für die **Kleinigkeit** Tomatensaft aufbewahren.

Mediterraner Wirsing

vegan

Für 4 Personen

25 Min.

1 kg Wirsing · Salz · 3 EL Olivenöl · 1 milde Chilischote · 15 entsteinte schwarze Oliven · 1-2 EL Balsamessigcreme · Salz · Pfeffer · Orangenabrieb · Knoblauch

- Wirsing waschen, vierteln, den groben Strunk herausnehmen und in grobe Streifen schneiden. Wirsing in wenig Salzwasser bissfest dünsten bzw. dämpfen. Kalt abbrausen.
- Öl in einer hohen Pfanne mit 3 EL Wasser erhitzen, Wirsing und Chili anschwitzen, die Oliven dazugeben und mit Balsamessigcreme ablöschen. 2 Min. unter Rühren weiter braten und mit Salz, Pfeffer, Orangenabrieb und Knoblauch abschmecken.

Das passt dazu: Bulgur, Sprossensalat und Erdbeeren zum Nachtisch

Rot-weiße Bohnenbacklinge

vegan

Für 4 Personen

8–12 Stunden Einweichzeit + 45–60 Min. Garzeit + 45–60 Min. Quellzeit + 25 Min. + 25 Min. Backzeit

50 g weiße Bohnen · 50 g Kidney-Bohnen · 1 Zwiebel · ½ Bund Petersilie · 1 EL Tomatenmark · 1 TL Paprikapulver, edelsüß · 2–3 EL Paniermehl · Salz · Chili · Zitronenabrieb · Olivenöl

- Bohnen in der 3–4-fachen Menge Wasser 8–12 Stunden einweichen. Zwiebel abziehen, vierteln, zu den Bohnen geben und 45–60 Min. weich garen. 45–60 Min. ausquellen lassen, überschüssiges Wasser evtl. abgießen.
- Petersilie waschen, sehr fein schneiden. Bohnen mit Tomatenmark und Paprikapulver grob pürieren. Paniermehl und Petersilie unterkneten, sodass ein formbarer Teig entsteht. Mit Salz, Chili und Zitronenabrieb abschmecken.
- Backofen auf 180 Grad vorheizen. Aus dem Teig kleine Backlinge formen und auf ein mit Backpapier ausgelegtes Blech legen. 15 Min. backen, herausnehmen, großzügig mit Öl bepinseln und weitere 10 Min. backen.

Das passt dazu: Gemüse der Saison.

Zeit sparen: Am Abend vorher Bohnen einweichen, während des Frühstücks garen und ausquellen lassen.

Gebratener Spargel aus der Pfanne

vegan

Für 4 Personen

25 Min.

60 g Pinienkerne · 1,6 kg weißer Spargel · 3 EL Olivenöl · 1 TL Puderzucker · 12 getrocknete Tomaten in Öl · Salz · Pfeffer · Zitronensaft · ½ Bund Basilikum

- Pinienkerne trocken in einer Pfanne rösten, Spargel waschen, schälen und in mundgerechte Stücke schneiden. Öl mit 3 EL Wasser erhitzen, Spargel anbraten, mit Puderzucker bestreuen, 5 Min. geschlossen bei mittlerer Hitze dünsten.
- Tomaten in Streifen schneiden, mit Pinienkernen zum Spargel geben, weitere 5 Min. dünsten. Mit Salz, Pfeffer und Zitronensaft abschmecken.
- Basilikum waschen, trocknen, Blättchen abzupfen und vor dem Servieren über den Spargel geben.

Das passt dazu: grüne Bandnudeln und als Nachtisch Erdbeerquark

Kleinigkeit: Smoothie

Tomatensaft, Radieschen, Avocado mixen und mit Kräutersalz und Agavendicksaft abschmecken. Radieschenblätter und evtl. Joghurt oder Sojajoghurt untermixen.

Frisch dazukaufen

- 1 großer Kopfsalat, 2 Bund Frühlingszwiebeln, 600 g Mairübchen, 1 kg Kohlrabi, 1 Bund Petersilie, 3 Bund Schnittlauch, 1 Schalotte, 1 Bund Kerbel, 1 kg weißer Spargel, 2–3 Avocado, 2 Kästchen Kresse, Radieschen
- 4 Eier
- 1 l Milch oder pflanzliche Milch, 500 ml Sahne oder Hafersahne, 150 g Bergkäse, 120 g Butter oder vegane Margarine, Schmand oder Seidentofu
- Zitronensaft

Aus dem Vorrat

- Maismehl, Bulgur, Weizen- oder Dinkelvollkornmehl, Reismehl (oder Mais- oder Weizenmehl)
- Olivenöl, Rapskernöl
- Muskat, Senf, Gemüsebrühe
- Kartoffeln, Zwiebeln

Mögliche Beilagen

- Tomatensalat, Spinat und Rührei
- Kartoffeln, geröstetes Brot
- Tofu-Würstchen

Kopfsalat: mild und ein idealer Saucenträger

Kopfsalat gehört zu den klassischen Gartensalaten und ist bei Jung und Alt beliebt. Die Blätter bilden einen dicken, rundlichen Kopf, daher hat er seinen Namen.

Steckbrief Kopfsalat

Kopfsalat wird schon seit Jahrhunderten gezüchtet, stammt aus dem Mittelmehrraum und wird heute in der ganzen Welt angebaut. Aus dem Freilandanbau hat Kopfsalat von Mitte Mai bis Oktober Saison. Treibhausware können Sie das ganze Jahr über kaufen, diese unterscheidet sich allerdings deutlich in Geschmack und Konsistenz von der Freilandware. Kopfsalat wird üblicherweise kleingeschnitten mit Sauce oder als Salatbeilage gegessen. Aber auch als Sandwichbelag oder gegartes Gemüse bringt er Abwechslung in die Küche. Freiland-Kopfsalat ist reich an Vitamin A, C und Folsäure sowie an Kalium und ist arm an Nitrat. Beim Einkauf sollten Sie darauf achten, dass der Strunk nicht bräunlich verfärbt ist und die Blätter sattgrün und nicht welk sind. Nach dem Einkauf sollten Sie den Salat umdrehen, den Strunk herausschneiden, sodass die ganzen Blätter gelöst sind, diese unter fließendem Wasser waschen, trocken schleudern und in einer Kunststoffdose mit Gitter oder in einem Tiefkühlbeutel aufbewahren. So hält er sich kühl gelagert 5–6 Tage.

Quiche mit Sommersalat

Für 4 Personen

40 Min. für den Teig + 15 Min. + 30 Min. Backzeit

1 Grundrezept Mürbeteig · 1 großer Kopfsalat · 1 Bund Frühlingszwiebeln · 2 EL Olivenöl · 150 g Bergkäse · 2 Eier · 1 Eigelb · 300 ml Milch · 100 ml Sahne · Salz · Pfeffer · Muskat

- Mürbeteig (siehe S. 34) nach Grundrezept zubereiten, Quicheform damit auslegen und mind. 30 Min. abgedeckt kalt stellen.
- Salat waschen, trocknen, ganz grobe Blattrippen herausschneiden. Frühlingszwiebeln waschen, der Länge nach halbieren, in 5 cm lange Stücke schneiden. Öl mit 2 EL Wasser erhitzen, Frühlingszwiebel 5 Min. anschwitzen, Salat dazugeben, 2 Min. zusammenfallen lassen.
- Backofen auf 180 Grad vorheizen. Käse reiben, ⅓ davon auf dem Teig verteilen. Eier, Eigelb, Milch, Sahne, Salz, Pfeffer und Muskat verquirlen. Salat auf dem Käse verteilen, restlichen Käse darüber streuen, Eier-Milch von der Mitte aus nach außen spiralförmig angießen. Quiche auf der unteren Schiene 30 Min. backen.

Das passt dazu: Tomatensalat

Zeit sparen: Am Abend oder mehrere Tage vorher – Teig zubereiten und in der Quicheform kühl stellen oder auch in der Form einfrieren.

Mairübchen mit Kohlrabi

optional vegan

Für 4 Personen

20 Min.

600 g Mairübchen oder Teltower Rübchen · 600 g Kohlrabi · 1 Bund Frühlingszwiebeln · 2 EL Rapskernöl · 1–2 EL Maismehl · 500 ml Gemüsebrühe · 100 ml Milch oder pflanzliche Milch · 100 ml Sahne oder pflanzliche Sahne · Salz · Pfeffer · Muskat · Zitronensaft · Senf · 1 Bund Petersilie

- Mairübchen und Kohlrabi waschen, zarte Blätter des Kohlrabis aufbewahren. Gemüse dünn abziehen und in 4 cm lange Stifte schneiden. Frühlingszwiebel waschen, in Ringe schneiden. Öl mit 2 EL Wasser in einer hohen Pfanne erhitzen, Zwiebeln darin anschwitzen, Gemüse dazugeben und unter Rühren bei mittlerer Hitze dünsten.
- Mit Mehl bestäuben, unterrühren und Gemüsebrühe angießen. Milch und Sahne dazugeben und alles einmal aufkochen lassen. Gemüse weitere 3–5 Min. bissfest garen. Mit Salz, Pfeffer, Muskat, Zitronensaft und Senf abschmecken. Kohlrabiblätter fein schneiden und unterrühren.
- Petersilie waschen, grob schneiden und Gemüse damit bestreuen.

Das passt dazu: Kartoffeln

Zeit sparen: Für Kartoffelragout mit Schnittlauch 1,3 kg Pellkartoffeln zusätzlich garen. Für die Kleinigkeit 2 Kartoffeln zusätzlich garen.

Kartoffelragout mit Schnittlauch

Für 4 Personen

25 Min.

1,3 kg Pellkartoffeln vom Vortag · 1 Gemüsezwiebel · 1 TL Butter · 200 ml Milch · 200 ml Sahne · Salz · Pfeffer · Muskat · 2 Bund Schnittlauch

- Kartoffeln pellen und in Würfel mit einer Kantenlänge von 2 cm schneiden. Zwiebel abziehen, würfeln. Butter in einem Topf mit 1 EL Wasser erhitzen, Zwiebel darin anschwitzen. Kartoffeln dazugeben, Milch und Sahne angießen und unter Rühren »einkochen«, bis die Flüssigkeit aufgesogen ist. Mit Salz, Pfeffer und Muskat abschmecken.
- Schnittlauch waschen, in feine Röllchen schneiden und kurz vor dem Servieren unterheben.

Das passt dazu: Spinat und Rührei

Weiße Spargelsuppe mit Kerbel

Für 4 Personen
25 Min.

1 kg weißer Spargel · Salz · Zitronensaft · 2 Grundrezepte Béchamelsauce · 100 ml Sahne · 1 EL Butter · 1 Schalotte · 1 Bund Kerbel

- Spargel waschen, schälen, Spargelköpfe abschneiden und zur Seite legen. Spargelstangen in Stücke schneiden und in 600 ml Salz-Zitronenwasser 5–8 Min. garen, abgießen und das Kochwasser auffangen.
- Mit 200 ml des Kochwassers die Béchamelsauce (siehe S. 38) bereiten, Spargelstücke mit restlichem Kochwasser und Sahne fein und cremig pürieren. Unter die Béchamelsauce rühren und die Konsistenz einstellen.
- Schalotte abziehen und sehr fein würfeln, Butter mit 1 EL Wasser in einer Pfanne erhitzen, die Schalotten darin glasig dünsten, dann die Spargelköpfe dazugeben, 2–3 Min. braten und kurz vor dem Servieren in die Suppe geben. Kerbel waschen, trocknen, zupfen und großzügig über die Suppe geben.

Das passt dazu: Geröstetes Brot und Erdbeertörtchen mit Zitronen-Butter-Creme zum Nachtisch

Bulgursalat mit Kresse

Für 4 Personen
30 Min. Quellzeit + 20 Min.

400 g Bulgur · 400 ml Gemüsebrühe · 4 EL Olivenöl · Salz · Zitronensaft · Pfeffer · 2–3 Avocado · 1 Kohlrabi · 2 Kästchen Kresse

- Bulgur mit kochender Gemüsebrühe übergießen und 30 Min. quellen lassen. Öl unterrühren und mit den Gewürzen abschmecken.
- Avocado halbieren, entkernen, Fruchtfleisch herauslösen und würfeln. Kohlrabi abziehen, zarte Blätter waschen, Kohlrabi grob raspeln und unter den Bulgur rühren.
- Avocado, Kresse und kleingeschnittene Kohlrabiblätter vorsichtig mit dem Bulgur vermengen und servieren.

Das passt dazu: Gegrillte Tofu-Würstchen oder Räuchertofu

Kleinigkeit: Kartoffelaufstrich

2 gegarte Kartoffeln mit Schmand verkneten, geraspelte Radieschen und Schnittlauchröllchen unterziehen, mit Kräutersalz abschmecken.

Frisch dazukaufen

- 4 Schalotten, 1 Gurke, 1 Bund Dill, 1 kg Spinat, 3 Bund Frühlingszwiebeln, 5,5 kg grüner Spargel, 2,7 kg weißer Spargel, 80 g Rucola, 600 g Möhren, 400 g Mairübchen, 200 g Lauch, Minze, 2 Bund Schnittlauch, Kichererbsen, 7 Tomaten, 1 Bund Bärlauch, 1,2 kg dicke Bohnen oder 200 g TK-Bohnen, 1 Bund Kerbel, 2 Avocado, 1 Kopfsalat, 1 Bund Radieschen, 4 Maiskolben
- 8 Artischockenherzen
- 500 ml Milch oder pflanzliche Milch, 2–3 Mozzarella, 70 g Parmesan, 200 g griechischer Joghurt, 80 g Emmentaler, 200 ml Sahne oder pflanzliche Sahne, 50 g Crème fraîche, 70 g Butter oder vegane Margarine
- 6 Eier, 20 g Hefe, 4–6 Scheiben Landbrot, 4 Scheiben Vollkornbrot
- 100 g Sonnenblumenkerne, 50 g Cashewkerne, 60 g Honig, 100 g gehackte Mandel, 200 g gemahlene Mandeln, 25 g Haselnüsse, Sesammus, 20 g Pinienkerne
- 2 Zitronen, Agavendicksaft

Aus dem Vorrat

- Dinkelvollkorngrieß, Bulgur, gekochter Reis, Weizen- oder Dinkelvollkornmehl, Zucker, Kichererbsen
- 60 g Grünkernschrot
- 100 g TK-Erbsen
- Kartoffeln, Knoblauch, Zwiebeln
- Gemüsebrühe, Kräutersalz, Paprikapulver edelsüß, Kreuzkümmel, Kurkuma, Estragon, grober süßer Senf, Fleur de Sel, Muskat, Zitronenthymian, Vanillezucker
- Olivenöl, Mandelöl, Kokosöl, Rapskernöl, weißer Balsamessig, Leinöl

Mögliche Beilagen

- Salat
- Pellkartoffeln, geröstetes Brot, dreierlei Tofu (siehe S. 33)
- Erdbeersauce

Gurke: saftig, knackig und erfrischend

Da man Gurken bei uns das ganze Jahr über bekommt, wissen viele nicht, wann sie eigentlich Saison haben. Dabei lohnt es sich, gerade jetzt frische, also heimische Freilandgurken auf dem Markt zu kaufen!

Steckbrief Gurke

Gurken, die ursprünglich an den Südhängen des Himalayas wuchsen, werden heute weltweit angebaut. Wo es warm ist, wachsen sie unter freiem Himmel, in kälteren Regionen unter Glas oder Folie. Ihr hoher Wassergehalt (95 Prozent) macht sie so erfrischend und auch beliebt. Der Nährstoffgehalt lässt allerdings auch ein wenig zu wünschen übrig. Im Sommer ist die Gurke, genauso wie auch die Wassermelone, eine bei Kindern sehr beliebte Möglichkeit, Wasser mit Geschmack und leichter Sättigung aufzunehmen. Beim Einkauf sollten Sie auf feste Enden und eine gleichmäßige Farbe achten, so hält sich die Gurke in dünne Folie verpackt 4–5 Tage im Kühlschrank.

Kartoffelwürfel mit Gurkencreme

vegan

Für 4 Personen

8–12 Stunden Einweichzeit + 25 Min. + 30 Min. Backzeit

100 g Sonnenblumenkerne · 50 g Cashewkerne · 2 kg Kartoffeln · 4 Schalotten · 2 Knoblauchzehen · 2 EL Olivenöl · ½ TL Paprika edelsüß · 3 EL Olivenöl · 3 EL Zitronensaft · Kräutersalz · Knoblauch · 1 kleine Gurke · 1 Bund Dill

- Sonnenblumenkerne und Cashewkerne 8–12 Stunden in reichlich Wasser einweichen. Kartoffeln bürsten und würfeln. Schalotten und Knoblauch abziehen und vierteln.
- Backofen auf 180 Grad vorheizen. Olivenöl mit Paprikapulver gut verrühren. Kartoffeln, Schalotten und Knoblauch darin einrühren, alles auf ein mit Backpapier ausgelegtes Blech geben, 30 Min. backen, zwischendurch wenden.
- Eingeweichte Kerne in einem Sieb unter fließendem Wasser gut durchspülen und mit Olivenöl und Zitronensaft gut mixen, evtl. Wasser hinzufügen. Mit Kräutersalz abschmecken.
- Gurke waschen, trocknen, der Länge nach vierteln und sehr fein schneiden bzw. hobeln. Dill waschen, trocknen und fein schneiden und mit der Gurke unter die Kerncreme ziehen. Nochmals abschmecken.

Das passt dazu: Großer knackiger Salat

Zeit sparen: Am Abend vorher Kerne einweichen.

Kichererbsen-Spinat-Eintopf mit Paprikaöl

vegan

Für 4 Personen

8–12 Stunden Einweichzeit + 1 Stunde Kochzeit + 1 Stunde Ausquellzeit + 30 Min.

250 g Kichererbsen · 1 Gemüsezwiebel · 2 EL Olivenöl · 60 g Grünkernschrot · Salz · Pfeffer · Kreuzkümmel · 1 kg Spinat · 1 EL Olivenöl · 1 Knoblauchzehe · 3 EL Olivenöl · 1 TL Paprika edelsüß

- Kichererbsen in der 3–4-fachen Menge Wasser 8–12 Stunden einweichen. Kichererbsen ca. 1 Stunde garen, 1 Stunde ausquellen lassen, abgießen und ½ l Garflüssigkeit auffangen.
- Zwiebel abziehen, würfeln. Olivenöl in einem Topf erhitzen, Zwiebel anschwitzen, den Schrot einstreuen, mit der Garflüssigkeit ablöschen, unter Rühren zum Kochen bringen. 3 Min. köcheln lassen. Mit Salz, Pfeffer und Kreuzkümmel abschmecken.
- Spinat waschen, schneiden. Öl mit 1 EL Wasser erhitzen, Spinat zusammenfallen lassen. Kichererbsen, Sauce und Spinat unterrühren, aufkochen lassen, abschmecken.
- Knoblauch abziehen, reiben, mit Olivenöl und Paprikapulver vermischen, vor dem Servieren über den Eintopf träufeln.

Das passt dazu: Erdbeeren mit Eis

Zeit sparen: Am Abend vorher Kichererbsen einweichen, Spinat waschen, putzen und gut verpackt kühl aufbewahren. Für die **Kleinigkeit** 50 g Kichererbsen zusätzlich zubereiten.

Mandelsterz

Für 4 Personen

35 Min.

500 ml Milch · 60 ml Mandelöl · ¼ TL Salz · 60 g Honig · 1 Pck. Vanillezucker · 200 g Dinkelvollkorngrieß · 200 g Mandeln, gemahlen · 100 g gehackte Mandeln · ½ TL Zitronenabrieb · 2 Eier · Kokosöl oder Butterschmalz zum Braten

- Milch, Mandelöl, Salz, Honig und Vanillezucker in einem Topf zugedeckt zum Kochen bringen. Grieß einrühren und 1 Min. unter ständigem Rühren breiig kochen. Mandeln und Zitronenabrieb einrühren und so lange weiter kochen bis ein dicker Brei entsteht. 10 Min. auskühlen lassen. Eier verquirlen und unter die Masse ziehen.
- Backofen auf 150 Grad vorheizen. In einer großen beschichteten Pfanne das Öl erhitzen, mit 1 TL kleine Stücke von der Masse abstechen und diese von allen Seiten 2–3 Min. braten. In eine Auflaufform legen und im Backofen 20 Min. weitergaren.

Das passt dazu: Erdbeersauce und vorher Gemüsesuppe

Pizza mit grünem Spargel

Für 4 Personen

45 Min. Gehzeit + 15 Min. Arbeitszeit + 15 Min. Backzeit

1 Grundrezept Hefeteig · 2 Bund Frühlingszwiebeln · 3 EL Olivenöl · 700 g grüner Spargel · 2–3 Mozzarella (Büffelmozzarella) · 50 g Parmesan · Salz · Pfeffer · Olivenöl zum Beträufeln · evtl. 50 g Rucola

- Hefeteig (siehe S. 34) nach Grundrezept zubereiten und auf ein mit Backpapier ausgelegtes Blech ausrollen.
- Zwiebeln waschen, der Länge nach halbieren und in 10 cm lange Stücke schneiden. Öl mit 2 EL Wasser in einer Pfanne erhitzen, Zwiebeln darin 10 Min. dünsten. Backofen auf 220 Grad vorheizen. Spargel waschen, trocknen, dicke Stangen evtl. der Länge nach halbieren. Zwiebel und Spargel auf dem Teig verteilen. Mozzarella grob raspeln, Parmesan fein reiben, mischen und die Pizza damit bestreuen. Mit Salz und Pfeffer würzen.
- 10–15 Min. gehen lassen, 10–15 Min. auf der unteren Schiene backen, vor dem Servieren mit Olivenöl beträufeln und evtl. mit Rucola dekorieren.

Das passt dazu: Blattsalat mit Sommervinaigrette (siehe S. 36)

Mairübchen mit Bulgur

optional vegan

Für 4 Personen

30 Min.

250 g Bulgur · 500 ml Gemüsebrühe · 200 g Möhren · 400 g Mairübchen · 200 g Lauch · 100 g Erbsen, TK · 2 EL Rapskernöl · 1 Bund Schnittlauch · 200 g griechischer Joghurt oder Sojajoghurt · Salz · Minze · Estragon · 25 g Haselnüsse

- Bulgur in der Gemüsebrühe 5 Min. kochen, geschlossen auf der ausgeschalteten Herdplatte 15 Min. ausquellen lassen.
- Möhren, Mairübchen und Lauch waschen, evtl. schälen und fein würfeln. Öl in einer hohen Pfanne mit 2 EL Wasser erhitzen, geschnittenes Gemüse und die Erbsen anschwitzen und geschlossen bei mittlerer Hitze 6–7 Min. dünsten.
- Schnittlauch waschen, trocknen, fein schneiden, mit dem griechischen Joghurt und Salz, Minze und Estragon glatt rühren. Haselnüsse trocken in einer Pfanne rösten. Bulgur zu dem Gemüse geben, Joghurt und Haselnüsse unterrühren, noch einmal abschmecken und sofort servieren.

Das passt dazu: Blattsalat mit Sommervinaigrette (siehe S. 36)

Kleinigkeit: Hummus

Kichererbsen mit Olivenöl, Zitronensaft, Sesammus und Knoblauch cremig pürieren und mit Salz abschmecken. Mit glatter Petersilie oder Koriandergrün verfeinern.

Maisschaumsuppe mit Croutons

optional vegan

Für 4 Personen

20 Min.

4 Maiskolben oder 300–400 g TK-Mais · 1 Zwiebel · 2 EL Rapskernöl · ½ TL Kurkuma · 600 ml Gemüsebrühe · 200 ml Sahne oder pflanzliche Sahne · Salz · Zitronensaft · Zitronenthymian · 4 Scheiben Vollkorntoast · 1 EL Olivenöl

- Maiskolben putzen und 10–15 Min. mit Wasser bedeckt dünsten bzw. dämpfen. Maiskörner von Kolben herunterschneiden.
- Zwiebel abziehen, würfeln. Öl mit 2 EL Wasser und den Kurkuma erhitzen, Zwiebel anschwitzen, Maiskörner dazugeben. 2 Min. mit braten und mit der Gemüsebrühe ablöschen. Geschlossen 5 Min. garen, die Sahne dazugeben, einmal aufkochen, pürieren, durch ein Sieb passieren, noch einmal schaumig pürieren bzw. mixen und mit Salz, Zitronensaft und Zitronenthymian fein abschmecken.
- Brot fein würfeln, trocken in einer Pfanne rösten, Öl darübergeben und zu der Suppe servieren.

Kartoffelauflauf

Für 4 Personen

30 Min. + 50 Min. Backzeit

1,3 kg mehlige Kartoffeln · Salz · 150 ml Milch · 150 g saure Sahne · 4 Eier · Salz · Butterschmalz für die Form · 2 EL Dinkelvollkorngrieß

- Kartoffeln schälen, 800 g klein würfeln und in wenig Salzwasser weich garen. Restliche Kartoffeln fein reiben.
- Backofen auf 180 Grad vorheizen.
- Kartoffeln abgießen und durch eine Presse drücken, Mit den restlichen Zutaten und den geraspelten Kartoffeln gut vermischen. Mit Salz abschmecken.
- Auflaufform fetten, mit Grieß bestreuen, den Kartoffelteig glattstreichen und 40–50 Min. backen.

Das passt dazu: jedes Gemüse der Saison

Spargel satt – die besten Rezepte für die Hochsaison

Bei Spargel zahlt es sich aus, nur so viel zu kaufen wie Sie und Ihre Familie am selben Tag essen möchten. Wird er morgens frisch auf dem Acker gestochen, kommt dann auf den Markt und landet ein paar Stunden nach dem Kauf in Ihrer Küche, bleiben nahezu alle seine Vitalstoffe, Vitamine und Mineralien erhalten. Und frisch schmeckt er einfach am besten. Damit die Spargelzeit in Mai und Juni nicht eintönig wird, können Sie Spargel auch einmal als Salat, auf geröstetem Brot oder in einer Quiche probieren.

Spargelquiche

Für 4 Personen
35 Min. + 35 Min. Backzeit

1 Grundrezept Mürbeteig · 400 g grüner Spargel · 400 g weißer Spargel · 80 g Emmentaler · 2 Eier · 1 Eigelb · 200 ml Sahne · 50 g Creme fraîche · Salz · Zitronenabrieb · 1 Bund Kerbel

- Mürbeteig (siehe S. 34) zubereiten, Quicheform damit auskleiden. Spargel waschen, weißen Spargel schälen, in 2 Stücke schneiden. Wasser zum Kochen bringen, Spargel 1 Min. kochen, mit einem Schaumlöffel herausnehmen, kalt abschrecken.
- Backofen auf 180 Grad vorheizen. Käse reiben und auf dem Teig verteilen. Mit Spargel belegen. Eier, Eigelb, Sahne und Crème fraîche verquirlen, würzen, über den Spargel gießen. 35 Min. backen. Kerbel waschen, trocknen und die Quiche damit belegen.

Gegrillter Spargel mit Bärlauch-Vinaigrette

vegan
Für 4 Personen
15 Min.

Ca. 12 Holzspieße · 1,8–2 kg frischer grüner Spargel · 2 EL Olivenöl · Salz · Pfeffer · 4 EL Olivenöl · 4 EL weißer Balsamessig · 1 Bund Bärlauch · Fleur de Sel

- Holzspieße 30 Min. in Wasser legen. Spargel waschen. Olivenöl mit Salz und Pfeffer verrühren. 6–7 Spargelstangen nebeneinanderlegen und jeweils 2–3 cm von beiden Enden Holzspieße hindurchstecken (wie ein Holzfloß). Spargel mit dem Olivenöl einpinseln und grillen.
- Olivenöl und Balsamessig gut verrühren, Bärlauch waschen, trocknen und sehr fein schneiden. Zum Spargel servieren und mit Fleur de Sel bestreuen.

Gratinierter Spargel mit Zitronensauce

vegan
Für 4 Personen
35 Min.

1,5 kg weißer Spargel · 4 Tomaten · 2 reife Avocado · 150 g gekochter Reis · 4 EL Olivenöl · Saft von 1 Zitrone · Salz · Muskat

- Spargel waschen, schälen, bissfest dünsten bzw. dämpfen. Kalt abschrecken. Tomaten mit kochendem Wasser übergießen, abziehen, würfeln. Avocado halbieren, entkernen, das Fruchtfleisch herauslösen.
- Backofen auf 200 Grad vorheizen. Spargel in eine Auflaufform legen, Tomatenwürfel und Avocado darübergeben. Reis mit 300 ml kochendem Wasser, Öl und Zitronensaft aufmixen und mit Salz und Muskat abschmecken. Sauce über dem Spargel verteilen und 10 Min. gratinieren.

Italienischer Spargelsalat

vegan

Für 4 Personen

15 Min.

750 g weißer Spargel · 750 g grüner Spargel · Salz · 1 EL weißer Balsamessig oder Himbeeressig · 1 EL Zitronensaft · 1 EL grober süßer Senf · 2 EL Spargelwasser · Pfeffer · 2 EL Olivenöl · 2 EL Rapsöl · 2 Frühlingszwiebeln · 3 Tomaten · 8 Artischockenherzen · 20 g Pinienkerne · ½ Bund Rucola

- Spargel waschen. Weißen Spargel schälen, in wenig Salzwasser 6 Min. bissfest dünsten bzw. dämpfen. Spargel mit einem Schaumlöffel aus dem Wasser nehmen, abtropfen lassen und kühl stellen, in mundgerechte Stücke schneiden.
- In einer großen Schüssel Essig, Zitronensaft, Senf, Spargelwasser, Salz und Pfeffer gut vermischen, dann Öle unterrühren. Zwiebeln und Tomaten waschen, würfeln bzw. in feine Ringe schneiden, mit den gewürfelten Artischockenherzen und dem Spargel unter die Sauce ziehen.
- Pinienkerne in einer Pfanne trocken anrösten, abkühlen lassen. Rucola waschen, trocknen und grob schneiden, mit den Pinienkernen über den Salat streuen.

Das passt dazu: Pellkartoffeln oder mit Olivenöl geröstetes Brot

Geröstetes Brot mit Spargel

Für 4 Personen

15 Min.

1 kg grüner Spargel · 1,2 kg dicke Bohnen oder 200 g TK-Bohnen · 1 Bund Frühlingszwiebeln · 2 EL Olivenöl · 1 EL Zitronensaft · Fleur de Sel · grober Pfeffer aus der Mühle · 4–6 Scheiben Landbrot · 1 EL Olivenöl · 1 Knoblauchzehe · 20 g Parmesan

- Spargel waschen und in mundgerechte Stücke schneiden. Bohnen palen. Wasser in einem großen Topf zum Kochen bringen, Spargel und Bohnen einmal darin aufkochen, mit einem Schaumlöffel herausnehmen und kalt abschrecken.
- Frühlingszwiebeln waschen und in feine Ringe schneiden. Öl mit 2 EL Wasser in einer Pfanne erhitzen, zuerst Zwiebeln 2 Min. anschwitzen, dann Bohnen und Spargel weitere 3 Min. kräftig mitbraten. Mit Zitronensaft ablöschen und mit Fleur de Sel und Pfeffer abschmecken.
- Brot rösten, mit Olivenöl beträufeln, Knoblauch abziehen und über das Brot reiben. Die Spargel-Bohnen-Mischung auf den Brotscheiben verteilen und mit Parmesanhobeln bestreut servieren.

Kartoffelsalat mit grünem Spargel

vegan

Für 4 Personen

20 Min.

Saft von 1–2 Zitronen · 100 ml Gemüsebrühe · 2 EL Agavendicksaft · 2 EL Olivenöl · 2 EL Rapskernöl · 2 EL Leinöl · 1 Knoblauchzehe · Salz · 500 g gegarte Kartoffeln · 500 g grüner Spargel · 1 EL Olivenöl · 1 kleiner Kopfsalat oder entspr. Menge Rucola · 1 Bund Radieschen · 1 Bund Schnittlauch · grober Pfeffer aus der Mühle

- Zitronensaft, Gemüsebrühe, Agavendicksaft und Öle miteinander verrühren. Knoblauchzehe abziehen, fein schneiden und mit dem Salz unter die Salatsauce geben.
- Kartoffeln pellen, in feine Scheiben schneiden und mit einem großen Teil der Salatsauce verrühren.
- Spargel waschen, in 10 cm lange Stücke schneiden und in 1 EL Olivenöl kräftig, aber bissfest anbraten und etwas salzen.
- Salat und Radieschen waschen und in mundgerechte Stücke schneiden. Schnittlauch waschen, trocknen und in feine Röllchen schneiden.
- Salat auf einer Platte verteilen, Kartoffelsalat darauf geben, heißen Spargel darauf verteilen und mit Radieschenscheiben und Schnittlauch dekorieren. Zum Schluss mit dem Rest der Salatsauce beträufeln und mit Pfeffer aus der Mühle großzügig bestreuen.

Das passt dazu: dreierlei Tofu (siehe S. 33)

Frisch dazukaufen

- 600 g Mangold, 1 kg Kohlrabi, ½ Bund Petersilie, 1,5 kg grüner Spargel, 150 g Rucola, 300 g Kirschtomaten, Minze, Petersilie, 1 Spitzkohl
- 20 g Hefeflocken
- 20 g Hefe
- 300 ml Milch oder pflanzliche Milch, 30 g Butter oder vegane Margarine
- 50 g Räuchertofu
- 80 g Mandeln, 50 g Walnüsse, 1 EL Mandelmus, 50 g Cashewkerne
- Zitronensaft, Agavendicksaft

Aus dem Vorrat

- Kastanienmehl, Paniermehl, Haferflocken, Stärke, Vollkornspaghetti, Weizen- oder Dinkelvollkornmehl
- 300 g TK-Erbsen
- Kartoffeln, Zwiebeln
- Gemüsebrühe, Kurkuma, Rosmarin, Fleur de Sel
- Olivenöl, Leinöl, Kokosöl

Mögliche Beilagen

- Gemüse der Saison, Linsengemüse, Blattsalat
- Vollkornreis, Hummus, Pellkartoffeln, Cashew-Dip (siehe S. 118)

Mangold: fest und blättrig, gibt den besonderen Kick

Auf dem Wochenmarkt gibt es mittlerweile neben der klassischen Sorte auch roten oder gelben Mangold mit sehr zarten Stielen zu kaufen. Mangold kann man ganz unkompliziert selbst im Garten ziehen. Bei Biosaatgut-Anbietern bekommen Sie Samen für die bunten tollen Sorten.

Steckbrief Mangold

Mangold hat bei uns in den letzten Jahren aufgrund des großen Einflusses französischer und italienischer Kochkunst an Bedeutung gewonnen. Botanisch verwandt ist er mit Roter Bete, aber in der Küche findet er einen ähnlichen Einsatz wie Spinat. Sein Gehalt an Mineralstoffen, B-Vitaminen, Vitamin C und Provitamin A und auch an sekundären Pflanzenstoffen ist sehr hoch. Da Mangold viel Nitrat enthalten kann, ist es empfehlenswert, Vitamin-C-haltiges mit Mangoldgerichten zu kombinieren, besonders wenn Sie ihn aufwärmen. Bieten Sie beispielsweise ein Glas frisch gepressten O-Saft oder mit einem Salat mit frischer Paprika dazu an. Denn: Vitamin C vermindert die Umwandlung von Nitrat in das gesundheitsbedenkliche Nitrit bzw. in Nitrosamine. Gewaschen und getrocknet hält sich der Mangold 3–4 Tage im Gemüsefach des Kühlschranks.

Pizza mit Mangold und Kartoffeln

optional vegan

Für 4 Personen

45 Min. Gehzeit + 30 Min. + 25 Min. Backzeit

1 Grundrezept Hefeteig · 100 g Kastanienmehl · 600 g Mangold · 1 EL Olivenöl · Salz · Pfeffer · 400 g Kartoffeln, vorwiegend festkochend · 2 rote Zwiebeln · 200 g Schmand oder pflanzliche Sahne · Curcuma · Salz · Rosmarin · 1–2 EL Olivenöl

- Hefeteig (siehe S. 34) nach Grundrezept zubereiten, 100 g Mehl durch Kastanienmehl ersetzen.
- Mangold waschen, Stiele in dünne Streifen schneiden, Blätter in etwas breitere Streifen. Öl in einer Pfanne mit 1 EL Wasser erhitzen, zuerst Stiele 2 Min. anbraten, dann Blätter dazugeben und geschlossen weitere 4 Min. dünsten. Mit Gewürzen abschmecken.
- Kartoffeln schälen und in hauchdünne Scheiben hobeln. Zwiebeln abziehen und in dünne Ringe schneiden. Schmand mit Gewürzen verrühren. Teig auf ein mit Backpapier ausgelegtes Backblech ausrollen, mit Schmand bestreichen, dann Mangold darüber verteilen, zum Schluss Zwiebeln und Kartoffeln. Mit Öl beträufeln und 10–15 Min. gehen lassen.
- Backofen auf 200 Grad vorheizen. Die Pizza 25 Min. auf der mittleren Schiene backen.

Das passt dazu: Gemüsesticks mit Dip

Kohlrabigratin mit Kräuterkruste

optional vegan

Für 4 Personen

30 Min. + 20 Min. Backzeit

1 kg Kohlrabi (ca. 4-5 Knollen) · 1 1/2 Rezepte Béchamelsauce · 1–2 EL Olivenöl · 2–3 EL Haferflocken · 1/2 Bund Petersilie · 50 g Mandeln · 20 g Hefeflocken · 20 g Paniermehl · 2 EL Olivenöl

- Kohlrabi abziehen, innere zarte Blätter waschen und aufbewahren. Kohlrabi im Ganzen bissfest dünsten beziehungsweise dämpfen.
- Auflaufform mit Öl satt einpinseln und mit Haferflocken bestreuen. Backofen auf 180 Grad vorheizen.
- Kohlrabi abgießen, die Garflüssigkeit für die Béchamelsauce (siehe S. 38) auffangen. Kohlrabi mit kaltem Wasser abschrecken und in sehr dünne Scheiben schneiden, beziehungsweise hobeln. Béchamelsauce nach Grundrezept erstellen.
- Kohlrabischeiben gleichmäßig in der Auflaufform verteilen und zwischen die einzelnen Lagen Béchamelsauce gießen. Petersilie waschen, trocknen, zupfen, mit den Kohlrabiblättern sehr fein schneiden. Mandeln grob hacken, mit der Petersilie, den Hefeflocken, dem Paniermehl und dem Olivenöl krümelig verkneten. Über das Gemüse verteilen und 20 Min. gratinieren.

Das passt dazu: Linsengemüse oder Vollkornreis

Lauwarmer grüner Spargel

vegan

Für 4 Personen

25 Min.

1,5 kg grüner Spargel · 2–3 EL Olivenöl · Salz · 150 g Rucola · 300 g Kirschtomaten · 50 g Walnüsse · 2 EL Leinöl · 1–2 EL Zitronensaft · Fleur de Sel · Pfeffer

- Spargel waschen und in Olivenöl bissfest braten, anschließend salzen. Rucola waschen und in mundgerechte Stücke schneiden. Kirschtomaten waschen, vierteln, den Strunkansatz entfernen. Walnüsse grob hacken.
- Heißen Spargel auf eine Platte geben, Tomaten und Walnüsse darüber geben und mit Rucola locker bestreuen. Mit Öl und Zitronensaft beträufeln, mit Salz und Pfeffer würzen.

Das passt dazu: Hummus (siehe S.141) und Pellkartoffeln, Vanillepudding mit Erdbeeren

Kartoffel-Erbsen-Plätzchen

10–12 Stück
35 Min.

300 g Erbsen, TK · 400 g Kartoffeln, mehlig · 50 g Räuchertofu · 1 TL Stärke · Salz · Minze · Kokosöl zum Ausbacken

- Erbsen auftauen, 150 g davon pürieren. Kartoffeln schälen, grob raspeln, etwas ausdrücken. Tofu grob raspeln. Alles mit der Stärke vermischen und abschmecken.
- Kokosöl in einer beschichteten Pfanne erhitzen, einen EL von der Masse in das heiße Fett geben, flach andrücken und von beiden Seiten jeweils 4 Min. braten.
- Auf ein Küchenkrepp legen und abtupfen. Backofen auf 150 Grad vorheizen und die Plätzchen darin warmhalten.

Das passt dazu: Möhrengemüse und Cashew-Dip (siehe S. 118)

Spaghetti mit Spitzkohl

vegan
Für 4 Personen
25 Min.

400–500 g Vollkornspaghetti · 1 Spitzkohl (ca. 800 g) · 1 Zwiebel · 2 EL Olivenöl · 1 ½ EL Agavendicksaft · 200 ml Gemüsebrühe · 1 EL Mandelmus · Salz · Zitronensaft · Petersilie · 30 g Mandeln

- Spaghetti nach Packungsanweisung zubereiten.
- Spitzkohl waschen, vierteln und in dünne Streifen schneiden. Zwiebel abziehen, würfeln. Öl in einer hohen Pfanne mit 2 EL Wasser erhitzen, Zwiebel darin anschwitzen, Spitzkohl dazugeben. Agavendicksaft einrühren und den Kohl leicht karamellisieren. Mit der Gemüsebrühe ablöschen und ca. 8 Min. geschlossen garen. Mandelmus einrühren und offen 2 Min. weiter garen.
- Mit Salz, Zitronensaft und Petersilie abschmecken. Mandeln in einer Pfanne trocken rösten, hacken.
- Spaghetti mit dem Spitzkohl vermengen und mit den Mandeln bestreut servieren.

Das passt dazu: Blattsalat

Kleinigkeit: Cashew-Dip

50 g Cashewkerne mit 100 ml kochendem Wasser einweichen, mit Zitronensaft und mit Kräutern, Öl und Salz abschmecken.

Frisch dazukaufen

- 1 kg Blumenkohl, 2 rote Zwiebeln, 160 g Kichererbsen, 1 Bund Lauchzwiebeln, 500 g grüner Spargel, 1 Bund glatte Petersilie, ½ Bund Kerbel, 1 kg Lauch, 1 kg Weißkohl, 1,2 kg Mangold, frischer Basilikum, Zitronenmelisse, 200 g Rucola, 100 g Staudensellerie, 1 Bund Frühlingszwiebeln, 2–3 Avocado, 100 g Linsenkeimlinge
- 2,5 kg Erdbeeren, Kiwi, 3 Bananen, 150 g Aprikosen
- 2 Gläser stückige Tomaten, 30 g getrocknete Steinpilze, 5 getrocknete Tomaten
- 200 g Puy-Linsen
- 150 g saure Sahne oder pflanzliche saure Sahne, Parmesan, 200 g Schmand oder Seidentofu, 100 g Bergkäse, 500 ml Milch oder pflanzliche Milch, 400 g Seidentofu, 50 g Butter oder vegane Margarine, 200 g Tofu
- 270 ml Apfelsaft, Zitronensaft, Zitronenabrieb, 40 ml Orangensaft, Agavendicksaft
- 60 g Mandeln, 100 g Cashewkerne, 50 g Pinienkerne, 20 g Kokosraspeln
- 25 dunkle Schokolade, 25 g Milchschokolade, 25 g weiße Schokolade
- 200 g Honigmarzipan oder Maripanrohmasse
- 4 Eier

Aus dem Vorrat

- Vollkornrundkornreis, Maismehl, Vollkorn-Lasagneplatten, Hirse, Dinkelmehl Type 1050, Zucker
- Knoblauch, Zwiebeln
- Rapskernöl, Olivenöl, Mandel- oder Leinöl, weißer Balsamessig
- Gemüsebrühe, Curry, Estragon, Lorbeerblätter, Dijonsenf, Koriander, geräuchertes Paprikapulver, Sojasauce, Muskat, Paprika edelsüß, grüner Pfeffer
- Honig, Vanille

Mögliche Beilagen

- Kartoffeln, frisches Brot
- Blattsalat, Möhrensalat
- Ziegenfrischkäse

JUNI WOCHE 2

Blumenkohl: roh oder gegart ein knackiger Genuss

Leuchtend weiß und knackig frisch kommen jetzt erste Blumenkohlköpfe auf den Markt. Greifen Sie zu – gerade die jungen Exemplare eignen sich auch prima zum roh essen: als Frischkost und als Röschen zum Dippen.

Steckbrief Blumenkohl

Der Blumenkohl wird seit rund 500 Jahren als Käsekohl, italienischer Kohl, Karfiol, Traubenkohl oder Blütenkohl in Europa geschätzt. Er gehört zu den wenigen Gemüsesorten, deren Blütenansätze gegessen werden können. In Italien und Frankreich wird der hellgrüne Romanesco oder die violette Variante bevorzugt, die wesentlich nährstoffreicher sind als ihr weißer Verwandter. Übrigens: Wenn Sie Zitronensaft mit ins Garwasser geben, bleibt die Blume auch schön weiß! Beim Einkauf sollte die Blume prall, gleichmäßig gewölbt und die Hüllblätter sollten grün und saftig sein. So hält sich der Blumenkohl, nachdem Sie die Blätter komplett entfernt haben, in einem feuchten Küchenhandtuch oder einem Tiefkühlbeutel 3–4 Tage im Kühlschrank. Blumenkohl können Sie sowohl roh als auch blanchiert prima einfrieren.

Blumenkohl mit Kichererbsen

optional vegan

Für 4 Personen

30 Min.

1 kg Blumenkohl · 2 rote Zwiebeln · 2 EL Rapskernöl · 1 EL Curry, mild · 2 Gläser stückige Tomaten, ca. 400 g · 160 g Kichererbsen (400 g gegart) · Salz · Pfeffer · Zucker · Knoblauch · 150 g saure Sahne oder pflanzliche saure Sahne

- Blumenkohl waschen, in Röschen teilen, den Strunk würfeln. Zwiebeln abziehen, würfeln, Öl mit 2 EL Wasser in einer hohen Pfanne erhitzen, Curry einrühren, Zwiebeln dazugeben und glasig dünsten.
- Blumenkohl kurz anbraten, Tomaten und ca. 150 ml Wasser dazugeben, geschlossen bei mittlerer Hitze und gelegentlichem Umrühren 8 Min. dünsten. Kichererbsen dazugeben, einmal aufkochen lassen, mit den Gewürzen abschmecken. Saure Sahne glatt rühren und kurz vor dem Servieren darüber geben.

Das passt dazu: Kartoffeln

Zeit sparen: Am Abend vorher die Kichererbsen einweichen, während des Frühstücks garen und ausquellen lassen.

Kräuterrisotto mit grünem Spargel

optional vegan

Für 4 Personen

60 Minuten

1 Bund Lauchzwiebeln · 3 EL Olivenöl · 250 g Vollkornrundkornreis · 150 ml Apfelsaft · ca. 800 ml Gemüsebrühe · 500 g grüner Spargel · 1 Bund glatte Petersilie · ½ Bund Kerbel · 2 Zweige Estragon · Salz · Pfeffer · evtl. Parmesan oder pflanzlicher »Parmesan« (siehe S. 41)

- Zwiebeln waschen, in Ringe schneiden. Öl in einem großen Topf mit 3 EL Wasser erhitzen, Zwiebel anschwitzen, Reis dazugeben und 2–3 Min. unter Rühren glasig werden lassen. Apfelsaft mit Brühe erhitzen und suppenkellenweise zu dem Reis geben. Immer wieder umrühren, etwa 45 Min. garen.
- Spargel waschen, in mundgerechte Stücke schneiden und bissfest garen bzw. dämpfen. Kräuter waschen, trocknen, sehr fein schneiden.
- Kräuter und Spargel kurz vor dem Servieren unter das Risotto geben und mit Salz und Pfeffer abschmecken. Mit Parmesan verfeinern.

Das passt dazu: Blattsalat mit roter Salatsauce

Puy-Linsen mit Lauchgemüse

Für 4 Personen

60 Min. + 40 Min.

200 g Puy-Linsen · 1 Lorbeerblatt · 1 kg Lauch · 1 EL Olivenöl · Salz · Dijonsenf · Zitronensaft. Koriander · Salz · 60 g Mandeln · 200 g Schmand · 100 g Bergkäse

- Linsen in der 3–4-fachen Menge Wasser und dem Lorbeerblatt 30 Min. garen und anschließend 30 Min. auf der ausgeschalteten Herdplatte ausquellen lassen.
- Lauch waschen und quer in 2–3 cm große Stücke schneiden. Öl mit 1 EL Wasser in einer hohen Pfanne erhitzen, Lauch anbraten, salzen und mit 100 ml Wasser bissfest dünsten. Lorbeerblatt entfernen. Linsen über einem Sieb abgießen und kalt abschrecken, mit den Gewürzen kräftig abschmecken
- Backofen auf 180 Grad vorheizen. Linsen mit Lauch vermischen und in eine Auflaufform geben. Mandeln grob schneiden und trocken rösten. Schmand auf dem Linsengemüse verteilen, Käse reiben und darüber streuen und zum Schluss Mandeln darüber geben. 20 Min. überbacken.

Das passt dazu: Pellkartoffeln

Zeit sparen: Linsen morgens garen und ausquellen lassen.

Weißkohllasagne

optional vegan

Für 4 Personen

40 Min. + 30–40 Min. Backzeit

30 g getrocknete Steinpilze · 1 kg Weißkohl · 1 TL Salz · 1 Gemüsezwiebel · 2 EL Rapskernöl · ½ TL geräuchertes Paprikapulver · Salz · Sojasauce · Zitronensaft · ca. 500 Milch bzw. pflanzliche Milch · 60 g Maismehl · Salz · Pfeffer · Muskat · 250 g Vollkornlasagneplatten · 1 EL Olivenöl · ½ TL Paprika edelsüß

- Steinpilze evtl. klein schneiden und mit 500 ml kochendem Wasser übergießen, mindestens 30 Min. stehen lassen.
- Weißkohl waschen, achteln, den groben Strunk herausschneiden und sehr fein schneiden beziehungsweise hobeln. Salz darüber streuen und mit den Händen kneten. Zwiebel abziehen, sehr fein würfeln. Öl in einer hohen Pfanne mit 2 EL Wasser und Paprikapulver erhitzen. Weißkohl anschwitzen, evtl. etwas Wasser angießen und zugedeckt circa 10 Min. dünsten. Mit den Gewürzen abschmecken.
- Steinpilze abgießen und zum Weißkohl geben. Einweichwasser auffangen und mit Milch auf 1 l auffüllen. Mehl in Flüssigkeit einrühren und unter Rühren zum Kochen bringen, 3 Min. köcheln, mit Salz, Pfeffer und Muskat pikant abschmecken.
- Backofen auf 180 Grad vorheizen. Weißkohl, Sauce und Nudelplatten in eine Auflaufform schichten, mit Sauce abschließen. 30–40 Min. backen. Öl mit Paprika verrühren und die Lasagne kurz vor dem Servieren damit beträufeln.

Das passt dazu: Möhrensalat

Mangold Auflauf

vegan

Für 4 Personen

40 Min. + 20 Min. Backzeit

250 g Hirse · 500 ml Gemüsebrühe · 1,2 kg Mangold · 1 Gemüsezwiebel · 2 EL Olivenöl · 400 g Seidentofu · 30 g Cashewkerne · Salz · Muskat · 20 g Pinienkerne · 5 getrocknete Tomaten · frisches Basilikum

- Hirse in einem Sieb heiß waschen, in Gemüsebrühe 5 Min. kochen und 20 Min. auf der ausgeschalteten Herdplatte ausquellen lassen.
- Mangold waschen, Stiele in feine Streifen schneiden, Blätter grob schneiden. Zwiebel abziehen, fein würfeln. Öl mit 2 EL Wasser in einem Topf erhitzen, Zwiebel darin anschwitzen, zuerst Mangoldstiele mitdünsten, nach 2 Min. Blätter hinzufügen. Weitere 2 Min. dünsten.
- Backofen auf 180 Grad vorheizen. Seidentofu mit Cashewkernen, Salz und Muskat fein pürieren. Hirse, Mangold und Seidentofu vermischen und in eine Auflaufform geben. Pinienkerne hacken, Tomaten in Streifen schneiden und über den Auflauf streuen. Ca. 15–20 Min. backen. Mit frischem Basilikum bestreuen.

Das passt dazu: Tomatensauce

Kleinigkeit: Erdbeersmoothie

Erdbeeren mit Kiwi und Banane mixen, mit Zitronenmelisse und Eiswürfeln servieren. Evtl. anstelle der Eiswürfel Vanilleeis verwenden.

Frisch dazukaufen

- 1,5 kg Möhren, 1 Bund Bärlauch, 2 Bund Frühlingszwiebeln, 250 g kleine weiße Bohnen, 400 g Lauch, 200 g Staudensellerie, 400 g Wirsing, 500 g Tomaten, 500 g grüner Spargel, 1 Bund Basilikum, frische Kräuter, 1 kg Kohlrabi, 1 Bund Lauchzwiebeln, Möhrengrün
- 1–2 Gläser stückige Tomaten
- 200 ml Sahne oder pflanzliche Sahne
- Agavendicksaft, Zitronensaft, Apfelsaft
- italienisches Landbrot
- Pinienkerne

Aus dem Vorrat

- Vollkorntagliatelle, Hirse, Zucker
- Rapskernöl, Olivenöl, Sesamöl, weißer Balsamessig
- Zwiebeln, Knoblauch
- Gemüsebrühe, Sternanis, Lorbeerblätter, Rosmarin, Thymian, geräuchertes Paprikapulver, Estragon

Mögliche Beilagen

- Kartoffeln, Bulgur
- Obst

Möhren: süß und knackig, immer beliebt

Wussten Sie, dass Möhren und Karotten nicht identisch sind? Die Bezeichnungen Möhre und Karotte werden in der Regel synonym verwendet, dabei handelt es sich um zwei in Form und Geschmack unterschiedliche Speisemöhren. Die Möhre ist länglich, walzen- bis kegelförmig, die Karotte hingegen rundlich, kurz, gedrungen und zur Spitze hin wie ein Kreisel geformt.

Steckbrief Möhren

Sie ist bekannt als Mohrrübe, Wurzel, gelbe Rübe oder Rübli. Die gelb- bis orangeroten, aufgrund ihres hohen Fruchtzuckergehaltes recht süßlich schmeckenden Möhren, stehen uns das ganze Jahr zur Verfügung. Die kleinen Frühmöhren, meist als Bundmöhren mit Grün, haben einen hohen Zuckergehalt, ein saftiges Fruchtfleisch und werden von Ende Mai bis August verkauft. Die Sommermöhren sind größer und schwerer, weniger süß und kommen maschinell gewaschen und verpackt von Juni bis September in den Handel. Die Spät- und Dauermöhren oder auch Lagermöhren genannt sind groß, können auch leicht bitter sein und sind von November bis März im Handel. 200 g Möhren reichen aus, um den Tagesbedarf eines Erwachsenen an Vitamin A zu decken. Außerdem sind sie reich an Ballaststoffen, Mineralstoffen, Vitamin K und Folsäure. Auch ohne den Tropfen Öl können Sie Vitamin A gut verwerten (Vitamin A ist fettlöslich). Ein im 1–2 stündigen Abstand gegessenes Käsebrot erfüllt den gleichen Zweck.

Hirsebacklinge

vegan

Für 4 Personen

30 Min. + 20 Min. Ausquellzeit + 20 Min. Backzeit

200 g Möhren · 200 g Lauch · 2 EL Olivenöl · 200 g Hirse · 500 ml Gemüsebrühe · Salz · Pfeffer · frische Kräuter · Öl zum Bestreichen

- Möhren waschen, evtl. schälen, Lauch waschen, beides sehr fein würfeln. Öl in einem Topf mit 2 EL Wasser erhitzen, Gemüse darin anschwitzen.
- Hirse in einem Sieb heiß waschen und zu dem Gemüse geben. 1 Min. mitgaren. Gemüsebrühe angießen, 5–10 Min. kochen, 20 Min. auf der ausgeschalteten Herdplatte geschlossen ausquellen.
- Backofen auf 180 Grad vorheizen. Hirse kräftig würzen und kleine Taler daraus formen, auf ein mit Backpapier ausgelegtes Backblech legen und 10 Min. backen. Herausnehmen, mit Öl großzügig bestreichen und weitere 10 Min. backen.

Das passt dazu: Joghurtsauce und Pellkartoffeln

Tagliatelle mit grünem Spargel aus dem Wok

vegan

Für 4 Personen

25 Min.

400–500 g Vollkorntagliatelle · 500 g Tomaten · 500 g grüner Spargel · 1 EL Sesamöl · 1 TL Zucker · Salz · Pfeffer · 1 Bund Basilikum · 50 ml Olivenöl

- Tagliatelle nach Packungsanweisung zubereiten.
- Tomaten mit kochendem Wasser überbrühen, häuten, vierteln, das weiche innere Fruchtfleisch sehr fein würfeln. Spargel waschen, Enden abschneiden und in mundgerechte Stücke schneiden.
- Öl in einem Wok erhitzen, Spargel darin anbraten, mit Zucker bestreuen und unter ständigem Wenden bissfest garen. Tomatenwürfel dazugeben, 2 Min. mitbraten und mit den Gewürzen abschmecken. Basilikum waschen, trocknen und mit dem Öl pürieren.
- Spaghetti mit dem Gemüse vermischen und dem Basilikumöl beträufeln.

Das passt dazu: Eis mit Erdbeeren zum Nachtisch

Knackiges Kohlrabigemüse mit Estragon

vegan

Für 4 Personen

25 Min.

1 kg Kohlrabi · 1 Bund Lauchzwiebeln · 1 EL Olivenöl · 2-3 EL Balsamessig, weiß · 1 EL Agavendicksaft · 50 ml Gemüsebrühe · 1 TL Estragon, getrocknet · Salz · Pfeffer · 2 EL Olivenöl

- Zarte Blätter vom Kohlrabi abschneiden, waschen, trocknen und zur Seite legen. Kohlrabi abziehen, grob raspeln oder in sehr feine Stifte schneiden. Zwiebel waschen und in Ringe schneiden.
- Öl in einer hohen Pfanne mit 1 EL Wasser erhitzen, Zwiebeln anschwitzen, mit Essig, Dicksaft, Brühe und Estragon ablöschen. Kohlrabi dazugeben, 1 Min. in der Pfanne wenden, der Kohlrabi soll nur kurz erwärmt werden. Mit den Gewürzen abschmecken.
- Kohlrabiblätter sehr fein schneiden, unter das Gemüse ziehen und mit Olivenöl beträufeln, sofort servieren.

Das passt dazu: Neue Kartoffeln aus dem Ofen und Kräuterquark

Himmlische Erdbeeren

Rund 1000 Erdbeersorten gibt es, die sich in Form, Farbe und Geschmack sowie in ihrer Erntezeit unterscheiden. Spätere Sorten und kleine Erdbeeren sind aromatischer und nährstoffreicher. Was viele nicht wissen: unreif gepflückte Erdbeeren reifen nicht nach. Freilanderdbeeren sind von Mitte Mai bis Anfang Oktober zu bekommen, wobei die Haupterntemonate Juni und Juli sind. Erdbeeren liefern reichlich Eisen und Vitamin C und wurden früher wegen ihres hohen Gehaltes an Salizylsäure gegen Rheuma und Gicht eingesetzt. Übrigens, wer von Erdbeeren Ausschlag bekommt, sollte sie nur in Verbindung mit Fett, z. B. mit viel Sahne verzehren. Die Früchte sollten möglichst vorsichtig transportiert werden, damit sie keine Druckstellen bekommen. Sie sind dann maximal zwei Tage gut verschlossen im Kühlschrank haltbar.

Erdbeer-Avocado-Salat

vegan

Für 4 Personen

15 Min.

400 g Erdbeeren · 1 Bund Frühlingszwiebeln · 2–3 Avocado · 2 EL Olivenöl · Saft von 1 Zitrone oder Basilikum-Erdbeer-Essig · 1 TL Agavendicksaft · ½ TL Dijonsenf · Salz · grober Pfeffer aus der Mühle · 100 g Linsenkeimlinge

- Erdbeeren waschen und in Scheiben schneiden. Frühlingszwiebeln waschen, in feine Ringe schneiden, Avocado halbieren, entkernen, Fruchtfleisch herauslösen und würfeln.
- Öl mit Zitronen-, Agavendicksaft, Senf und 2–3 EL Wasser verrühren und mit den restlichen Zutaten vermischen.
- Linsenkeimlinge waschen, mit kochendem Wasser übergießen, 1 Min. ziehen lassen und kalt abschrecken. Über den Salat geben.

Kalt gerührte Erdbeermarmelade

vegan

Für 4 Personen

12 Stunden Einweichzeit + 15 Min.

150 g Aprikosen oder Apfelringe · 120 ml Apfelsaft · 300 g Erdbeeren · Zitronenabrieb · Honig

- Aprikosen grob schneiden und über Nacht im Apfelsaft einweichen. Erdbeeren waschen, trockentupfen.
- Aprikosen sehr cremig pürieren, Erdbeeren hin zufügen und kurz mitpürieren. Mit Zitronenabrieb und evtl. etwas Honig abschmecken.
- In zwei heiß ausgewaschene Gläser füllen und im Kühlschrank aufbewahren. Die Marmelade ist 10–14 Tage haltbar und lässt sich auch einfrieren.

Erdbeeren mit Schokospitze

Für 4 Personen

30 Min.

500 g Erdbeeren · 25 g schwarze Schokolade · 25 g Milchschokolade · 25 g weiße Schokolade · 20 g Kokosraspeln

- Erdbeeren waschen, gut trockentupfen, grünen Stielansatz nicht entfernen. Die verschiedenen Schokoladensorten getrennt voneinander schmelzen.
- Erdbeeren am Stielansatz fassen und durch die Schokolade ziehen, auf ein Gitter legen und trocknen lassen. Mit Kokosraspeln bestreut servieren.

Erdbeertörtchen mit Zitronen-Creme

Für 4 Personen
50 Min.

200 g Honigmarzipan oder Marzipanrohmasse · 4 Eier · ¼ TL Zitronenschale · 40 ml Zitronensaft · 20 g Dinkelmehl Typ 1050 · 30 g Zucker · 50 g weiche Butter · mindestens 12 dicke Erdbeeren

- Marzipan zerbröckeln und mit den Eiern cremig/schaumig aufschlagen (mit dem Handrührgerät mindestens 8 Min). Backofen auf 160 Grad vorheizen. Den Teig in ca. 12 Silikon-Muffin-Förmchen oder Törtchenförmchen füllen. 20–35 Min. backen, kurz auskühlen lassen, aus den Förmchen nehmen und auf einem Gitter abkühlen lassen.
- Zitronenschale, Zitronensaft, 80 ml Wasser und Mehl glattrühren und mit Zucker aufkochen und 2–3 Min. unter Rühren köcheln lassen. Creme in eine Schüssel füllen und abkühlen.
- Butter mit dem Handrührgerät cremig aufschlagen und abgekühlte Creme löffelweise unterrühren. Buttercreme in einen Spritzbeutel füllen und Törtchen damit verzieren.
- Erdbeeren waschen, trocknen und auf jedes Törtchen eine Erdbeere geben.

Rucola mit Erdbeeren und grünem Pfeffer

vegan
Für 4 Personen
10 Min.

200 g Rucola · 100 g Staudensellerie · 250 g Erdbeeren · 1 TL eingelegter grüner Pfeffer · Saft von 1 Zitrone · Salz · 2 EL Olivenöl · 2 EL Rapskernöl · 30 g Pinienkerne

- Rucola waschen, trocknen und in mundgerechte Stücke zupfen. Staudensellerie waschen und sehr fein schneiden. Erdbeeren waschen, in dünne Scheiben schneiden. Grünen Pfeffer grob hacken.
- Zitronensaft mit 3 EL Wasser und Salz verrühren, Öle einrühren. Pinienkerne trocken in einer Pfanne rösten.
- Rucola und Staudensellerie mit der Sauce vermischen und auf einer Platte anrichten, Erdbeeren darauf verteilen, Pfeffer darüber streuen und mit Pinienkernen dekorieren.

Das passt dazu: Creme aus Ziegenfrischkäse mit etwas Honig verfeinert und frisches Brot

Erdbeer-Tofu-Cashew-Creme

vegan
Für 4 Personen
10 Min.

300 g Erdbeeren · 200 g Tofu · 75 g Cashewkerne · 40 ml Orangensaft · 2–3 EL Zitronensaft · 1 Banane · 1 EL Mandel- oder Leinöl · Vanille · Agavendicksaft

- Erdbeeren waschen. Hälfte der Erdbeeren mit Tofu, Cashewkernen, Orangen- und Zitronensaft, Banane und Öl cremig aufmixen.
- Restliche Erdbeeren klein schneiden und unter die Masse ziehen. Mit Gewürzen abschmecken.

Basilikum-Erdbeer-Balsam-Essig

vegan
Für eine 1-Liter-Glasflasche mit weitem Hals, z. B. Milchflasche
10 Min.

100 g Erdbeeren · 15 g Basilikumblätter · 1 dicker Streifen Zitronenschale · 1 EL Pfefferkörner · 2 EL Agavendicksaft · 800 ml weißer Balsamessig

- Erdbeeren und Basilikum waschen. Alle Zutaten in die Flasche füllen, gut verschließen und dunkel und kühl mindestens 6 Wochen ziehen lassen.

Bundmöhren mit Bärlauchsauce

optional vegan
Für 4 Personen
40 Min.

1 kg Bundmöhren · 1 EL Rapskernöl · 1 EL Olivenöl · Salz · Zucker · 1 Sternanis · 250 ml Gemüsebrühe · 1–2 EL Agavendicksaft · 200 ml Sahne oder pflanzliche Sahne · 1 Bund Bärlauch (30–35 g) · Salz · Zitronensaft · 2 Bund Frühlingszwiebeln · 1 EL Rapskernöl · 1 EL Zucker · 100 ml Apfelsaft

- Backofen auf 200 Grad vorheizen. Grün von den Möhren abschneiden und aufbewahren (für Pesto). Möhren waschen, bürsten. Öl mit 2 EL Wasser in einem Bräter mit Deckel erhitzen, ganze Möhren darin anbraten, Salz und Zucker dazugeben, Sternanis und Gemüsebrühe zu den Möhren geben. Mit geschlossenem Deckel 10 Min. im Backofen schmoren. Möhren mit einem Schaumlöffel herausnehmen und warm stellen.
- Agavendicksaft und Sahne zu dem Möhrensud geben und 8 Min. offen im Backofen einkochen. Bärlauch waschen, trocknen, in Streifen schneiden. Sternanis entfernen, Sauce mit Bärlauch pürieren und mit Salz und Zitronensaft abschmecken.
- Zwiebeln waschen, Grün abschneiden. Das Weiße der Zwiebel der Länge nach halbieren. Öl in einer Pfanne mit 1 EL Wasser erhitzen, Zwiebeln anschwitzen, mit Zucker bestreuen und mit Apfelsaft ablöschen. Offen bei mittlerer Hitze 10 Min. garen.
- Auf eine längliche Platte Sauce geben, Möhren darauf anrichten und Zwiebeln oben darauf geben.

Das passt dazu: Kartoffeln, Bulgur

Kleinigkeit: Pesto

Möhrengrün mit Olivenöl, Pinienkernen, Salz und Knoblauch und evtl. Parmesan pürieren. Als Brotbelag oder mit Spaghetti.

Weiße Bohnensuppe mit Wirsing und Knoblauchbrot

vegan
Für 4 Personen
8–12 Stunden Einweichzeit + 60 Min. Kochzeit + 60 Min. Ausquellzeit + 40 Min.

250 g kleine weiße Bohnen · 1 Lorbeerblatt · 1 Zwiebel · 200 g Lauch · 200 g Möhren · 200 g Staudensellerie · 2 EL Olivenöl · 1–2 Gläser stückige Tomaten, ca. 400 g · 800 ml Gemüsebrühe · 400 g Wirsing · Salz · Pfeffer · Rosmarin · Thymian · geräuchertes Paprikapulver · italienisches Landbrot · 2–3 Knoblauchzehen · Olivenöl

- Bohnen in der 3–4-fachen Menge Wasser und dem Lorbeerblatt 8–12 Stunden einweichen, 1 Stunde garen, mindestens 1 Stunde ausquellen lassen. Lorbeerblatt herausnehmen.
- Zwiebel abziehen, würfeln, Lauch, Möhren und Staudensellerie waschen, sehr fein würfeln. Öl mit 2 EL Wasser erhitzen, Zwiebel und Gemüse anschwitzen, Tomaten und Gemüsebrühe dazugeben und 10 Min. geschlossen garen.
- Wirsing waschen, harte Blattrippen herausschneiden und entfernen. Die Blätter in Streifen schneiden und 10 Min. mitgaren. Die Hälfte der Bohnen mit der restlichen Bohnen-Garflüssigkeit pürieren, mit den restlichen ganzen Bohnen zu der Suppe geben. Weitere 10 Min. offen köcheln lassen. Mit Salz, Pfeffer, Rosmarin, Thymian und Paprikapulver abschmecken.
- Brot in der Pfanne trocken rösten. Knoblauch abziehen, darüber reiben, mit Öl beträufeln und zu der Suppe servieren.

Das passt dazu: Obst zum Nachtisch

Zeit sparen: Am Abend vorher Bohnen einweichen, während des Frühstücks garen und ausquellen lassen.

Frisch dazukaufen

- 2 rote Zwiebeln, 700 g Möhren, 200 g Staudensellerie, Ingwer, 200 g Erbsenschoten, frischer Koriander, 1 kg Spitzkohl, 1 rote Zwiebel, 150 g rote Linsen, 1 Schalotte, 1 kg grüne Bohnen, 1 ½ Bund glatte Petersilie, 2 Birnen
- 2 Gläser stückige Tomaten
- 300 g Tofu, 150 g Bergkäse
- 800 ml Kokosmilch
- 5 Datteln
- 1 EL Sesammus, Steinpilzpulver, Sesam
- 20 schwarze steinlose Oliven, 5 getrocknete Tomaten
- Zitronensaft

Aus dem Vorrat

- Buchweizen, Paniermehl, Vollkornspätzle, gekochter Reis, Zucker
- Kokosöl, Olivenöl, Sesamöl, Rapsöl
- Curry, Gemüsebrühe, Tomatenmark, Thymian, Senf, Kurkuma
- Knoblauch, Kartoffeln

Mögliche Beilagen

- Vollkornbaguette, Reis, Kartoffelpüree, dreierlei Tofu (siehe S. 33), Rührei
- Blumenkohl, Blattsalat, Linsenkeimlinge

JUNI WOCHE 4

Erbsen: ein süßer Sattmacher und idealer Begleiter zu Reis und Nudeln

Das Märchen von der Prinzessin auf der Erbse ist allseits bekannt. Aber dass 1433 in England per Gerichtsbeschluss entschieden wurde, dass nur derjenige Erbsen verzehren durfte, der mindestens den Titel eines Barons trägt, lässt die Erbse in einem neuen Licht erscheinen.

Steckbrief Erbsen

Sie haben es in sich, diese kleinen grünen kirschkerngroßen Kugeln, die vor Luftschadstoffen geschützt in einer Schote wachsen. Kein anderes Gemüse ist so eiweißreich und gleichzeitig prall gefüllt mit Ballaststoffen. 1 kg Erbsenschoten ergeben rund 300 g Erbsen. Dieser Aufwand des »Selberpulens« wird in der Regel gescheut, sodass Tiefkühlerbsen eine beliebte Alternative geworden sind. Die ausschließlich im Sommer erhältlichen Zuckerschoten hingegen, die geerntet werden, solange die Erbsen noch sehr klein sind, sind mittlerweile roh und gegart nicht mehr aus der Gemüseküche wegzudenken. Da Erbsen und Zuckerschoten nach dem Pflücken noch nachreifen, sollten Sie sie höchstens 1–2 Tage in ein feuchtes Küchenhandtuch gewickelt im Kühlschrank aufbewahren. Sie können Erbsen roh und blanchiert einfrieren.

Gemüsesuppe mit Zuckerschoten

vegan

Für 4 Personen

30 Min.

300 g Tofu · 1 EL Kokosöl · Salz · Curry · 2 rote Zwiebeln · 400 g Möhren · 200 g Staudensellerie · 1 EL Kokosöl · 800 ml Kokosmilch · 200 ml Gemüsebrühe · 200 g Erbsenschoten · Salz · Pfeffer · Ingwer · Knoblauch · frischer Koriander

- Tofu in kleine Würfel schneiden. Öl in einer Pfanne mit Salz und Curry erhitzen, Tofu darin kräftig goldbraun anbraten, warm halten.
- Zwiebeln abziehen und achteln. Möhren waschen, bürsten, evtl. schälen, der Länge nach vierteln bzw. sechsteln und in 3–4 cm lange Stücke schneiden. Staudensellerie waschen, evtl. die groben Fäden abziehen, der Länge nach halbieren oder dritteln und in 3–4 cm lange Stücke schneiden.
- Öl in einem Topf erhitzen, Gemüse darin anbraten und mit Kokosmilch und Brühe ablöschen. 5–7 Min. garen. Erbsenschoten waschen und 3 Min. mitgaren. Mit Salz, Pfeffer, Ingwer und Knoblauch leicht scharf abschmecken, den Tofu unterrühren und mit Koriander bestreut servieren.

Das passt dazu: Vollkornbaguette oder Toast

Spitzkohlrouladen mit Tomatensauce

vegan

Für 4 Personen

40 Min. + 30 Min. Backzeit

1 kg Spitzkohl · 1 rote Zwiebel · 150 g rote Linsen · 2 EL Olivenöl · 300 ml Gemüsebrühe · Salz · Pfeffer · Tomatenmark · Thymian · 1 EL Olivenöl · 2 Gläser Tomatenstücke (ca. 400 g) · 5 Datteln · 1 Knoblauchzehe · Salz · Olivenöl

- Spitzkohl waschen, 12–14 Blätter vom Strunk lösen und 4 Min. dünsten bzw. dämpfen, kalt abbrausen und trocken tupfen. Restlichen Kohl fein schneiden.
- Zwiebel abziehen, fein würfeln. Öl in einem Topf mit 2 EL Wasser erhitzen, Zwiebel und Linsen anschwitzen, Spitzkohl und Gemüsebrühe dazugeben, 10 Min. garen. Auf der ausgeschalteten Herdplatte 10 Min. ausquellen. Kräftig abschmecken.
- Tomatenstücke mit Saft in eine Auflaufform geben. Datteln fein schneiden, Knoblauch abziehen, fein schneiden und mit Salz unter die Tomaten rühren.
- Backofen auf 160 Grad vorheizen. Spitzkohlblätter glatt streichen, evtl. die dicke Mittelrippe herausschneiden, Füllung auf dem Blatt verteilen, jeweils die Seiten nach innen klappen, aufrollen und auf die Tomatensauce legen. Rouladen mit Öl bepinseln, 30 Min. backen.

Das passt dazu: Reis, für **Kleinigkeit** etwas Reis zusätzlich kochen.
Zeit sparen: Linsenkeimlinge ansetzen für Käsige Spätzle mit fruchtigen Zwiebeln. (siehe S. 129)

Buchweizenlaiberl

vegan

Für 4 Personen

30 Min. + 20 Min. Backzeit

200 g Buchweizen · 400 ml Gemüsebrühe · 300 g Möhren · 1 Schalotte · 2 EL Sesammus · Salz · Pfeffer · Steinpilzpulver · Paniermehl · 1–2 EL Sesamöl · 1–2 EL Sesam

- Buchweizen trocken in einem Topf rösten, bis er duftet. Gemüsebrühe angießen, umrühren und geschlossen bei mittlerer Hitze ca. 10 Min. garen.
- Möhren waschen, bürsten, evtl. schälen, fein raspeln. Schalotte abziehen und fein würfeln. Gemüse unter den Buchweizen rühren und geschlossen ohne Hitzezufuhr 10 Min. quellen lassen.
- Backofen auf 200 Grad vorheizen. Sesammus unterrühren und mit den Gewürzen kräftig abschmecken. Evtl. mit Paniermehl den Teig formbar einstellen. 12–14 kleine Laiberl formen und auf ein mit Backpapier ausgelegtes Blech legen. 10 Min. backen, herausnehmen, mit Sesamöl bestreichen mit Sesam bestreuen und weitere 10 Min. backen.

Das passt dazu: Kartoffelpüree und Blumenkohl

Zeit sparen: 800 g Kartoffeln für die Grünen Bohnen mit Kartoffeln aus der Pfanne (siehe S. 129) mitgaren.

Grüne Bohnen mit Kartoffeln aus der Pfanne

vegan

Für 4 Personen

40 Min.

800 g Kartoffeln · 1 kg grüne Bohnen · 4 EL Olivenöl · 20 schwarze Oliven ohne Stein · 5 getrocknete Tomaten in Öl · Saft von 1 Zitrone · ½ Bund glatte Petersilie · grobes Salz · Pfeffer aus der Mühle

- Kartoffeln waschen, bürsten, garen. Bohnen waschen, in mundgerechte Stücke schneiden, bissfest dünsten bzw. dämpfen.
- Kartoffeln der Länge nach vierteln, Öl in einer hohen Pfanne mit 4 EL Wasser erhitzen, Kartoffeln anbraten und Bohnen dazugeben.
- Oliven halbieren, getrocknete Tomaten in Streifen schneiden, mit dem Zitronensaft unterrühren. Petersilie waschen, trocknen, fein schneiden, kurz vor dem Servieren unterrühren. Mit Salz und Pfeffer bestreuen.

Das passt dazu: Rührei oder dreierlei Tofu (siehe S. 33) und Erdbeeren zum Nachtisch

Käsige Spätzle mit fruchtigen Zwiebeln

Für 4 Personen

35 Min.

500 g Vollkornspätzle · 1 TL Salz · 150 g Bergkäse, gerieben · 400 g Gemüsezwiebel · 2 Birnen · 2 EL Olivenöl · 2 EL Rapsöl · Salz · Pfeffer · 1 Bund glatte Petersilie

- Backofen auf 140 Grad vorheizen. Spätzle nach Packungsanweisung garen. Mit einem Schaumlöffel herausnehmen und mit dem Käse in einer Auflaufform schichten und 15 Min. in Backofen geben.
- Gemüsezwiebel abziehen, vierteln und in feine Streifen schneiden. Birnen waschen, vierteln, entkernen und in Spalten schneiden. Öle in einer Pfanne mit 4 EL Wasser erhitzen, Zwiebel und Birnen dazugeben und unter Rühren glasig dünsten. Mit Salz und Pfeffer abschmecken.
- Petersilie waschen, trocknen und grob hacken, unter die Zwiebeln geben und zu den Spätzle servieren.

Das passt dazu: Blattsalat mit Linsenkeimlingen und Mandel-Salatsauce (siehe S. 37)

Kleinigkeit: Leichte Aioli

150 g gekochten Reis mit 300 ml kochendem Wasser, 4–5 EL Olivenöl, 1–2 TL Senf, 2–3 EL Zitronensaft und 1–2 Knoblauchzehen aufmixen. Mit Salz, Zucker und Kurkuma abschmecken und kühl stellen. Ideal zum Dippen von Gemüse.

Sommer

Frisch dazukaufen

- 600 g Brokkoli, 1 kg Möhren, 1 kleiner Blumenkohl, 1 kg Salatgurken, 100 g Senfgurken, 1 Bund Frühlingszwiebeln, Kirschtomaten, getrocknete Tomaten
- 750 g Kirschen oder Stachelbeeren, 2 Zitronen
- 1 Bund Petersilie, 1 Bund Dill, 1 Lorbeerblatt, grüner Pfeffer
- 550 ml pflanzliche Sahne, 200 ml Milch, 40 g Butter, 100 g Schmand oder pflanzliche saure Sahne, 100 g Räuchertofu, Feta
- 4 Eier, 100 g Roggenvollkornfeinbrot, 250 g Dinkelvollkornbrötchen, 20 g Hefe

Aus dem Vorrat

- vorwiegend festkochende Kartoffeln, Kichererbsenmehl, Stärke, Paniermehl, Hefeflocken, Haferflocken, Dinkelvollkorngrieß, 300 g gelbe Erbsen, Weizen- oder Dinkelvollkornmehl
- Olivenöl, Kokosöl, Butterschmalz, Leinöl
- Salz, Pfeffer, Zucker
- Zwiebeln, rote Zwiebeln, Knoblauch
- Paprikapulver, Muskat, Curry, Rosmarin, Kräuter der Provence
- Mandelblättchen

Mögliche Beilagen

- Tomaten, Gurken, Paprika, Mais, grüne Bohnen, Ratatouille
- Vollkorn-Penne, Grünkernbacklinge, Roggenbrot
- Bratkartoffeln

JULI WOCHE 1

Brokkoli: mit »Biss« ein Gemüsehighlight

Brokkoli ist besonders gesund – nicht nur wegen seines hohen Vitamin- und Mineralstoffgehalts, sondern auch, weil ihm Wissenschaftler eine krebshemmende Wirkung zuschreiben. Verschiedene Antioxidanzien stärken die Immunabwehr, sodass freien Radikalen der Garaus gemacht werden kann.

Steckbrief Brokkoli

Brokkoli auch Brökelkohl, Sprossenbrokkoli oder Spargelkohl genannt, kam Anfang der 1960er-Jahre zunächst nur als Tiefkühl-Importware, später dann auch als heimische Ware auf den Markt. Er ist wesentlich nährstoffreicher als sein Verwandter, der Blumenkohl. Neben Mineralstoffen wie Kalium, Kalzium, Magnesium und Eisen ist der Gehalt an Vitamin C und Karotinoiden besonders hervorzuheben. Frisch ist der Brokkoli dann, wenn seine Blütenknospen blaugrün und geschlossen sind, die Blätter sattgrün und der Stiel knackig mit einer frischen Schnittfläche. In Folie oder einem Tiefkühlbeutel locker verpackt, hält sich der Brokkoli im Kühlschrank 2–3 Tage. Blanchiert können Sie Brokkoli prima einfrieren.

Brokkolikuchen

vegan

Für 4 Personen

45 Min. für den Teig + 50 Min. Geh- und Backzeit

½ Grundrezept Hefeteig · 600 g Brokkoli · 1 Zwiebel · 1 EL Olivenöl · 400 ml pflanzliche Sahne · 2 EL Kichererbsenmehl · 2 EL Stärke · Salz · Pfeffer · Muskat · 2 EL Haferflocken · 2 EL Dinkelvollkorngrieß · 2 EL Olivenöl · ½ TL Paprikapulver

- Hefeteig (siehe S. 34) nach Grundrezept zubereiten.
- Brokkoli waschen, Stiele schälen und würfeln, Röschen vorsichtig zerteilen. Zwiebel abziehen und würfeln. Öl in einer Pfanne mit 1 EL Wasser erhitzen, gewürfelte Stiele darin bissfest dünsten, dann Röschen 2 Min. mitgaren.
- Sahne mit Kichererbsenmehl und Stärke glattrühren und mit den Gewürzen kräftig abschmecken. Haferflocken, Grieß, Öl und Paprikapulver krümelig verrühren.
- Backofen auf 180 Grad vorheizen. Hefeteig ausrollen und eine mit Backpapier ausgelegte Springform damit auslegen, einen hohen Rand ziehen. Teig mit etwas Grieß bestreuen. Brokkoli auf den Teig verteilen, Guss angießen und mit Streuseln bestreuen. 10–15 Min. gehen lassen. 35 Min. auf der unteren Schiene backen.

Das passt dazu: Salat aus Tomate, Gurke, Paprika und Mais mit der Sommervinaigrette (siehe S. 36)

Sahniges Möhrengemüse mit Räuchertofu

optional vegan

Für 4 Personen

25 Min.

1 kg Möhren · 2 EL Olivenöl · 1 TL Curry, mild · 1 EL Zitronensaft · 1 TL Zucker · 150 ml Sahne oder pflanzliche Sahne · Salz · 100 g Räuchertofu · 100 g Roggenvollkornfeinbrot · 2 EL Kokosöl · Petersilie

- Möhren waschen, evtl. schälen, der Länge nach halbieren oder vierteln und schräg in 2–3 cm große Stücke schneiden. Öl in einer großen hohen Pfanne mit 2 EL Wasser erhitzen, Curry einrühren, Möhren darin anbraten, Zitronensaft und Zucker dazugeben und bei mittlerer Hitze geschlossen ca. 10 Min. bissfest dünsten. Sahne angießen und offen weitere 5 Min. garen. Mit Salz abschmecken.
- Räuchertofu und Brot sehr fein würfeln, Kokosöl in einer beschichteten Pfanne erhitzen und beides darin knusprig braten. Über das Möhrengemüse geben und mit Petersilie bestreuen.

Das passt dazu: Vollkorn-Penne

Mediterranes Blumenkohlpüree

vegan

Für 4 Personen

40 Min.

1 kg Kartoffeln, vorwiegend festkochend · 1 kleiner Blumenkohl (500–600 g) · Salz · 80–100 ml Olivenöl · ½ Bund glatte Petersilie · 8 getrocknete Tomaten · 50 g Paniermehl · 30 g Hefeflocken · ½ TL Paprika edelsüß

- Kartoffeln schälen, in kleine Stücke schneiden und in wenig Salzwasser weich garen.
- Grün vom Blumenkohl abschneiden, Kohl gründlich waschen, zerteilen und in wenig Salzwasser bissfest garen. Anschließend mit etwas Garflüssigkeit, so viel wie nötig, pürieren.
- Kartoffeln abgießen, Wasser auffangen. Kartoffeln mit Olivenöl stampfen, evtl. etwas Garflüssigkeit hinzufügen, Blumenkohlpüree unterziehen. Mit Salz abschmecken.
- Petersilie waschen, trocknen und Blättchen abzupfen. Tomaten in dünne Streifen schneiden. Paniermehl in einer Pfanne trocken rösten, Hefeflocken und Paprikapulver kurz mit rösten. Kurz vor dem Servieren Petersilie und Tomaten unter das Püree ziehen und mit den Bröseln bestreuen.

Das passt dazu: Grüne Bohnen

Zeit sparen: Kartoffeln für Bratkartoffeln zum Gurkengemüse (siehe S. 133) mitgaren.

Kirschmichel

Für 4 Personen
30 Min. + 30 Min. Backzeit

750 g Kirschen oder auch Stachelbeeren · 250 g Dinkelvollkornbrötchen vom Vortag · 200 ml Milch · 4 Eier · 50 g Zucker · 40 g weiche Butter · ½ TL Zitronenabrieb · 1 Pr. Salz · Butterschmalz für die Form · 2 EL Mandelblättchen

- Kirschen waschen, trocknen und entsteinen. Brötchen sehr fein würfeln. Milch erwärmen und Brötchenwürfel darin einweichen.
- Eier trennen. Eiweiß mit der Hälfte des Zuckers cremig aufschlagen. Butter mit dem restlichen Zucker, Zitronenabrieb und Salz aufschlagen, Eigelbe nach und nach dazugeben. Eischnee unterziehen.
- Backofen auf 180 Grad vorheizen. Auflaufform gut fetten.
- Brötchenmasse mit Eimasse verrühren, Kirschen unterheben und die Masse in die Auflaufform geben. Mandelblättchen darüber verteilen und den Kirschmichel ca. 30 Min. backen.

Das passt dazu: Frischkostplatte vorweg

Kleinigkeit: Kirschtomaten

Kirschtomaten oben aufschneiden und entkernen, Reste vom Erbsenpüree kräftig würzen, evtl. Feta unterrühren und Tomaten damit dekorativ füllen.

Gurkengemüse

optional vegan
Für 4 Personen
25 Min.

1 kg Salatgurken · 1 rote Zwiebel · 2 EL Olivenöl · 1 EL Zitronensaft · 100 g Senfgurken · Salz · Pfeffer · 1 Bund Dill · 100 g Schmand oder pflanzliche saure Sahne

- Salatgurken waschen, mit dem Sparschäler Streifen von der Schale so schälen, dass grüne Schalenstreifen stehen bleiben. Oberes und unteres Ende abschneiden, Gurken der Länge nach halbieren, die weichen Kerne herausschneiden oder mit dem Löffel herausschälen, in dünne Scheiben schneiden.
- Zwiebel abziehen, halbieren, in Scheiben schneiden. Öl in einer hohen Pfanne mit 2 EL Wasser erhitzen, Zwiebel 2 Min. anschwitzen, Gurken dazugeben, 2 Min. weiter dünsten, mit Saft ablöschen und bei mittlerer Hitze geschlossen 5 Min. dünsten.
- Senfgurken würfeln, dazugeben und fein abschmecken. Dill waschen, trocknen, fein schneiden, unter die Gurken rühren und mit Schmand dekoriert servieren.

Das passt dazu: Grünkernbacklinge und Bratkartoffeln

Gelbe-Erbsen-Püree

vegan
Für 4 Personen
8–12 Stunden Einweichzeit + 30 Min. Garzeit + 30 Min. Ausquellzeit + 20 Min.

300 g gelbe Erbsen · 1 Lorbeerblatt · 4 Knoblauchzehen · 2–3 EL Olivenöl · 1–2 EL Leinöl · Salz · grüner Pfeffer · 1 Bund Frühlingszwiebeln · Olivenöl

- Erbsen der 3–4-fachen Menge Wasser 8–12 Stunden einweichen. Lorbeerblatt und abgezogenen Knoblauchzehen hinzufügen und Erbsen 30 Min. garen, anschließend 30 Min. ausquellen lassen. Lorbeerblatt und Knoblauch entfernen, Kochwasser abgießen und für später aufbewahren.
- Erbsen mit dem Öl cremig pürieren, evtl. noch etwas Kochwasser hinzufügen. Am Anfang eher etwas weicher zubereiten, da die Erbsen auch noch nachquellen. Mit den Gewürzen abschmecken. Frühlingszwiebeln waschen, in 10 cm lange Stücke schneiden und kurz in Olivenöl anschwitzen, über das Püree geben.

Das passt dazu: Ratatouille und frisches Roggenbrot

Zeit sparen: Am Abend vorher Erbsen einweichen, während des Frühstücks garen und ausquellen lassen. Für die **Kleinigkeit** etwas Erbsenpüree aufbewahren.

Frisch dazukaufen

- 600 g Tomaten, 1 kg grüne Bohnen, Bohnenkraut, 1 kg Möhren, 200 g grüner Spargel, 200 g Brokkoli, 200 g Blattspinat, 1 Bund Frühlingszwiebeln, 1 großer Blumenkohl
- 2 Zitronen
- 2-3 cm Ingwer, 1 Lorbeerblatt, etwas Basilikum
- 100 ml Sahne oder pflanzliche Sahne, 150 g Feta oder Tofu, 500 ml Milch, 50 g Butter oder Butterschmalz
- 2-3 Eier, Mandelmus, Landbrot

Aus dem Vorrat

- festkochende Kartoffeln, 250 g rote Linsen, 500 g Vollkornpenne, 200 g Erbsen TK, Dinkelmehl, Hefeflocken, Maismehl, Weizen- oder Dinkelvollkornmehl
- Leinöl, Rapskernöl, roter Balsamessig, Weißweinessig
- Salz, Pfeffer, Zucker
- Zwiebeln, Knoblauch
- Kreuzkümmel, Koriandersamen, Chilipulver, Kurkuma, Anis, Muskat
- Tomatenmark, Gemüsebrühe, Dijon Senf

Mögliche Beilagen

- Möhrengemüse, grüner Salat, bunter Salat, Rucola, weiße Bohnen, Tomaten
- Bratkartoffeln, Pellkartoffeln, Bulgur
- Joghurtdip
- Erdbeeren

Zwiebeln: Vielfalt mit Geschmack

Zwiebeln sind als Würzzutat in vielen Gerichten enthalten, ohne dass man sie bewusst wahrnimmt. Zu Unrecht! Sie funktionieren bestens als eigenständiges Gemüse, werden beim Backen oder Garen süßlich und schmecken Kindern meist sehr gut.

Steckbrief Zwiebeln

Ein Essen ohne Zwiebel, Bolle oder Zipolle? Kaum vorstellbar, weil jeder von uns rund 6 kg Zwiebeln pro Jahr verspeist. Zwiebeln sind neben Salz das wichtigste »Gewürz« in der Küche. Das Angebot an unterschiedlichen Zwiebeln ist sehr groß, hier nur ein kleiner Überblick:

- Haushaltszwiebeln, Küchen- oder Gewürzzwiebeln: unterschiedliche Größen, mattgelbe bis bräunliche Schale, würzig und scharf
- Gemüsezwiebeln: groß, hellbraune Schale, mildes Aroma
- weiße Zwiebeln, italienische Haushaltszwiebel: weiße Haut, weißes Fleisch, zartes Aroma
- rote Zwiebeln: rote Schale, rotes Fleisch, mild-würzig bis süßlich
- Frühlingszwiebeln, Lauchzwiebeln: max. 4 cm dicke weiße Zwiebeln mit einem ca. 40 cm langen dunkelgrünen Schaft, sehr fein
- Schalotten: klein, länglich, rötlich-braune Schale, sehr feiner aromatischer Geschmack
- Perl- und Silberzwiebeln: klein, weiße Schale, mild

Beim Einkauf sollten Zwiebeln prall, trocken und ohne Keimling sein, so halten sie sich trocken und kühl gelagert mehrere Monate. Geschnitten oder gewürfelt lassen sich Zwiebeln einfrieren.

Leinöl-Zwiebeln mit Pellkartoffeln

vegan

Für 4 Personen

8–12 Stunden Einweichzeit + 30 Min.

2 milde Gemüsezwiebeln · 100–150 ml Leinöl · 1/4 TL Salz · Pfeffer, grob · 1,2–1,5 kg Kartoffeln, festkochend

- Zwiebel abziehen, sehr fein würfeln und in einer Schüssel mit Leinöl bedecken. Salzen, pfeffern und 8–12 Stunden im Kühlschrank in einem geschlossenen Gefäß ziehen lassen.
- Kartoffeln waschen, bürsten und garen. Leinöl-Zwiebeln zu Pellkartoffeln servieren

Das passt dazu: Möhrengemüse und gemischter grüner Salat

Zeit sparen: Am Abend vorher – Zwiebeln einlegen, Kartoffeln für die Bratkartoffeln zu den Grünen Bohnen mit Knoblauchöl mitgaren.

Pfannkuchen mit roten Linsen

optional vegan

Für 4 Personen

40 Min.

600 g Tomaten · 2–3 cm Ingwer · 1 TL Kreuzkümmel · 1 TL Koriandersamen · 250 g rote Linsen · 1 Msp. Kurkuma · Salz · Chilipulver · roter Balsamessig · Knoblauch · 1 Grundrezept Pfannkuchenteig

- Tomaten waschen und mit kochendem Wasser überbrühen, häuten und in sehr feine Würfel schneiden. Ingwer schälen, fein reiben. Kreuzkümmel und Koriander trocken in einer Pfanne rösten, fein mörsern. 500 ml Wasser zum Kochen bringen, Linsen einrühren und 5 Min. garen, Tomaten und alle Gewürze unterrühren und weitere 10 Min. bei mittlerer Hitze garen. Mit den Gewürzen leicht scharf abschmecken.
- Pfannkuchenteig (siehe S. 35) nach Grundrezept zubereiten, Pfannkuchen ausbacken und warm stellen. Linsen zu Pfannkuchen servieren. Oder die Linsenmasse in Pfannkuchen einrollen.

Das passt dazu: Bunter Salat mit Rucola

Grüne Bohnen mit Knoblauchöl

optional vegan

Für 4 Personen

25 Min.

1 kg grüne Bohnen · Salz · Bohnenkraut · 2 Knoblauchzehen · 50 ml Olivenöl · grobes Salz · grober schwarzer Pfeffer · 150 g Feta oder Tofu · Zitronenabrieb · Zitronensaft

- Bohnen, waschen, in mundgerechte Stücke schneiden und in Wasser bissfest garen. 2 Zweige Bohnenkraut dazugeben. Knoblauch abziehen und in feine Scheiben schneiden. Olivenöl und Knoblauch leicht erwärmen.
- Bohnen abgießen, auf eine Platte geben und mit Knoblauchöl beträufeln. Salz und Pfeffer darüber streuen. Feta zerbröckeln und mit Zitronenabrieb und Zitronensaft über den Bohnen verteilen. Schmeckt warm und kalt.

Das passt dazu: Bratkartoffeln oder weiße Bohnen und Tomatensalat

Zeit sparen: Für die Kleinigkeit etwas mehr Öl zubereiten.

Möhrenbacklinge

vegan

Für 4 Personen

25 Min. + 20 Min. Backzeit

1 kg Möhren · Salz · Lorbeerblatt · 1–2 EL Dinkelmehl 1050 · 2 EL Tomatenmark · 1 Zwiebel · 1 EL Rapskernöl · Salz · Pfeffer · Zucker · Anis · Olivenöl zum Bestreichen

- Möhren waschen, evtl. schälen. 200 g sehr fein raspeln und zur Seite legen. Restliche Möhren in grobe Scheiben schneiden und in wenig Salzwasser und dem Lorbeerblatt weich garen. Wasser abgießen, Lorbeerblatt entfernen. Möhren fein stampfen, Mehl, Tomatenmark und die geraspelten Möhren unterkneten.
- Zwiebel abziehen, sehr fein würfeln, 1 EL Rapskernöl mit 1 EL Wasser erhitzen und Zwiebeln darin anschwitzen und 10 Min. glasig dünsten, unter die Masse kneten, mit Salz, Pfeffer, Zucker und Anis abschmecken.
- Backofen auf 180 Grad vorheizen
- Aus der Möhrenmasse kleine Backlinge formen und auf ein mit Backpapier ausgelegtes Blech legen. 10 Min. backen, herausnehmen, mit Olivenöl bepinseln und weitere 10 Min. backen.

Das passt dazu: Bulgur und Joghurtdip

Grüne Gemüse-Nudeln

optional vegan

Für 4 Personen

25 Min.

400–500 g Vollkornpenne · 200 g Brokkoli · 200 g grüner Spargel · 200 g Blattspinat · 1 Bund Frühlingszwiebeln · 200 g Erbsen, TK · 2 EL Olivenöl · 200 ml Gemüsebrühe · 150 ml Sahne oder pflanzliche Sahne · Salz · Pfeffer · Knoblauch · Zitronenabrieb

- Penne nach Packungsanweisung zubereiten.
- Gemüse waschen, Brokkolistiele evtl. schälen und in mundgerechte Stücke schneiden.
- Öl in einer hohen Pfanne mit 2 EL Wasser erhitzen, Zwiebeln anschwitzen, dann Brokkolistiele und Erbsen dazugeben, Gemüsebrühe angießen, 2 Min. dünsten und zum Schluss Brokkoli-Röschen und Sahne unterrühren. Offen 2 Min. garen.
- Mit Salz, Pfeffer, Knoblauch und Zitronenabrieb sehr fein abschmecken und sofort mit den Nudeln vermischen und servieren.

Das passt dazu: Erdbeeren zum Nachtisch

Überbackener Blumenkohl

vegan

Für 4 Personen

35 Min. + 10 Min. Backzeit

1 großer Blumenkohl · 25 g Hefeflocken · 400 ml Gemüsebrühe · 2 EL Maismehl · 1 EL Dijon Senf · 3 EL Mandelmus, weiß · Weißweinessig · Salz · Muskat · Pfeffer

- Blumenkohl waschen und bissfest dünsten bzw. dämpfen. Backofen auf 180 Grad vorheizen.
- Für die Sauce Hefeflocken trocken in einem Topf ca. 1 Min. anrösten, Vorsicht – sie dürfen nicht schwarz werden – mit Gemüsebrühe ablöschen. Maismehl mit 3 EL Wasser glattrühren und einrühren. Unter Rühren 2–3 Min. köcheln, Senf und Mandelmus unterrühren und mit Weißweinessig, Salz, Muskat und Pfeffer abschmecken.
- Blumenkohl in eine Auflaufform geben, Sauce darüber gießen und 10 Min. im Ofen überbacken.

Das passt dazu: Pellkartoffeln, Salat

Kleinigkeit: Röstbrot

Landbrotscheiben im Backofen oder Toaster rösten, mit Knoblauchöl beträufeln und fein gewürfelten Tomaten und Basilikum bestreuen.

Frisch dazukaufen

- 1 kleine Lauchstange, 1 kg Spitzkohl, 400 g Möhren, 2 Bund Frühlingszwiebeln, 1 kg Mangold, 300 g Kirschtomaten, 300 g Zucchini, 200 g Champignons, 200 g Salatgurke, 200 g Staudensellerie, 2 kg Erbsenschoten (oder 800 g Erbsen TK), 5 getrocknete Tomaten in Öl
- 3 Zitronen
- 1 Bund Basilikum, 1 Bund glatte Petersilie, ½ Bund Minze, Ingwer, ½ Bund Koriander oder Petersilie, 3-4 Zweige Estragon
- 100 ml Sahne oder pflanzliche Sahne, 900 ml Milch oder pflanzliche Milch, 200 g Halloumikäse oder Tofu, Joghurt, 300 g Seitan,
- Lasagneblätter, Pesto, 1 EL Kokoschips, 12–15 Holzspieße

Aus dem Vorrat

- Kartoffeln, Grünkernschrot, Dinkelvollkornmehl, Couscous
- Olivenöl, Walnussöl, Kokosöl
- Salz, Pfeffer, Kräutersalz, Zucker
- Zwiebeln, Schalotten, Knoblauch
- Majoran, Muskat, Paprika edelsüß, Senfsamen, Oregano
- Sonnenblumenkerne, gemahlene Mandeln, Mandeln
- Gemüsebrühe, Tomatenmark, Senf, körniger Senf, Sojasauce

Mögliche Beilagen

- gemischter Salat, Tomaten, Gurken, Frühlingszwiebeln
- Kartoffeln, Basmativollkornreis, Dinkelkeimlinge, Polenta
- Aioli (siehe S. 129), Omelette, dreierlei Tofu (siehe S. 33) mit Gemüsesticks
- gemischte Beeren

JULI WOCHE 3

Spitzkohl: milde Kohlvariante für jeden Geschmack

Spitzkohl braucht man, im Gegensatz zu herkömmlichem Weißkohl, nur kurz zu garen. Er hat sehr zarte Blätter und schmeckt auch als Frischkost. Für alle, denen Weißkohl manchmal etwas zu streng schmeckt, ist Spitzkohl sicherlich eine ganz feine Alternative.

Steckbrief Spitzkohl

Wenn Sie sich wundern über den spitzen Weißkohl, den Sie jetzt frisch auf dem Markt bekommen, dann handelt es sich um den wesentlich zarteren und aromatischer schmeckenden Verwandten des Weißkohls, den Spitzkohl. Spitzkohl ist reich an Magnesium, Kalzium, Kalium und Eisen sowie an Vitamin K, Folsäure und Ascorbigen, einer Vorstufe des Vitamin C, das beim Garen erst seine Wirksamkeit entwickelt. Die Kohlköpfe gibt es praktischerweise in allen Größen: von 300 g bis hin zu 2 kg. Verpackt in einem feuchten Küchenhandtuch hält sich der Spitzkohl 3–4 Tage im Kühlschrank. Blanchiert können Sie Spitzkohl problemlos einfrieren.

Spitzkohlgemüse mit Einlage

optional vegan

Für 4 Personen

45 Min.

1 kleine Lauchstange · 1 EL Olivenöl · 150 g Grünkernschrot · 300 ml Gemüsebrühe · 40 g Sonnenblumenkerne · 1 EL Tomatenmark · 1 TL Senf · Salz · Majoran · 1 kg Spitzkohl · 200 g Möhren · 1 Bund Frühlingszwiebeln · 2 EL Olivenöl · ½ l Gemüsebrühe · 1 Kartoffel · Salz · Pfeffer · Zitronensaft · 100 ml Sahne oder pflanzliche Sahne

- Lauch waschen, sehr fein schneiden. Öl mit 2 EL Wasser erhitzen, Lauch andünsten, Grünkernschrot dazugeben und mit Gemüsebrühe ablöschen, unter Rühren 5 Min. kochen, auf der ausgeschalteten Herdplatte 20 Min. ausquellen lassen.
- Sonnenblumenkerne trocken in einer Pfanne rösten, grob hacken und mit Tomatenmark und Senf unter die Getreidemasse rühren. Mit den Gewürzen abschmecken. Aus der Masse sehr kleine Kugeln formen und in siedendem Wasser gar ziehen. Mit einem Schaumlöffel herausnehmen und warm halten.
- Spitzkohl waschen, vierteln, den groben Strunk herausschneiden und Blätter in Streifen schneiden. Möhren waschen, evtl. schälen, in Stifte schneiden. Zwiebeln waschen, in Ringe schneiden. Öl in einem Topf mit 2 EL Wasser erhitzen, Gemüse und Zwiebeln anschwitzen, die Brühe angießen und bei mittlerer Hitze bissfest garen. Kartoffel schälen, sehr fein reiben, dazugeben und 2 Min. mitkochen. Mit Salz, Pfeffer und Zitronensaft abschmecken und kurz vor dem Servieren Sahne angießen und Grünkernkugeln darauf anrichten.

Das passt dazu: Kartoffeln und gemischter Salat

Zeit sparen: Am Abend vorher – Die Grünkernmasse zubereiten. Pellkartoffeln für Kartoffelsalat zu den Gemüsespießen mit Pesto (siehe S. 139) zusätzlich garen.

Mangoldlasagne mit Senfkruste

optional vegan

Für 4 Personen

40 Min. + 30–40 Min. Backzeit

Für das Gemüse: · 1 kg Mangold · 1 Gemüsezwiebel · 2 EL Olivenöl · 80 g Dinkelvollkornmehl · 500 ml Milch oder pflanzliche Milch · Kräutersalz · Muskat · Zitronensaft · Senf · Für die Sauce: 50 g gemahlene Mandeln · 50 g Dinkelvollkornmehl · 400 ml Milch oder pflanzliche Milch · 1–2 EL körniger Senf · Salz · Sonstiges: 50 g Mandeln · 50 g Couscous · ½ TL Paprika edelsüß · 1 TL Senfsamen · 200–250 g Lasagneblätter

- Mangold waschen, Stiele von den Blättern trennen, Stiele würfeln, Blätter in Streifen schneiden. Zwiebel abziehen, würfeln. Öl mit 2 EL Wasser erhitzen, Zwiebel und Stiele anschwitzen, geschlossen 5 Min. dünsten, Blätter dazugeben, weitere 3 Min. dünsten. Mehl mit Milch glatt rühren, zum Gemüse geben und unter Rühren 3 Min. kochen, mit den Gewürzen abschmecken.
- Für die Sauce Mandeln, Mehl, Milch und Senf glattrühren und unter Rühren 2–3 Min. kochen. Mit Salz abschmecken.
- Backofen auf 180 Grad vorheizen. Für die Senfkruste Mandeln, Couscous, Paprikapulver, Senfsamen im Standmixer fein mixen. Mangold und Lasagneblätter in einer Auflaufform schichten, mit einer Lage Lasagneblätter abschließen, Sauce darüber geben, mit Senfkrustenbröseln bestreuen und 30–40 Min. backen.

Das passt dazu: Salat aus Tomaten, Gurken, Frühlingszwiebeln und Sommervinaigrette (siehe S. 36)

Zeit sparen: Dinkelkeimlinge für Seitan mit Gemüse ansetzen.

Kleinigkeit: Pesto-Dip

Pesto mit Joghurt und Salz verrühren. Mit Zitronensaft abschmecken und buntes Sommergemüse darin dippen oder als Salatsauce zu gegartem Gemüse verwenden.

Gemüsespieße mit Pesto

optional vegan

Für 4 Personen

35 Min. + 15 Min. Backzeit

12–15 Holzspieße · EL Olivenöl · 1 EL Sojasauce · ½ TL Oregano · 300 g Kirschtomaten · 300 g Zucchini · 200 g Zwiebel · 200 g Champignons · 200 g Halloumikäse oder Tofu · 1 Bund Basilikum · 1 Bund glatte Petersilie · ½ Bund Minze · 5 getrocknete Tomaten in Öl · 4 EL Olivenöl · 2 EL Walnussöl

- Holzspieße wässern. Öl, Sojasauce und Oregano verrühren. Tomaten waschen, Zucchini waschen, in mundgerechte Stücke schneiden, Zwiebel abziehen und vierteln bzw. achteln. Champignons mit einem Küchenkrepp putzen, Stielansatz abschneiden, evtl., halbieren oder vierteln. Gemüse mit der Ölmischung vermischen. Käse oder Tofu würfeln (Tofu mit marinieren).
- Backofen auf 220 Grad vorheizen. Gemüse und Käse bzw. Tofu bunt aufspießen und auf ein mit Backpapier ausgelegtes Backblech legen. 10 Min. backen, herausnehmen und drehen, weitere 5 Min. backen. Basilikum und Petersilie waschen und trocknen. Mit Tomaten und Oliven- und Walnussöl grob pürieren. Zu den Spießen servieren.

Das passt dazu: Kartoffelsalat mit leichter Aioli (siehe S. 129)

Zeit sparen: Etwas mehr Pesto für Kleinigkeit zubereiten.

Seitan mit Gemüse

vegan

Für 4 Personen

35 Min.

300 g Seitan · Kokosöl · 200 g Möhren · 200 g Salatgurke · 200 g Staudensellerie · 200 g Frühlingszwiebel · 1 Knoblauchzehe · Saft von 1 Zitrone · 4 EL Sojasauce · Zucker · Ingwer · 1 EL Kokoschips · ½ Bund Koriander oder Petersilie

- Seitan in mundgerechte Stücke schneiden. Kokosöl in einer Pfanne erhitzen und Seitan darin kräftig anbraten, bis sich eine Kruste gebildet hat. Seitan zur Seite stellen.
- Gemüse waschen und in lange und grobe Stifte von ca. 3–4 cm Länge schneiden. Kokosöl in einer Pfanne erhitzen, Gemüse darin anbraten. Knoblauchzehe abziehen, würfeln und dazugeben. Mit Zitronensaft und Sojasahne ablöschen und bissfest garen. Seitan unterrühren und mit Zucker und Ingwer abschmecken.
- Kokoschips trocken anrösten. Koriandergrün waschen und zupfen und mit den Chips über das Gemüse geben.

Das passt dazu: Basmativollkornreis und gemischte Beeren mit Dinkelkeimlingen zum Nachtisch

Erbsen mit Estragon

vegan

Für 4 Personen

35 Min.

2 kg Erbsenschoten (oder ca. 800 g Erbsen, TK) · 2 Schalotten · 2 EL Olivenöl · 1 TL Zucker · 200 ml Gemüsebrühe · Salz · 3–4 Zweige Estragon

- Erbsen aus den Schoten palen. Schalotten abziehen, sehr fein würfeln. Öl in einem Topf mit 2 EL Wasser erhitzen, Schalotten darin dünsten, Erbsen dazugeben, mit Zucker bestreuen, ca. 1 Min. garen. Gemüsebrühe angießen und 3–5 Min. unter vorsichtigem Rühren einköcheln lassen. Mit Salz abschmecken.
- Estragon waschen, trocknen, die Blätter abzupfen, fein schneiden und unterrühren.

Das passt dazu: Polentabacklinge oder Kartoffeln, Omelette oder dreierlei Tofu und Gemüsesticks

Vegetarisch grillen

Verwenden Sie zum Grillen am besten emaillierte Grillschalen, das sind Wellbleche mit Schlitzen. Entlang der Wellenkämme, durch die die Hitze direkt an das Gargut kommt, sammelt sich austretendes Fett und tropft so nicht in die Glut, was zum Auflodern der Flamme führen würde und das Entstehen von polyzyklischen aromatischen Kohlenwasserstoffen (PAK) fördert. Diese sind nachweislich gesundheitsschädlich.

Stockbrot

vegan
Für 4 Personen
50 Min.

1 Grundrezept Hefeteig · 3 EL Olivenöl · Stöcke, ca. 1 m lang, im Wald gesucht (z. B. Buche, Birke, Eiche) und entrindet · evtl. Kräuterquarkcreme oder Tofuwürstchen

- Hefeteig (siehe S. 34) nach Grundrezept zubereiten, nach der 1. Gehzeit das Olivenöl einkneten und den Teig nochmals 15 Min. gehen lassen, durchkneten und in 16–18 Kugeln teilen.
- Kugeln zu 30 cm langen Strängen rollen und um das eine Ende des Stockes wickeln. Vorsichtig am bzw. über dem Feuer backen. Das Brot vom Stock ziehen, kurz auskühlen lassen und mit Kräuterquarkcreme gefüllt oder mit einem Tofu-Würstchen genießen.

Tomaten-Kartoffel-Spieße mit Halloumi

Für 4 Personen
50 Min.

Ca. 12 Holzspieße · 300 g Kartoffeln · 3 EL Olivenöl · 2 EL frische Kräuter · 1 TL Agavendicksaft · Salz · Chili · 300 g Kirschtomaten · 500 g Halloumi · 4 Schalotten

- Holzspieße in Wasser legen. Kartoffeln waschen, bürsten und 15 Min. garen, sie sollten nicht ganz weich sein. Olivenöl mit Kräutern und Agavendicksaft verrühren und mit den Gewürzen abschmecken. Kartoffeln abschrecken, in mundgerechte Stücke schneiden, Tomaten waschen, Halloumi in Würfel schneiden.
- Kartoffeln, Tomaten und Halloumi mindestens 20 Min. in der Marinade marinieren. Schalotten abziehen und der Länge nach vierteln. Zutaten bunt aufspießen und 6–7 Min. grillen.

Cremiger Kartoffelsalat

vegan
Für 4 Personen
10 Min. + 1 Stunde Marinierzeit

600 g festkochende Kartoffeln vom Vortag · 1 Zwiebel · 200 g Tofu, Natur · 150 g Seidentofu · 2 EL Hefeflocken · 4 EL Zitronensaft · 4 EL Leinöl · 1 Bund Petersilie · Salz · Pfeffer · Kümmel · Petersilie oder Schnittlauch

- Kartoffeln pellen und grob reiben. Zwiebel abziehen, sehr fein würfeln. Restliche Zutaten miteinander pürieren und mit den Gewürzen abschmecken. Mit Kartoffeln und Zwiebeln sofort vermischen und mind. 1 Stunde durchziehen. Mit frischen Kräutern bestreuen und servieren.

Das passt dazu: grobes Roggenbrot dazu Tofu Würstchen

Tipp: Der Salat schmeckt besonders frisch, wenn er mit einem geraspelten Apfel und Frühlingszwiebeln verfeinert wird.

Fruchtiger Tomatensalat

vegan
Für 4 Personen
15 Min.

600 g Fleischtomaten · 1 Birne · 1 Apfel · 2 gelbe Paprika · 1 Bund Frühlingszwiebeln · 1 Bund glatte Petersilie · 1–2 EL Zitronensaft · Kräutersalz · 2 EL Olivenöl · 2 EL Leinöl · 1 TL Agavendicksaft · Kapern in Öl · 4–8 Scheiben Landbrot · Olivenöl · 2 Knoblauchzehen

- Tomaten, Birne, Apfel, Paprika, Zwiebeln waschen, vierteln, entkernen, in dünne Scheiben schneiden. Petersilie waschen, Blätter abzupfen. Zitronensaft mit Salz verrühren, Öl und Agavendicksaft einrühren und mit Kapern unter das Gemüse rühren.
- Brotscheiben auf dem Grill rösten, mit Knoblauch abreiben und mit etwas Öl beträufeln und zum Salat servieren.

Couscous verde

vegan
Für 4 Personen
45 Min.

250 g Couscous · 300 ml heiße Brühe · 1 Bund glatte Petersilie · 1 Bund Minze · 3 Knoblauchzehen · Saft von 2 Zitronen · ca. 100 ml Olivenöl · Salz · Kreuzkümmel · 1 Salatgurke · 25 g Pinienkerne · 1 Zitrone

- Couscous mit der heißen Brühe vermischen, 30 Min. quellen lassen. Petersilie und Minze waschen, zupfen. Knoblauch abziehen. Kräuter mit Knoblauch, Zitronensaft, Olivenöl, Salz und Kreuzkümmel pürieren, unter den Couscous ziehen.
- Gurke waschen, der Länge nach halbieren, fein hobeln, mit Couscous vermengen. Pinienkerne trocken anrösten, Zitrone schälen, filetieren, in Stücke schneiden und Couscous damit dekorieren.

Gemüsepäckchen mit Tofu

vegan
Für 4 Personen
12 Stunden Marinierzeit + 20 Min.

200 g Zucchini · 200 g Auberginen · 200 g rote Paprika · 200 g Tofu · 4 EL Sojasauce · 4 EL Olivenöl · 2 Knoblauchzehen · 1 TL Rosmarin · feste Alufolie

- Gemüse waschen, klein würfeln. Tofu klein würfeln. Gemüse und Tofu in der Sojasauce, dem Öl, den kleingeschnittenen Knoblauchzehen und dem Rosmarin 8–12 Stunden zugedeckt marinieren.
- Alufolie in Quadrate schneiden, jeweils mit 4 EL Gemüse füllen und nach oben zusammendrehen und für 10–15 Min. auf den Grill legen.

Hummus

vegan
Für 4 Personen
10 Min.

1 Knoblauchzehe · 1 Glas Kichererbsen · 2–3 EL Olivenöl · Saft von 1 Zitrone · 30 g Sesam · Salz · Kreuzkümmel

- Knoblauch abziehen und mit restlichen Zutaten, Kichererbsen mit Einmachflüssigkeit, gut durchpürieren, mit Salz und Kreuzkümmel kräftig abschmecken.

Das passt dazu: Brot, Folienkartoffeln, Cracker oder gegrillter Tofu

Frisch dazukaufen

- 1,8 kg Auberginen, 400 g Möhren, 200 g Kirschtomaten, 1 kg Brokkoli, 1,1 kg reife Tomaten, 1 kg Schmorgurken, 500 g Tomaten, 5 getrocknete Tomaten in Öl, 10 grüne Oliven ohne Stein, 1 Bund Frühlingszwiebeln
- 3 Datteln ohne Stein, 3 Zitronen
- Zitronengras, ½ Bund Basilikum, 1 ½ Bund Petersilie, 1 Bund Dill, 1 Lorbeerblatt, 2 Zweige frisches Oregano oder Majoran, ½ Bund Minze
- 100 ml Hafersahne, 400 g Joghurt, 200 ml Kokosmilch, evtl. Parmesan oder vegane Parmesanbrösel, 70 g Butter, 150 g Feta
- 3 Eier, Kokoschips

Aus dem Vorrat

- Kartoffeln, Vollkornlangkornreis, Vollkornspaghetti, Maismehl, rote Linsen, weiße Riesenbohnen, Haferflocken, Weizen- oder Dinkelvollkornmehl
- Olivenöl, Kokosöl, Rapskernöl, Apfelessig
- Salz, Kräutersalz, Pfeffer
- Zwiebeln, Schalotten, Knoblauch
- Paprika edelsüß, Curry mild, Thymian, Oregano, Koriander, Kümmel, Senfsamen, Koriandersamen, Pimentkörner, Cayennepfeffer
- Pinienkerne
- Tomatenmark, Gemüsebrühe, Senf

Mögliche Beilagen

- Mais, Gurken, Paprika, Blattsalat
- geröstetes Brot mit Olivenöl und Knoblauch
- Nektarinen, Erdbeeren
- Vanilleeis, Quark

Aubergine: geliebt mit Tomaten und Olivenöl

Auberginen gehören in orientalische Dips und dürfen bei italienischen Antipasti und in der französischen Ratatouille nicht fehlen. Weil sie sehr viel Wasser enthalten und teilweise bitter sind, salzt man Auberginenscheiben vor der Zubereitung, damit sie Flüssigkeit und damit die darin gelösten Bitterstoffe verlieren.

Steckbrief Aubergine

Wer denkt bei Auberginen, Eierfrüchten oder Melanzani nicht direkt an Italien? Dabei stammt die dunkelviolette, glänzende, keulenförmige pralle Frucht aus Indien. Sie ist 15–25 cm lang und kann bis zu 1 kg schwer sein. Da sie zu 92 Prozent aus Wasser besteht, liefert sie nicht viele Nährstoffe, diese liegen jedoch überwiegend in der Schale (Vitamin C, B_1 und B_6). Ist der Stiel frisch und grün, die Schale unverletzt, fleckenfrei, glatt und prall, ist die Aubergine reif. Sie bleibt bei etwa 10 Grad 1–1½ Wochen frisch. Kälte lässt sie eher faulen.

Quiche mit Auberginen und Kirschtomaten

vegan

Für 4 Personen

30 Min. Kühlzeit + 30 Min. + 30 Min. Backzeit

1 Grundrezept Mürbeteig · 800 g Auberginen · 1 Gemüsezwiebel · 2 EL Olivenöl · Salz · Thymian · 200 g Kirschtomaten · 40 g Pinienkerne · 40 g Haferflocken · ¼ TL Paprika edelsüß · 100 ml Hafersahne

- Mürbeteig (siehe S. 34) nach Grundrezept zubereiten.
- Auberginen waschen, trocknen und würfeln. Gemüsezwiebel abziehen und würfeln. 2 EL Olivenöl mit 2 EL Wasser erhitzen, Zwiebel und Auberginen darin bissfest dünsten und mit Salz und Thymian abschmecken.
- Tomaten waschen, halbieren, Stielansatz entfernen. Pinienkerne trocken in einer Pfanne rösten, mit Haferflocken und Paprikapulver fein zerkleinern.
- Backofen auf 200 Grad vorheizen. Auberginen auf dem Teig verteilen, Tomaten mit der Schnittfläche nach oben gleichmäßig darüber setzen, Haferflockenmix darüber streuen und zum Schluss die Hafersahne angießen. Auf der unteren Schiene 30 Min. backen.

Das passt dazu: Großer bunter Salat mit Mais, Gurken und Paprika

Zeit sparen: Am Abend vorher Teig zubereiten und gut verpackt kühl stellen bzw. einfrieren.

Brokkoli mit roten Linsen und Reis

vegan

Für 4 Personen

35 Min.

200 g Vollkornlangkornreis · 150 g rote Linsen · 1 rote Zwiebel · 1 EL Kokosöl · 1 TL Curry, mild · 1 TL Salz · 1 EL Tomatenmark · 300 ml Gemüsebrühe · 1 kg Brokkoli · Salz · 200 ml Kokosmilch · Salz · Pfeffer · Koriander · Apfelessig · Zitronengras · 2 EL Kokoschips

- Reis nach Packungsanweisung garen.
- Linsen in einem Sieb waschen. Zwiebel abziehen und sehr fein würfeln. Öl erhitzen, Curry, Salz, Tomatenmark einrühren, Zwiebeln und Linsen anschwitzen, mit Gemüsebrühe ablöschen und geschlossen ca. 10 Min. garen. Auf der ausgeschalteten Herdplatte ca. 10 Min. ausquellen lassen.
- Brokkoli waschen, Stiele evtl. schälen und in Stifte schneiden, Röschen in mundgerechte Stücke zerteilen. Brokkoli in Salzwasser bissfest dünsten bzw. dämpfen. In einer großen hohen Pfanne die Kokosmilch aufkochen, Reis, Linsen und Brokkoli dazugeben, mit Salz, Pfeffer, Koriander, Apfelessig und Zitronengras abschmecken. Kokoschips trocken in einer Pfanne rösten und darüber streuen.

Das passt dazu: Blattsalat und Nektarinensmoothie mit Vanilleeis

Spaghetti mit frischer Tomatensauce

optional vegan

Für 4 Personen

20 Min.

400–500 g Vollkornspaghetti · 800 g reife Tomaten · 2 Knoblauchzehen · 5 getrocknete Tomaten in Öl · 100 g Tomatenmark · 3 Datteln ohne Stein · 3 EL Olivenöl · 10 grüne Oliven ohne Stein · ½ Bund Basilikum · Salz · Pfeffer, evtl. Parmesan oder vegane »Parmesanbrösel«

- Spaghetti nach Packungsanweisung zubereiten.
- Tomaten mit kochendem Wasser überbrühen, häuten, vierteln, Stielansatz herausschneiden. Knoblauch abziehen. Tomaten mit Knoblauch, getrockneten Tomaten, Tomatenmark, Datteln und Olivenöl fein pürieren.
- Oliven in dünne Scheiben schneiden, Basilikum waschen, trocknen, fein schneiden, unter die Sauce ziehen und mit Salz und Pfeffer abschmecken.
- Die heißen Spaghetti sofort mit der Sauce vermischen und servieren. Mit Parmesan oder Parmesanbröseln bestreuen.

Das passt dazu: Quark mit Erdbeeren

Schmorgurkengemüse

vegan

Für 4 Personen

25 Min. + 15 Min. Backzeit

1 kg Schmorgurken · 2 Zwiebeln · 2 EL Rapskernöl · 1 TL Senfsamen · 1 TL Koriandersamen · 1 TL Kümmel · 1 TL Pimentkörner · 1–2 EL Maismehl · 500–600 ml Gemüsebrühe · Salz · Apfelessig · Senf · 1 Bund Petersilie · 1 Bund Dill

- Backofen auf 150 Grad vorheizen. Gurken waschen und mit dem Sparschäler Streifen von der Schale so schälen, dass grüne Schalenstreifen stehen bleiben, in 0,5–1 cm dicke Scheiben schneiden. Zwiebeln abziehen, halbieren und in dünne Scheiben schneiden.
- Öl mit 2 EL Wasser in einer feuerfesten Pfanne erhitzen. Zwiebeln und Gurken darin anbraten, die Gewürze dazugeben. Mehl darüber streuen und unter Rühren die Gemüsebrühe angießen. 10–15 Min. im Backofen schmoren. Mit den Gewürzen abschmecken. Petersilie und Dill waschen, trocknen, fein schneiden und unter das Gemüse ziehen.

Das passt dazu: gebratener Räuchertofu und Kartoffeln

Bohnen-Tomaten-Püree mit frischem Oregano

vegan

Für 4 Personen

8–12 Stunden Einweichzeit + 1 Stunde Garzeit + 1 Stunde Ausquellzeit + 25 Min.

250 g weiße Riesenbohnen · 1 Lorbeerblatt · 2 Schalotten · 500 g Tomaten · 3 EL Olivenöl · Salz · Zitronensaft · Cayenne-Pfeffer · 2 Zweige frisches Oregano oder Majoran

- Bohnen mit dem Lorbeerblatt in der 3–4-fachen Menge Wasser 8–12 Stunden einweichen. Schalotten abziehen, vierteln, zu den Bohnen geben und 1 Stunde weich garen, 1 Stunde ausquellen lassen.
- Tomaten mit kochendem Wasser überbrühen, häuten, vierteln, Stielansatz sowie das weiche Innere entfernen, Fruchtfleisch fein würfeln. Lorbeerblatt entfernen, Bohnen mit dem Olivenöl cremig pürieren. Evtl. etwas Wasser dazugeben. Tomatenwürfel unterziehen und mit den Gewürzen abschmecken.
- Oregano waschen, trocknen, zupfen, evtl. schneiden und über das Püree streuen.

Das passt dazu: gemischter Blattsalat und geröstetes Brot mit Olivenöl und Knoblauch

Zeit sparen: Am Abend vorher Bohnen einweichen, während des Frühstücks garen und ausquellen lassen. Für die **Kleinigkeit** einige Bohnen zusätzlich garen.

Kleinigkeit: Mediterraner Bohnensalat

Bohnen mit Knoblauch, Zitronensaft, Olivenöl und Oliven und viel frischer Petersilie vermischen, mit Salz und Pfeffer aus der Mühle bestreuen. Nach Geschmack mit geschmorten Tomaten verfeinern.

Feta-Kartoffel-Bällchen mit Möhrensauce

Für 4 Personen
45 Min. + 25 Min. Backzeit

750 g Kartoffeln · 150 g Feta · Schalotten · 1 Knoblauchzehe · 1 Ei · 1 Eigelb · Salz · Pfeffer · Oregano · Olivenöl zum Bepinseln
Für die Möhrensauce: 400 g Möhren · 1 Zwiebel · 2 El Rapskernöl · Tomatenmark · 400 ml Gemüsebrühe · Kräutersalz

- Kartoffeln waschen, bürsten, garen, pellen und mit dem Feta zusammen stampfen.
- Schalotten und Knoblauch abziehen und sehr fein würfeln, mit dem Ei, dem Eigelb unter die Kartoffelmasse ziehen. Mit den Gewürzen abschmecken.
- Backofen auf 180 °C vorheizen.
- Aus der Masse ca. 14 Bällchen formen und auf ein mit Backpapier ausgelegtes Blech legen. 15 Min.. backen, herausnehmen, mit Öl bepinseln und weitere 10 Min.. backen.
- Für die Sauce Möhren waschen, bürsten, putzen, evtl. schälen, klein schneiden. Zwiebel abziehen, würfeln. Öl mit 2 El Wasser erhitzen, Zwiebel und Tomatenmark 2–3 Min.. unter Rühren dünsten, Möhren und Brühe dazugeben und geschlossen bei mittlerer Hitze 15 Min.. dünsten. Pürieren, Konsistenz mit Wasser einstellen und mit Kräutersalz abschmecken.

Auberginengemüse in Joghurt-Minz-Sauce

optional vegan
Für 4 Personen
45 Min.

1 kg Auberginen · 500 g Kartoffeln · 300 g Tomaten · 1 Bd. Frühlingszwiebeln · 4 EL Olivenöl · Salz · Pfeffer · ½ Bund Minze · ½ Bund Petersilie · 400 g Joghurt · Salz · Zitronenabrieb · Knoblauch

- Auberginen waschen, trocknen, putzen, würfeln. Kartoffeln schälen, würfeln, Tomaten waschen, putzen, halbieren, den Strunk herausschneiden, würfeln. Zwiebel waschen, putzen, fein schneiden.
- Öl in einer hohen breiten Pfanne mit 4 EL Wasser erhitzen, das Gemüse und die Kartoffeln anbraten und geschlossen bei mittlerer Hitze 25–30 Min.. dünsten. Mit den Gewürzen abschmecken.
- Kräuter waschen, trocknen, putzen, fein schneiden, mit dem Joghurt verrühren und mit den Gewürzen abschmecken. Das Gemüse vom Herd nehmen, 5 Min.. abkühlen lassen, den Min.z-Joghurt unterziehen und sofort servieren.

Das passt dazu: Vollkornfladenbrot

Frisch dazukaufen

- 4-6 rote Paprika, 1,5 Tomaten, 1 Bund Frühlingszwiebeln, 1 kg Zucchini, 1 Blumenkohl, 500 g Auberginen, 200 g Staudensellerie,
- 100 g Mango, 15-17 Datteln ohne Stein, 2 Zitronen, 50 g Oliven ohne Stein, 20 g Kapern in Öl
- ½ Bund Minze
- 200 ml Sahne oder pflanzliche Sahne, Kokosmilch
- 500 ml vegane braune Sauce, 150 g Mungobohnenkeimlinge

Aus dem Vorrat

- Couscous, Vollkornspaghetti, Kichererbsenmehl, Grünkernschrot, Maismehl
- Olivenöl, Sesamöl, roter Balsamessig
- Salz, Pfeffer, Kräutersalz, Zucker
- rote Zwiebeln, Knoblauch
- Curry
- Mandeln, Sesam, Rosinen
- Gemüsebrühe, Tomatenmark, Tomatenpassata

Mögliche Beilagen

- Pellkartoffeln, Kartoffelpüree, Wildreis/Vollkornreis-Mischung
- Rucolasalat
- Aprikosen, Nektarinen, Beeren

Paprika: für Kinder am liebsten gelb oder rot

Paprika zählt für Kinder zu den beliebtesten Gemüsearten. Schön knackig und je nach Sorte süßlich, kann man sie wunderbar roh essen.

Steckbrief Paprika

Schon im 16. Jahrhundert kam die Paprika aus Süd- und Mittelamerika nach Europa, doch erst seit 1950 bereichert sie die deutsche Küche. Besonders beliebt ist die Gemüsepaprika. Sie ist faustgroß, kegel- oder herzförmig, stumpf oder spitz zulaufend und in verschiedenen Farben erhältlich. Rote Paprika sind süß und fruchtig, gelbe lieblich und aromatisch und die grünen haben einen herbem, leicht bitterem Geschmack. Die grünen Gewürzpaprika, auch Peperoni, Chili oder spanischer Pfeffer genannt, sind mild und werden sauer eingelegt, die orangeroten sind höllisch scharf und werden als Gewürz verwendet. Eine halbe rote Paprika deckt den täglichen Vitamin-C-Bedarf! Auch die Vitamine A, E, K, B_6 und Folsäure sind reichlich vertreten. Glänzend, knackig und fest fleischig sollten sie beim Einkauf sein, so halten sie sich ca. 1 Woche im Gemüsefach unverpackt im Kühlschrank. Paprika können Sie roh oder gegart einfrieren.

Gefüllte Paprika

vegan
Für 4 Personen
40 Min. + 25 Min. Backzeit

4–6 rote Paprika · 200 g Couscous · 4 Tomaten · 1 Bund Frühlingszwiebeln · 5 Datteln · ½ Bund Minze · Salz · Knoblauch · 500 ml vegane braune Sauce · 50 g Mandeln

- Backofen auf 200 Grad vorheizen. Paprika waschen und nass auf ein mit Backpapier ausgelegtes Blech legen. 5 Min. backen, herausnehmen, umdrehen und weitere 5 Min. backen. Deckel abschneiden und Paprika entkernen.
- Couscous mit 300 ml kochendem Wasser übergießen und 10 Min. einweichen. Tomaten mit kochendem Wasser überbrühen, häuten und in sehr feine Würfel schneiden. Zwiebeln waschen, in dünne Ringe schneiden. Datteln fein würfeln. Minze waschen, trocknen und fein schneiden. Couscous mit Tomaten, Zwiebeln, Datteln und Minze vermengen und kräftig abschmecken.
- Paprikaschoten mit Couscous füllen, eng in eine Auflaufform setzen, braune Sauce angießen und 20–25 Min. backen. Mandeln trocken in einer Pfanne rösten und vor dem Servieren darüber streuen.

Das passt dazu: Pellkartoffeln und Rucolasalat

Zeit sparen: Am Abend vorher die vegane braune Sauce vorbereiten. Mungobohnenkeimlinge ansetzen.

Zucchini mit Grünkern

optional vegan
Für 4 Personen
25 Min. + 35 Min. Backzeit

1 kg Zucchini · 2 EL Olivenöl · 1 TL Kräutersalz · 200 g Grünkernschrot · 2 EL Olivenöl · 400 kochende Gemüsebrühe · 200 ml Sahne oder pflanzliche Sahne · 30 g Mandeln

- Zucchini waschen, trocknen, evtl. der Länge nach halbieren, in 1 cm breite Scheiben schneiden, mit Öl und Kräutersalz vermischen.
- Backofen auf 160 Grad vorheizen. Schrot in einer Pfanne rösten, bis er duftet, Pfanne von der Herdplatte nehmen und das Öl einrühren.
- Zucchini mit dem Grünkernschrot in einer Auflaufform schichten, Gemüsebrühe angießen und 25 Min. backen. Herausnehmen, Sahne angießen, Mandeln hacken und darüber geben, Backofen auf 200 Grad stellen und weitere 10 Min. backen.

Das passt dazu: Pellkartoffeln

Blumenkohlcurry

Für 4 Personen
25 Min.

1 Blumenkohl (ca. 800 g) · 200 ml Gemüsebrühe · 400 ml Kokosmilch · 1 EL Maismehl · 1 TL Curry · 150 g Mungobohnenkeimlinge · Salz · Zitronensaft · 100 g Mango

- Blumenkohl waschen, groben Strunk herausnehmen und in kleine Röschen teilen. Gemüsebrühe in einer hohen Pfanne zum Kochen bringen, Blumenkohlröschen darin 8 Min. bissfest garen. Mit einem Schaumlöffel herausnehmen und warm stellen.
- Kokosmilch, Maismehl und Curry in die Brühe einrühren und offen unter Rühren 5 Min. köcheln lassen. Keimlinge einrühren, aufkochen lassen und mit Salz und Zitronensaft abschmecken. Blumenkohl dazugeben. Mangofruchtfleisch in dünne Streifen schneiden und kurz vor dem Servieren über den Blumenkohl geben.

Das passt dazu: Wildreis/Vollkornreis-Mischung, Salat aus Aprikosen, Nektarinen und Beeren

Tomaten-Dattel-Gemüse mit Kichererbsenschnitten

vegan

Für 4 Personen

45 Min.

1,2 l Gemüsebrühe · 350 g Kichererbsenmehl · 40 ml Olivenöl · Salz · Pfeffer · Zitronensaft · 10 ml Sesamöl · 3 EL Sesam · 1,3 kg reife Tomaten · 3 rote Zwiebeln · 10–12 Datteln, ohne Stein · 2 EL Olivenöl · Salz · Knoblauch · Tomatenmark · Sesamöl zum Braten

- Gemüsebrühe aufkochen, Kichererbsenmehl einrühren und langsam unter Rühren zu einem dicken, festen Brei garen. Olivenöl unterrühren und mit den Gewürzen abschmecken. Eine Kastenform mit Sesamöl auspinseln und mit Sesam dick ausstreuen. Kichererbsenmasse einfüllen, glatt streichen, abdecken und kalt werden lassen.
- Tomaten waschen, mit kochendem Wasser überbrühen, abziehen und je nach Größe der Länge nach vierteln oder achteln. Zwiebeln halbieren und in dünne Scheiben schneiden. Datteln der Länge nach vierteln.
- Öl in einer hohen Pfanne mit 2 EL Wasser erhitzen, Zwiebeln darin anschwitzen, Tomaten und Datteln dazugeben und bei mittlerer Hitze 20–30 Min. köcheln lassen. Mit Salz, Knoblauch und Tomatenmark abschmecken.
- Kastenform stürzen und Kichererbsenmasse in 1–2 cm dicke Scheiben schneiden, in Sesamöl von beiden Seiten knusprig braten und zum Tomatengemüse servieren.

Das passt dazu: Bratkartoffeln

Zeit sparen: Am Abend vorher Kichererbsenmehl kochen und in die Kastenform füllen.

Spaghetti mit Auberginentartar

vegan

Für 4 Personen

30 Min.

500 g Auberginen · 200 g Staudensellerie · 3 rote Zwiebeln · 3 EL Olivenöl · 300 ml Tomatenpassata · 400–500 g Vollkornspaghetti · 50 g grüne Oliven ohne Stein · 40 g Rosinen · 20 g Kapern in Öl · 3–4 EL roter Balsamessig · Salz · Pfeffer · Zucker · Olivenöl zum Beträufeln

- Auberginen und Staudensellerie waschen, sehr fein würfeln. Zwiebel abziehen, fein würfeln.
- Olivenöl mit 3 EL Wasser in einer hohen Pfanne erhitzen, Auberginen, Staudensellerie und Zwiebel darin kräftig anbraten, mit Tomatenpassata ablöschen und geschlossen bei mittlerer Hitze 20 Min. dünsten, gelegentlich umrühren. Spaghetti nach Packungsanweisung zubereiten.
- Oliven, Rosinen und Kapern klein schneiden und mit dem Essig unterrühren. Weitere 10 Min. dünsten, evtl. mit Wasser die Konsistenz einstellen. Mit Salz, Pfeffer und Zucker abschmecken und zu den Spaghetti servieren, mit Olivenöl beträufeln.

Das passt dazu: Gemischter Sommersalat mit roter Salatsauce

Kleinigkeit: Überbackene Schnitten

Kichererbsenschnitten mit Auberginentartar bestreichen und dachziegelartig in eine Auflaufform legen. Evtl. mit Feta überbacken.

Frisch dazukaufen

- 2 rote Paprika, 1 gelbe Paprika, 1 grüne Paprika, 500 g Zucchini, 1,3 kg Tomaten, 800 g grüne Bohnen, 400 g rote und gelbe Paprika, 200 g grüne Paprika, 1 ½ Bund Frühlingszwiebeln, 150 g Möhren, 250 g Wirsing, 100 g Knollensellerie, Rucola, 3 getrocknete Tomaten
- 6 Zitronen
- 1 Bund Petersilie, 1 Bund Minze, ½ Bund Koriander, 4 EL frische Kräuter (Basilikum, Petersilie, Koriandergrün), Zitronengras
- 300 g Seidentofu, 200 g Tofu, 200 g Schmand, 100 g Joghurt, Feta
- 6 Eier, Agavendicksaft

Aus dem Vorrat

- Vollkorn-Basmatireis, Polenta, Hefeflocken, Bulgur, rote Linsen, Kichererbsen, Paniermehl, Dinkelvollkornmehl
- Olivenöl, Kokosfett, Sesamöl
- Salz, Pfeffer, Kräutersalz
- rote Zwiebeln, Knoblauch
- Pinienkerne, Sesam, Cashewkerne
- Paprika edelsüß, Kreuzkümmel, Currypaste
- Gemüsebrühe, Sojasauce, Tomatenmark

Mögliche Beilagen

- Wok- oder Reisnudeln
- gemischter Salat mit Avocado, Gurkensalat mit weißer Salatsauce (siehe S. 36) und Dill
- Vanillepudding mit Himbeersauce

AUGUST WOCHE 2

Zucchini: fein im Geschmack und bekömmlich

Wer einmal selbst Zucchini im Garten angepflanzt hat, weiß, dass aus Zucchini innerhalb von wenigen Tagen Zucchone werden können. Bis zu einem halben Meter lang, mit harter Schale und festen Kernen haben sie nicht mehr viel gemein mit den jungen und zarten Exemplaren, die man besser zu früh als zu spät erntet. Eine Delikatesse sind die ganz jungen Zucchini, die noch ihre Blüte tragen.

Steckbrief Zucchini

Je kleiner die Zucchini geerntet werden, umso fester und aromatischer ist ihr Fleisch, unabhängig von ihrer Farbe. Auf dem Markt finden Sie dunkelgrüne mit weißen Streifen oder Flecken, weiße oder gelbe Zucchini. Sie sind reich an Kalium, Magnesium und Eisen sowie an Vitamin C und Folsäure, obgleich sie extrem viel Wasser enthalten. Getrennt von Früchten gelagert halten sie sich bis zu 1 Woche im Gemüsefach des Kühlschranks.

Zucchini-Paprika-Gemüse auf Polenta

vegan

Für 4 Personen

40 Min. + 15 Min. Backzeit

800 ml Gemüsebrühe · 2 EL Olivenöl · 200 g Polenta · 100 g Seidentofu · 1 EL Hefeflocken · 1 rote Paprika · 1 gelbe Paprika · 1 grüne Paprika · 500 g Zucchini · 1 EL Olivenöl · Salz · Paprika edelsüß · Pfeffer · Agavendicksaft · 3 getrocknete Tomaten · ½ Bund Petersilie · 30 g Pinienkerne · 1 EL Olivenöl

- Gemüsebrühe mit dem Öl in einem geschlossenen Topf zum Kochen bringen, Polenta einrühren und 2–3 Min. unter Rühren kochen, auf der ausgeschalteten Herdplatte 20 Min. ausquellen lassen. Seidentofu und Hefeflocken unterrühren. Polenta in einer mit Backpapier ausgelegten Quicheform glatt streichen.
- Paprika waschen, trocknen, entkernen und würfeln. Zucchini waschen, der Länge nach vierteln und in 1 cm große Stücke schneiden.
- Öl in einer hohen Pfanne mit 1 EL Wasser erhitzen, Gemüse darin anbraten, bissfest garen, und kräftig würzen. Auf der Polenta verteilen. Tomaten sehr fein würfeln. Petersilie fein schneiden. Tomaten, Petersilie und Pinienkerne mit dem Öl vermischen und über dem Gemüse verteilen. 15 Min. überbacken.

Das passt dazu: gemischter Salat mit Avocado

Kichererbsenbällchen mit Tomaten-Bulgur

Für 4 Personen

8–12 Stunden Einweichzeit + 1 Stunde Kochzeit + 1 Stunde Ausquellzeit + 40 Min.

175 g Kichererbsen (420 g gegart) · 2 Eier · 1 Eigelb · 3 EL Petersilie · Salz · Kreuzkümmel · Zitronenabrieb · Kokosfett zum Braten · 800 g Tomaten · 200 g Bulgur · 3 EL Olivenöl · 2 EL Zitronensaft · ½ Bund Minze · Kräutersalz · 200 g Schmand · 100 g Joghurt · 1–2 Knoblauchzehen · Salz · Zitronensaft

- Kichererbsen in der 3–4-fachen Menge Wasser 8–12 Stunden einweichen, 1 Stunde kochen, Mind. 1 Stunde ausquellen lassen. Überschüssige Garflüssigkeit abgießen.
- Kichererbsen mit den Eiern fein pürieren, Petersilie unterrühren und mit den Gewürzen abschmecken. Mit 2 Teelöffeln kleine Bällchen abstechen und in heißem Kokosfett knusprig braten.
- Tomaten mit kochendem Wasser überbrühen, abziehen, vierteln, den Strunk herausschneiden, fein würfeln , in eine Schüssel geben, Bulgur darüber streuen und 400 ml kochendes Wasser angießen. Mind. 20 Min. quellen lassen.
- Minze waschen, trocknen, schneiden, dazugeben, mit Kräutersalz abschmecken. Schmand und Joghurt glatt rühren, Knoblauch fein schneiden, unterrühren und abschmecken. Zu den Bällchen und dem Tomaten-Bulgur servieren.

Das passt dazu: Vanillepudding mit Himbeersauce

Grüne Bohnen aus dem Wok

vegan

Für 4 Personen

25 Min.

200 g Tofu · 4 EL Sojasauce · 800 g grüne Bohnen · 1 rote Zwiebel · 1 Knoblauchzehe · 2 EL Sesamöl, geröstet · 1 rote Paprika · Sojasauce · Agavendicksaft · Currypaste · Zitronensaft · 40 g Sesam · ½ Bund Koriander

- Tofu fein würfeln und mit der Sojasauce marinieren. Bohnen waschen und in mundgerechte Stücke schneiden. Zwiebel und Knoblauch abziehen und fein würfeln. Sesamöl in einem Wok erhitzen, Zwiebeln und Bohnen unter ständigem Wenden darin anbraten. Tofu mit der Marinade dazugeben und unter ständigem Wenden ca. 10 Min. braten.
- Paprika waschen, in feine Streifen schneiden und mit dem Knoblauch zu den Bohnen geben und weitere 3 Min. braten. Mit Sojasauce, Agavendicksaft, Currypaste und Zitronensaft abschmecken. Sesam trocken in einer Pfanne rösten. Koriander waschen, fein schneiden und mit Sesam über die Bohnen geben.

Das passt dazu: Wok- oder Reis-Nudeln

Strudel mit Paprika

vegan

Für 4 Personen

45 Min. + 30–40 Min. Backzeit

1 Grundrezept Strudelteig · 100 g rote Linsen · je 400 g rote und gelbe Paprika · 200 g grüne Paprika · 2 Frühlingszwiebeln · 2 EL frische Kräuter · Salz · Pfeffer · 2 EL Olivenöl · 50 g Paniermehl · 1 EL Olivenöl · ½ TL Paprika edelsüß · 200 g Seidentofu · 30 g Cashewkerne · Minze · Salz · Zitronensaft · Knoblauch

- Strudelteig (siehe S. 35) nach Grundrezept zubereiten. Linsen mit 180 ml Wasser aufkochen, 5 Min. köcheln lassen und auf der ausgeschalteten Herdplatte ausquellen lassen. Paprika und Frühlingszwiebeln waschen und in sehr feine Würfel schneiden. Mit Linsen und frischen Kräutern vermischen und den Gewürzen abschmecken.
- Backofen auf 170 Grad vorheizen. Ein Küchentuch ausbreiten und mit Mehl großzügig bestäuben. Teig nicht noch einmal durchkneten, mit Mehl bestäuben und auf Tuchgröße aufrollen. ⅔ des Teigs mit Olivenöl bestreichen und mit Paniermehl großzügig bestreuen. Gemüse auf die geölte Fläche verteilen, an beiden Seiten 2 cm frei lassen, diesen Teigrand an beiden Seiten einklappen und mit Hilfe des Tuches zu einem Strudel aufrollen. Auf ein mit Backpapier ausgelegtes Blech legen, Olivenöl mit Paprika verrühren und den Strudel damit bestreichen. 30–40 Min. backen, 10 Min. abkühlen lassen und dann schneiden.
- Seidentofu, Cashewkerne aufmixen und mit Minze, Salz, Zitronensaft und Knoblauch abschmecken und zu dem Strudel servieren.

Das passt dazu: Gemischter Salat

Zeit sparen: Linsen für die Kleinigkeit zusätzlich garen.

Gemüsereis aus dem Wok mit Ei

Für 4 Personen

40 Min.

200 g Vollkorn-Basmati-Reis · 150 g Möhren · 250 g Wirsing · 100 g Knollensellerie · 250 g Tomaten · 1 Bund Frühlingszwiebeln · 2 EL Sesamöl · 3 Eier · 4–5 EL Sojasauce · Knoblauch · Salz · Zitronengras · 2 EL frische Kräuter (Basilikum, Petersilie, Koriander)

- Reis nach Packungsanweisung zubereiten.
- Möhren waschen, evtl. schälen, der Länge nach halbieren, schräg in 1 cm breite Scheiben schneiden. Wirsing waschen, vierteln, groben Strunk herausschneiden, Blätter in Streifen schneiden. Sellerie, Tomaten, Frühlingszwiebeln waschen, fein schneiden. Öl in einem Wok erhitzen, Gemüse hinein geben und wenden, 3 Min. bissfest garen, herausnehmen und warm halten.
- Eier verquirlen, in den Wok geben, kurz stocken lassen und mit 2 Kochlöffeln auseinanderreißen. Reis, Gemüse und Sojasauce dazugeben und mit Knoblauch und Salz kräftig abschmecken. Mit Kräutern bestreuen und sofort servieren.

Das passt dazu: Gurkensalat mit weißer Salatsauce und Dill

Zeit sparen: Den Reis am Morgen kochen und ausquellen lassen.

Kleinigkeit: Rote-Linsen-Aufstrich

Linsen mit Olivenöl, Feta, Tomatenmark und Schmand pürieren, mit Knoblauch abschmecken. Geröstetes Brot damit bestreichen und mit Rucola belegen.

Sommerkuchen

Wunderbares Sommergebäck! Nie ist die Auswahl an frischem Obst so groß wie im Sommer. Ob Beeren oder Steinobst, gemischt oder einzeln, genießen Sie die Vielfalt. Einfach pur zu einem Keks, verpackt in Hefeteig, als Farbklecks auf einer Torte oder mit Sahne.

Mandelplätzchen mit Olivenöl

vegan

Ergibt ca. 45 Stück

10 Min. + 80 Min. Back- und Auskühlzeit

200 g Mandeln · 500 g Dinkelmehl 1050 · 230 g Zucker · 1 Vanillezucker · 30 g Stärke · 1 Pck. Backpulver · 120 ml Olivenöl · 140–160 ml Mandeldrink bzw. pflanzliche Milch

- Mandeln trocken in einer Pfanne leicht rösten und abkühlen lassen. Restliche Zutaten zu einem Teig verkneten, zum Schluss die Mandeln unterkneten.
- Backofen auf 180 Grad vorheizen. Aus dem Teig 3–4 längliche Brotlaibe von 5 cm Durchmesser formen und auf ein mit Backpapier ausgelegtes Backblech legen.
- 45 Min. backen. ½ Stunde auskühlen lassen, schräg in 1 cm starke Scheiben schneiden, auf ein Blech legen und von beiden Seiten noch einmal 10–12 Min. backen. Auskühlen lassen und in einer Dose aufbewahren.

Französische Aprikosentarte

Für 1 Tarte

40 Min. + 30 Min. Backzeit

270 g Blätterteig · 60 g Butter · ¼ TL Vanille · ¼ TL Zitronenabrieb · 1,3 kg Aprikosen · 4 EL Aprikosenmarmelade oder Apfelgelee · 20 g Mandelblättchen

- Blätterteig auf ein mit Backpapier ausgelegtes Backblech legen. Butter mit Vanille und Zitronenabrieb schmelzen, den Teig damit großzügig bestreichen und für 30 Min. kalt stellen.
- Backofen auf 180 Grad vorheizen. Aprikosen waschen, halbieren, entkernen und mit der Schnittfläche nach unten auf den Teig legen. Auf der unteren Schiene 25–30 Min. backen. Marmelade mit etwas heißem Wasser glatt rühren, Aprikosen damit bestreichen und mit Mandelblättchen bestreuen.

Versunkener Nektarinenkuchen

vegan

Für 12 Stücke

15 Min.+ 30–35 Min. Backzeit

200 g Dinkelvollkornmehl · 180 g Dinkelmehl 1050 · 30 g Paniermehl · 1 P Backpulver · 1 P Vanillezucker · 130 g Zucker · 100 ml Olivenöl · 50 ml pflanzliche Sahne · 150 ml Sprudelwasser · 3–4 Nektarinen

- Mehl, Paniermehl, Backpulver, Vanillezucker und Zucker vermischen. In einer anderen Schüssel Öl, Sahne und Sprudelwasser verrühren und in das Mehlgemisch einrühren. Teig in eine mit Backpapier ausgelegte Springform streichen.
- Backofen auf 180 Grad vorheizen. Nektarinen waschen, trocknen, halbieren, entkernen, in Spalten schneiden und in den Teig drücken. 30–35 Min. backen.

Beerentorte

vegan

Für 1 Torte

12 Stunden Einweichzeit + 10 Stunden Back- und Kühlzeit + 20 Min.

200 g Cashewkerne · 1 Grundrezept Mürbeteig, süß · 80 g Kokosöl · 2 EL Agavendicksaft · 2–3 EL Zitronensaft · Vanille · Zitronenabrieb · 400–500 g gemischte Beeren

- Cashewkerne mit kochendem Wasser übergießen, 8–12 Stunden einweichen.
- Mürbeteig (siehe S. 34) nach Grundrezept zubereiten, eine mit Backpapier ausgelegte Springform damit auslegen – ohne Rand. Mindestens 30 Min. kühl stellen.
- Wasser der eingeweichten Cashewkerne abgießen. Kokosöl schmelzen und mit den Cashewkernen, Agavendicksaft, Zitronensaft und 100 ml Wasser zu einer Creme fein pürieren. Mit den Gewürzen abschmecken.
- Boden mehrmals mit einer Gabel einstechen und 20–25 Min. backen. Auskühlen lassen, Creme darauf streichen und 8–10 Stunden kühl stellen. Beeren waschen, trocknen und auf der Torte dekorativ anrichten.

Tipp: Schmeckt im Winter auch mit Orangenfilets.

Pflaumenbuchteln

optional vegan

Für 12 Buchteln

60 Min. + 30 Min. Backzeit

1 ½ Grundrezepte Hefeteig, süß · 50 g getrocknete Soft-Pflaumen · Zimt · 6 frische Pflaumen · 30 g Kokosöl für die Form und zum Bestreichen · Zimtzucker

- Hefeteig (siehe S. 34) nach Grundrezept zubereiten.
- Getrocknete Pflaumen klein schneiden und mit 50 ml kochendem Wasser übergießen. 20 Min. einweichen, pürieren und mit Zimt abschmecken. Frische Pflaumen waschen, trocknen, halbieren, entkernen.
- Kokosöl schmelzen, Springform damit ausstreichen. Teig in 12 gleiche Stücke teilen, jedes Stück mit den Händen flach drücken, mit einem EL Pflaumenmus und einer halben Pflaume füllen. Die Teigränder über der Pflaume verschließen und die Buchteln mit dem Teigschluss nach unten nebeneinander in die Form setzen.
- Buchteln mit dem restlichen Kokosöl großzügig bestreichen und mit Zimtzucker bestreuen. 10 Min. gehen lassen.
- Backofen auf 180 Grad vorheizen, 25–30 Min. backen.

Das passt dazu: Schmecken sehr gut warm und mit Vanilleeis

Windbeutel

20 Stück

40 Min.

50 g Butter · 1 Msp. Salz · 150 g Dinkelvollkornmehl · 4–5 Eier · 150 g Sahne · 150 g Quark · 30 g Zucker · 300 g Früchte der Saison

- 250 ml Wasser mit Butter und Salz in einem geschlossenen Topf aufkochen lassen. Mehl auf einmal in die kochende Flüssigkeit geben und den Teig bei voller Hitzezufuhr und unter kräftigem Rühren ca. 2 Min. abbrennen. Der Teig löst sich dabei vom Topfboden, bildet einen Klumpen und ein weiß-gräulicher Belag überzieht den Topfboden. Den Teigkloß in eine Rührschüssel geben und leicht aufreißen.
- Eier einzeln aufschlagen und nach und nach einrühren. Backofen auf 220 Grad vorheizen. Mit einem Spritzbeutel oder 2 nassen mittelgroßen Löffeln kleine Häufchen auf ein mit Backpapier ausgelegtes Blech setzen. 10 Min. backen. Die Temperatur auf 170 Grad herunterschalten und weitere 15 Min. backen. Die Windbeutel herausnehmen, mit einem Messer einen Deckel abschneiden, auskühlen lassen.
- Sahne schlagen, Quark und Zucker unterrühren, Früchte waschen, trocknen und klein schneiden und mit Sahne-Quark vermischen. Kurz vor dem Servieren die Windbeutel damit großzügig befüllen.

Frisch dazukaufen

- 15 große Fleischtomaten, 500 g Zucchini, 500 g Salatgurke, 1 Bund Frühlingszwiebeln, 1 kg Brokkoli, 1 rote Paprika, 2 gelbe Paprika, 300 g Cremechampignons, 100 g Rucola, 1 kg Auberginen, Kresse, 1 EL Kapern in Öl, 15 grüne Oliven
- 4 Zitronen, 2 reife Avocados, 1 kl. Honigmelone, 5 Datteln, 40 g getrocknete Aprikosen
- frisches Basilikum
- 200 g Tofu, 200 ml pflanzliche Sahne, 150 g Feta oder eingelegter Tofu, ggf. Feta für Kleinigkeit
- 3 Eier, Apfelsaft, 200 g Linsenkeimlinge, Mandelmus

Aus dem Vorrat

- Rundkornvollkornreis, Polenta, Muschelnudeln, Hefewürze oder alter Ziegengouda
- Olivenöl, Rapskernöl, Kürbiskernöl
- Salz, Pfeffer, Kräutersalz, Zucker
- Zwiebeln, Schalotten, Knoblauch
- Raz el Hanout, Estragon, Cayennepfeffer, Oregano, Paprika edelsüß
- Rosinen, Mandeln, Mandelblättchen, Pinienkerne
- Tomatenmark, Sojasauce, Gemüsebrühe

Mögliche Beilagen

- Pellkartoffeln, Bratkartoffeln, Backlinge
- Mangold oder frischer Spinat, Blattsalat mit roter Salatsauce (siehe S. 37)
- gemischter Melonensalat

Tomaten: verführerisches Rot

Jeder von uns isst pro Jahr ganze 6,5 kg frische Tomaten. Schon lange gibt es sie das ganze Jahr über, am gesündesten sind Tomaten aber dann, wenn sie viel Sonne abbekommen haben. Genießen Sie jetzt die Tomatensaison – wenn Sie einen sonnigen Balkon haben, können Sie problemlos selbst welche anbauen.

Steckbrief Tomaten

Um 1500 kam dieses Nachtschattengewächs aus Mexiko nach Europa. Erst 400 Jahre später entdeckten die Deutschen die Tomate. Liebesapfel, Goldapfel oder Paradeiser wird diese rote runde Frucht auch genannt, die, wenn sie am Strauch in der Sonne gereift ist, viel Vitamin C, Provitamin A, Vitamin E und Folsäure sowie auch jede Menge Fruchtzucker für das typische Aroma entwickelt. Vorzeitig geerntete Tomaten werden zwar irgendwann rot, entwickeln aber weder ausreichend Vitamine noch Aroma, sie bleiben wässrig und fad. Ob sie nun Fleisch-, Eier-, Flaschen-, Birnen-, Kirsch- oder Cocktailtomaten kaufen, sie sollten beim Einkauf eine glatte unversehrte Schale ohne Faulstellen haben, so können Sie sie 6–7 Tage bei Zimmertemperatur lagern. Tomaten können Sie gegart und/oder püriert einfrieren.

Reis-Tomaten aus dem Backofen

vegan

Für 4 Personen

45 min. + 25 Min. Backzeit

2 Schalotten · 200 g Rundkornvollkornreis · 50 g Rosinen · 8 große Fleischtomaten · Kräutersalz · Zitronensaft · 5 Datteln · 2 EL Tomatenmark · 2 EL Rapskernöl · Salz · Raz el Hanout · 50 g Mandeln

- Schalotten abziehen, der Länge nach vierteln. Reis mit den Schalotten in der 2,5-fachen Menge Wasser garen.
- Rosinen in Wasser einweichen.
- Tomaten waschen, trocknen, Deckel abschneiden, Innere mit einem Löffel aushöhlen. Tomatenhälften mit Kräutersalz und Zitronensaft beträufeln. Fruchtfleisch schneiden, mit Salz würzen. Datteln sehr fein schneiden, mit Tomatenmark zu dem Fruchtfleisch geben.
- Reis abgießen, Rosinen und Rapsöl unterziehen, mit den Gewürzen abschmecken. Mandeln hacken, trocken in einer Pfanne rösten, unter den Reis ziehen.
- Backofen auf 180 Grad vorheizen. Tomaten mit Rosinen-Reis großzügig füllen, Deckel darauf setzen und in eine Auflaufform nebeneinander stellen. Die Fruchtfleischsauce zwischen den Tomaten verteilen, 25 Min. backen.

Das passt dazu: Mangold

Zeit sparen: Reis am Morgen aufsetzen und ausquellen lassen. Reis für das sahnige Zucchini-Gurken-Gemüse mitkochen. Linsenkeimlinge für Avocadotartar und **Kleinigkeit** ansetzen.

Sahniges Zucchini-Gurken-Gemüse mit Tofu

vegan

Für 4 Personen

25 Min.

200 g Tofu · 1 EL Kürbiskernöl · 2 EL Sojasauce · 500 g Zucchini · 500 g Salatgurke · 1 Bund Frühlingszwiebel · 2 EL Rapskernöl · 200 ml pflanzliche Sahne · Kräutersalz · Zitrone · Estragon

- Tofu würfeln, in Öl und Sojasauce mindestens 20 Min. marinieren.
- Zucchini und Salatgurke waschen, bei der Gurke mit dem Sparschäler Streifen von der Schale so schälen, dass grüne Schalenstreifen stehen bleiben, der Länge nach halbieren, das weiche Innere herausschneiden und aufbewahren, vierteln und aufschneiden, Zucchini würfeln. Frühlingszwiebeln waschen, in Ringe schneiden.
- Öl mit 2 EL Wasser in einer hohen Pfanne erhitzen, Zwiebel anbraten, Gurke und Zucchini hinzufügen, bei mittlerer Hitze geschlossen 5 Min. dünsten. Das Weiche der Gurke mit der Sahne pürieren, zu dem Gemüse geben und offen 3 Min. köcheln. Mit Kräutersalz, Zitrone und Estragon fein abschmecken. Tofu in einer beschichteten Pfanne braten und unter das Gemüse ziehen.

Das passt dazu: Vollkornreis, Paprikasalat mit Erdnüssen und Sommervinaigrette (siehe S. 36)

Avocadotartar mit Linsenkeimlingen

Für 4 Personen

25 Min.

3 Eier · 5 Fleischtomaten · 2 reife Avocados · Salz · Pfeffer · Zitronensaft · 200 g Linsenkeimlinge · 1–2 EL Olivenöl · Kresse

- Eier hart kochen.
- Tomaten waschen und mit kochendem Wasser überbrühen, Haut abziehen, vierteln, das Weiche herausnehmen und das Fruchtfleisch in sehr feine Würfel schneiden. Avocados halbieren, die Kerne herausnehmen, die Schale abziehen und in sehr kleine Würfel schneiden. Mit den Tomatenwürfeln vermischen und mit den Gewürzen und dem Zitronensaft abschmecken.
- Eier pellen und in sehr feine Würfel schneiden und in die Avocado-Tomaten-Mischung ziehen. Nochmals abschmecken.
- Linsenkeimlinge 1 Min. blanchieren, mit kaltem Wasser abschrecken und gut abtropfen lassen. Keimlinge auf einer Platte anrichten, Avocadotartar darauf dekorieren und mit Olivenöl beträufeln. Mit Kresse bestreuen.

Das passt dazu: Pellkartoffeln

Zeit sparen: Kartoffeln zusätzlich für das Brokkoligemüse garen. Für die **Kleinigkeit** zusätzlich Linsenkeimlinge ansetzen.

Brokkoligemüse

vegan
Für 4 Personen
25 Min.

40 g getrocknete Aprikosen · 150 ml Apfelsaft · 1 kg Brokkoli · 1 Gemüsezwiebel · 2 EL Olivenöl · 2 EL Mandelmus · Salz · Cayennepfeffer · 30 g Mandelblättchen

- Aprikosen fein würfeln und in Apfelsaft einweichen.
- Brokkoli waschen, Stiele schälen und in Stifte schneiden, Röschen fein zerteilen. Zwiebel abziehen, achteln und in Scheiben schneiden. Öl mit 2 EL Wasser erhitzen, Stiele darin anbraten, mit den eingeweichten Aprikosen ablöschen, 2 Min. dünsten, Röschen oben darauf setzen und weitere 3 Min. geschlossen dünsten. Mandelmus einrühren und leicht scharf abschmecken.
- Mandelblättchen trocken in einer Pfanne rösten und Brokkoli vor dem Servieren damit bestreuen.

Das passt dazu: Bratkartoffeln und Backofenkartoffeln mit buntem Salat

Kleinigkeit: Salat
Linsenkeimlinge mit kleingeschnittener Honigmelone, Olivenöl und Zitronensaft, Salz und Pfeffer vermischen. Dazu gegrillter Feta.

Polenta-Pizza

optional vegan
Für 4 Personen
50 Min. + 25 Min. Backzeit

600 ml Gemüsebrühe · 30 ml Olivenöl · 200 g Polenta · 1 Knoblauchzehe · 1 TL Oregano · 1 TL Paprika edelsüß · Tomatenmark · Salz · Zucker · 1 rote Paprika · 2 gelbe Paprika · 300 g Crèmechampignons · 150 g Feta oder eingelegter Tofu · 100 g Rucola

- Brühe mit dem Öl in einem Topf geschlossen aufkochen, Polenta einrühren und 10 Min. köcheln lassen, dabei immer wieder umrühren. Auf der ausgeschalteten Herdplatte 20 Min. ausquellen.
- Knoblauch abziehen, in Scheiben schneiden, mit dem Oregano und dem Paprikapulver in das Tomatenmark einrühren. Mit den Gewürzen abschmecken.
- Paprika waschen, trocknen, entkernen, in dünne Streifen schneiden. Champignons mit einem Küchenkrepp säubern, in feine Scheiben schneiden.
- Backofen auf 180 Grad vorheizen. Polenta auf ein mit Backpapier ausgelegtes Blech streichen. Tomatenmark gleichmäßig verteilen, Paprika und Champignons auflegen, Feta würfeln, auf das Gemüse legen. 25 Min. backen.
- Rucola waschen, trocknen, in mundgerechte Stücke schneiden, vor dem Servieren über die Polenta-Pizza geben.

Das passt dazu: Melonensalat

Zeit sparen: Am Abend vorher Polenta zubereiten, auf das Blech streichen.

Auberginenragout mit Muschelnudeln

optional vegan
Für 4 Personen
35 Min.

1 kg Auberginen · 2 EL Olivenöl · 2 Fleischtomaten · 1 EL Kapern in Öl · 15 grüne Oliven · Salz · Pfeffer · Zucker · 500 g Muschelnudeln · 25 g Pinienkerne · frisches Basilikum · Hefewürze oder alter Ziegengouda

- Auberginen waschen, trocknen und in kleine Würfel schneiden. Öl in einer großen hohen Pfanne erhitzen, Auberginen darin kräftig anbraten. Fleischtomaten waschen, mit kochendem Wasser überbrühen, die Haut abziehen, Tomaten vierteln, das Weiche herausnehmen und das Fruchtfleisch sehr fein würfeln und mit den Kapern zu den Auberginen geben. Oliven halbieren und dazu geben. Mit Salz, Pfeffer und Zucker abschmecken und offen weich schmoren.
- Nudeln nach Packungsanweisung garen.
- Pinienkerne trocken in einer Pfanne rösten und über das Auberginenragout streuen. Auberginenragout zu den Nudeln servieren und mit Basilikum dekorieren.

Das passt dazu: Blattsalat mit roter Salatsauce

Frisch dazukaufen

- 1–1,5 kg dicke Bohnen, 300 g grüne Bohnen, 300 g Zuckerschoten, 800 g Tomaten, 1 Fenchelknolle, 1 kg Staudensellerie, 1 kg Zucchini, 8 schwarze Oliven ohne Kern, 13 getrocknete Tomaten, 1 Handvoll Rucola und Kopfsalat sowie etwas Gurke und Tomaten für Kleinigkeit
- 12 Aprikosen, 4 Zitronen
- 1-2 Bund Schnittlauch, 1 ½ Bund Basilikum
- 200 g Seidentofu
- rosa Pfefferbeeren, 500 ml Tomatensaft, 3 Eier, 1 großes türkisches Fladenbrot

Aus dem Vorrat

- Dinkelvollkornmehl, Kartoffeln, mehlige Kartoffeln
- Olivenöl, Mandelöl oder Butter
- Salz, Pfeffer, Zucker, Puderzucker
- Zwiebeln, Schalotten, Knoblauch
- Pinienkerne, Mohn, Cashewkerne
- Fenchelsamen, Paprika edelsüß
- Gemüsebrühe, grober Senf, Tomatenmark

Mögliche Beilagen

- Brot, Polenta
- Tomatensalat, bunte Rohkostplatte, Maissalat
- Beeren

Bohnen: Gemüse mit überraschendem Innenleben

Ob Busch- oder Stangenbohnen, Schnitt- oder Brechbohnen, gelb oder grün – Bohnen schmecken in der Suppe, zu Spaghetti mit Butter, Olivenöl, Knoblauch und Parmesan oder kalt und mariniert als Salat. Kaum ein anderes Gemüse lässt sich so vielfältig und schmackhaft variieren.

Steckbrief Bohnen

Abgesehen von ihrem Gehalt an Mineralstoffen, wie Magnesium, Kalzium, Kalium und Eisen und Vitaminen wie Folsäure, B_2, B_6, C und Provitamin A, liefern Bohnen jede Menge Kohlenhydrate und Ballaststoffe. Bohnen bzw. allgemein Hülsenfrüchte sollten gegart verzehrt werden, da sie Stoffe enthalten, die zum einen den Eiweißabbau erschweren und zum anderen die roten Blutkörperchen verklumpen lassen. 2 oder 3 Bohnen roh beim Pflücken oder Putzen zu essen, das macht nichts, aber diese Menge sollte möglichst nicht überschritten werden. In ein feuchtes Küchenhandtuch gewickelt oder in einer Kunststoffdose halten sich die Bohnen 2–3 Tage im Kühlschrank.

Bohnen-Kartoffel-Salat

vegan
Für 4 Personen
35 Min.

500 g Kartoffeln · 1–1,5 kg dicke Bohnen (gepalt ca. 250 g) · Salz · 300 g grüne Bohnen · 300 g Zuckerschoten · 100–150 ml Gemüsebrühe · 50 ml Olivenöl · Saft von 1 Zitrone · 1–2 EL grober Senf · Salz · rosa Pfefferbeeren · 1–2 Bund Schnittlauch

- Kartoffeln waschen, garen.
- Dicke Bohnen aus den Schoten palen und in Salzwasser 3 Min. garen. Abgießen und mit kaltem Wasser abschrecken. Bohnenkerne aus den Hülsen drücken. Grüne Bohnen waschen und ca. 8 Min. in Salzwasser bissfest garen bzw. dämpfen. In der letzten Minute die gewaschenen und geputzten Zuckerschoten dazugeben. Abgießen und mit kaltem Wasser abschrecken.
- Kartoffeln in Scheiben schneiden. Gemüsebrühe mit Öl, Zitronensaft und Senf gut verquirlen und mit dem Gemüse und den Kartoffeln vermengen. Mit Salz abschmecken und mit angedrückten rosa Pfefferkörnern bestreuen.
- Schnittlauch waschen, in feine Röllchen schneiden und über den Salat streuen.

Das passt dazu: Brot und Beeren zum Nachtisch

Tomatensuppe mit Fenchel und Basilikumöl

vegan
Für 4 Personen
25 Min.

800 g Tomaten · 1 Fenchelknolle · 1 Zwiebel · 1 EL Olivenöl · 1 EL Zucker · 1 EL Tomatenmark · 5 getr. Tomaten · 1 l Gemüsebrühe · 500 ml Tomatensaft · Salz · Pfeffer · 1 Bund Basilikum · 150 ml Olivenöl · 1 TL Fenchelsamen

- Tomaten waschen, vierteln, Stielansatz herausschneiden. Fenchel waschen, das Grün aufbewahren. Fenchel abziehen und würfeln. Zwiebel abziehen und würfeln.
- Öl in einem großen Topf mit 1 EL Wasser erhitzen, Gemüse darin anbraten, Zucker, Tomatenmark und getrocknete Tomaten dazugeben und 1 Min. weiter dünsten. Gemüsebrühe und Saft angießen und offen ca. 30 Min. bei mittlerer Hitze köcheln. Die Suppe cremig pürieren.
- Basilikum waschen, zupfen und mit dem Olivenöl pürieren. Fenchelsamen trocken in einer Pfanne rösten, mörsern und in das Öl einrühren. Tomatensuppe mit dem Basilikumöl beträufeln.

Das passt dazu: Geröstetes Vollkornbaguette und Pflaumenkuchen zum Nachtisch

Italienischer Staudensellerie

vegan
Für 4 Personen
25 Min.

1 kg Staudensellerie · 2 Schalotten · 2 EL Olivenöl · 8 getrocknete Tomaten in Öl · 8 schwarze Oliven ohne Kern · 30 g Pinienkerne · Salz · Zitronensaft

- Staudensellerie waschen, innere zarte grüne Blätter aufbewahren, evtl. der Länge nach halbieren und in 4–5 cm lange Stücke schneiden. Schalotten abziehen, würfeln.
- Öl in einer hohen, Pfanne mit 2 EL Wasser erhitzen, Schalotten anschwitzen, Staudensellerie mitbraten und geschlossen bei mittlerer Temperatur 5 Min. dünsten.
- Tomaten in Streifen schneiden, Oliven in Scheiben schneiden, mit Pinienkernen zu dem Gemüse geben, weitere 3 Min. dünsten, mit Salz und Zitronensaft abschmecken.

Das passt dazu: Polenta und Tomatensalat mit Kichererbsen

Aprikosenknödel mit Mohn

vegan
Für 4 Personen
50 Min.

1,2 kg mehlige Kartoffeln · 3 Eigelb · 320 g Dinkelvollkornmehl · 1 Pr. Salz · 12 Aprikosen · 3 EL Mandelöl oder Butter · 1 EL Mohn · 1 EL Puderzucker

- Kartoffeln waschen und garen, abschrecken, pellen und durch eine Presse drücken. Ausdampfen lassen. Eigelb, Mehl und Salz unter die Kartoffeln kneten. Evtl. mit Mehl oder Wasser korrigieren – der Teig sollte fest sein.
- Aprikosen waschen, trocknen, an einer Seite aufschneiden und entkernen. Teig in 12 Stücke teilen, je eine Aprikose in die Mitte drücken, mit den Händen einen Kloß formen, in einem breiten Topf Wasser zum sieden bringen, die Knödel ca. 10–15 Min. darin gar ziehen.
- Öl leicht erwärmen, Mohn und Zucker einrühren und über die Knödel geben.

Das passt dazu: bunte Rohkostplatte als Vorspeise

Überbackenes Fladenbrot mit Zucchini

vegan
Für 4 Personen
25 Min. + 10–15 Min. Backzeit

1 großes türkisches Fladenbrot · 200 g Seidentofu · 50 g Cashewkerne · 2 EL Olivenöl · 1 EL grober Senf · Salz · Pfeffer · Zitronensaft · Knoblauch · 1 kg Zucchini · 1 EL Olivenöl · Salz · Paprika edelsüß · Zitronenabrieb · ½ Bund Basilikum

- Backofen auf 220 Grad vorheizen. Fladenbrot waagerecht durchschneiden und beide Hälften 5 Min. rösten. Seidentofu, Cashewkerne, Öl und Senf fein pürieren und mit den Gewürzen kräftig abschmecken.
- Zucchini waschen, in 1 cm breite Streifen schneiden. Öl mit 1 EL Wasser erhitzen, Zucchini kurz anbraten und würzen.
- Backofen auf 180 Grad herunterschalten. Die Brothälften mit der Tofucreme bestreichen, Zucchinischeiben darauf verteilen, die Brote 10–15 Min. backen. Basilikum waschen, trocknen, zupfen, kurz vor dem Servieren über die Brote streuen.

Das passt dazu: Maissalat

Kleinigkeit: Gemüsesmoothie

Je 1 Handvoll Rucola, Kopfsalat, Gurke, Tomaten mit Olivenöl, Zitronensaft pürieren und mit Salz und Pfeffer abschmecken. Gut gekühlt und mit frischen Kräutern bestreut genießen.

Rote Bete: süßer Geschmack und tolle Farbe

Ob klein oder groß, rund oder länglich, Rote Bete setzt mit ihrem feinen aromatischen und leicht erdigen Geschmack und der blutroten Farbe Akzente auf dem Teller.

Steckbrief Rote Bete

Rote Bete liefert jede Menge Mineralstoffe wie Kalzium, Kalium und Magnesium sowie auch wasserlösliche Vitamine, wie Folsäure und Vitamin C. Aufgrund ihres sehr hohen Nitratgehaltes empfiehlt es sich, sie nicht täglich zu verzehren. Durch Kombination mit frischem Obst lässt sich der manch einmal ausgeprägte erdige Geschmack mildern und gleichzeitig vermindert das Vitamin C aus dem Obst eine Umwandlung von Nitrat in das bedenkliche Nitrit bzw. Nitrosamin. Rote Bete hält sich im Gemüsefach des Kühlschranks in Papier gewickelt 1–2 Wochen. Hierfür sollten Sie allerdings das Blattgrün entfernen. Kleingeschnitten peppt es jeden Salat auf.

Frisch dazukaufen

- 500 g Rote Bete, 1,2 kg Tomaten, 600 g Auberginen, 1 Bund Frühlingszwiebeln, 1 großer Blumenkohl, 5 rote Paprika, 1,2 kg Bundmöhren, 3 Zweige Möhrengrün
- 1 Orange, 100 g Aprikosen, 1 Zitrone
- 1 Bund Minze, ½ Bund Basilikum, ½ Bund glatte Petersilie, Ingwer, Meerrettich
- 100 g saure Sahne oder pflanzliche saure Sahne, 4 Ziegenkäsetaler, 150 g Bergkäse, 200 g Tofu, 400 ml Milch oder pflanzliche Milch, 40 g Butter (oder Olivenöl)
- 750–1000 g Gnocchi, 500 ml Rote-Bete-Saft, 1 Ei, Agavendicksaft

Aus dem Vorrat

- Polenta, rote Linsen, Muschelnudeln, Kartoffeln, Stärke, Maismehl, 2–4 EL Reismehl (bzw. Maismehl, Weizenvollkornmehl oder Weizenmehl Type 1050)
- Olivenöl, Butterschmalz, Leinöl oder Rapskernöl, roter Balsamessig
- Salz, Pfeffer, grober Pfeffer
- Zwiebel, Knoblauch
- Anis, Paprika edelsüß, Kreuzkümmel, Curry, Muskat, gemahlener Koriander
- Mandeln
- Tomatenmark, Honig, Gemüsebrühe

Mögliche Beilagen

- Vollkornreis oder Couscous
- Pellkartoffeln und Kräuterquark, Linsengemüse
- Feldsalat mit Sonnenblumenkernen und Apfel, Blattsalat mit Sommervinaigrette (siehe S. 36)

Gnocchi mit Roter Bete

optional vegan
Für 4 Personen
50 Min.

500 g Rote Bete · 500 ml Rote-Bete-Saft · 1 EL Agavendicksaft · 1 EL Balsamessig, rot · Salz · Pfeffer · Orangenabrieb · Anis · 1 TL Stärke · 750 g–1000 g Gnocchi · 100 g saure Sahne oder pflanzliche saure Sahne · Meerrettich

- Grün der Roten Bete abschneiden, zarte Blätter waschen. Rote Bete bürsten, im Ganzen 30–45 Min. kochen (je nach Größe).
- Rote-Bete-Saft mit Agavendicksaft, Balsamessig und den Gewürzen 30 Min. offen köcheln. Evtl. mit etwas in Wasser glattgerührter Stärke binden. Gekochte Rote Bete schälen, sehr fein würfeln, in die Sauce rühren.
- Gnocchi nach Packungsanweisung zubereiten. Saure Sahne mit Meerrettich glattrühren. Einige zarte Blätter fein schneiden. Kurz vor dem Servieren Rote Bete mit den Gnocchi und der sauren Sahne und den Blättern locker verrühren.

Das passt dazu: Gemischter Blattsalat mit gerösteten Sonnenblumenkernen und Apfel

Tomaten-Gemüse mit Ziegenkäsetalern

Für 4 Personen
30 Min.

100 g Aprikosen, getrocknet · 1,2 kg Tomaten · 1 Gemüsezwiebel · 2 EL Olivenöl · 4 EL Tomatenmark · Salz · Honig · Paprika edelsüß · 40 g Polenta · ½ TL grober Pfeffer · 1 Ei · 1 EL Maismehl · Butterschmalz · 4 Ziegenkäsetaler

- Aprikosen würfeln und in kochendem Wasser knapp bedecken. Tomaten mit kochendem Wasser übergießen, abziehen und grob würfeln. Zwiebel abziehen, fein würfeln.
- Olivenöl mit 2 EL Wasser in einer hohen Pfanne erhitzen, Zwiebel darin dünsten. Das Tomatenmark dazugeben und 2–3 Min. anschwitzen. Tomaten und Aprikosen dazugeben und 2–3 Min. dünsten. Weitere 3 Min. ohne Deckel garen. Tomatengemüse mit den Gewürzen abschmecken.
- Polenta auf einem Teller mit dem Pfeffer vermischen. Ei auf einem anderen Teller verquirlen, das Mehl auf einen dritten Teller geben. Käsetaler erst in Mehl wenden, dann durch das Ei ziehen, zum Schluss in der Polenta wenden. Butterschmalz in einer beschichteten Pfanne erhitzen und die Taler darin goldbraun backen.

Das passt dazu: Vollkornreis oder Couscous

Linseneintopf mit Minzöl

vegan

Für 4 Personen

35 Min.

600 g Auberginen · Salz · 1 Bund Frühlingszwiebeln · 1 EL Olivenöl · 350 g rote Linsen · 800 ml Gemüsebrühe · 1 EL Olivenöl · Salz · roter Balsamessig · Knoblauch · Kreuzkümmel · 1 Bund Minze · 4 EL Olivenöl

- Auberginen waschen, klein würfeln, salzen und 20 Min. ziehen lassen.
- Frühlingszwiebeln waschen, in Ringe schneiden. Öl mit 1 EL Wasser in einem großen Topf erhitzen, Zwiebeln darin anschwitzen, Linsen hinzufügen und mit der Gemüsebrühe ablöschen. 20 Min. garen.
- Auberginenwürfel waschen, etwas ausdrücken und trocknen. Öl mit 1 EL Wasser in einer Pfanne erhitzen, Auberginen darin weich braten. Minze waschen, trocknen, zupfen und mit dem Öl pürieren. Linsen abschmecken, Auberginen einrühren und den Eintopf vor dem Servieren mit Minzöl beträufeln.

Das passt dazu: Gratinierte Nektarinenviertel und Aprikosenhälften aus dem Backofen mit Vanilleeis

Warmer Möhrensalat

vegan

Für 4 Personen

25 Min.

1 kg Bundmöhren · Salz · ca. 2 EL Zitronensaft · 2 EL Olivenöl · 2 EL Leinöl oder Rapskernöl · 1 TL Agavendicksaft · Salz · Pfeffer · Koriander, gemahlen · 20 g Mandeln

- Möhrengrün abschneiden und zur Seite legen. Möhren waschen, schräg in 1 cm breite Stücke schneiden, in Salzwasser bissfest dünsten bzw. dämpfen.
- Restliche Zutaten miteinander verrühren und sofort mit den Möhren vermischen. Mandeln trocken in einer Pfanne rösten, hacken und darüber streuen. 2–3 Zweige von dem Möhrengrün waschen, trocknen, sehr fein schneiden und über den Salat streuen.

Das passt dazu: Pellkartoffeln und Kräuterquark

Zeit sparen: 400 g Kartoffeln zusätzlich garen für Gefüllte Paprikahälften mit Tofu. Für die **Kleinigkeit** 3 Möhrengrünzweige für Möhrensuppe aufbewahren.

Blumenkohlauflauf mit Nudeln

Für 4 Personen
30 Min. + 10 Min. Backzeit

400 g Muschelnudeln · 1 großer Blumenkohl (1 kg) · Salz · 1 rote Paprika · 2 Grundrezepte Béchamelsauce · 150 g Bergkäse · Curry · Pfeffer · Muskat

- Nudeln nach Packungsanweisung garen.
- Das Grün vom Blumenkohl abschneiden und den Kohl waschen, in Röschen zerteilen, den Strunk würfeln und beides in wenig Salzwasser bissfest dünsten bzw. dämpfen. Mit einem Schaumlöffel herausnehmen und in eine Auflaufform legen. Garflüssigkeit für die Béchamelsauce aufbewahren. Paprika waschen, trocknen, entkernen, in kleine Würfel schneiden und über den Kohl verteilen.
- Béchamelsauce (siehe S. 38) nach Grundrezept mit der Blumenkohl-Garflüssigkeit zubereiten. Käse reiben und dazugeben, schmelzen lassen. Mit den Gewürzen kräftig abschmecken.
- Backofen auf 180 Grad vorheizen. Nudeln über das Gemüse geben, dann die Sauce darüber verteilen und 10 Min. im Backofen überbacken.

Das passt dazu: Blattsalat mit Sommervinaigrette

Kleinigkeit: Möhrensuppe

150 g Möhren in Gemüsebrühe bissfest garen, mit Sahne pürieren, mit Ingwer abschmecken, 3 Zweige Möhrengrün sehr fein schneiden, mit Olivenöl vermischen und über die Suppe geben.

Gefüllte Paprikahälften mit Tofu

vegan
Für 4 Personen
25 Min. + 35–40 Min. Backzeit

½ Bund Basilikum · ½ Bund glatte Petersilie · 1 Knoblauchzehe · 60 ml Olivenöl · 200 g Tofu · 400 g Kartoffeln vom Vortag · 4 rote Paprika

- Basilikum und Petersilie waschen, trocknen, grob schneiden, Knoblauch abziehen und zusammen mit dem Öl pürieren. Tofu fein würfeln und mit dem Pesto verrühren. Mindestens 10 Min. durchziehen lassen.
- Backofen auf 180 Grad vorheizen. Kartoffeln würfeln und mit dem Tofu vermischen. Paprika waschen, trocknen, halbieren, entkernen. Die Füllung auf die 8 Paprikahälften verteilen, auf ein mit Backpapier ausgelegtes Blech legen und ca. 35–40 Min. backen.

Das passt dazu: Linsengemüse

Frisch dazukaufen

- 1,5 kg Kirschtomaten, 500 g Zucchini, 250 g Auberginen, 1 rote Paprika, 1 gelbe Paprika, 3 grüne Paprika, 4 Maiskolben oder 800 g Mais TK, 1 kg Fenchel, 1 Suppengrün, 20 g getrocknete Steinpilze, etwas Möhren und Zucchini
- 2 Zitronen
- 2 Bund Basilikum, Petersilie
- 500 g Tofu, 600 ml Sahne oder pflanzliche Sahne, 400 g Seitan, ½ l Milch, 80 g Parmesan
- 2 Eier, Agavendicksaft

Aus dem Vorrat

- Kartoffeln, festkochende Kartoffeln, Kichererbsen, Vollkornspaghetti, Polenta, Dinkelvollkorngrieß, Haferflocken, Hefeflocken
- Olivenöl, Rapskernöl, Weißweinessig
- Salz, Pfeffer Knoblauch
- Paprika edelsüß, Muskat, Majoran, Kümmel
- Senf, Gemüsebrühe

Mögliche Beilagen

- Vollkornreis, Bulgur oder Couscous, kräftiges Roggenbrot
- Gemüse der Saison, Gurkensalat, Blattsalat mit Apfel, Feldsalat mit Walnüssen
- Milchreis mit Apfel-Birnen-Kompott

Kartoffel: vielseitig verwendbar und geliebt

Egal ob gedämpft, in wenig Wasser gekocht oder auf dem Backblech gebacken, die Schale bleibt dran, nur so bleiben die wertvollen Nährstoffe erhalten. Wenn Sie es nicht schon tun, gewöhnen Sie sich am besten an, Kartoffeln nicht zu schälen.

Steckbrief Kartoffel

Die Kartoffel ist mit ihren verschiedenen Sorten das Ganze Jahr über verfügbar, sie enthält hochwertiges Eiweiß, Vitamin C und B sowie einen relativ hohen Gehalt an Stärke und Ballaststoffen, deshalb sättigt sie so gut. Grüne, solaninhaltige Stellen sollten Sie herausschneiden, diese sind auch im gegarten Zustand schädlich.

Kartoffeln mögen es dunkel, luftig und trocken bei einer Temperatur von 3 bis 6 Grad, so lassen sich die mittelfrühen und späten Sorten gut mehrere Monate bevorraten. Die Frühsorte, auch Heurige genannt, ist nur begrenzt haltbar.

- Fest kochende Sorten: Hansa, Linda, Sieglinde, Celia, Rosara; für Pellkartoffeln, für Salat und Bratkartoffeln
- Vorwiegend fest kochende Sorten: Granola, Christa, Gloria, Solina, Bintje; für Pellkartoffeln, Backkartoffeln, Pommes frites, warmer Kartoffelsalat
- Mehlig kochende Sorten: Adretta, Irmgard, Aula; für: Kartoffelpüree, Kartoffelteig, Kartoffelklöße

Kartoffelauflauf mit Basilikum-Tofu-Creme

vegan

Für 4 Personen

35 Min. + 15 Min. Backzeit

1,2 kg Kartoffeln · 2 Bund Basilikum · 400 g Tofu · 5 EL Olivenöl · Saft von 1 Zitrone · 1 TL Senf · 1 EL Agavendicksaft · Salz · Pfeffer

- Kartoffeln waschen, garen, kalt abschrecken, der Länge nach vierteln und in eine Auflaufform geben. Backofen auf 200 Grad vorheizen.
- Basilikum waschen, trocknen und mit den restlichen Zutaten pürieren, mit den Gewürzen abschmecken. Tofucreme über die Kartoffeln gießen und 15 Min. backen.

Das passt dazu: Gemüse der Saison als Gemüsesticks

Süßes Tomatengemüse aus dem Ofen

vegan

Für 4 Personen

15 Min. + 35 Min. Backzeit

1,2 kg Kirschtomaten · 3 Knoblauchzehen · 2 EL Agavendicksaft · 5 EL Olivenöl · Salz · Pfeffer

- Backofen auf 180 Grad vorheizen. Tomaten waschen, trocknen, halbieren, Stielansatz herausschneiden und nebeneinander mit der Schnittfläche nach oben in eine Auflaufform setzen.
- Knoblauch abziehen, sehr fein schneiden, mit Agavendicksaft und Öl verrühren und über die Tomaten träufeln. 25–35 Min. backen. Mit Salz und Pfeffer bestreuen.

Das passt dazu: Vollkornreis mit Linsen, Gurkensalat

Knuspriger Gemüseauflauf

vegan

Für 4 Personen

35 Min. + 20 Min. Backzeit

500 g Zucchini · 250 g Auberginen · je 1 rote und gelbe Paprika · 1 EL Olivenöl · 200 ml Gemüsebrühe · 100 ml pflanzliche Sahne · 200 g Kichererbsen, gegart · Salz · Pfeffer · Petersilie · 50 g Walnüsse · 50 g Haferflocken, fein · 1 EL Hefeflocken · 40 ml Olivenöl · Salz · Paprika, edelsüß

- Zucchini, Auberginen und Paprika waschen und grob würfeln. Öl in einer hohen Pfanne mit 1 EL Wasser erhitzen. Zuerst Auberginen 5 Min. dünsten, dann Paprika und Zucchini, die Gemüsebrühe, Sahne und die Kichererbsen dazugeben und offen 5 Min. garen. Mit den Gewürzen abschmecken.
- Backofen auf 200 Grad vorheizen. Walnüsse fein hacken und mit Haferflocken, Hefeflocken und Öl zu Streuseln verkrümeln, mit den Gewürzen abschmecken. Gemüse in eine Auflaufform geben, Streusel darüber verteilen und 20 Min. knusprig backen.

Das passt dazu: Bulgur oder Couscous

Spaghetti mit Seitan

vegan

Für 4 Personen

25 Min.

400–500 g Vollkornspaghetti · 400 g Seitan · 2 EL Olivenöl · ½ TL Paprika edelsüß · ½ TL Salz · 3 grüne Paprika · 400 ml pflanzliche Sahne · Salz · Zitronensaft · Pfeffer

- Spaghetti nach Packungsanweisung zubereiten.
- Seitan in dünne Scheiben schneiden. Öl in einer hohen Pfanne mit 2 EL Wasser, Paprika und Salz erhitzen, Seitan darin kräftig anbraten.
- Paprika waschen, entkernen, vierteln und in Streifen schneiden, zu dem Seitan geben, 2 Min. mitbraten und die Sahne angießen. Offen 5 Min. unter Rühren garen. Mit Salz und Zitronensaft abschmecken und sofort mit den Spaghetti verrühren. Mit Pfeffer aus der Mühle bestreuen.

Das passt dazu: Blattsalat mit Apfel

Gratinierter Fenchel mit Polenta

Für 4 Personen
35 Min. + 30–40 Min. Backzeit

2 Maiskolben oder 200 g Mais TK · ½ l Milch · 1 EL Olivenöl · 100 g Polenta · Salz · Muskat · 2 Eier · 80 g Parmesan · 1 kg Fenchel · 2 EL Olivenöl · 250 g Kirschtomaten · Salz · Pfeffer

- Maiskolben dünsten bzw. dämpfen. Milch und Öl in einem breiten Topf mit geschlossenem Deckel aufkochen, Polenta einrühren und unter Rühren bei mittlerer Hitzezufuhr 10 Min. cremig garen. Ausquellen lassen. Mit Salz und Muskat abschmecken. Maiskörner vom Kolben herunterschneiden und mit Eiern unter die Polenta ziehen. Parmesan reiben und unterrühren.
- Polentamasse in eine gefettete Auflaufform streichen.
- Backofen auf 160 Grad vorheizen. Fenchel waschen, das Grün abschneiden und zur Seite legen. Die starken Fäden abziehen und Fenchel in sehr dünne Scheiben schneiden. Öl in einer Pfanne mit 2 EL Wasser erhitzen, Fenchel darin anbraten und 2 Min. bissfest dünsten. Mit Salz und Pfeffer abschmecken. Fenchelgemüse auf der Polenta verteilen.
- Tomaten waschen, trocknen, vierteln, den Stielansatz herausschneiden und auf den Fenchel setzen. 30–40 Min. backen. Fenchelgrün fein schneiden und vor dem Servieren das Gratin damit bestreuen.

Das passt dazu: Feldsalat mit Walnüssen

Zeit sparen: Am Abend vorher Polenta zubereiten und kühl stellen. Für die **Kleinigkeit** 2 Maiskolben zusätzlich garen.

Kartoffelsuppe

optional vegan
Für 4 Personen
35 Min.

20 g getrocknete Steinpilze · 400 g Kartoffeln, festkochend · 1 Suppengrün · 2 EL Rapskernöl · 1 TL Majoran · 1 TL Kümmel · 2 EL Dinkelvollkorngrieß · 1,2 l Gemüsebrühe · Salz · Pfeffer · Weißweinessig · 100 ml Sahne oder pflanzl. Sahne

- Pilze klein schneiden oder brechen, mit 200 ml kochendem Wasser übergießen, 15 Min. einweichen. Kartoffeln schälen, fein würfeln. Suppengrün waschen, evtl. schälen, sehr fein würfeln.
- Öl in einem großen Topf mit 2 EL Wasser erhitzen, Kartoffeln, Gemüse, Majoran und Kümmel anschwitzen, Grieß darüber streuen und mit der Brühe ablöschen, Steinpilze und Sud dazugeben, gut umrühren und geschlossen bei mittlerer Hitze ca. 20 Min. garen. Mit Salz, Pfeffer und Weißweinessig abschmecken und mit der Sahne verfeinern.

Das passt dazu: Kräftiges Roggenbrot. Milchreis mit Apfel-Birnen-Kompott

Kleinigkeit: Maissalat

Mais von 2 Maiskolben mit kleingeschnittener Möhre, Zucchini und der Mandel-Salatsauce (siehe S. 37) vermischen. Mit Petersilie bestreuen. Ideal zum Mitnehmen.

Frisch dazukaufen

- 1 kg Möhren, 150 g Staudensellerie, 500 g Bohnen, 1 großer Romana-Salat, 25 schwarze Nicoise-Oliven, 800 g Kirschtomaten, 20 grüne Oliven, 4 mittelgroße Auberginen, ein paar Salatblätter, 10 getrocknete Tomaten
- 1 Apfel, 2 Zitronen, 1 Avocado
- 1 Bund Basilikum, Minze
- 200 ml Kokosmilch, 100 g Seidentofu, Feta
- 250 ml Apfelsaft, 4–6 Eier, Brötchen, Agavendicksaft, 20 g Hefe

Aus dem Vorrat

- kleine Kartoffeln, vorwiegend festkochende Kartoffeln, Vollkornrundreis, Hirse, rote Linsen, Weizen- oder Dinkelvollkornmehl
- Olivenöl, Rapskernöl
- Salz, Pfeffer, Kräutersalz, Puderzucker
- Zwiebeln, Schalotten, Knoblauch
- Curry, Kurkuma, Kreuzkümmel, Oregano, Kräuter der Provence
- Walnüsse, Rosinen, Sesam, Mandeln
- Sojasauce, Dijonsenf, Tomatenmark

Mögliche Beilagen

- frisches Landbrot mit Kräuterbutter
- Wokgemüse der Saison mit mariniertem Tofu, gemischter Salat, Joghurtdip
- Schokoladenpudding mit Vanillesauce

Staudensellerie: ein ideales Knabbergemüse

Rund um das Mittelmeer, aber auch in England und in den USA zählt der Staudensellerie schon lange zu den wichtigsten Gemüsesorten. In Deutschland erobert er sich in den letzten Jahren ganz langsam seinen Platz.

Steckbrief Staudensellerie

Staudensellerie, auch Bleich- oder Stangensellerie genannt, wächst oberirdisch, die Staude besteht aus mehreren gerippten, dickfleischigen und zarten Blattstielen, die weiß, gelblich oder zartgrün sind. Eine Staude wiegt zwischen 500 g und 1000 g. Der Geschmack ist mild, aromatisch, nach Sellerie und man kann ihn roh, gegart oder auch überbacken genießen. Staudensellerie hat nur 15 kcal pro 100 g, dafür einen hohen Gehalt an Beta-Carotin, Vitamin E, Kalzium und Kalium, welches für die harntreibende Wirkung verantwortlich ist. Beim Einkauf sollten Sie darauf achten, dass die Konsistenz fest ist und die Haut fleckenfrei. In einem Tiefkühlbeutel verpackt oder in einer Dose hält sich der Staudensellerie kühl gelagert bis zu 2 Wochen. Lagern Sie ihn nicht zusammen mit Äpfeln, Birnen oder Avocado, er verdirbt dann schneller. Nach dem Waschen und Trocknen sollten Sie mit einem Messer die Wurzelansätze abschneiden und die Fäden abziehen. Die inneren feinen, zarten Blätter lassen sich ebenfalls kreativ in der Küche verwenden.

Apfel-Rosinen-Reis

vegan
Für 4 Personen
45 Min.

50 g Rosinen · 1 Zwiebel · 2 EL Rapskernöl · 1 EL Curry · 1 TL Kurkuma · 250 g Vollkornrundreis · 250 ml Apfelsaft · 1 Apfel · 150 g Staudensellerie · 1 EL Rapskernöl · Salz · Sojasauce · Kreuzkümmel · 30 g Sesam

- Rosinen in 50 ml Wasser mind. 30 Min. einweichen. Zwiebel abziehen, würfeln. Öl in einem großen Topf mit 2 EL Wasser erhitzen, Kurkuma und Curry einrühren, Zwiebeln anschwitzen, Reis dazugeben und mit 500 ml heißem Wasser und dem Apfelsaft ablöschen. Zugedeckt ca. 40 Min. bei mittlerer Hitze garen.
- Apfel waschen, vierteln, entkernen, in dünne Scheiben schneiden. Staudensellerie waschen, evtl. der Länge nach halbieren und in dünne Scheiben schneiden.
- Öl in einer kleinen Pfanne mit 1 EL Wasser erhitzen, Apfel und Sellerie anbraten und mit den Rosinen unter den Reis ziehen. Mit den Gewürzen abschmecken. Sesam trocken in einer Pfanne rösten und vor dem Servieren darüber streuen.

Das passt dazu: Wokgemüse der Saison mit mariniertem Tofu

Salade Niçoise

Für 4 Personen
35 Min.

500 g kleine Kartoffeln · 500 g Bohnen · 1 großer Romana-Salat · 25 schwarze Niçoise-Oliven · 4–6 Eier · 2 EL Zitronensaft · 1–2 TL Dijonsenf · 1 TL Agavendicksaft · Kräutersalz · Pfeffer · 3 EL Olivenöl · 1 EL Rapskernöl · 2 Schalotten · Pfeffer aus der Mühle

- Kartoffeln waschen, weich garen, abschrecken und der Länge nach vierteln. Bohnen waschen, bissfest dünsten bzw. dämpfen. Salat waschen, trocknen, in mundgerechte Stücke schneiden.
- Auf einer Platte Salat verteilen, Kartoffeln, Bohnen und Oliven darauf geben. Eier wachsweich garen, pellen, vierteln und heiß auf den Salat legen. Zitronensaft, Senf, Agavendicksaft mit Salz und Pfeffer verrühren, Öl einrühren und über den Salat träufeln. Schalotten abziehen und in Ringe schneiden. Salat damit dekorieren. Mit Pfeffer aus der Mühle bestreuen.

Das passt dazu: Frisches Landbrot mit Kräuterbutter, Schokoladenpudding mit Vanillesauce zum Nachtisch

Tomaten-Walnuss-Pizza

vegan

Für 4 Personen

30 Min. + 45 Min. Gehzeit + 20 Min. Backzeit

1 Grundrezept Hefeteig · 150 g Tomatenmark · 4 EL Olivenöl · Kräutersalz · Agavendicksaft · Oregano · 800 g Kirschtomaten · 150 g Walnüsse · 1–2 TL Puderzucker

- Hefeteig (siehe S. 34) nach Grundrezept zubereiten und auf ein mit Backpapier ausgelegtes Backblech rollen.
- Tomatenmark mit Öl glattrühren und mit den Gewürzen abschmecken, Teig damit bestreichen. Tomaten waschen, trocknen, halbieren, Stielansatz herausschneiden und mit der Schnittfläche nach oben auf dem Teig verteilen. Walnüsse grob schneiden und zwischen den Tomaten verteilen.
- Puderzucker in ein Sieb geben und die Pizza sehr fein damit bestäuben. Backofen auf 200 Grad vorheizen. 10 Min. gehen lassen, 20 Min. backen.

Das passt dazu: Gemischter Blattsalat mit Mandelsauce

Möhren mit Curry-Kokos-Sauce

vegan

Für 4 Personen

20 Min.

1 kg Möhren · 1 Zwiebel · 2 EL Rapsöl · 1 TL Curry · 200 ml Kokosmilch · 20 g Rosinen oder Korinthen · 50 g Mandeln

- Möhren waschen, evtl. schälen, der Länge nach halbieren und in schräge Stücke schneiden. Zwiebel abziehen, fein würfeln. Öl mit 2 EL Wasser und Curry in einem Topf erhitzen, Zwiebeln darin anschwitzen. Möhren dazugeben und 4 Min. garen. Kokosmilch und Rosinen dazugeben und weitere 5 Min. köcheln lassen. Mit Salz abschmecken.
- Mandeln trocken in einer Pfanne rösten und grob schneiden. Über die Möhren geben.

Das passt dazu: Beluga Linsen und Reis

Kartoffelmus auf mediterrane Art

vegan
Für 4 Personen
35 Min.

1,5 kg Kartoffeln, vorwiegend festkochend · Salz · 120 ml Olivenöl · 20 Oliven, grün · 10 getrocknete Tomaten · Salz · Pfeffer · 1 Bund Basilikum

- Kartoffeln schälen, vierteln und in Salzwasser garen. Kartoffelwasser abgießen, das Kochwasser auffangen. Kartoffeln mit Olivenöl stampfen und so viel Kochwasser hinzufügen, bis ein schönes Püree entsteht.
- Oliven in Scheiben schneiden, Tomaten in Würfel, beides unter das Püree ziehen, mit Salz und Pfeffer abschmecken.
- Basilikum waschen, zupfen und vor dem Servieren über das Püree geben.

Das passt dazu: Gebratene Zucchini und Tomatensalat

Gefüllte Auberginen mit Hirse

vegan
Für 4 Personen
45 Min. + 20–25 Min. Backzeit

100 g Hirse · 60 g rote Linsen · 350 ml Gemüsebrühe · 4 mittelgroße Auberginen · 2 EL Olivenöl · 2 EL Sojasauce · 1 EL Olivenöl · 100 g Seidentofu · Salz · Senf · Minze · Sojasauce · Olivenöl

- Hirse und Linsen in einem Sieb heiß waschen. Gemüsebrühe aufkochen, Hirse und Linsen einrühren, 10 Min. kochen und weitere 20 Min. auf der ausgeschalteten Herdplatte zugedeckt ausquellen lassen. Backofen auf 180 Grad vorheizen.
- Auberginen waschen, trocknen, der Länge nach halbieren. Das Innere der Auberginen mithilfe eines Kugelausstechers oder Küchenmessers herausnehmen, zur Seite legen, sodass noch ein Rand von ca. 2 cm stehen bleibt, Öl mit Sojasauce verrühren und Auberginenhälften damit ausstreichen. Auf ein mit Packpapier ausgelegtes Blech legen und 10–15 Min. backen.
- Das Fruchtfleisch in kleine Würfel schneiden. Öl in einer Pfanne mit 1 EL Wasser erhitzen und das Fruchtfleisch darin braten. Seidentofu gut verrühren und mit dem Fruchtfleisch unter die Hirse-Linsen-Mischung ziehen. Mit den Gewürzen kräftig würzen. Auberginenhälften mit der Masse füllen, mit Olivenöl beträufeln und im Ofen ca. 20–25 Min. backen.

Das passt dazu: Joghurt-Dip und gemischter Salat

Zeit sparen: Hirse mit Linsen schon am Morgen zubereiten. Für die **Kleinigkeit** Hirse und Linsen zusätzlich garen.

Kleinigkeit: Sandwich mit Linsencreme

1 Avocado mit dem Saft 1 Zitrone verkneten, Hirse, Linsen und gewürfelten Feta unterziehen, mit Kräutersalz und Olivenöl abschmecken. Zwischen zwei Brötchenhälften mit Salatblättern dekoriert servieren.

Frisch dazukaufen

- 1 kg Fenchel, 10 Oliven ohne Kern, 700 g Zucchini, 3 rote Paprika, 1,5 kg Kirschtomaten, Bohnenkraut, 300 g grüne Bohnen, 6 getrocknete Tomaten in Öl
- 5 kleine Kochbirnen, 1 Avocado, 1 Zitrone
- 1 Bund Basilikum, 1 kleine milde Chilischote, 1 EL Rosmarinnadeln
- 100 g Räuchertofu, 200 g saure Sahne oder pflanzliche saure Sahne, 100 g Parmesan
- 2 Scheiben feines Roggenvollkornbrot, Kräcker, Linsenkeimlinge, Agavendicksaft

Aus dem Vorrat

- festkochende Kartoffeln, Dinkelvollkornmehl, Paniermehl, Vollkornbandnudeln, Polenta, weiße Bohnen, Weinsteinbackpulver
- Olivenöl, Kokosöl, Walnussöl, Apfelessig
- Salz, Pfeffer, Kräutersalz, Fleur de Sel, Puderzucker
- Zwiebeln, Schalotten, Knoblauch
- Curry, Paprika edelsüß, Zitronenthymian
- gemahlene Haselnüsse, Walnüsse
- Tomatenpassata, Gemüsebrühe

Mögliche Beilagen

- Pellkartoffeln, Kartoffelsalat mit Tomaten und Basilikum
- geröstetes Vollkornbaguette mit Olivenöl und Knoblauch
- Tomatensalat mit Feta- oder Tofuwürfeln, Maissalat mit Linsenkeimlingen
- Grießpudding mit rohem Apfelmus, herbstlicher Obstsalat

Fenchel: Sie werden ihn lieben

Fenchel ist nicht jedermanns Sache, genauso wie Anis. Doch sein Aroma harmoniert prima mit kräftigem Käse, z. B. Manchego oder mit Zitrusfrüchten wie filetierten Grapefruits oder Blutorangen. Dazu reichlich frisch gemahlenen schwarzen Pfeffer und Olivenöl, und schon ist eine feine Vorspeise gezaubert.

Steckbrief Fenchel

Beheimatet in den Mittelmeerländern, versucht der Fenchel seit gut 30 Jahren, den deutschen Markt zu erobern. Die weiße 150–300 g schwere Knolle trifft aufgrund ihres leicht süßlichen Anisgeschmacks nicht auf jedermanns Sympathie. In der Babyernährung allerdings hat Fenchel wegen seines Gehalts an Eisen, Kalzium, Vitamin C, Vitamin E und Folsäure seinen festen Platz. Fenchelknollen müssen hell, fest und ohne braune Druckstellen sein. Das Fenchelkraut, das sich prima zum Würzen eignet, sollte kräftig grün aussehen. So hält sich der Fenchel in einem Tiefkühlbeutel locker verpackt bzw. in einer Kunststoffdose gut 1 Woche frisch. Sie können Fenchel roh prima einfrieren.

Fenchelauflauf mit Kruste

vegan

Für 4 Personen

25 Min. + 20–25 Min. Backzeit

1 kg Fenchel · 6 getrocknete Tomaten in Öl · 10 Oliven ohne Kern · ½ l Tomatenpassata · 2 EL Olivenöl · Kräutersalz · Agavendicksaft · 1 Zwiebel · 60 g gemahlene Haselnüsse · 40 g Dinkelvollkornmehl · 50 ml Olivenöl · ½ TL Salz

- Fenchel waschen, Grün abschneiden und aufbewahren, achteln, den groben Strunk herausschneiden, mit einem Küchenmesser die äußeren festen Haare vom Strunk in Richtung Fenchelgrün abziehen, bissfest dünsten bzw. dämpfen. Mit einem Schaumlöffel herausnehmen, kalt abschrecken.
- Backofen auf 180 Grad vorheizen. Tomaten und Oliven klein schneiden, mit Passata und Öl verrühren und mit den Gewürzen abschmecken, in eine Auflaufform geben, die Fenchelachtel darauf verteilen.
- Zwiebel abziehen, sehr fein würfeln und mit Nüssen, Mehl, Öl und Salz zu einem krümeligen Teig verarbeiten, über dem Fenchel verteilen und 20–25 Min. backen.

Das passt dazu: Pellkartoffeln

Zeit sparen: Kartoffeln für den Kartoffelsalat zu den Zucchinipfannkuchen mitgaren.

Zucchinipfannkuchen

vegan

Für 4 Personen

45 Min.

2 Schalotten · 100 g Räuchertofu · 700 g Zucchini · 80 g Kartoffel · 50 g Dinkelvollkornmehl · 40 g Paniermehl · 1 TL Weinsteinbackpulver · Salz · Curry · Kokosöl zum Braten

- Schalotten abziehen und sehr fein würfeln. Räuchertofu grob raspeln, Zucchini waschen, trocknen und grob raspeln. Kartoffel schälen, fein raspeln und etwas ausdrücken. Mehl, Paniermehl und Backpulver gut vermischen und mit Schalotten, Tofu und Gemüse zu einem Teig kneten. 15 Min. quellen lassen.
- Öl in einer Pfanne erhitzen und jeweils einen EL Teig in der Pfanne flach drücken und das Küchlein von beiden Seiten knusprig braten. Im Backofen warm halten.

Das passt dazu: Kartoffelsalat mit Tomaten und Basilikum

Erfrischende Paprikasuppe

optional vegan
Für 4 Personen
25 Min.

3 rote Paprika · 2 EL Olivenöl · 1 TL Paprika edelsüß · 600 ml Gemüsebrühe · 200 g saure Sahne oder pflanzliche Sahne · Salz · Pfeffer · Zitronenthymian

- Paprika waschen, trocknen, mit einem Sparschäler dünn schälen, entkernen und würfeln. Öl mit 2 EL Wasser und Paprikapulver erhitzen, Paprika anschwitzen, mit der Brühe ablöschen, geschlossen 6 Min. garen. Fein pürieren und kalt stellen, Paprikasuppe mit saurer Sahne aufmixen, würzen und eiskalt servieren.

Das passt dazu: Geröstetes Vollkornbaguette mit Olivenöl und Knoblauch, Grießpudding mit rohem Apfelmus

Zeit sparen: Linsenkeimlinge ansetzen für Maissalat mit Linsenkeimlingen und die **Kleinigkeit**.

Bandnudeln mit Walnüssen

vegan
Für 4 Personen
25 Min.

400–500 g Vollkornbandnudeln · 100 g Walnüsse · 2 EL Walnussöl · 1 EL Olivenöl · 1 Knoblauchzehe · 1 Bund Basilikum · Fleur de Sel · Pfeffer aus der Mühle

- Nudeln nach Packungsanweisung zubereiten.
- Nüsse grob hacken, mit dem Öl vermischen. Knoblauch abziehen, in feine Scheiben schneiden, zu den Nüssen geben. Basilikum waschen, trocknen, in Streifen schneiden.
- Tropfnasse Nudeln sofort mit Nüssen und Basilikum vermischen, mit Salz und Pfeffer bestreuen.

Das passt dazu: Tomatensalat mit Feta- oder Tofuwürfeln

Polenta-Sticks mit Ofentomaten

Für 4 Personen

40 Min. + 45–50 Min. Backzeit

600 ml Gemüsebrühe · 60 ml Olivenöl · 150 g Polenta · 1 kleine milde Chilischote · 100 g Parmesan · 1 EL Rosmarinnadeln · Salz · Olivenöl zum Braten · 1,5 kg Kirschtomaten · 1–2 TL Puderzucker · 2 Knoblauchzehen · Kräutersalz · Pfeffer

- Brühe mit Olivenöl in einem geschlossenen Topf aufkochen, Polenta einrühren, 5 Min. unter Rühren kochen, 20 Min. auf der ausgeschalteten Herdplatte ausquellen lassen.
- Chilischote sehr fein schneiden, Parmesan reiben und mit Rosmarin unter die Polenta ziehen, mit Salz abschmecken und auf ein mit Backpapier ausgelegtes Blech 2 cm dick glatt streichen, kalt werden lassen.
- Backofen auf 160 Grad vorheizen. Tomaten waschen, halbieren, Stielansatz herausschneiden, mit der Schnittfläche nach oben auf ein Blech legen, mit Puderzucker bestäuben. Knoblauch abziehen, der Länge nach achteln, zwischen die Tomaten legen. 40–50 Min. im Backofen schmoren. Mit den Gewürzen abschmecken.
- Polenta in 7 cm lange und 1,2 cm breite Sticks schneiden, in Olivenöl leicht braten und zu den Ofentomaten servieren.

Das passt dazu: Maissalat mit Linsenkeimlingen

Zeit sparen: Polenta schon am Morgen zubereiten.

Bohneneintopf

vegan

Für 4 Personen

8–12 Stunden Einweichzeit + 45–60 Min. Kochzeit + 45–60 Min. Ausquellzeit + 35 Min.

150 g weiße Bohnen · 2 Zwiebeln · 500 g Kartoffeln, festkochend · 2 EL Olivenöl · 1 l Gemüsebrühe · Bohnenkraut · 300 g grüne Bohnen · 5 kleine Kochbirnen · Salz · Apfelessig · 2 Scheiben feines Roggenvollkornbrot · 2 EL Olivenöl

- Bohnen in der 3–4-fachen Menge Wasser 8–12 Stunden einweichen. 45–60 Min. garen und 45–60 Min. ausquellen lassen.
- Zwiebeln abziehen und fein würfeln. Kartoffeln schälen und würfeln. Öl in einem großen Topf mit 2 EL Wasser erhitzen, Zwiebeln und Kartoffeln darin anschwitzen und mit der Gemüsebrühe ablöschen. Bohnenkraut waschen und dazugeben. Mit geschlossenem Deckel 10 Min. garen.
- Grüne Bohnen waschen und in mundgerechte Stücke schneiden. Zu den Kartoffeln geben und weitere 10 Min. garen. Birnen schälen, halbieren, entkernen und auf die Bohnen geben, 5 Min. mitgaren. Weiße Bohnen unterziehen und mit Salz und Apfelessig abschmecken. Bohnenkraut herausnehmen.
- Brot sehr fein würfeln, trocken in einer Pfanne rösten, dann 2 EL Olivenöl dazugeben, weitere 2 Min. braten und über den Eintopf geben.

Das passt dazu: Herbstlicher Obstsalat

Zeit sparen: Am Abend vorher Bohnen einweichen, während des Frühstücks garen und ausquellen lassen.

Kleinigkeit: Avocadokräcker mit Keimlingen

Avocado mit Zitronensaft und Knoblauch verkneten, auf Kräcker streichen und mit Linsenkeimlingen bestreuen. Dazu passt ein Tomatensalat mit Basilikum.

Brunch – wunderbar für Familien

Ein Brunch ist ideal für all diejenigen, die es sich leisten können spät aufzustehen. In der Regel wird der Brunch genutzt, um mit Freunden gemeinsam den Tag zu beginnen und um dann noch Zeit für Unternehmungen zu haben. Besonders für Familien mit Kindern eine ideale Möglichkeit der Einladung.

Bei einem Brunch findet jeder etwas was ihm schmeckt, von heiß bis kalt, von süß bis herzhaft, von leicht bis deftig und vor allem von früh bis spät. So kann jeder, ob Gast oder Gastgeber, einen Brunch ganz locker und entspannt genießen, denn es gibt weder eine feste Anfangszeit, noch eine festgelegte Speisenfolge. Die einen beginnen ganz klassisch süß mit Marmelade, wobei sich die anderen gleich auf die Suppe stürzen. Das Angebot an Getränken reicht von Kaffee bzw. Tee, über frisch gepresste Säfte und Kakao bis hin zum Prosecco. Also, laden Sie Freunde ein, bei einem Brunch können Sie alle Ihre Ideen und Kochkünste verwirklichen.

Cremiger Gemüsesalat

vegan

Für 4 Personen

20 Min. + 60 Min. Garzeit

200 g weiße Bohnen, gegart · Saft von 1 Zitrone · 1 EL Walnussöl · 2 EL Leinöl · 2 EL Olivenöl · ½ Bund glatte Petersilie · 2 Stängel Koriandergrün · 2 Stängel Estragon · 250 g Möhren · 250 g grüne Bohnen · 250 g Frühlingszwiebeln · 250 g Erbsen TK · Salz · Pfeffer

- Bohnen abgießen, überschüssiges Wasser auffangen, Bohnen mit Zitronensaft und Ölen cremig pürieren. Evtl. Konsistenz mit der Garflüssigkeit einstellen.
- Petersilie, Koriander und Estragon waschen, trocknen, die Blättchen abzupfen. Möhren, Bohnen und Frühlingszwiebeln waschen, in mundgerechte Stücke schneiden und mit den Erbsen bissfest garen. Kalt abschrecken und mit der Sauce vermischen. Kräuter unterrühren und mit den Gewürzen abschmecken.
- Mindestens 1 Stunde ziehen lassen und abschmecken.

Kartoffelsalat mit Petersilienpesto

vegan

Für 4 Personen

30 Min.

1,5 kg festkochende Kartoffeln · 1 Bund, glatte Petersilie · 60 ml Olivenöl · 30 g Haselnüsse · Salz · Zitronenabrieb · Knoblauch · 150 g Sommerapfel · 1 Bund Lauchzwiebeln · 1 EL Olivenöl · 20 g Haselnüsse · Pfeffer

- Kartoffeln waschen, garen, abschrecken und pellen, in dünne Scheiben schneiden. Petersilie waschen, trocknen, mit Öl und Haselnüssen pürieren. Mit den Gewürzen abschmecken. Äpfel waschen, vierteln, entkernen, in dünne Spalten schneiden. Lauchzwiebel waschen, in Ringe schneiden. Öl in einer Pfanne mit 1 EL Wasser erhitzen, Zwiebeln dünsten.
- Alle Zutaten vermischen. Nüsse trocken in einer Pfanne rösten, grob hacken und den Salat damit bestreuen. Mit Pfeffer abschmecken.

- **Das passt dazu:** Tofuwürstchen

Spinat-Tomaten-Quiche

Für 4 Personen
40 Min. + 45 Min. Backzeit

200 g Dinkelvollkornmehl · 80 g Butter · ½ TL Kräutersalz · 250 g Blattspinat · 1 EL Olivenöl · 250 g Crèmechampignons · 200 g Kirschtomaten · 1 Ei · 1 Eigelb · 100 g Schmand · Salz · Pfeffer · 100 g Feta · 2 EL Dinkelvollkorngrieß

- Aus Mehl, Butter, Salz und 3–5 EL kaltem Wasser zügig einen Teig kneten, Form damit auskleiden, abdecken, mindestens 30 Min. kühl stellen.
- Spinat waschen, trocknen, grobe Stiele wegschneiden. Öl in einem Topf mit 1 EL Wasser erhitzen, Spinat anschwitzen, zusammenfallen lassen, überschüssige Flüssigkeit abgießen, Spinat schneiden. Pilze mit Küchenkrepp säubern und blättrig schneiden. Tomaten waschen, trocknen, halbieren, den Stielansatz herausschneiden. Ei, Eigelb und Schmand glatt rühren, mit Salz und Pfeffer abschmecken. Feta zerkrümeln.
- Backofen auf 180 Grad vorheizen. Grieß auf dem Teig gleichmäßig verteilen. Zuerst Spinat, dann Pilze und zum Schluss Tomaten mit der Schnittfläche nach oben darauf verteilen. Den Guss von der Mitte nach außen spiralförmig angießen, Feta darüberstreuen. Quiche auf der unteren Schiene 40–45 Min. backen.

Zeit sparen: Teig schon vorher in die Form geben.

Roter Linsenaufstrich

vegan
Für 4 Personen
30 Min.

2 EL Tomatenmark · 60 g rote Linsen · 1 Zwiebel · 150 g Möhre · 1 EL Olivenöl · 1 TL Majoran · ½ TL Thymian · 1 TL Bohnenkraut · 2 EL Leinöl · Salz · roter Balsamessig

- Tomatenmark in einem Topf leicht anschwitzen, Linsen in einem Sieb waschen und dazugeben. Mit 100 ml Wasser ablöschen, 5 Min. geschlossen garen. Anschließend auf der ausgeschalteten Herdplatte zugedeckt 10 Min. ausquellen lassen.
- Zwiebel abziehen, würfeln, Möhre waschen, evtl. schälen, in Scheiben schneiden. Öl mit 1 EL Wasser erhitzen, Zwiebel und Möhren bissfest dünsten, anschließend mit den Linsen pürieren. Kräuter und Öl untermischen und mit den Gewürzen abschmecken.

Rosinen-Apfel-Brot

optional vegan
Für 1 Brot
60 Min. + 45 Min. Backzeit

300 ml Milch oder pflanzliche Milch · 1 Würfel Hefe · ½ TL Salz · 500 g Dinkelvollkornmehl · 250 g Äpfel · 50 g Rosinen · 50 g Sonnenblumenkerne · 50 g Oliven- oder Mandelöl

- Milch leicht erwärmen, Hefe und Salz darin auflösen, das Mehl unterrühren und 10 Min. kneten (Küchenmaschine 7 Min.). Abgedeckt 30 Min. gehen lassen.
- Äpfel waschen, trocknen, vierteln, entkernen und raspeln. Mit den Rosinen, den Sonnenblumenkernen und dem Öl unter den Teig kneten. In eine mit Backpapier ausgelegte Kastenform füllen und 20 Min. gehen lassen.
- Backofen auf 180 Grad vorheizen. Das Brot ca. 45 Min. backen.

Herbst

Frisch dazukaufen

- 800 g Kürbis (Butternut oder Hokkaido), 250 g Pfifferlinge, 1 kg kleine Zucchini, je 500 g rote und gelbe Paprika, 1 Bund Frühlingszwiebeln
- 3 Zitronen
- 1 Bund Petersilie, ½ Bund Zitronenmelisse, 10 kleine Salbeiblätter
- 150 g Crème fraîche, 250 g Feta, 150 ml Sahne oder pflanzliche Sahne, 70 g Butter
- 6 Eier, Linsenkeimlinge, Agavendicksaft

Aus dem Vorrat

- vorwiegend festkochende Kartoffeln, mehlige Kartoffeln, 30–40 g Grünkernschrot oder Paniermehl, Dinkelmehl 1050, 150 g Kichererbsen, Weizen- oder Dinkelvollkornmehl
- Olivenöl, Kokosöl, Butterschmalz
- Salz, Pfeffer
- Zwiebeln, Knoblauch
- Curry, Majoran, Oregano, Paprika edelsüß, Paprika rosenscharf
- Gemüsebrühe, Tomatenmark

Mögliche Beilagen

- Polenta und Tomatensauce, Kartoffelpüree und grüner Salat
- Feldsalat mit Walnüssen und Birnen
- gratinierte Apfelscheiben mit Walnussstreuseln, Apfelkuchen mit Walnussstreuseln (siehe S. 55)

OKTOBER WOCHE 1

Kürbis: cremige Konsistenz und süßer Geschmack

Sie sehen nicht nur ausgehöhlt nett aus, sondern sind auch ein prima Gemüse für den Herbst. Ob als Suppe, gebacken aus dem Ofen oder angebraten mit Knoblauch zu Nudeln – Kürbisse haben in den letzten Jahren eine wahre Renaissance erlebt. Wichtig ist, Kürbis kräftig zu würzen, weil er wenig Eigengeschmack besitzt.

Steckbrief Kürbis

Der Kürbis gehört in die Familie der Gurken- und Melonengewächse und bildet dort mit rund 250 verschiedenen Speisekürbissen das sortenreichste Mitglied. Größe, Farbe und Form sind ausgesprochen variabel. Aufgrund des sehr hohen Wassergehaltes von über 90 Prozent liefert der Kürbis recht wenig Vitamine und Mineralstoffe, dafür aber jede Menge Ballaststoffe. Ausnahme: der Hokkaido-Kürbis. Mit seinem orange-roten und sehr festen Fleisch liefert er sehr viele Karotinoide, weshalb er sich in der Säuglingsernährung einen wichtigen Platz erobert hat. Übrigens, der Hokkaido sowie auch der Pâtisson oder der Butternut müssen nicht geschält werden. Kühl und trocken lässt sich der Hokkaido ca. 4 Wochen lagern, gewaschen, geviertelt und entkernt können sie Kürbis roh in einem Tiefkühlbeutel einfrieren.

Kürbis-Quiche mit Feta

Für 4 Personen

30 Min. + 40 Min. Ruhezeit + 40 Min. Backzeit

1 Grundrezept Mürbeteig · 800 g Kürbis (Butternut oder Hokkaido) · 100 ml Gemüsebrühe · 2 Eier · 1 Eigelb · 150 g Crème fraîche · Salz · Curry · Zitronensaft · 30–40 g Grünkernschrot oder Paniermehl · 100 g Feta

- Mürbeteig (siehe S. 34) nach Grundrezept zubereiten und eine Quicheform damit auslegen. Die Form abdecken und mind. 30 Min. kühlstellen.
- Kürbis waschen, bürsten, vierteln, entkernen, in Würfel schneiden und in 100 ml Gemüsebrühe weich garen. Anschließend stampfen und Eier, Eigelb und Crème fraîche unterziehen. Kräftig würzen.
- Backofen auf 180 Grad vorheizen. Grünkernschrot auf den Teig verteilen, Kürbismasse darauf geben und glatt streichen. Feta würfeln und gleichmäßig auf der Masse verteilen, etwas eindrücken. Ca. 40 Min. auf der untersten Schiene backen. Vor dem Schneiden 5–10 Min. ruhen lassen.

Das passt dazu: Feldsalat mit Walnüssen und Birnen

Zeit sparen: Am Abend oder mehrere Tage vorher den Teig zubereiten und in der Quicheform kühl stellen oder auch in der Form einfrieren. Linsenkeimlinge für das Paprikagemüse ansetzen.

Kichererbsensuppe mit Kartoffeln und Pilzen

optional vegan

Für 4 Personen

8–12 Stunden Einweichzeit + 1 Stunde Kochzeit + 1 Stunde Ausquellzeit + 35 Min.

150 g Kichererbsen · 1 Zwiebel · 500 g Kartoffeln, vorwiegend festkochend · 2 EL Olivenöl · 1 l Gemüsebrühe · 150 ml Sahne oder pflanzliche Sahne · Salz · Majoran · Zitronensaft · Pfeffer · 250 g Pfifferlinge · Kokosöl · Salz · Pfeffer

- Kichererbsen in der 3–4-fachen Menge Wasser 8–12 Stunden einweichen, 1 Stunde garen und 1 Stunde ausquellen lassen. Zwiebel abziehen, fein würfeln. Kartoffeln schälen und fein würfeln.
- Öl in einem großen Topf mit 2 EL Wasser erhitzen, Zwiebel und Kartoffeln darin anbraten, mit der Gemüsebrühe ablöschen und unter gelegentlichem Rühren 15 Min. garen. Kichererbsen unterrühren, evtl. noch etwas Brühe hinzufügen und fein abschmecken.
- Pfifferlinge mit einem Küchenkrepp gut putzen, evtl. halbieren. Kokosöl in einer Pfanne erhitzen, die Pfifferlinge darin 2 Min. kräftig braten, mit Salz und Pfeffer abschmecken und über die Suppe geben.

Das passt dazu: gratinierte Apfelscheiben mit Walnussstreuseln, Apfelkuchen mit Walnussstreuseln (siehe S. 55)

Zeit sparen: Kichererbsen am Abend vorher einweichen, morgens garen und ausquellen lassen. Marinierte Zucchini zubereiten.

Marinierte Zucchini

vegan

Für 4 Personen

30 Min. + 24 Stunden Marinierzeit

1 kg kleine Zucchini · 2 EL Olivenöl · 1 TL Oregano · 1 TL Kräutersalz · 1 Bund Petersilie · ½ Bund Zitronenmelisse · Saft von 1 Zitrone · 6 EL Olivenöl · Salz · Pfeffer

- Backofen auf 210 Grad vorheizen. Zucchini waschen, der Länge nach vierteln, in 10 cm lange Stifte schneiden. Mit Öl, Oregano und Salz vermischen und auf ein mit Backpapier ausgelegtes Blech legen, 20 Min. backen.
- Petersilie und Zitronenmelisse waschen, sehr fein schneiden, mit Zitronensaft und Olivenöl verrühren, mit Salz und Pfeffer abschmecken und sofort mit den heißen Zucchini vermischen.
- Zitrone filetieren, in Stückchen schneiden und dazugeben. Zucchini gut verschlossen mindestens 1 Tag im Kühlschrank marinieren.

Das passt dazu: Polenta und Tomatensauce

Feines Paprikagemüse mit Linsenkeimlingen

vegan

Für 4 Personen

35 Min.

je 500 g rote und gelbe Paprika · 1 Bund Frühlingszwiebeln · 1 EL Olivenöl · 1 TL Paprika edelsüß · ¼ TL Paprika, rosenscharf · 2 EL Tomatenmark · 500 ml Gemüsebrühe · Salz · Pfeffer · Agavendicksaft · Knoblauch · 100 g Linsenkeimlinge

- Paprika waschen, trocknen, mit einem Sparschäler sehr dünn schälen. Entkernen und in mundgerechte Stücke schneiden.
- Frühlingszwiebeln waschen und in Ringe schneiden. Öl mit 2 EL Wasser in einer hohen, breiten Pfanne erhitzen, Paprika und Zwiebel darin anschwitzen, Gewürze und Tomatenmark dazugeben und mit Brühe ablöschen.
- Offen bei mittlerer Hitze 20–25 Min. dicklich garen. Mit den Gewürzen abschmecken. Linsenkeimlinge waschen und kurz vor dem Servieren für 1 Min. mitgaren.

Das passt dazu: Kartoffelpüree und grüner Salat

Zeit sparen: Kartoffeln für Schupfnudeln mit Salbei mitgaren.

Schupfnudeln mit Salbei

Für 4 Personen

25 Min. + 1 Stunde Ruhezeit

750 g gegarte mehlige Kartoffeln vom Vortag · 300 g Dinkelmehl 1050 · 1 TL Salz · 2 Eigelb · 50 ml Olivenöl · 10 kleine Salbeiblätter · Butterschmalz zum Braten · Pfeffer

- Kartoffeln pellen und durch die Kartoffelpresse drücken. Mehl darüber sieben und mit Salz, Eigelb und Olivenöl zu einem Teig verkneten. In Folie wickeln und mindestens 1 Stunde kalt stellen. Aus dem Teig mit bemehlten Händen 6 cm lange Schupfnudeln rollen.
- Salbeiblätter waschen, trocknen. Butterschmalz in einer beschichteten Pfanne erhitzen, Salbeiblätter braten, herausnehmen, anschließend die Schupfnudeln goldbraun braten. Mit den Salbeiblättern und frischem Pfeffer servieren.

Das passt dazu: Rotkohl mit Apfel und Feldsalat mit Räuchertofuwürfeln

Zeit sparen: Für die **Kleinigkeit** 2 Eiweiße aufbewahren.

Kleinigkeit: Fetasouflée

Eiweiße zu Schnee schlagen, mit 150 g Feta verrühren, in 4 kleine geölte Förmchen verteilen, im auf 220 Grad vorgeheizten Backofen 10 Min. gratinieren.

Frisch dazukaufen

- 2 kg reife Tomaten, 2 rote Paprika, 1 Bund Frühlingszwiebeln, 1 kg Brokkoli, 800 g Auberginen, 800 g Blumenkohl
- 6 Birnen, 2 Zitronen, 500 g Pflaumen
- ½ Bund Basilikum, 1 Rosmarinzweig
- 150 g Frischkäse, 150 g Joghurt, 100 g Gorgonzola, 200 g Räuchertofu, 100 ml Kokosmilch, 100 ml Sahne oder pflanzliche Sahne
- 3 Eier, 20 g Hefe

Aus dem Vorrat

- mehlige Kartoffeln, Kichererbsen, Erbsen TK, Weizen- oder Dinkelvollkornmehl
- Olivenöl, Butterschmalz, Sesamöl, Kokosöl, Balsamessig rot
- Salz, Kräutersalz, Pfeffer, Zucker, Puderzucker
- rote Zwiebeln, Zwiebeln, Schalotten, Knoblauch
- Muskat, Estragon, Kreuzkümmel, Koriander, Kardamom-Samen, Kurkuma, Cayennepfeffer, Zimt, Kräuter der Provence
- Mandeln, Sesam
- Gemüsebrühe

Mögliche Beilagen

- frische Bandnudeln, Polenta, Bulgur
- Feldsalat mit Champignons, Rührei oder dreierlei Tofu (siehe S. 33) und Batavia-Salat
- Joghurtdip

Birne: fest oder weich, süß oder herb

Auf dem Wochenmarkt bekommen Sie jetzt reife Birnen. Da die Früchte so empfindlich sind, ist Supermarktware meist unreif geerntet – die reifen Birnen schmecken um ein Vielfaches besser!

Steckbrief Birne

Die ursprünglich aus Persien stammende Birne war bereits bei den alten Griechen und Römern sehr beliebt und wurde auf dem Peloponnes kultiviert. Die rund 1 500 verschiedenen Birnensorten wachsen überall dort, wo das Klima nicht extrem ist. Ihr Aussehen reicht von klein (ca. 8–10 cm) bis groß (18–20 cm), länglich über glockenförmig bis dickbauchig und von gelb über hellgrün bis rot gestreift bzw. marmoriert. Ihr Vitamin-C-reiches Fruchtfleisch ist sehr gut verdaulich und schmeckt je nach Sorte mild, süß, herb oder säuerlich. Auch Birnensaft ist mild und bekömmlich. Und etwas Feines zum Süßen und Abschmecken ist sog. Birnendicksaft (aus dem Bioladen). Birnen sind sehr empfindlich, darum eignen sie sich weder gut zum Transport noch zur Lagerung. Beim Einkauf sollten Sie darauf achten, dass die Früchte unbeschädigt sind, so lassen sie sich ca. 10 Tage im Gemüsefach des Kühlschranks aufbewahren. Sind die Birnen beim Einkauf noch unreif, reifen sie innerhalb von 2–3 Tagen bei Zimmertemperatur gut nach.

Gorgonzola Blechkuchen

Fur 4 Personen

35 Min. + 45 Min. Gehzeit

1 Hefeteig Grundrezept · 150 g Frischkäse · 150 g Joghurt · 3 Eier · Salz · Pfeffer · Muskat · 4 Birnen · 4 rote Zwiebeln · Butterschmalz · 1 TL Zucker · 100 g Gorgonzola

- Hefeteig (siehe S. 34) nach Grundrezept zubereiten. Frischkäse, Joghurt und Eier miteinander verquirlen und mit den Gewürzen abschmecken. Birnen waschen, vierteln, entkernen und in dünne Spalten schneiden. Zwiebeln abziehen, in dünne Ringe schneiden.
- Butterschmalz in einer Pfanne erhitzen, Zwiebeln dazugeben, mit Zucker bestreuen und 5 Min. braten.
- Birnen auf dem Teig verteilen, Frischkäse darüber geben, dann Zwiebeln und zum Schluss den Gorgonzola drüber bröckeln. 15 Min. gehen lassen. Backofen auf 180 Grad vorheizen. 25–30 Min. backen.

Das passt dazu: Feldsalat mit Champignons

Tomaten-Paprika-Ragout aus dem Ofen

vegan

Für 4 Personen

20 Min. + 55 Min. Backzeit

2 kg reife Tomaten · 2 rote Paprika · 1–2 EL Puderzucker · 1 Bund Frühlingszwiebeln · 2 EL Olivenöl · Kräutersalz · Pfeffer · roter Balsamessig · ½ Bund Basilikum

- Backofen auf 240 Grad vorheizen. Tomaten waschen, nicht trocknen, halbieren, Stielansatz herausschneiden. Paprika waschen, nicht trocknen, entkernen. Ein Backblech mit Puderzucker bestreuen. Tomaten und Paprika mit der Schnittfläche nach unten auf das Blech legen, Blech ganz nach oben schieben und 10 Min. backen. Tomaten- und Paprikahaut sollte dunkel werden und Blasen werfen.
- Backofen auf 150 Grad runterstellen. Ein nasses Küchenhandtuch über die Tomaten und die Paprika legen, 5 Min. warten und die Haut von den Tomaten und den Paprika abziehen. Zwiebeln waschen, putzen und mit den Tomaten und Paprika klein schneiden und wieder aufs Blech geben. Weitere 45 Min. schmoren. Mit der Gabel etwas zerdrücken, das Öl unterrühren und mit Kräutersalz, Pfeffer und Balsamessig abschmecken. Basilikum waschen, trocknen, grob schneiden und kurz vor dem Servieren darüber streuen.

Das passt dazu: Frische Bandnudeln

Brokkoli mit Räuchertofu

vegan

Für 4 Personen

35 Min.

1 kg Brokkoli · 2 Schalotten · 2 EL Olivenöl · Saft von ½ Zitrone · 40 g Mandeln · 1 EL Olivenöl · ½ TL grobes Salz · 200 g Räuchertofu · 1 EL Sesamöl

- Brokkoli waschen, Röschen zerkleinern, Strunk abziehen und in Stifte schneiden. Die Schalotten abziehen und fein würfeln. Olivenöl mit 2 EL Wasser in einer hohen Pfanne erhitzen. Erst die Brokkolistifte anbraten, nach 3–4 Min. die Röschen hinzufügen. Zitronensaft mit 100 ml Wasser verrühren und den Brokkoli damit ablöschen. Bissfest garen.
- Mandeln der Länge nach stifteln, mit Salz in einer Pfanne leicht rösten, 1–2 EL Olivenöl dazugeben, kurz mit erhitzen. Mandeln vor dem Servieren über den Brokkoli geben.
- Räuchertofu der Länge nach in sehr dünne Scheiben schneiden und diese in Öl kross braten und zum Brokkoli servieren.

Das passt dazu: Polenta

Auberginen mit Kartoffeln und Kichererbsen

vegan

Für 4 Personen

8–12 Stunden Einweichzeit + 1 Stunde Garzeit + 1 Stunde Ausquellzeit + 20 Min. + 45 Min. Backzeit

100 g Kichererbsen . · 800 g Auberginen · 500 g Kartoffeln · 4 Knoblauchzehen · 4 EL Olivenöl · Rosmarinzweig · Salz · Pfeffer · Zitronenabrieb

- Kichererbsen in der 3–4 fachen Menge Wasser 8–12 Stunden einweichen, 1 Stunde garen, 1 Stunde ausquellen lassen.
- Auberginen waschen in mundgerechte Würfel schneiden. Backofen auf 180 Grad vorheizen. Kartoffeln waschen, bürsten und in mundgerechte Würfel schneiden.
- Auberginen, Kartoffeln und Knoblauch mit Öl vermischen und auf ein Backblech geben. Rosmarinzweig dazu legen. 30 Min. backen, einmal umrühren, die Kichererbsen unterrühren und weitere 15 Min. backen. Mit Salz, Pfeffer und Zitronenabrieb abschmecken.

Das passt dazu: Joghurt Dip

Zeit sparen: Am Abend vorher Kichererbsen einweichen, während des Frühstücks kochen und ausquellen lassen.

Kartoffel-Erbsen-Durcheinander

vegan

Für 4 Personen

35 Min.

800 g Kartoffeln, mehlig · 1 Zwiebel · 2 EL Olivenöl · 700 ml Gemüsebrühe · 400 g Erbsen, TK · Salz · Estragon · Olivenöl

- Kartoffeln schälen und klein würfeln. Zwiebel abziehen und würfeln. Öl in einem Topf mit 2 EL Wasser erhitzen, Zwiebeln und Kartoffeln darin anbraten und mit Gemüsebrühe ablöschen. Zugedeckt 15 Min. köcheln lassen. Erbsen dazugeben und weitere 10 Min. offen garen. Zwischendurch umrühren. Garflüssigkeit abgießen und auffangen.
- Kartoffeln und Erbsen grob stampfen, evtl. von der Garflüssigkeit etwas dazugeben, damit es etwas cremig wird. Mit Salz und Estragon abschmecken und mit Öl beträufeln.

Das passt dazu: Rührei oder dreierlei Tofu und Batavia-Salat

Blumenkohl-Birnen-Gemüse aus dem Ofen

vegan

Für 4 Personen

20 Min. + 30–40 Min. Backzeit.

50 g Kokosöl · 100 ml Kokosmilch · 1 TL Kreuzkümmel · 1 TL Koriander · ½ TL Kardamom-Samen · 1 TL Kurkuma · ¼ TL Cayenne-Pfeffer · 1 TL Salz · 800 g Blumenkohl · 2 Birnen · 2 Zwiebeln · 30 g Sesam

- Kokosöl und Kokosmilch leicht erwärmen, Kreuzkümmel, Koriander und Kardamom trocken in einer Pfanne rösten, fein mörsern und mit Kurkuma, Cayenne-Pfeffer und Salz in die Kokosmilch einrühren.
- Backofen auf 180 Grad vorheizen. Blumenkohl waschen, in Röschen teilen, den Strunk würfeln. Birnen waschen, vierteln, in Spalten schneiden. Zwiebeln abziehen, achteln. Alle Zutaten mit dem Sesam vermischen, in eine Auflaufform geben und 30–40 Min. garen.

Das passt dazu: Bulgur

Kleinigkeit: Pflaumencreme

500 g Pflaumen entsteinen, mit 100 ml Sahne oder pflanzlicher Sahne pürieren, mit Zimt und Zucker abschmecken.

Frisch dazukaufen

- 350 g Feldsalat, 1,4 kg Tomaten, 1 rote Paprika, 1 grüne Paprika, 1 kg Auberginen, 400 g Fleischtomaten, 4–6 Zucchini, 600 g Kirschtomaten, 1,5 kg Hokkaido-Kürbis, 600 g Lauch
- 2 Zitronen, 500 g Birnen (Conference), 2 Datteln, 400 g Boskoop-Äpfel
- 1 EL Rosmarinnadeln, glatte Petersilie, Koriandergrün
- 300 g Tofu natur, 100 ml pflanzliche Sahne, 80 g Parmesan, 200 ml Milch oder pflanzliche Milch, 20 g Butter
- Birnendicksaft, Agavendicksaft, Apfelsaft

Aus dem Vorrat

- Kartoffeln, Vollkornspaghetti, Grünkernschrot, Polenta, 1–2 EL Reismehl (bzw. Maismehl, Weizenvollkornmehl oder Weizenmehl Type 1050)
- Olivenöl, Walnussöl, Rapskernöl
- Salz, Pfeffer, Zucker, Puderzucker
- rote Zwiebeln, Knoblauch
- Kurkuma, Kreuzkümmel, Koriandersamen, Fenchelsamen, Cayennepfeffer, Oregano, Thymian, Majoran, Zimt, Paprika edelsüß, geräuchertes Paprikapulver, Curry
- Mandeln, Walnüsse, Sonnenblumenkerne,
- Gemüsebrühe, Sojasauce

Mögliche Beilagen

- Vollkornbaguette, Backofenkartoffeln, Linsengemüse
- Blattsalat
- Apfelkuchen

OKTOBER WOCHE 3

Feldsalat: der Kindersalat schlechthin

Sein sehr mildes und nussiges Aroma passt zu vielem, was Würze mitbringt. Geröstete Sonnenblumenkerne, ein kräftiges Kartoffeldressing und Walnüsse oder auch Räuchertofu. Ab Oktober bis weit in das neue Jahr hinein bereichert dieser wunderbare Wintersalat die Küche.

Steckbrief Feldsalat

Erst seit 100 Jahren wird Feldsalat kultiviert. Früher wuchs das heute als Luxussalat angesehene Kraut aus der Familie der Baldriangewächse zwischen den Wintergetreiden. So wird heute der Feldsalat auch Ackerlattich oder Ackersalat genannt. Die Bezeichnungen Mäuseöhrchen und Nusslisalat lassen eher auf Aussehen und Geschmack schließen. Die 3–5 cm langen dunkelgrünen, am Stiel zusammengewachsenen Blätter haben es in sich. Sie sind, was die Nährstoffe angeht, unter den Blattsalaten einzigartig! Besonders erwähnenswert ist das Provitamin A, Vitamin C sowie Vitamin B6 und Folsäure. Je kleiner, kräftiger und grüner das Blatt, desto intensiver ist sein Nussaroma. Beim Einkauf sollten Sie darauf achten, dass die Blätter fest und grün sind und an der Wurzel keine faulen Blättchen hängen. Als ganze Feldsalatrosette gewaschen und trocken geschleudert, locker in einem Tiefkühlbeutel oder einer Kunststoffdose verpackt, hält sich der Salat 1 Woche im Kühlschrank.

Spaghetti mit Feldsalat-Pesto

vegan

Für 4 Personen

25 Min.

400–500 g Vollkornspaghetti · 150 g Feldsalat · 50 g Mandeln · 20 g Walnüsse · 50 ml Olivenöl · 20 ml Walnussöl · Zitronenabrieb · Salz · Knoblauch

- Spaghetti nach Packungsanweisung zubereiten.
- Salat waschen, trocknen und mit den restlichen Zutaten fein pürieren und mit Zitronenabrieb abschmecken. Pesto sofort mit den heißen Spaghetti verrühren.

Das passt dazu: Apfel-Möhren-Salat

Herbstliche Tomatensuppe mit Walnusskrokant

vegan

Für 4 Personen

25 Min.

1 kg Tomaten · 500 g Birnen (Conference) · 2 rote Zwiebeln · 2 EL Olivenöl · 500 ml Gemüsebrühe · Salz · Pfeffer · Birnendicksaft · 50 g Walnüsse · 1 EL Zucker · 1 EL Rosmarinnadeln

- Tomaten mit kochendem Wasser überbrühen, häuten, halbieren, Stielansatz herausschneiden und würfeln. Birnen waschen, vierteln, entkernen, würfeln. Zwiebel abziehen, würfeln.
- Öl mit 2 EL Wasser in einem Topf erhitzen, Zwiebel, Birnen und Tomaten anbraten, mit Brühe ablöschen, zugedeckt 10 Min. garen. Anschließend fein pürieren und mit den Gewürzen fein abschmecken.
- Walnüsse hacken, sehr vorsichtig trocken in einer Pfanne rösten, Zucker und Rosmarin unter Rühren dazugeben und leicht karamellisieren. Tomatensuppe damit bestreuen.

Das passt dazu: Vollkornbaguette und zum Nachtisch Apfelkuchen mit Sahne.

Moussaka mit Sonnenblumenkernkruste

optional vegan

Für 4 Personen

40 Min. + 50 Min. Backzeit

1 kg Auberginen · 2 EL Olivenöl · 1 EL Sojasauce · 400 g rote Zwiebeln · 400 g Fleischtomaten · 1 EL Olivenöl · Salz · Oregano · Thymian · Majoran · Zimt · 1 ½ Rezepte Béchamelsauce · 500 g vorwiegend festkochende Kartoffeln · 50 g Sonnenblumenkerne · 50 g Grünkernschrot · 2 EL Olivenöl · Salz · Paprika edelsüß · geräuchertes Paprikapulver

- Auberginen waschen, die eine Hälfte in dünne Scheiben schneiden, die andere Hälfte fein würfeln. Backofen auf 180 Grad vorheizen. Öl mit Sojasauce verrühren, Auberginenscheiben mit der Mischung bestreichen und auf ein mit Backpapier ausgelegtes Blech legen, ca. 8 Min. backen.
- Zwiebeln abziehen, fein würfeln. Tomaten waschen, trocknen, vierteln, Stielansatz herausschneiden, fein würfeln. Öl mit 1 EL Wasser erhitzen, Zwiebeln anschwitzen, dann Tomaten und Auberginenwürfel dazugeben und 5 Min. bei mittlerer Hitze geschlossen dünsten. Mit den Gewürzen kräftig abschmecken.
- Béchamelsauce (siehe S. 38) nach Grundrezept zubereiten. Kartoffeln schälen, sehr fein schneiden bzw. hobeln.
- Auberginenscheiben, Tomatenmischung und Kartoffelscheiben in einer Auflaufform abwechselnd schichten, dazwischen immer etwas Sauce geben, mit Auberginenscheiben abschließen. Backofen auf 180 Grad vorheizen. Sonnenblumenkerne grob hacken und mit dem Grünkernschrot trocken in einer Pfanne rösten, Pfanne von der Herdplatte ziehen, Öl und Salz, Paprika und geräuchertes Paprikapulver unterrühren und über den Auflauf streuen. 40–50 Min. backen.

Das passt dazu: Blattsalat

Gemüsetofu

vegan

Für 4 Personen

35 Min.

1 rote Zwiebel · je 1 rote und grüne Paprikaschote · 2 EL Olivenöl · 250 g Tomaten · 300 g Tofu, Natur · 1 EL Olivenöl · ½ TL Kurkuma · ½ TL Kreuzkümmel · ½ TL Koriandersamen · ½ TL Fenchelsamen · 100 ml pflanzliche Sahne · Salz · Cayenne-Pfeffer · glatte Petersilie · Koriandergrün

- Zwiebel abziehen, fein würfeln, Paprika waschen, entkernen, sehr fein würfeln. Tomaten mit kochendem Wasser überbrühen, häuten, das Innere entfernen oder für Kleinigkeit aufbewahren und das Fruchtfleisch fein würfeln.
- Öl in einer hohen Pfanne mit 2 EL Wasser erhitzen, Zwiebel und Paprika anschwitzen, dann Tomatenwürfel dazugeben, umrühren und so lange dünsten, bis die Flüssigkeit verdampft ist. Tofu mit einer Gabel zerbröseln, mit Öl und Kurkuma verrühren und zu dem Gemüse geben.
- Kreuzkümmel, Koriandersamen und Fenchelsamen trocken in einer Pfanne rösten, mörsern und mit der Sahne unter den Gemüsetofu rühren. 3–5 Min. garen und mit Salz, Cayenne-Pfeffer und Kräutern abschmecken.

Das passt dazu: Backofenkartoffeln

Gefüllte überbackene Zucchini

Für 4 Personen
20 Min. + 20 Min. Ausquellzeit + 30 Min. Backzeit

800 ml Gemüsebrühe · 2 EL Olivenöl · 200 g Polenta, fein · 4–6 Zucchini · 1 EL Olivenöl · 80 g Parmesan · Salz · Thymian · 600 g Kirschtomaten · 1–2 TL Puderzucker · 100 ml Gemüsebrühe

- Gemüsebrühe mit dem Olivenöl in einem geschlossenen Topf aufkochen, Polenta einrühren, 5 Min. kochen und zugedeckt auf der ausgeschalteten Herdplatte 20 Min. ausquellen lassen.
- Zucchini waschen, trocknen, der Länge nach halbieren. Mit einem Kugelausstecher oder Küchenmesser das innere Fruchtfleisch herauslösen, sodass noch 1,5–2 cm Rand stehen bleibt. Fruchtfleisch fein würfeln oder raspeln und in Öl braten. Parmesan fein reiben und beides unter die Polenta rühren. Mit den Gewürzen abschmecken.
- Backofen auf 180 Grad vorheizen. Tomaten waschen, trocknen, halbieren, den Stielansatz herausschneiden. Zucchinihälften mit der Polentamasse füllen und in eine Auflaufform setzen. Tomaten mit der Schnittfläche nach oben mit Puderzucker bestäuben und zwischen die Zucchinihälften in die Auflaufform geben. Gemüsebrühe angießen und 30 Min. backen.

Das passt dazu: Linsengemüse

Zeit sparen: Polenta vorher zubereiten.

Kleinigkeit: Feldsalat-Smoothie

Tomatenkerne, 150 g Feldsalat, 2 Tomaten, 2 Datteln mit 100–200 ml Wasser aufmixen und mit Zitronensaft und Pfeffer abschmecken.

Lauch-Apfel-Gemüse mit Kürbis

vegan
Für 4 Personen
30 Min.

1,5 kg Hokkaido-Kürbis · 2 EL Rapskernöl · 1 EL Agavendicksaft · 100 ml Apfelsaft · 450 ml Gemüsebrühe · Salz · Curry · 600 g Lauch · 400 g Boskoop-Äpfel · 1 EL Rapskernöl · Salz · Pfeffer · Sojasauce · 40 g Walnüsse

- Kürbis waschen, vierteln, entkernen und in mundgerechte Stücke schneiden. Öl in einem Topf mit 2 EL Wasser erhitzen, Kürbis mit dem Agavendicksaft darin anschwitzen. Mit Saft und Brühe ablöschen und offen unter gelegentlichem Rühren ca. 15 Min. weich garen. Mit einem Kartoffelstampfer zu einem stückigen Mus stampfen. Mit den Gewürzen abschmecken und warm stellen.
- Lauch waschen und schräg in 1 bis 2 cm breite Stücke schneiden. Äpfel waschen, vierteln, entkernen und in Spalten schneiden. Öl in einer Pfanne mit 1 EL Wasser erhitzen, Lauch und Zwiebeln darin anbraten und bissfest garen. Mit Salz, Pfeffer und Sojasauce abschmecken.
- Walnüsse trocken in einer Pfanne rösten, grob schneiden und über das Gemüse geben. Zu dem Kürbis servieren.

Das passt dazu: Feldsalat mit Möhren und gebratener Tofu

Frisch dazukaufen

- 1 Weißkohl, 200 g Möhren, ½ Salatgurke, 300 g Stangensellerie, 800 g Zucchini, 400 g Tomaten, 1 rote Paprika, 1 gelbe Paprika, 1 Lauchstange, 200 g Brokkoli, 1 kg Fenchel, 1 Gurke
- 6 Zitronen, 3 Datteln, 200 g Trauben, 2 Orangen
- 1 Lorbeerblatt, ½ Bund glatte Petersilie, ½ TL rote Pfefferbeeren
- 500 g Seitan, 250 g Sojajoghurt, 150 g Seidentofu, 200 ml Kokosmilch, 200 g Schmand oder pflanzliche Sahne, 150 g Räuchertofu, 100 g Parmesan
- 20 g Hefe

Aus dem Vorrat

- Hirse, Puy-Linsen, rote Linsen, Vollkornrundreis, Weizen- oder Dinkelvollkornmehl
- Olivenöl, Sesamöl, Balsamessig
- Salz, Pfeffer, Zucker
- Zwiebeln, rote Zwiebeln, Knoblauch
- Koriander, Kreuzkümmel, Oregano, Majoran, Rosmarin, Paprika edelsüß, Kümmel, Thymian, Koriandersamen, Fenchelsamen, Kräuter der Provence
- Gemüsebrühe, Sojasauce

Mögliche Beilagen

- Vollkornreis, Vollkornbrötchen
- Bataviasalat mit Pinienkernen, Feldsalat mit Äpfeln und Möhren und Walnüssen, Endiviensalat mit Möhren und Wintervinaigrette (siehe S. 36) und gerösteten Kürbiskernen

OKTOBER **WOCHE 4**

Weißkohl: vielseitig zu kombinieren

Weißkohl ist gar kein altmodisches Gemüse, wie manche denken – Kohl an sich feiert selbst in der Sterneküche zurzeit seine Renaissance. Richtig zubereitet schmeckt er Groß und Klein und man stellt schnell fest, dass Weißkohl ein ganz feines Gemüse ist.

Steckbrief Weißkohl

Ob Kraut, Weißkraut oder Kappes genannt, sein Vitamin-C-Gehalt kann sich sehen lassen: Immerhin enthalten 100 g roher Weißkohl genauso viel Vitamin C wie 100 ml frisch gepresster Orangensaft. So versteht es sich, dass in Zeiten, in denen es hierzulande noch keine Zitrusfrüchte gab, die Bevölkerung ihren Vitamin-C-Bedarf spielend über Kohl und auch Kartoffeln decken konnte! Neben Vitamin C, das beim Garen des Weißkohls nicht, wie vermutet, weniger aktiv wird, enthält der runde Kopf jede Menge Ballaststoffe. Weißkohl hält sich mehrere Wochen frisch und vitaminreich im Kühlschrank oder kühlen Keller, einmal angeschnitten und mit Folie abgedeckt allerdings nur 1 Woche. Übrigens: Nach dem Blanchieren und Einfrieren verliert der Kohl auch seine blähende Wirkung.

Würziger Seitan mit lauwarmem Weißkohlsalat

vegan

Für 4 Personen

50 Min.

1 Weißkohl (ca. 800 g) · 1 TL Salz · 1 Gemüsezwiebel · 1 EL Olivenöl · 300 ml Gemüsebrühe · 500 g Seitan · ½ TL Koriander · 1 TL Kreuzkümmel · ½ TL rote Pfefferbeeren · ½ TL Oregano · ½ TL Majoran · ½ TL Rosmarin · 1 TL Paprika edelsüß · 200 g Möhren · 3 EL Sesamöl · Salz · Kümmel · Zitronensaft · 150 g Sojajoghurt · 150 g Seidentofu · ½ Salatgurke · Salz · Knoblauch · Zitronensaft · Zucker

- Weißkohl waschen, vierteln, den groben Strunk herausschneiden und fein raspeln. Mit Salz kneten. Zwiebel abziehen, fein würfeln. Öl mit 1 EL Wasser erhitzen, Zwiebel darin glasig anschwitzen, mit der Gemüsebrühe ablöschen, einmal aufkochen und heiß über den Weißkohl geben, gut umrühren und abgedeckt ziehen lassen.
- Seitan in sehr feine Streifen schneiden. Koriander, Kreuzkümmel und Pfefferbeeren trocken in einer Pfanne rösten, anschließend mit Oregano, Majoran, Rosmarin und Paprika fein mörsern. Gewürze mit dem Öl und dem Seitan verrühren und 10 Min. ziehen lassen.
- Möhren waschen, evtl. schälen, grob raspeln und mit dem Öl unter den Weißkohl ziehen, mit Salz, Kümmel und Zitronensaft abschmecken.
- Joghurt und Seidentofu fein pürieren. Gurke waschen, trocknen, der Länge nach vierteln, das weiche Innere herausschneiden (evtl. aufbewahren für die Kleinigkeit). Gurke in sehr dünne Scheiben schneiden bzw. hobeln, unter den Joghurt ziehen und mit Salz, Knoblauch, Zitronensaft und Zucker abschmecken. Eine beschichtete Pfanne erhitzen und den Seitan knusprig braten, mit Weißkohlsalat und Joghurtcreme servieren.

Das passt dazu: Vollkornreis

Fenchel-Orangen-Gemüse mit Parmesan-Risotto

Für 4 Personen

60 Min.

1 l Gemüsebrühe · 1 Zwiebel · 2 EL Olivenöl · 250 g Vollkornrundreis · 100 g Parmesan · Salz · Pfeffer · Zitronensaft · 1 kg Fenchel · 2 EL Olivenöl · 1 TL Koriandersamen · ½ TL Fenchelsamen · 2 Orangen · Salz · Pfeffer

- Gemüsebrühe erhitzen. Zwiebel abziehen und würfeln. Öl mit 2 EL Wasser in einem Topf erhitzen, Zwiebeln anschwitzen, Reis dazugeben und 2 Min. anschwitzen. Ca. 2 Suppenkellen von der heißen Brühe angießen, umrühren und warten, bis die Flüssigkeit ganz aufgenommen ist. Diesen Vorgang mehrere Male wiederholen, bis der Reis gar und cremig ist. Parmesan reiben und unter das Risotto rühren, mit den Gewürzen abschmecken.
- Fenchel waschen, das Grün abschneiden und zur Seite legen. Fenchel achteln bzw. sechzehnteln. Olivenöl mit 2 EL Wasser in einer hohen Pfanne erhitzen, Fenchel darin anbraten. Koriander und Fenchelsamen anstoßen und dazugeben. 1 Orange auspressen und Fenchel damit ablöschen. Mit geschlossenem Deckel ca. 5–8 Min. bissfest garen.
- Orange filetieren und 1 Min. mitdünsten. Mit Salz und Pfeffer abschmecken. Das Fenchelgrün fein schneiden und vor dem Servieren über das Gemüse streuen.

Das passt dazu: Endiviensalat mit Möhren und Wintervinaigrette (siehe S. 36) und gerösteten Kürbiskernen

Kleinigkeit: Gurkenlassi

Das Innere von der Gurke und den Rest der Gurke mit Joghurt, Salz, Zitronensaft pürieren und mit Sprudelwasser aufgießen.

Hirse mit Zucchini und Tomatensauce

vegan

Für 4 Personen

45 Min.

1 Gemüsezwiebel · 300 g Stangensellerie · 2 EL Olivenöl · 250 g Hirse · 700–800 ml Gemüsebrühe · 600 g Zucchini · 1 EL Olivenöl · Salz · Thymian · Zitronensaft · 400 g Tomaten · 3 Datteln · 1 Knoblauchzehe · 1 EL Olivenöl · Salz · Pfeffer

- Zwiebel abziehen, fein würfeln. Stangensellerie waschen, evtl. der Länge nach halbieren, in dünne Streifen schneiden. Öl in einem großen Topf mit 2 EL Wasser erhitzen, Zwiebel und Staudensellerie anschwitzen. Hirse in einem Sieb heiß waschen, dazugeben. 2 Min. rühren. Gemüsebrühe erhitzen und suppenkellenweise zu der Hirse geben, bis die Flüssigkeit aufgenommen ist.
- Zucchini waschen, der Länge nach vierteln, in 3 cm lange Stücke schneiden. Öl in einer Pfanne mit 1 EL Wasser erhitzen, Zucchini bissfest braten. Zu der Hirse geben, mit Gewürzen abschmecken.
- Tomaten mit kochendem Wasser überbrühen, häuten, Stielansatz herausschneiden, würfeln. Datteln würfeln. Knoblauch abziehen, in Scheiben schneiden. Öl mit 1 EL Wasser in einem Topf erhitzen, Tomaten, Datteln und Knoblauch dazugeben, 10 Min. köcheln. Mit den Gewürzen abschmecken.

Das passt dazu: Bataviasalat mit Pinienkernen

Linsen-Gemüsepfanne

vegan

Für 4 Personen

30 Min. Kochzeit + 30 Min. Ausquellzeit + 30 Min.

120 g Puy-Linsen · 1 Lorbeerblatt · 1 Gemüsezwiebel · je 1 rote und gelbe Paprika · 1 Lauchstange · 200 g Zucchini · 2 EL Olivenöl · 120 g rote Linsen · 200 ml Gemüsebrühe · 200 g Brokkoli · 200 ml Kokosmilch · ½ Bund glatte Petersilie · Salz · Pfeffer · Zitronensaft · Sojasauce

- Linsen in einem Sieb waschen und in der 2–4-fachen Menge Wasser mit dem Lorbeerblatt 30 Min. garen, anschließend auf der ausgeschalteten Herdplatte zugedeckt 30 Min. ausquellen lassen.
- Zwiebel abziehen, würfeln, Paprika, Lauch, Zucchini waschen, trocknen und grob schneiden. Öl in einer hohen Pfanne mit 2 EL Wasser erhitzen, Gemüse anbraten. Rote Linsen in einem Sieb waschen und dazugeben. Mit Gemüsebrühe ablöschen und zugedeckt 5 Min. bei mittlerer Hitze garen.
- Brokkoli waschen, Strunk schälen und würfeln, Röschen fein zerteilen, zu dem Gemüse geben, 3 Min. weitergaren. Puy-Linsen mit der Kokosmilch unterrühren und offen 3 Min. köcheln. Petersilie waschen, trocknen, fein schneiden, unterziehen und mit Salz, Pfeffer, Zitronensaft und Sojasauce abschmecken.

Das passt dazu: Vollkornbrötchen

Zeit sparen: Am Morgen die Linsen kochen und ausquellen lassen.

Zwiebelpizza

optional vegan

Für 4 Personen

30 Min. + 45 Min. Gehzeit + 15–20 Min. Backzeit

1 Grundrezept Hefeteig · 1 kg rote Zwiebeln · 2 EL Olivenöl · 2 EL Balsamessig · Salz · Pfeffer · 200 g Schmand oder pflanzliche Sahne · 200 g Trauben · 150 g Räuchertofu

- Hefeteig (siehe S. 34) nach Grundrezept zubereiten.
- Zwiebeln abziehen, in Ringe schneiden bzw. hobeln. Öl in einer Pfanne mit 2 EL Wasser erhitzen, Zwiebeln anbraten, mit Essig ablöschen und ca. 5 Min. zugedeckt garen. Mit den Gewürzen abschmecken.
- Teig auf ein mit Backpapier ausgelegtes Blech ausrollen, Schmand gleichmäßig darauf verteilen, Zwiebeln auflegen. Trauben waschen, trocknen, halbieren, entkernen, Tofu in dünne Scheiben schneiden, auf die Pizza legen. 10–15 Min. gehen lassen. Backofen auf 220 Grad vorheizen. Pizza 15–20 Min. auf der unteren Schiene backen.

Das passt dazu: Feldsalat mit Äpfeln, Möhren und Walnüssen

Herbstliche Kürbisrezepte

Gerade der Hokkaido-Kürbis enthält deutlich mehr Nährstoffe und Energie als die gelben, bis zu 20 Kilo schweren Gartenkürbisse. In ihm stecken mehr Kohlenhydrate – ähnlich viel wie in Erbsen oder Zuckermais. Daher eignet er sich auch besonders gut für alle Rezepte, die eine süße Komponente haben – z.B. als Chutney. Und durch seine enthaltene Stärke bekommt der Kürbis im Backofen eine schöne Kruste.

Kürbis-Apfel-Chutney mit Aprikosen

vegan

Für 4 Personen

45 Min.

500 g Hokkaido-Kürbis · 300 g Boskoop-Äpfel · 4 cm Ingwer · 10 getrocknete Aprikosen · 300 g Honig · 120 ml weißer Balsamessig · Salz · Zitronenabrieb

- Kürbis bürsten, vierteln, entkernen, fein würfeln. Äpfel waschen, vierteln, entkernen, würfeln. Ingwer schälen, würfeln, Aprikosen vierteln. Kürbis, Äpfel, Ingwer und Aprikosen mit 300 ml Wasser und dem Honig verrühren, ca. 30 Min. köcheln lassen.
- Essig und Gewürze dazugeben, offen weitere 10 Min. einkochen lassen, heiß in Schraubgläser abfüllen und verschließen, der Deckel sollte sich nach einigen Min. nach innen wölben. Einige Monate haltbar.

Das passt dazu: Raclette, alter Gouda oder Roquefort. Ideal auch zum Verfeinern von Rotkohl und Wirsinggemüse

Kürbischips aus dem Backofen

vegan

Für 4 Personen

40 Min.

1 kg Hokkaido-Kürbis · 2 Knoblauchzehen · 2 cm Ingwer · 2 EL Sojasauce · 4 EL Rapsöl

- Kürbis bürsten, vierteln, entkernen und in 2 cm dicke Scheiben schneiden. Backofen auf 220 Grad vorheizen. Knoblauch und Ingwer abziehen, fein würfeln und mit Sojasauce und Rapsöl verrühren.
- Kürbisscheiben rundherum mit der Marinade einstreichen, auf ein mit Backpapier ausgelegtes Backblech legen, Temperatur auf 200 Grad reduzieren und 15 Min. backen. Die Kürbisscheiben wenden und weitere 10–15 Min. backen.

Das passt dazu: Joghurt-Schafkäse-Dip oder ein großer bunter Salat

Kürbis mit Rosinen

optional vegan

Für 4 Personen

40 Min.

50 g Rosinen · 1 kg Hokkaido-Kürbis · 1 St. Lauch · 1 Gemüsezwiebel · 2 EL Rapskernöl · 1 EL Curry, mild · 200 ml Gemüsebrühe · 1 Orange · 1 kleine Banane · 100 ml Sahne oder pflanzliche Sahne · Sojasauce · Ingwer · Zitronengras

- Rosinen in Wasser einweichen. Kürbis waschen, bürsten, vierteln, entkernen, in mundgerechte Stücke schneiden. Lauch waschen, in Ringe schneiden. Zwiebel abziehen, würfeln.
- Öl in einer Pfanne mit 2 EL Wasser und dem Curry erhitzen, Zwiebel anschwitzen, Kürbis und Lauch dazugeben, kurz braten, mit der Gemüsebrühe ablöschen. 10 Min. dünsten.
- Orange filetieren, Banane schälen, klein schneiden, mit den Rosinen zu dem Kürbis geben und weitere 5 Min. dünsten. Sahne einrühren, mit den Gewürzen abschmecken.

Das passt dazu: Hirse

Linsen-Pfannküchlein

optional vegan

Für 20 Stück

50 Min.

200 g rote Linsen · 100 g Kürbis · 400 ml Gemüsebrühe · 50 g Tomatenmark · 150 g Naturjoghurt oder Sojajoghurt · 2 EL Olivenöl · 100 g Dinkelvollkornmehl · 50 g Polenta · Salz · Pfeffer · Koriander · Butterschmalz oder Kokosfett

- Linsen waschen. Kürbis bürsten, teilen, entkernen und würfeln. Gemüsebrühe mit dem Tomatenmark aufkochen, Linsen und Kürbis dazugeben, umrühren, 5 Min. köcheln lassen und auf der ausgeschalteten Herdplatte 20 Min. ausquellen.
- Linsen mit dem Joghurt und Olivenöl pürieren, Mehl und Polenta unterrühren und den Teig mit Salz, Pfeffer und Koriander kräftig abschmecken. Fett in der Pfanne erhitzen und ca. 20 kleine Pfannkuchen backen.

Das passt dazu: Spitzkohlgemüse und Kartoffeln

Kürbis-Toastbrot

Für 1 Brot

20 Min. + 60 Min. Backzeit

400 g Hokkaido-Kürbis-Fruchtfleisch · 1 Würfel Hefe · 1 TL Salz · 500 g Dinkel-Vollkornmehl · 40 g Butter · 40 ml Rapsöl · Butterschmalz für die Form

- Kürbis-Fruchtfleisch würfeln und in 100 ml Wasser bissfest garen und anschließend pürieren. Hokkaido-Mus kurz auskühlen lassen.
- Hefe mit ein wenig Wasser und Salz glatt rühren, Kürbismus, Mehl, Butter und Öl dazugeben und zu einem geschmeidigen Teig verrühren. 2–3 Min. in einer Schüssel kneten. Teig abgedeckt 10 Min. gehen lassen.
- Eine Kastenform mit Butterschmalz einfetten, Teig noch einmal durchkneten und in die Form geben. Weitere 10 Min. abgedeckt gehen lassen. Backofen auf 180 Grad Ober-/Unterhitze vorheizen. Das Brot 60 Min. backen.

Kürbisgemüse mit Belugalinsen

vegan

Für 4 Personen

50 Min.

200 g Belugalinsen · 1 Lorbeerblatt · ½ TL Kreuzkümmel · 1,5 kg Hokkaidokürbis · 1 Gemüsezwiebel · 2 EL Rapskernöl · 1 Zitrone, Saft · Salz · Pfeffer · 2 EL Kürbiskerne · 1–2 EL Kürbiskernöl

- Linsen mit 600 ml Wasser, Lorbeerblatt und Kreuzkümmel zum Kochen bringen und ca. 30 Min. mit geschlossenem Deckel garen. Anschließend in ein Sieb geben und mit kaltem Wasser abbrausen.
- Kürbis waschen, vierteln, entkernen und in mundgerechte Stücke schneiden. Zwiebel abziehen und würfeln. Öl in einer hohen Pfanne mit 2 EL Wasser erhitzen, Kürbis darin anbraten, mit Zitronensaft und 100 ml Wasser ablöschen, salzen und pfeffern. Mit geschlossenem Deckel bissfest garen.
- Linsen zu dem Kürbis geben, noch einmal erhitzen und abschmecken. Kürbiskerne trocken in einer Pfanne rösten, grob hacken und über das Gemüse geben. Mit Kürbiskernöl beträufeln.

Das passt dazu: Pellkartoffeln

Zeit sparen: Linsen morgens aufsetzen und ausquellen lassen.

Frisch dazukaufen

- 800 g Steckrübe, Bohnenkraut, 500 g Rote Bete, 8–10 Gewürzgurken, 200 g Staudensellerie, 400 g Fenchel, 800 g Wirsing, 1 Bund Frühlingszwiebeln
- 2 Zitronen, 1 kleiner Apfel
- ½ Bund Petersilie, ½ TL rote Pfefferbeeren, 1 Gewürznelke, 1 Bund Dill, ½ Bund glatte Petersilie, 1 Bund Schnittlauch, 4–6 Salbeiblätter
- 100 ml Sahne oder pflanzliche Sahne, 200 g Schmand oder pflanzliche Sahne
- 120 ml Gewürzgurkenwasser, Apfeldicksaft, 3 Eier, 40 g Honigmarzipan, 20 g Hefe

Aus dem Vorrat

- 400 g TK-Spinat
- Kartoffeln, mehlig kochende Kartoffeln, vorwiegend festkochende Kartoffeln, Quinoa, Dinkelmehl Type 1050, Weizen- oder Dinkelvollkornmehl
- Olivenöl, Rapskernöl
- Salz, Kräutersalz, Pfeffer, Zucker
- Zwiebeln, Knoblauch
- Pinienkerne, gemahlene Mandeln
- Kümmel, Kreuzkümmel, schwarze Pfefferkörner, Majoran, Fenchelsamen, Curry, Rosmarin, Kräuter der Provence
- Gemüsebrühe

Mögliche Beilagen

- Vollkornbrot und Trauben
- Endiviensalat, großer bunter Salat
- dreierlei Tofu (siehe S. 33) oder Spiegelei
- Quarkauflauf mit Äpfeln

Steckrübe: im Eintopf ein Hochgenuss

Steckrüben liefern von allen Wurzelarten die geringste Energie und eignen sich sehr gut für Eintöpfe. Früher waren Steckrüben als Arme-Leute-Essen bekannt, heute haben sie sich einen festen Platz in der Vollwertküche und auch in der Gourmetküche erobert.

Steckbrief Steckrübe

Die bis zu 1,5 kg schwere Rübe mit der gelblich weißen bis grün-violetten rauen Schale und dem gelblichen Fleisch hatte viele Jahre einen schlechten Stand, auch weil sie seit jeher ans Vieh verfüttert wird. Mit ihrem leicht erdigen und dennoch süßen Geschmack liefert diese dicke Wurzel jedoch jede Menge Ballaststoffe, Vitamine und Mineralstoffe. Aufgrund der vielseitigen Verwendung und der guten Lagerfähigkeit hat die Steckrübe heutzutage selbst in Gourmetrestaurants eine Chance bekommen. Sie lässt sich roh und gegart sehr gut einfrieren.

Steckrübeneintopf mit allerlei Gewürzen

optional vegan

Für 4 Personen

45 Min.

1 TL Kümmel · 1 TL Kreuzkümmel · ½ TL schwarze Pfefferkörner · ½ TL rote Pfefferbeeren · 1 Gewürznelke · 800 g Steckrübe · 400 g Kartoffeln · 1 Gemüsezwiebel · 2 EL Rapskernöl · 1,2–1,4 l Gemüsebrühe · ½ TL Majoran · ½ TL Bohnenkraut · Salz · Pfeffer · ½ Bund Petersilie · 100 ml Sahne oder pflanzliche Sahne

- Kümmel, Kreuzkümmel, Pfefferkörner, Pfefferbeeren und Gewürznelke trocken in einer Pfanne rösten, anschließend fein mörsern. Steckrübe und Kartoffeln waschen, schälen und würfeln. Zwiebel abziehen und würfeln.
- Öl in einem großen Topf mit 2 EL Wasser erhitzen, Zwiebel darin anschwitzen, Steckrübe und Kartoffel dazugeben, dann die Gewürze 2–3 Min. unter Rühren anbraten und mit der Gemüsebrühe ablöschen. 20 Min. zugedeckt bei mittlerer Hitze garen.
- Majoran und Bohnenkraut unterrühren und mit Salz und Pfeffer abschmecken. Petersilie waschen, trocknen, zupfen und mit der Sahne kurz vor dem Servieren unterrühren.

Das passt dazu: Vollkornbrot zum Nachtisch und Trauben

Rote-Bete-Kartoffelmus mit Gewürzgurken

vegan

Für 4 Personen

50 Min.

1 kg Kartoffeln, mehlig kochend · 500 g Rote Bete · 200 ml Gemüsebrühe · 120 ml Gewürzgurkenwasser · 2 EL Rapskernöl · 2 EL Olivenöl · Salz · Pfeffer · 2 Gemüsezwiebeln · 2 EL Olivenöl · 1 EL Zucker · 1–2 Bund Dill · 8–10 Gewürzgurken

- Kartoffeln und Rote Bete waschen und getrennt ca. 40 Min. garen. Kartoffeln abgießen, pellen und mit der heißen Gemüsebrühe, dem Gurkenwasser und den Ölen zu Mus stampfen. Rote Bete sehr fein würfeln (3 mm Kantenlänge) oder in einem Standmixer grob zerkleinern, unter das Kartoffelmus ziehen, mit den Gewürzen abschmecken und warm stellen.
- Zwiebel abziehen, vierteln und in dünne Scheiben schneiden. Öl mit 2 EL Wasser in einer Pfanne erhitzen, Zwiebeln darin anbraten, Zucker darüber streuen und 10 Min. schmoren lassen. Dill waschen, zupfen, klein schneiden und kurz vor dem Servieren mit den Zwiebeln vermischen und über das Rote Bete-Kartoffelmus streuen. Gewürzgurken der Länge nach 3 Mal einschneiden und dazu servieren.

Das passt dazu: dreierlei Tofu oder Spiegelei und ein großer Endiviensalat

Quinoa mit Fenchel

vegan

Für 4 Personen

30 Min.

250 g Quinoa · 200 g Staudensellerie · 400 g Fenchel · 2 Zwiebeln · 2 EL Olivenöl · 2 EL Fenchelsamen · Saft von 1 Zitrone · ½ Bund glatte Petersilie · 1 Bund Schnittlauch · Kräutersalz · Pfeffer · 2 EL Olivenöl

- Quinoa nach Packungsanweisung zubereiten. Staudensellerie waschen, evtl. der Länge nach halbieren, schneiden. Fenchel waschen, das Fenchelgrün abschneiden und aufbewahren. Fenchel achteln, den groben Strunk herausschneiden, mit einem Küchenmesser die äußeren festen Haare vom Strunk in Richtung Fenchelgrün abziehen, Fenchel schneiden. Zwiebel abziehen, würfeln.
- Öl in einer breiten hohen Pfanne mit 2 EL Wasser erhitzen, Fenchelsamen und Zwiebel anschwitzen, Sellerie und Fenchel dazugeben, mit Zitronensaft ablöschen, geschlossen 5 Min. dünsten. Petersilie und Schnittlauch waschen, trocknen, fein schneiden, mit dem Quinoa zu dem Gemüse geben, mit den Gewürzen abschmecken und mit Öl beträufeln.

Das passt dazu: Quarkauflauf mit Äpfeln als Nachtisch

Zeit sparen: Quinoa am Morgen vorbereiten.

Pizza mit Wirsing

Für 4 Personen
30 Min. + 45 Min. Gehzeit + 20–25 Min. Backzeit

1 Grundrezept Hefeteig · 800 g Wirsing · 2 EL Olivenöl · Salz · Pfeffer · 1 Bund Frühlingszwiebeln · 200 g Schmand oder pflanzliche Sahne · Salz · Curry · Apfeldicksaft · 1 kleiner Apfel

- Hefeteig nach Grundrezept zubereiten. Wirsing waschen, achteln, den groben Strunk herausschneiden und fein schneiden. Öl mit 2 EL Wasser in einem Topf erhitzen, Wirsing 5 Min. darin bissfest dünsten. Mit Gewürzen abschmecken.
- Frühlingszwiebeln waschen, der Länge nach halbieren und in 10 cm lange Stücke schneiden. Schmand mit den Gewürzen abschmecken. Apfel waschen, das Kerngehäuse herausschneiden und in sehr dünne Scheibe schneiden bzw. hobeln.
- Teig auf ein mit Backpapier ausgelegtes Backblech ausrollen, mit Schmand bestreichen, Wirsing und Zwiebel darüber verteilen und zum Schluss die Apfelscheiben darüber legen. 10–15 Min. gehen lassen. Backofen auf 180 Grad vorheizen, 20–25 Min. auf der mittleren Schiene backen.

Das passt dazu: Feldsalat

Salbei-Spinat Gnocchi

Für 4 Personen
24 Stunden Ausquellzeit + 30 Min.

750 g Kartoffeln, vorwiegend festkochend · 400 g TK-Spinat, gehackt · 120–140 g Dinkelmehl 1050 · 3 Eigelb · 4–6 Salbeiblätter · ½ TL Salz · 4 EL Olivenöl · 50 g Pinienkerne · Zitronensaft · Salz · Pfeffer aus der Mühle

- Kartoffeln in der Schale garen, pellen und mind. 1 Stunde, besser einen Tag ausquellen lassen. Kartoffeln durch die Presse geben. Spinat dämpfen und anschließen in einem Sieb ausdrücken. Kartoffeln, Spinat, Mehl und Eigelb miteinander verkneten. Salbeiblätter waschen, trocknen, fein schneiden und mit Salz unter den Teig geben. Die Masse soll eine feste Konsistenz haben, evtl. mit Mehl korrigieren.
- Teig zu langen, dünnen Strängen rollen ⌀ ca. 1,5 cm, dann in 2 cm lange Stücke schneiden und mit einer Gabel flach drücken. Wasser in einem großen, breiten Topf zum Kochen bringen, salzen und die Gnocchi im leicht siedenden Wasser 2–3 Min. gar ziehen. Mit einem Schaumlöffel herausnehmen und abtropfen lassen. Olivenöl in einer Pfanne vorsichtig erhitzen und die Gnocchi darin schwenken.
- Pinienkerne in einer kleinen Pfanne trocken leicht anrösten. Gnocchi mit Zitronensaft, Salz und Pfeffer würzen und mit Parmesanhobeln servieren.

Das passt dazu: ein großer bunter Salat

Zeit sparen: Am Abend vorher Kartoffeln kochen und kühl stellen.

Kleinigkeit: Mandelmakrönchen

3 Eiweiße mit 100 g Zucker steif schlagen. 150 g gemahlene Mandeln und 40 g Honigmarzipan vorsichtig unter den Schnee rühren, Häufchen auf ein Blech setzen und 30–35 Min. bei 140 Grad backen.

Frisch dazukaufen

- 700 g Staudensellerie, 200 g Endiviensalat, 2 Lauchstangen, 200 g Möhren, 2 rote Paprika, 3 Chicorée, 120 g Feldsalat, 1 Stange Lauch, 300 g Rote Bete, Kapern
- 350 g Äpfel, 2 Boskoop-Äpfel, 2 Zitronen, Trauben
- Chiliflocken, 1 Lorbeerblatt, Meerrettich, eingelegter grüner Pfeffer
- 100 ml Sahne oder pflanzliche Sahne, 600 ml Milch oder pflanzliche Milch, 400 g Seitan, 200 ml Kokosmilch, Gouda, 20 g Butter (oder Olivenöl)
- 8 Scheiben Vollkornbrot, 2 Eier, Cracker, 100 g Kichererbsenkeimlinge,

Aus dem Vorrat

- Kartoffeln, mehlig kochende Kartoffeln, Maismehl, grüne Linsen, 1–2 EL Reismehl (bzw. Maismehl, Weizenvollkornmehl oder Weizenmehl Type 1050)
- Olivenöl, Rapskernöl, Kokosöl, Apfelessig, Essig
- Salz, Pfeffer, Zucker
- rote Zwiebeln, Zwiebeln, Knoblauch
- Muskat, Curry, Paprika edelsüß
- Walnüsse
- Gemüsebrühe, Sojasauce, Tomatenmark, Senf

Mögliche Beilagen

- Vollkornreis, Belugalinsen, Reis, Spätzle, Bandnudeln, Kartoffeln oder Süßkartoffeln
- Möhrensalat mit Walnüssen, Feldsalat, Chicoréesalat

NOVEMBER WOCHE 2

Endiviensalat: ein Geschmackserlebnis

Durch den im milchigen Saft der Blätter enthaltenen Bitterstoff Intybin regt Endiviensalat den Appetit an. Kombinieren Sie Endiviensalat mit Apfel, Birne, Walnüssen oder Kürbiskernen, ist der bittere Geschmack überdeckt.

Steckbrief Endiviensalat

Die veredelte Zuchtform der Zichorie gibt es in 2 Sorten. Die krause Endivie, Frisée genannt, hat farnförmige unregelmäßig spitz auslaufende Blätter. Die glatte Endivie, oder Eskariol, hat breite, eher derbe, am Rand glatt bis leicht gezahnte Blätter. Beide Sorten haben ein leuchtend hellgelbes Herz und hell bis dunkelgrüne äußere Blätter. Endivie schmeckt würzig, herzhaft und leicht bitter. Außer ihrem den Appetit anregenden Bitterstoffenthält Endivie Kalium, Kalzium und Eisen sowie Provitamin A, Folsäure, Vitamin B_1 und B_6. Achten Sie beim Einkauf darauf, dass der Salat ein großes helles Herzteil hat. Die äußeren Blätter sollten beim Frisée gekräuselt und fest sein und beim Eskariol glatt, fest, knackig und glänzend. Frische heißt: außen keine braunen Spitzen, dafür trockene Blätter und feste Köpfe. Im ganzen Blatt gewaschen und getrocknet hält sich die Endivie in einem Tiefkühlbeutel locker verpackt bzw. einer Kunststoffdose 4–5 Tage. Blanchiert lässt sich Endivie einfrieren.

Gestampfte Kartoffeln mit Endiviensalat

optional vegan

Für 4 Personen

35 Min.

1,5 kg Kartoffeln, mehlig kochend · Salz · 3 rote Zwiebeln · 1 EL Rapskernöl · 1 TL Zucker · Apfelessig, Pfeffer · ca. 300 ml Milch oder pflanzliche Milch · Muskat · Salz · Pfeffer · 200 g Endiviensalat

- Kartoffeln schälen, klein schneiden und in wenig Salzwasser weich garen. Zwiebeln abziehen, in Ringe schneiden. Öl in einer Pfanne mit 1 EL Wasser erhitzen, Zwiebeln darin anbraten, mit Zucker bestreuen und leicht braun braten. Mit den Gewürzen abschmecken.
- Milch erhitzen. Kartoffeln abgießen, die Garflüssigkeit auffangen und mit der warmen Milch und evtl. der Garflüssigkeit stampfen. Mit Muskat, Salz und Pfeffer abschmecken.
- Vom Endiviensalat die inneren zarten Blätter waschen, trocken schleudern und sehr fein schneiden. Kurz vor dem Servieren Salat und Zwiebeln unter die gestampften Kartoffeln ziehen und mit dem groben Pfeffer bestreuen.

Das passt dazu: Möhrensalat mit Walnüssen

Sellerie-Apfel-Suppe

optional vegan

Für 4 Personen

25 Min.

600 g Staudensellerie · 300 g Äpfel · 2 EL Rapskernöl · 1–1,3 l Gemüsebrühe · 100 g Kartoffel · 100 ml Sahne oder pflanzliche Sahne · Salz · Pfeffer · 100 g Kichererbsenkeimlinge · 1 TL Zucker · Chiliflocken

- Sellerie waschen, feine grüne Blätter aufbewahren, 50 g sehr fein schneiden, den Rest grob schneiden und zur Seite legen. Äpfel waschen, entkernen, würfeln.
- Öl mit 2 EL Wasser erhitzen, Sellerie und Apfel anschwitzen, mit der Gemüsebrühe ablöschen. Kartoffel schälen, fein reiben, dazugeben. Geschlossen 10 Min. garen. Sahne angießen und abschmecken.
- Kichererbsenkeimlinge und Selleriewürfel trocken in einer Pfanne leicht rösten, Zucker und Chiliflocken darüber streuen und etwas karamellisieren lassen, über die Suppe streuen.

Das passt dazu: Geröstetes Brot und Mandarinen zum Nachtisch

Seitan mit Lauch und Apfel

vegan

Für 4 Personen

35 Min.

400 g Seitan · 2–3 EL Maismehl · 1 EL Kokosöl · 1–2 TL Curry · 200 ml Gemüsebrühe · 2 Lauchstange · 2 Boskoop-Äpfel · 200 ml Kokosmilch · Salz · Zitronensaft · Sojasauce

- Seitan in Streifen schneiden und auf einem Teller mit Mehl vermischen. Öl in einer hohen Pfanne erhitzen, Curry einrühren, Seitan von allen Seiten darin anbraten, mit Gemüsebrühe ablöschen. Mit geschlossenem Deckel bei mittlerer Hitze garen.
- Lauch waschen, schräg in dünne Ringe schneiden. Apfel waschen, vierteln, entkernen, in dünne Spalten schneiden, mit Lauch zum Seitan geben. 8 Min. dünsten. Kokosmilch angießen und offen einmal aufkochen. Mit Salz, Zitronensaft und Sojasauce abschmecken.

Das passt dazu: Vollkornreis, Chicoréesalat

Zeit sparen: Vollkornreis bereits am Morgen garen. Reis für Möhren mit Curry-Kokos-Sauce mit zubereiten.

Chicorée-Kartoffel-Pfanne

vegan

Für 4 Personen

35 Min.

1 kg Kartoffeln · 2 rote Paprika · 3 Chicorée · 1 Apfel · 4 EL Olivenöl · 120 g Feldsalat · Salz · Knoblauch · 50 g Walnüsse

- Kartoffeln 10–15 Min. kochen (nicht zu weich garen), abschrecken, in Spalten schneiden. Paprika waschen, entkernen, in Streifen schneiden. Chicorée in Streifen, Apfel in Spalten schneiden.
- Öl in einer Pfanne erhitzen, Kartoffeln darin 10 Min. gar braten, Paprika, Chicorée und Apfel dazugeben, ca. 8 Min. braten. Feldsalat waschen, 2 Min. mitbraten, mit den Gewürzen abschmecken.
- Walnüsse trocken in einer Pfanne rösten und unter das Gemüse geben.

Das passt dazu: Orangenquark

Linsengemüse

vegan

Für 4 Personen

35 Min.

300 g grüne Linsen · 1 Lorbeerblatt · 1 Stange Lauch · 100 g Sellerie · 200 g Möhren · 1 Zwiebel · 2 EL Olivenöl · 1 TL Zucker · 1 TL Maismehl · 2 EL Tomatenmark · 600 ml Gemüsebrühe · Salz · Paprika edelsüß · Essig

- Linsen in einem Sieb waschen und in der 3–4-fachen Menge Wasser und mit dem Lorbeerblatt 30 Min. garen. Lauch waschen, Sellerie und Möhren waschen, evtl. schälen, Zwiebeln abziehen, alles sehr fein würfeln.
- Öl in einer hohen Pfanne mit 2 EL Wasser erhitzen, Gemüse darin anbraten, mit Zucker und Mehl bestreuen, Tomatenmark dazugeben und unter Rühren 2 Min. weiterbraten. Mit der Brühe ablöschen. 5 Min. garen.
- Linsen abgießen, Lorbeerblatt entfernen und Linsen zu dem Gemüse geben, weitere 5 Min. garen. Mit den Gewürzen abschmecken.

Das passt dazu: Spätzle oder Bandnudeln und Feldsalat

Kleinigkeit: Gouda-Spieße

Gouda würfeln und abwechselnd mit Trauben auf Zahnstocher aufspießen und mit Kräckern genießen.

Rote-Bete-Bällchen mit Meerrettichsauce

Für 4 Personen

40 Min. + 30 Min. Ausquellzeit

300 g Rote Bete, evtl. gegart · ca. 8 Scheiben Vollkorntoast · 100 g Bergkäse, gerieben · 2–3 EL Dinkelvollkornmehl · 100 ml Milch · 2 Eier · Salz · eingelegter grüner Pfeffer · 1 Grundrezept Béchamelsauce · 1–2 TL Meerrettich · Zitronensaft · Senf · Kapern

- Rote Bete waschen, im Ganzen weich garen. Toast fein würfeln, Käse reiben und mit dem Mehl zu den Brötchenwürfeln geben.
- Milch, Eier, Rote Bete und ½ TL Salz pürieren, über die Toastscheiben gießen, alles gut miteinander vermischen und 30 Min. quellen lassen. Der Teig sollte gut formbar sein, evtl. noch etwas Milch dazugeben. Grünen Pfeffer nach Geschmack unterkneten. 20 kleine Knödel formen. Wasser in einem breiten Topf mit Salz zum Kochen bringen und die Knödel in leicht siedendem Wasser gar ziehen. Mit einem Schaumlöffel herausnehmen und warm halten.
- Béchamelsauce (siehe S. 38) nach Grundrezept zubereiten, Meerrettich einrühren, mit Zitronensaft, Senf und Kapern abschmecken und zu den Rote-Bete-Bällchen servieren.

Das passt dazu: Kartoffeln oder Süßkartoffeln und Chicoréesalat

Wohlfühlrezepte für einen nasskalten Tag

Ein warmer Bauch beschwingt die Seele und schützt vor Viren und Bakterien. Denn ist der Körper gut durchblutet, lässt er die Kälte von außen nicht an sich heran und bietet eine Abwehr gegen mögliche Krankheitserreger.

Ingwertee

optional vegan
Für 4 Personen
15 Min.

2 cm Ingwer · ½ Zitrone · 1 Msp. Anis · evtl. Honig oder Agavendicksaft

- Ingwer waschen und in sehr dünne Scheiben schneiden. Zitrone heiß abwaschen, trocken reiben, in Scheiben schneiden, Kerne entfernen.
- Ingwer, Zitrone, Anis in eine Kanne geben und mit 1 L kochendem Wasser übergießen. 10 Min. ziehen lassen, evtl. süßen.

Tipp: Sie können mehrere Male kochendes Wasser dazugeben.

Alkoholfreier Punsch

vegan
Für 4 Personen
20 Min.

½ l roter Tee (z. B. Hibiskusblütentee) · ½ l Apfelsaft · 250 ml Orangensaft · 4 Nelken · ½ Vanillestange · 1 Zimtstange · ½ TL Fenchel

- Alle Zutaten in einen Topf geben, aufkochen, zugedeckt 10 Min. ziehen lassen, abseihen und heiß genießen.

Wärmende Gemüsebrühe

vegan

Für 4 Personen

45 Min.

200 g Zwiebel · 200 g Möhren · 200 g Sellerie · 100 g Petersilienwurzel · 1 Knoblauchzehe · 2 EL Olivenöl · 20 g getrocknete Steinpilze · 2 Lorbeerblätter · 1 TL Pfefferkörner · 1 TL Senfkörner · Salz · Apfelessig

- Zwiebel abziehen, Möhre, Sellerie, Petersilienwurzel waschen, evtl. schälen, alles grob raspeln. Knoblauch abziehen und vierteln. Öl mit 2 El Wasser in einem großen Topf erhitzen, Gemüse darin unter Rühren 5 Min. anschwitzen und mit 1 3/4 L kochendem Wasser ablöschen.
- Steinpilze, Lorbeerblatt, Pfeffer- und Senfkörner dazugeben und 30 Min. offen köcheln lassen. Die Brühe über einem Sieb abgießen. Mit Salz und Essig abschmecken.

Tipp: Die Brühe einfach heiß aus einem Becher trinken oder mit beliebiger Einlage (Nudeln, Reis, Pfannkuchenstreifen, Gemüse ...) sättigender machen.

Bratäpfel mit Vanillesauce

optional vegan

Für 4 Personen

10 Min. + 50–70 Min. Garzeit

4–8 säuerliche Äpfel · 2–3 EL Rosinen · 2 EL Mandeln · 40 g Butter oder vegane Margarine · 4 TL Apfel- oder Quittengelee · 1 EL Zimtzucker · 500 ml Milch oder pflanzliche Milch · 1/2 Vanillestange · 30 g Maismehl · 2 EL Zucker

- Backofen auf 150 Grad vorheizen. Äpfel waschen und mit dem Apfelausstecher entkernen und eng in eine Auflaufform setzen. Kernloch mit Rosinen, Mandeln, Butterflöckchen und Gelee füllen. Mit Zimtzucker bestreuen und je nach Größe der Äpfel 30–50 Min. garen. Danach Backofen auf 200 Grad stellen und weitere 20 Min. backen.
- Milch mit Vanillestange, Mehl und Zucker aufkochen und 2–3 Min. unter Rühren köcheln. Heiß zu den Bratäpfeln servieren.

Frisch dazukaufen

- 1 Rotkohl, 1 kg Chinakohl, 1 kg Hokkaido-Kürbis, 100 g Lauch, 1 Kasten Kresse,
- 20 g Cranberries, 1 Orange, 2 Zitronen, 5 getrocknete Aprikosen, 250 g Äpfel, 500 g reife Bananen, 100 g frische Ananas oder Mango
- Minze, Ingwer, ½ Bund Petersilie
- 200 g Ziegenfrischkäse, 150 g saure Sahne, 20 ml Crème fraîche oder pflanzliche Sahne, 400 g Tofu natur, 200 g Räuchertofu, 100 ml Kokosmilch oder pflanzliche Sahne, 100 ml Sahne oder pflanzliche Sahne
- Preiselbeerkompott, 40 g Paranüsse, 250 g Linsenkeimlingegeröstetes Sesamöl, Apfelsaft, 30 g geröstete und gesalzene Pistazien, 8 g Algen, Agavendicksaft, 20 g Hefe

Aus dem Vorrat

- mehlig kochende Kartoffeln, Kartoffeln, Weizen- oder Dinkelvollkornmehl
- Olivenöl, Kokosöl, Rapskernöl, Sesamöl, Balsamessig, Apfelessig
- Salz, Pfeffer
- Zwiebeln, Knoblauch
- Zimt, Thymian, Paprika edelsüß, Majoran, Curry mild, Kümmel, Rosmarin, Kräuter der Provence
- Sojasauce, Gemüsebrühe

Mögliche Beilagen

- Spätzle, Vollkornreis, Mi-Nudeln
- Geröstetes Brot mit Knoblauch und Olivenöl
- Salat der Saison

Rotkohl: knackig gegart und fruchtig kombiniert

Rotkohl, Knödel und Schweinekrustenbraten oder Rotkohl und Gänsekeule – das rote Kraut bringen viele ausschließlich mit der deftigen und fetten Küche in Verbindung. Dabei schmeckt Rotkohl auch prima ohne Schmalz!

Steckbrief Rotkohl

Ob Rotkraut, Blaukraut, Roter Kappes oder Rotkabis, Rotkohl wird in Verbindung mit Säure rot, vorher ist der ½–2 kg schwere Kohl blauviolett. Über Geschmack lässt sich ja bekanntlich streiten, aber was die Inhaltsstoffe angeht, ist der Rotkohl dem Weißkohl überlegen. Fettlösliche Vitamine, wie Vitamin K und E sowie die wasserlöslichen Vitamine C und B sind hier reichlich vorhanden. Das Vitamin C liegt in einer Vorstufe in Form von Ascorbigen vor, welches erst durch Hitzezufuhr Vitamin-C-Wirksamkeit bekommt. Einen gut geschlossenen unbeschädigten Kohl ohne Flecken und Risse können Sie mehrere Monate im dunklen kühlen Keller oder Kühlschrank ohne Nährstoffverluste lagern. Durch Blanchieren und Einfrieren verliert der Kohl seine blähende Wirkung.

Rotkohl mit Preiselbeeren

vegan

Für 4 Personen

35 Min.

1 Rotkohl (ca. 1 kg) · 2 TL Salz · 1 Gemüsezwiebel · 2 EL Kokosöl · 40 ml Balsamessig · 200 g Preiselbeerkompott · 100 g Kartoffeln, mehlig · 20 g Cranberries · Agavendicksaft · Orangenabrieb · Zimt

- Rotkohl waschen, vierteln, Strunk herausschneiden, sehr fein hobeln bzw. schneiden. Mit Salz verkneten und 20 Min. ziehen lassen. Zwiebel abziehen, würfeln.
- Öl in einem großen Topf mit 2 EL Wasser erhitzen, Zwiebeln darin anbraten, Rotkohl nochmals durchkneten und zu den Zwiebeln geben, 1 Min. mitbraten. Mit Essig und 800 ml Wasser ablöschen. Preiselbeerkompott unterrühren und zugedeckt unter gelegentlichem Rühren 10 Min. köcheln lassen. Kartoffeln schälen und sehr fein reiben, unter den Rotkohl rühren und weitere 15 Min. offen garen. Mit Cranberries, Agavendicksaft, Orangenabrieb und Zimt fruchtig-süßlich abschmecken.

Das passt dazu: Spätzle

Zeit sparen: Linsenkeimlinge ansetzen für Milden Chinakohl und Bananen-Curry-Suppe.

Kartoffelpizza

Für 4 Personen

30 Min. + 45 Min. Gehzeit + 15 Min. Backzeit

1 Grundrezept Hefeteig · 200 g Ziegenfrischkäse · 150 g saure Sahne · 1 TL Thymian · ¼ TL Zitronenabrieb · Salz · Pfeffer · Minze · 250 g Kartoffeln · 1 EL Olivenöl · Salz · Pfeffer · 40 g Paranüsse

- Hefeteig (siehe S. 34) nach Grundrezept zubereiten und auf ein mit Backpapier ausgelegtes Backblech ausrollen.
- Frischkäse mit saurer Sahne, Thymian, Zitronenabrieb verrühren und mit Salz, Pfeffer und Minze abschmecken, auf dem Teig verstreichen. Kartoffeln gut putzen, hauchdünn hobeln, mit Öl vermischen, mit salz und Pfeffer würzen und nebeneinander auf dem Teig verteilen. Paranüsse hacken und darüber geben. 10 Min. gehen lassen.
- Backofen auf 240 Grad vorheizen. Pizza auf der unteren Schiene 15 Min. backen und die Temperatur sofort auf 200 Grad herunterschalten.

Das passt dazu: Salat der Saison

Milder Chinakohl

optional vegan

Für 4 Personen

25 Min.

1 kg Chinakohl · 2 EL Rapskernöl · 1 TL Paprika edelsüß · 2 Knoblauchzehen · 20 ml Crème fraîche, pflanzliche Sahne · 100 g Linsenkeimlinge · Salz · Sojasauce · 1 Kasten Kresse

- Evtl. die äußeren Blätter des Kohls entfernen, vierteln, waschen, in dünne Streifen schneiden.
- Öl mit 2 EL Wasser und dem Paprikapulver in einer Pfanne erhitzen, Kohl zugeben. Knoblauch abziehen, in Scheiben schneiden, zu dem Kohl geben. Bei geschlossenem Deckel 4–5 Min. dünsten.
- Crème fraîche dazugeben, einmal aufkochen lassen, Keimlinge unterrühren und mit den Gewürzen mild abschmecken. Mit Kresse bestreuen.

Das passt dazu: Vollkornreis

Kleinigkeit: Algentofu

8 g Algen (Meeressalat) mit kochendem Wasser übergießen, 200 g Tofu und 200 g Räuchertofu mit dem Saft einer Zitrone, 3 EL Olivenöl und einem TL Salz grob pürieren oder mit der Gabel zerkneten. Algen abgießen, unterrühren und evtl. mit geräuchertem Paprikapulver abschmecken.

Kürbisgemüse mit mariniertem Tofu

vegan

Für 4 Personen

1 Stunde Marinierzeit + 25 Min.

200 g Tofu, Natur · 3 EL Sojasauce · 1 EL Sesamöl, geröstet · 1 EL Sesamöl · 1 Knoblauchzehe · 2 cm Ingwer · 1 kg Hokkaido-Kürbis · 5 getrocknete Aprikosen · 200 ml Gemüsebrühe · 100 ml Kokosmilch oder pflanzliche Sahne · Salz · Sojasauce · Zitronenabrieb

- Tofu würfeln. Sojasauce und Öl verrühren. Knoblauch abziehen, Ingwer schälen, beides fein reiben und mit dem Öl verrühren, Tofu darin mindestens 1 Stunde marinieren.
- Kürbis waschen, vierteln, entkernen, in mundgerechte Stücke schneiden. Tofu mit der Marinade in einem großen Topf anbraten, Kürbis dazugeben, 2 Min. mitbraten. Aprikosen in Streifen schneiden, mit der Gemüsebrühe zum Kürbis geben. Zugedeckt 10 Min. bei mittlerer Hitze dünsten.
- Kokosmilch angießen, einmal aufkochen, mit Salz, Sojasauce und Zitronenabrieb abschmecken und servieren.

Das passt dazu: Mi-Nudeln

Zeit sparen: Tofu marinieren.

Kartoffel-Zwiebel-Apfel-Auflauf

Für 4 Personen

40 Min. + 30 Min. Backzeit

1,2 kg Kartoffeln · 500 g Zwiebeln · 250 g Äpfel · 2 EL Rapskernöl · 100 ml Apfelsaft · Salz · Pfeffer · Majoran · Apfelessig · 100 ml Gemüsebrühe · 2 EL Olivenöl · ½ Bund Petersilie · 30 g Pistazien, gesalzen und geröstet

- Kartoffeln waschen, 20 Min. kochen, sie sollten nicht ganz gar sein. Zwiebeln abziehen, in Ringe schneiden. Äpfel waschen, mit dem Apfelausstecher entkernen, in dünne Ringe schneiden.
- Öl in einer Pfanne mit 2 EL Wasser erhitzen, Zwiebel und Äpfel darin anbraten, mit Saft ablöschen und offen 10–15 Min. garen, bis die Flüssigkeit verdampft ist. Mit den Gewürzen kräftig abschmecken. Kartoffeln pellen, in sehr dünne Scheiben schneiden.
- Backofen auf 180 Grad vorheizen. Auflaufform ölen und mit der Hälfte der Kartoffeln dachziegelartig belegen. Zwiebel-Apfel-Gemüse darauf verteilen und mit den restlichen Kartoffeln abdecken. Gemüsebrühe mit Öl verrühren und über den Auflauf gießen. 30 Min. backen.
- Petersilie waschen, trocknen, schneiden. Pistazien hacken, mit der Petersilie vermischen und den Auflauf kurz vor dem Servieren damit bestreuen.

Das passt dazu: Endiviensalat mit Walnüssen

Bananen-Curry-Suppe mit Linsenkeimlingen

Für 4 Personen

30 Min.

1 Gemüsezwiebel · 100 g Lauch · 1 EL Olivenöl · 1–2 EL Curry, mild · 500 g reife Bananen · 900 ml Gemüsebrühe · 100 g Kartoffel · 100 ml Sahne oder pflanzliche Sahne · Salz · Pfeffer · 100 g frische Ananas oder Mango · 150 g Linsenkeimlinge

- Zwiebel abziehen, fein würfeln. Lauch waschen, fein schneiden. Öl in einem großen Topf mit 2 EL Wasser und Curry erhitzen, Zwiebel und Lauch anschwitzen. Bananen schälen, mit der Gabel verkneten, kurz mitanschwitzen und mit der Brühe ablöschen. Kartoffel schälen, fein reiben, dazugeben. Geschlossen 10 Min. garen.
- Sahne angießen, fein pürieren und mit Salz und Pfeffer abschmecken. Ananas fein würfeln und kurz vor dem Servieren mit den Keimlingen in die Suppe einrühren.

Das passt dazu: Geröstetes Brot mit Knoblauch und Olivenöl

Frisch dazukaufen

- 1 kg Hokkaido-Kürbis, 500 g Möhren, 1,2 kg Lauch, 4 Stangen Staudensellerie, 1 Bund Frühlingszwiebeln, 500 g Fenchel, 1 kg Chicorèe, 400 g Sauerkraut, getrocknete Tomaten
- 500 g Äpfel, 4 Zitronen, 2 Boskoop-Äpfel
- 3 Lorbeerblätter
- 200 g Joghurt oder Sojajoghurt, 300 ml Sahne oder pflanzliche Sahne, Parmesan oder vegane Parmesan-Brösel, 100 ml Milch, 100 g Bergkäse
- 2 EL Apfeldicksaft oder Agavendicksaft, 500 ml Möhrensaft, 250 ml Apfelsaft

Aus dem Vorrat

- vorwiegend festkochende Kartoffeln, mehlig kochende Kartoffeln, Dinkel, rote Linsen, Vollkornspaghetti, Vollkornrundreis, Hefeflocken, weiße Bohnen, 1 Glas Kichererbsen
- Olivenöl, Kürbiskernöl, Rapskernöl
- Salz, Kräutersalz, grober Pfeffer, Zucker
- Zwiebeln, Knoblauch
- Rosmarin, Oregano, Paprika edelsüß, Fenchelsamen, weißer Pfeffer, Majoran, Kümmel
- 25 g Kürbiskerne
- Gemüsebrühe, Tomatenmark

Mögliche Beilagen

- Pellkartoffeln, Kartoffelpüree oder Süßkartoffelpüree
- Feldsalat, Chicorée-Salat mit Walnüssen und Orangen
- Rote-Bete-Frischkost
- Obstsalat mit heißer Vanillesauce

NOVEMBER WOCHE 4

Apfel: eine alte Liebe, die niemals vergeht

Nicht ohne Grund gilt das englische Sprichwort »An apple a day, keeps the doctor away« – die saftigen Früchte haben jede Menge zu bieten. Der hohe Gehalt an Pektin sättigt und lässt außerdem den Blutcholesterinspiegel sinken.

Steckbrief Apfel

Durch Veredeln der auch in Europa sehr früh bekannten drei Wildsorten gibt es mittlerweile weltweit mehrere tausend Apfelsorten. Der Vitamin-C-Gehalt schwankt stark je nach Sorte. Bei Äpfeln macht sich ungespritzte Ware bezahlt, da rund 70 Prozent der Vitamine und der sekundären Pflanzenstoffe sich in bzw. direkt unter der Schale befinden. Frühe Äpfel wie Elstar, Gravensteiner, Holsteiner Cox, James Grieve und Jamba sind direkt nach der Ernte zum Verzehr geeignet, späte Sorten wie Jonagold, Golden Delicious, Boskoop oder Cox Orange, die sogenannten Lagersorten, sollten nachreifen. Vollreife Äpfel sind an ihrem Duft zu erkennen und können problemlos kühl und luftig mehrere Wochen gelagert werden. Gedämpft oder als Mus können Sie Äpfel ohne weiteres einfrieren.

Apfel-Gemüse vom Blech

optional vegan

Für 4 Personen

20 Min. + 40 Min. Backzeit

6 EL Olivenöl · 2 EL Apfeldicksaft oder Agavendicksaft · 2–3 TL Kräutersalz · 1 TL Rosmarin · 1 kg Hokkaido-Kürbis · 500 g Kartoffeln, vorwiegend festkochend · 500 g Gemüsezwiebel · 500 g Äpfel · 1 Glas Kichererbsen (220 g) · 200 g Joghurt oder Sojajoghurt · Salz · Zitronensaft · Knoblauch

- Olivenöl mit Apfeldicksaft, Kräutersalz und Rosmarin in einer großen Schüssel gut verrühren.
- Backofen auf 180 Grad vorheizen. Kürbis und Kartoffeln waschen, bürsten. Kürbis vierteln, entkernen und in 1–2 cm dicke Spalten schneiden. Kartoffeln der Länge nach vierteln. Zwiebeln abziehen und je nach Größe achteln bzw. sechzehnteln. Äpfel waschen, entkernen und achteln. Alles mit der Marinade gut vermischen und auf ein mit Backpapier ausgelegtes Blech legen und ca. 40 Min. backen.
- Kichererbsen mit Joghurt pürieren und mit Salz, Zitronensaft und Knoblauch abschmecken.

Das passt dazu: Feldsalat

Möhren-Dinkel mit geschmortem Lauch

optional vegan

Für 4 Personen

8–12 Stunden Einweichzeit + 45 Min. Garzeit + 45 Min.

250 g Dinkel · 1 Lorbeerblatt · 500 ml Möhrensaft · 100 g Möhren · 1 kg Lauch · 2 EL Olivenöl · Kräutersalz · 100 ml Sahne oder pflanzliche Sahne · 25 g Kürbiskerne · 2 EL Kürbiskernöl

- Dinkel in 500 ml Wasser 8–12 Stunden mit dem Lorbeerblatt einweichen.
- Wasser abgießen, Dinkel in Möhrensaft 30–45 Min. garen. Möhren waschen, evtl. schälen, fein raspeln und nach der Hälfte der Garzeit des Dinkels unter den Dinkel rühren. 30 Min. ausquellen.
- Backofen auf 180 Grad vorheizen. Lauch waschen, der Länge nach halbieren, in 10 cm große Stücke schneiden. Öl mit Kräutersalz verrühren, Lauch damit großzügig bestreichen, auf ein mit Backpapier ausgelegtes Blech legen 20 Min. schmoren. Sahne in den Dinkel einrühren, noch einmal aufkochen.
- Kürbiskerne trocken in einer Pfanne rösten, grob hacken, den Dinkel damit bestreuen und mit Öl beträufeln und zu dem geschmorten Lauch servieren.

Das passt dazu: Obstsalat mit heißer Vanillesauce

Zeit sparen: Am Abend vorher den Dinkel einweichen und am Morgen garen.

Rote Linsen mit Spaghetti

optional vegan

Für 4 Personen

35 Min.

1 Gemüsezwiebel · 1 Lauchstange · 4 Stangen Staudensellerie · 200 g Möhren · 3 EL Olivenöl · 250 g rote Linsen · 600 ml Gemüsebrühe · 1 Lorbeerblatt · 3–5 EL Tomatenmark · Salz · Oregano · Paprika edelsüß · Zucker · Knoblauch · 300–400 g Vollkornspaghetti · Parmesan oder vegane »Parmesan«-Brösel

- Zwiebel abziehen, Lauchstange, Staudensellerie und Möhren waschen, alles sehr fein würfeln.
- Öl in einer hohen Pfanne mit 3 EL Wasser erhitzen, Gemüse darin anbraten, Linsen hinzufügen und mit Gemüsebrühe ablöschen. Lorbeerblatt hinzufügen und 20 Min. köcheln lassen. Gelegentlich umrühren. Lorbeerblatt herausnehmen und mit Tomatenmark und den Gewürzen abschmecken. Evtl. etwas Wasser hinzufügen, um die richtige Konsistenz einzustellen.
- Spaghetti nach Packungsanweisung bissfest garen und mit den Linsen servieren. Mit Parmesan oder veganen »Parmesan«-Bröseln bestreuen.

Das passt dazu: Chicorée-Salat mit Walnüssen und Orangen

Risotto mit Fenchel

vegan
Für 4 Personen
50 Min.

1 Bund Frühlingszwiebeln · 2 EL Olivenöl · 250 g Vollkornrundkornreis · 250 ml Apfelsaft · 750 ml Gemüsebrühe · 500 g Fenchel · 2 EL Olivenöl · 1 TL Fenchelsamen · 1 Zitrone, Saft · Salz · weißer Pfeffer · Knoblauch · Hefeflocken · Olivenöl

- Frühlingszwiebeln waschen, in Ringe schneiden. Öl in einem großen breiten Topf mit 2 EL Wasser erhitzen, Zwiebeln darin anschwitzen, Reis dazugeben und unter Rühren glasig werden lassen. Apfelsaft und Brühe erhitzen und suppenkellenweise zu dem Reis geben. Wenn die Flüssigkeit aufgenommen ist, dann die nächste Suppenkelle dazugeben.
- Fenchel waschen, das Grün aufbewahren. Die äußeren festen Haare vom Strunk in Richtung Fenchelgrün mit Hilfe eines Küchenmessers abziehen. Fenchel vierteln, den Strunk herausschneiden und in dünne Scheiben schneiden. Öl mit 2 EL Wasser in einer Pfanne erhitzen. Fenchel und Fenchelsamen darin kräftig anbraten, mit Zitronensaft ablöschen und bissfest garen. Mit den Gewürzen kräftig abschmecken.
- Fenchel unter den gegarten Reis ziehen und abschmecken. Fenchelgrün fein schneiden und das Risotto damit garnieren. Mit etwas Olivenöl beträufeln und servieren.

Das passt dazu: Rote-Bete-Frischkost

Chicorée-Apfel-Auflauf

vegan
Für 4 Personen
20 Min. + 25 Min. Backzeit

1 kg Chicorée · 2 Boskoop-Äpfel · Saft von 1 Zitrone · Salz · Zucker · 200 ml Sahne · 100 ml Milch · 100 g Bergkäse · grober Pfeffer · Majoran

- Backofen auf 180 Grad vorheizen. Chicorée putzen, der Länge nach vierteln bzw. achteln. Äpfel waschen, vierteln, entkernen, in dünne Spalten schneiden.
- Chicorée und Äpfel in eine Auflaufform legen, mit Zitronensaft beträufeln und mit Salz und Zucker würzen. Sahne und Milch angießen. Käse reiben und darüber verteilen. 25 Min. backen und mit grobem Pfeffer und Majoran bestreut servieren.

Das passt dazu: Pellkartoffeln

Kleinigkeit: Bohnenstreich

Bohnen mit Olivenöl, getrockneten Tomaten und Majoran pürieren, mit Salz und Zitronensaft kräftig abschmecken.

Sauerkraut mit Bohnen

vegan
Für 4 Personen
8–12 Stunden Einweichzeit + 1 Stunde Garzeit + 1 Stunde Ausquellzeit + 35 Min.

200 g weiße Bohnen · 1 Lorbeerblatt · 1 Gemüsezwiebel · 200 g Möhren · 2 EL Rapskernöl · 400 g Sauerkraut · 300 ml Gemüsebrühe · 120 g Kartoffeln, mehlig · Salz · Agavendicksaft · Kümmel · Fenchelsamen

- Bohnen mit der 3–4-fachen Menge Wasser 8–12 Stunden einweichen. Lorbeerblatt dazu geben und 60 Min. weich garen. 60 Min. ausquellen lassen.
- Zwiebel abziehen und fein würfeln. Möhren waschen, bürsten, evtl. schälen und grob reiben. Öl in einer hohen Pfanne mit 2 EL Wasser erhitzen, Zwiebel und Möhren anschwitzen. Sauerkraut etwas schneiden und in die Pfanne heben, umrühren und mit der Brühe ablöschen. Zugedeckt 20 Min. garen.
- Kartoffeln schälen, musig reiben und unterrühren. Aufkochen lassen. Bohnen dazugeben und mit den Gewürzen lieblich abschmecken.

Das passt dazu: Kartoffelpüree oder Süßkartoffelpüree

Zeit sparen: Bohnen über Nacht einweichen und am Morgen garen und ausquellen lassen. Für die **Kleinigkeit** mehr Bohnen garen.

Frisch dazukaufen

- 1 kg Pastinaken, 600 g Hokkaido-Kürbis, 600 g Fenchel, 500 g Blattspinat, 500 g Cremechampignons, 1 Bund Frühlingszwiebeln, 500 g Shiitakepilze, 700 g Möhren, 1 Stange Lauch, 200 g Staudensellerie, 1,5 kg kleine Rote Bete
- 4 Zitronen, 1 Apfel
- 2 Lorbeerblätter, 1 Zweig Rosmarin, Ingwer, 1-2 Zweige Thymian, 1–2 TL Meerrettich
- 300 g Seidentofu, 350 ml pflanzliche Sahne, 400 g Tofu, 100 g Sojabohnenkeimlinge, 200 ml Joghurt oder Sojajoghurt
- 10 g Hefe

Aus dem Vorrat

- Kartoffeln, Puy-Linsen, Dinkel, Stärke, Hefeflocken, Dinkelgrieß, Hafer (ganzes Korn), Dinkelmehl Type 1050, Paniermehl, Weizen- oder Dinkelvollkornmehl
- Olivenöl, Kürbiskernöl, Sesamöl, Rapskernöl, Butterschmalz, Bratöl, Kokosöl, Leinöl, weißer Balsamessig
- Salz, Kräutersalz, Pfeffer
- Zwiebeln, Schalotten, Knoblauch
- Majoran, Paprika edelsüß, geräuchertes scharfes Paprikapulver, Estragon, Kümmel, Rosmarin, Kräuter der Provence
- Kürbiskerne, Pinienkerne, Sesam
- Sojasauce, Gemüsebrühe

Mögliche Beilagen

- Kartoffelpüree, Woknudeln, Brot
- Endiviensalat mit Äpfeln und Walnüssen
- Obstsalat

Pastinake: nicht nur für Babys – süß und nussig

Pastinaken schmecken süßlich und mild, ihr Aroma wird aber erst richtig gut, wenn sie angeröstet werden. Sie dürfen bei keinem Schmorgericht fehlen und verleihen Saucen einen herrlich nussigen Geschmack.

Steckbrief Pastinake

Die Wildform der Pastinake war bis in die Renaissance sehr beliebt, dann wurde sie von der Kartoffel verdrängt. In Deutschland ist die Pastinake nur in jungen Familien bekannt, wenn Babys ihre ersten Breie bekommen. Denn sie galt und gilt immer noch fälschlicherweise weniger allergen als die Möhre. In England, Frankreich und den Niederlanden ist die Pastinake auch bei Erwachsenen ein viel und gern gegessenes, gut sättigendes Gemüse. Die Pastinake hat die Form einer Möhre, die Farbe eines Selleries, sie ist größer als die Petersilienwurzel und deutlich kleiner als der Rettich. Ihr Geschmack ist einzigartig süßlich und dennoch würzig und leicht nussig und hat die gleiche Konsistenz wie der Sellerie. Sie ist reich an Kalium und Vitamin C sowie an dem wasserlöslichen Ballaststoff-Pektin. Ist die Haut straff und fest, lässt sich die Pastinake lagern wie Kartoffeln: dunkel, luftig und kühl.

Pastinaken aus dem Backofen mit Linsen

vegan

Für 4 Personen

40 Min.

1 kg Pastinaken · 3 EL Olivenöl · 250 g Puy-Linsen · 2 Schalotten · 1 Lorbeerblatt · Kräutersalz · weißer Balsamessig · Majoran

- Backofen auf 200 Grad vorheizen. Pastinaken waschen, evtl. schälen, in gleich große Würfel schneiden. Mit Olivenöl vermischen, auf ein Blech geben und ca. 30 Min. schmoren.
- Linsen mit der 2–3-fachen Menge Wasser aufsetzen. Schalotten abziehen, der Länge nach achteln, mit dem Lorbeerblatt zu den Linsen geben, 30 Min. garen, das Lorbeerblatt herausnehmen, die Linsen mit den Pastinaken vermischen und mit Kräutersalz, Balsamessig und Majoran abschmecken.

Das passt dazu: Kartoffelpüree

Zeit sparen: Sojabohnenkeimlinge ansetzen für Asiatische Tofupfanne (siehe S. 210).

Dinkel mit geschmorten Kürbis und Fenchel

vegan

Für 4 Personen

8–12 Stunden Einweichzeit + 30 Min. Garzeit + 30 Min. Ausquellzeit + 30 Backzeit + 35 Min.

200 g Dinkel · 600 g Hokkaido-Kürbis · 600 g Fenchel · 2 Knoblauchzehen · 4 EL Olivenöl · 1 Zweig Rosmarin · 40 g Kürbiskerne · Salz · Pfeffer · Zitronensaft · 1–2 EL Kürbiskernöl

- Dinkel in 450 ml Wasser 8–12 Stunden einweichen, 30–40 Min. kochen, mindestens 30 Min. ausquellen lassen.
- Kürbis waschen, vierteln, entkernen, in mundgerechte Stücke schneiden. Backofen auf 180 Grad vorheizen. Fenchel waschen, das Grün abschneiden und zur Seite legen, achteln, den groben Strunk herausschneiden, mit dem Küchenmesser die äußeren festen Haare vom Strunk in Richtung Fenchelgrün abziehen. Knoblauchzehen abziehen, der Länge nach vierteln.
- Kürbis, Fenchel und Knoblauch mit dem Öl vermischen, in eine Auflaufform geben, Rosmarin dazu legen und 20–30 Min. backen. Kürbiskerne trocken in einer Pfanne rösten, hacken. Alle Zutaten vermengen, mit den Gewürzen abschmecken, mit Kürbiskernöl beträufeln und mit Fenchelgrün dekorieren.

Zeit sparen: Am Abend vorher – Dinkel über Nacht einweichen und am Morgen garen und ausquellen lassen.

Spinat-Champignon-Quiche

vegan

Für 4 Personen

20 Min. + 45 Min. Gehzeit + 30 Min. Backzeit

½ Grundrezept Hefeteig · 500 g Blattspinat · 1 EL Olivenöl · 500 g Crèmechampignons · 300 g Seidentofu · 100 ml pflanzliche Sahne · 1 EL Stärke · 1 EL Hefeflocken · ½ TL Paprika edelsüß · 1 Msp geräuchertes Paprikapulver, scharf · Salz · 2 EL Dinkelgrieß · Pinienkerne

- Hefeteig (siehe S. 34) nach Grundrezept zubereiten. Ausrollen und in eine mit Backpapier ausgelegte Quicheform legen, einen Rand ziehen.
- Spinat waschen, trocknen, evtl. die groben Stiele wegschneiden. Öl mit 2 EL Wasser erhitzen, Spinat anschwitzen, zusammenfallen lassen, überschüssige Flüssigkeit abgießen, grob schneiden. Pilze mit Küchenkrepp säubern und blättrig schneiden. Tofu mit Sahne, Stärke, Hefeflocken und Paprikapulver glattrühren, mit Salz abschmecken.
- Grieß auf dem Teig gleichmäßig verteilen. Spinat und Pilze auf den Teig geben und den Guss von der Mitte nach außen spiralförmig angießen. Mit Pinienkernen bestreuen. 10–15 Min. gehen lassen. Backofen auf 180 Grad vorheizen.
- Quiche 30 Min. auf der unteren Schiene backen.

Das passt dazu: Endiviensalat mit Äpfeln und Walnüssen

Asiatische Tofupfanne

vegan
Für 4 Personen
30 Min.

400 g Tofu · 4 EL Sojasauce · 4 EL Sesamöl · 1 Bund Frühlingszwiebeln · 500 g Shiitakepilze · 500 g Möhren · 2 EL Sesam · 2 EL Sesamöl · Sojasauce · Ingwer · Knoblauch · 100 g Sojabohnenkeimlinge

- Tofu abtropfen, trocken tupfen, in dünne 4 cm lange Streifen schneiden und in Sojasauce und dem Sesamöl marinieren.
- Frühlingszwiebeln waschen, der Länge nach halbieren, in 4 cm lange Stücke schneiden. Shiitakepilze mit einem Küchenkreppen säubern, Stängel entfernen und Hüte in Streifen schneiden. Möhren waschen, evtl. schälen, der Länge nach vierteln oder achteln und in 4 cm lange Stücke schneiden.
- 2 EL Sesamöl in einer hohen Pfanne erhitzen, Tofu abgießen, Sojasauce auffangen und Tofu kräftig anbraten, anschließend aus der Pfanne nehmen und zur Seite legen. Restliches Sesamöl in der Pfanne erhitzen, Frühlingszwiebeln, Shiitakepilze und Möhren darin anbraten, bei mittlerer Hitze und geschlossenem Deckel 5 Min. bissfest garen.
- Sesam in einer Pfanne trocken rösten, mit Tofu und der aufgefangenen Sojasauce zu dem Gemüse geben. Mit den Gewürzen kräftig abschmecken, Sojasprossenkeimlinge 1 Min. miterhitzen.

Das passt dazu: Woknudeln

Hafercremesuppe mit Zwiebelringen

optional vegan
Für 4 Personen
50 Min.

1 Stange Lauch · 150 g Hafer (ganzes Korn) · 2 EL Rapskernöl · 1,3 l Gemüsebrühe · 200 g Staudensellerie · 200 g Möhren · 250 g Sahne oder pflanzliche Sahne · Salz · Zitronensaft · Estragon · 1 Gemüsezwiebel · 1 EL Dinkelmehl 1050 · Butterschmalz oder Bratöl

- Lauch waschen, trocknen und sehr fein würfeln. Hafer in einem Sieb unter fließendem Wasser waschen. Öl in einem großen Topf mit 2 EL Wasser erhitzen, zuerst Lauch, dann Hafer darin glasig dünsten. Mit Brühe ablöschen und zugedeckt ca. 45 Min. garen.
- Sellerie waschen, trocknen, abziehen und in feine Scheiben schneiden, Möhren bürsten, evtl. schälen, der Länge nach halbieren bzw. vierteln und dünn schneiden. Gemüse zur Suppe geben und weitere 10 Min. garen. Sahne angießen, einmal aufkochen lassen und mit den Gewürzen abschmecken.
- Zwiebel abziehen, in Ringe schneiden und mit Mehl bestreuen. Fett in einer Pfanne erhitzen und Zwiebelringe darin kräftig anbraten, anschließend über die Suppe geben.

Das passt dazu: Brot und Obstsalat zum Nachtisch

Zeit sparen: Hafer vorher zubereiten, 20 Min. garen und ausquellen lassen.

Rote Bete mit Meerrettichdip und Kartoffeln

optional vegan
Für 4 Personen
60 Minuten

1 kg kleine Rote Bete · 3 Knoblauchzehen · 1–2 Zweige Thymian · 1 Lorbeerblatt · 3 EL Olivenöl · Salz · Pfeffer · 1 kg Kartoffeln · Kokosöl zum Braten · 3 EL Paniermehl · ½ TL Paprika edelsüß · ½ TL Salz · 200 ml Joghurt oder Sojajoghurt · 1–2 TL Meerrettich · 1 EL Leinöl · Salz · Zitronensaft

- Backofen auf 200 Grad vorheizen. Rote Bete bürsten, Knoblauch abziehen, mit Thymian, Lorbeerblatt, Öl und 150 ml Wasser in einem Bräter mit Deckel geben. Mit Salz und Pfeffer bestreuen, geschlossen ca. 1 Stunde schmoren.
- Kartoffeln waschen, garen, abschrecken und der Länge nach vierteln. Kokosöl in einer Pfanne erhitzen, Kartoffeln anbraten, mit Paniermehl, Paprikapulver und Salz bestreuen und knusprig braten.
- Joghurt mit Meerrettich und Leinöl glattrühren, mit den Gewürzen abschmecken.

Das passt dazu: gemischter Salat

Zeit sparen: Für die Kleinigkeit 2 Rote Bete zusätzlich schmoren.

Kleinigkeit: Tartar

Rote Bete mit Apfel und Zwiebel fein würfeln. Mit Zitronensaft, Salz und Pfeffer abschmecken.

Frisch dazukaufen

- 1,2 kg Rosenkohl, 800 g Süßkartoffeln, 400 g Möhren, 1 Wirsing, 200 g Sellerie, 700 g Sauerkraut, 100 g Petersilienwurzel
- 50 g getrocknete Pflaumen, 2 Boskoop-Äpfel, 8–10 Datteln, 2 Orangen
- Ingwer, 1-2 TL Meerrettich, 1 Lorbeerblatt
- 200 g Crème fraîche, 100 g Pecorino, 80 g Quark, 150 g saure Sahne oder pflanzliche saure Sahne, 400 g Seidentofu, 200 ml Milch oder pflanzliche Milch, 20 g Butter (oder Olivenöl)
- 2 Eier, Kokoschips, Agavendicksaft

Aus dem Vorrat

- vorwiegend festkochende Kartoffeln, Kartoffeln, Polenta, rote Linsen, Hirse, Kidneybohnen, 1–2 EL Reismehl (bzw. Maismehl, Weizenvollkornmehl oder Weizenmehl Type 1050)
- Olivenöl, Kokosöl, Rapskernöl, Balsamessig
- Salz, Pfeffer, Zucker
- Zwiebeln, rote Zwiebeln
- Muskat, Kreuzkümmel, Majoran, geräuchertes Paprikapulver, Curry
- Kürbiskerne, Kokosraspeln
- Gemüsebrühe, Sojasauce, Tomatenmark, grober Senf, Kakao

Mögliche Beilagen

- Kartoffeln, Pellkartoffeln, Roggenvollkornbrot oder Baguette
- Endiviensalat mit Kürbiskernen und Dinkelkeimlingen
- Tofuwürstchen, gebratener Räuchertofu
- Weihnachtskekse

DEZEMBER **WOCHE 2**

Rosenkohl: zarte Köpfe für Feinschmecker

Genauso wie Grünkohl schmeckt Rosenkohl am besten nach dem ersten Frost. Seinen leicht strengen Geschmack mögen einige gerne, andere gehen dem traditionellen Wintergemüse aber genau aus diesem Grund auch aus dem Weg.

Steckbrief Rosenkohl

Damit der Rosenkohl, auch Brabanter Kohl, Brüsseler Sprosse oder Kohlsprosse genannt, sein nussartiges Aroma entwickeln kann, braucht er leichten Frost, dieser fördert die Umwandlung von Stärke in Zucker und macht den Kohl verdaulicher. Gerade im Winter sind die hell- bis mittelgrünen Sprossen wegen ihres beachtlichen Gehaltes an Vitamin C und Mineralstoffen nicht zu unterschätzen. Beim Einkauf achten Sie auf glänzende, hell- bis mittelgrüne Hüllblätter und eine feste Struktur. Gelbe Blätter sind ein Zeichen von Überlagerung. Sie können Rosenkohl im Gemüsefach 3–4 Tage aufbewahren. Geputzt und blanchiert lässt er sich prima einfrieren.

Überbackener Rosenkohl

Für 4 Personen
25 Min. + 10 Min. Backzeit

1,2 kg Rosenkohl · 500 ml Gemüsebrühe · 2–3 EL feine Polenta · 200 g Crème fraîche · Salz · Muskat · 100 g Pecorino

- Rosenkohl waschen, und in der Gemüsebrühe bissfest garen. Mit einem Schaumlöffel herausnehmen und in eine Auflaufform legen.
- Backofen auf 180 Grad vorheizen. Polenta unter Rühren in die Brühe einrühren, 2–3 Min. köcheln, Créme fraîche einrühren und mit den Gewürzen abschmecken. Sauce über dem Rosenkohl verteilen. Pecorino fein reiben und den Auflauf damit bestreuen. 10 Min. überbacken.

Das passt dazu: Kartoffeln und Tofuwürstchen

Kartoffelgratin mit Olivenöl

vegan
Für 4 Personen
20 Min. + 1 Stunde Backzeit

1,5 kg Kartoffeln, vorwiegend festkochend · 2 Gemüsezwiebeln · 2 Boskoop-Äpfel · ca. 100 ml Olivenöl · Salz · Pfeffer

- Kartoffeln schälen und sehr fein hobeln. Gemüsezwiebel anziehen, Apfel mit einem Apfelausstecher entkernen, beides sehr fein hobeln.
- Backofen auf 180 Grad vorheizen. Auflaufform mit Olivenöl einfetten. Kartoffel, Apfel und Zwiebel schichten, jede Lage mit Salz und Pfeffer bestreuen sowie mit Olivenöl beträufeln. Ca. 60 Min. backen.

Das passt dazu: Endiviensalat mit Kürbiskernen und Dinkelkeimlingen

Kohlrouladen mit Hirse

Für 4 Personen
40 Min. + 35 Min. Backzeit

100 g Hirse · 50 g rote Linsen · Salz · 1 Wirsing · 200 g Möhren · 200 g Sellerie · 1 Zwiebel · 1 EL Rapskernöl · Salz · Pfeffer · Muskatnuss · 2 Eier · 80 g Quark · 250 ml Gemüsebrühe · 1 Grundrezept Béchamelsauce · 1–2 TL Meerrettich

- Hirse und Linsen in einem Sieb heiß waschen, in 300 ml kochendem Salzwasser 10 Min. garen,20 Min. auf der ausgeschalteten Herdplatte auskühlen lassen.
- 8–10 Außenblätter vom Wirsing abnehmen, waschen und 2–3 Min. dünsten beziehungsweise dämpfen. Restlichen Wirsing vierteln, Strunk herausschneiden, fein schneiden. Möhren und Sellerie waschen, evtl. schälen, sehr fein würfeln. Zwiebeln abziehen, fein würfeln.
- Öl in einer Pfanne mit 1 EL Wasser erhitzen, Gemüse darin anbraten und bei mittlerer Hitze 5 Min. zugedeckt dünsten. Hirse dazugeben und mit den Gewürzen kräftig abschmecken. Eier mit dem Quark verquirlen und mit der Gemüsemischung verrühren.
- Backofen auf 180 Grad vorheizen. Füllung gleichmäßig auf die Blätter verteilen, Blattseiten rechts und links über der Füllung einschlagen, aufrollen. Eine Auflaufform fetten, die Rouladen mit der Schnittstelle nach unten in die Form legen. Gemüsebrühe angießen und 35 Min. garen. Béchamelsauce (siehe S. 38) zubereiten mit Meerrettich verfeinern und dazu servieren.

Süßkartoffelmus mit gebratenen Zwiebeln

vegan

Für 4 Personen

40 Min.

500 g Gemüsezwiebel · 1 cm Ingwer · 40 g Kokosöl · Salz · Sojasauce · 50 g getrocknete Pflaumen · 800 g Süßkartoffel · 200 g Möhren · 100 g rote Linsen · 3 EL Olivenöl · Salz · Pfeffer · Kreuzkümmel · 1 EL Kokoschips

- Zwiebel abziehen und in dünne Ringe schneiden. Ingwer waschen und in feine Scheiben schneiden. Kokosöl erhitzen, Zwiebel und Ingwer dazugeben und unter Rühren ca. 20 Min. garen bzw. leicht bräunen. Mit den Gewürzen abschmecken.
- Pflaumen in Würfel schneiden und in etwas Wasser einweichen.
- Süßkartoffel schälen, Möhre bürsten, beides würfeln und mit den Linsen in 300–400 ml Wasser weich garen. Anschließend mit dem Olivenöl grob pürieren. Pflaumen abgießen, unterziehen und mit Salz, Pfeffer und Kreuzkümmel abschmecken.
- Kokoschips trocken in einer Pfanne rösten und über das Mus streuen. Mit Zwiebeln servieren.

Das passt dazu: gebratener Räuchertofu

Zeit sparen: Dinkelkeimlinge ansetzen für Kartoffelgratin mit Olivenöl.

Milde Sauerkrautsuppe

optional vegan

Für 4 Personen

35 Min.

700 g Sauerkraut · 1 Zwiebel · 1 EL Rapskernöl · 1,2 l Gemüsebrühe · 1 Lorbeerblatt · 100 g Kartoffeln · 100 g Petersilienwurzel · Salz · Pfeffer · Zucker · Majoran oder Kreuzkümmel · 150 g saure Sahne oder pflanzliche Alternative · 30 g Kürbiskerne

- Sauerkraut sehr fein schneiden. Zwiebel abziehen, würfeln. Öl in einem großen Topf mit 1 EL Wasser erhitzen, Zwiebel und Sauerkraut darin anschwitzen, mit der Brühe ablöschen, Lorbeerblatt hinzugeben und geschlossen bei mittlerer Hitze 10 Min. garen.
- Kartoffeln schälen, Petersilienwurzel waschen, evtl. schälen, beides sehr fein raspeln und unter das Kraut rühren. Weitere 10 Min. garen. Mit Salz, Pfeffer, Zucker, Majoran oder Kreuzkümmel fein abschmecken. Sahne verquirlen und kurz vor dem Servieren in die Suppe einrühren.
- Kürbiskerne trocken in einer Pfanne rösten, grob hacken und die Suppe damit bestreuen.

Das passt dazu: Roggenvollkornbrot oder Baguette und zum Nachtisch die ersten Weihnachtskekse

Kidneybohnen in Tomatensauce

Für 4 Personen

8–10 Stunden Einweichzeit + 1 Stunde Kochzeit + 1 Stunde Ausquellzeit + 20 Min.

350 g Kidneybohnen · 200 g Tomatenmark · 3 EL Agavendicksaft · 2 EL Balsamessig, rot · 1 EL grober Senf · 2 rote Zwiebeln · 2 EL Olivenöl · 1 TL Paprikapulver, geräuchert

- Bohnen in der 3–4-fachen Menge Wasser 8–12 Stunden einweichen, 1 Stunde kochen, mindestens 1 Stunde ausquellen lassen.
- Tomatenmark, Agavendicksaft, Essig und Senf mit 200 ml Wasser verrühren. Backofen auf 170 Grad vorheizen. Zwiebel abziehen, würfeln.
- Öl mit 2 EL Wasser und Paprikapulver erhitzen, Zwiebeln anschwitzen, Tomatensauce und Bohnen dazugeben. In eine Auflaufform geben, 45 Min. garen.

Das passt dazu: Reis mit Erbsen

Zeit sparen: Am Abend vorher Bohnen einweichen, am Morgen kochen und ausquellen lassen.

Kleinigkeit: Kokoscreme

100 g Kokosraspeln anrösten, 400 g Seidentofu, 3–4 EL Kakao, 8–10 Datteln cremig mixen, kalt stellen.

Unser Adventssonntag – leckere Plätzchen und heiße Getränke

Wenn es draußen so richtig kalt ist, dann sind gemeinsames Backen und anschließendes Genießen eine wunderbare Familienaktion.

Gewürzecken

optional vegan
Für 45 Stück
20 Min. + 10 Min. Backzeit

250 g Zuckerrübensirup · 120 g Butter oder Margarine · 160 g Vollrohrzucker · 500 g Dinkelmehl · 1 TL Zimt · 1 TL Nelke · 1 TL Kardamom · ½ TL Vanille · ¼ TL Orangenabrieb · 1 P Backpulver

- Sirup, Butter, Zucker einmal aufkochen lassen, etwas auskühlen. Mehl mit den Gewürzen und Backpulver vermischen, alle Zutaten zu einem Teig verkneten.
- Backofen auf 185 Grad vorheizen. Den Teig zwischen zwei Folien ausrollen und auf ein mit Backpapier ausgelegtes Backblech legen. Mit einer Teigkarte oder dem Messerrücken Dreiecke oder Rechtecke einschneiden. 10 Min. backen, die Ecken auseinanderbrechen und auskühlen lassen. In einer Dose aufbewahren. Sollten die Ecken zu hart sein, 2 Streifen Orangenschale dazu legen.

Kinder-Spekulatius

optional vegan
Für eine große Dose voll
10 Min. + 1 Stunde Kühlzeit + 10 Min. Backzeit

500 g Dinkelvollkornmehl · 250 g Vollrohrzucker · 2–3 TL Spekulatiusgewürz · 270 g Butter oder Margarine · Mehl für die Arbeitsfläche

- Mehl fein sieben und mit Zucker und Gewürz vermischen. Butter grob reiben und mit den Händen mit dem Mehl locker vermischen. Zügig zu einem festen Teig verkneten. Evtl. etwas kaltes Wasser dazugeben. Den Teig fest in Folie verpacken und mindestens 1 Stunde kühl stellen.
- Backofen auf 185 Grad vorheizen. Teig portionsweise auf einer bemehlten Arbeitsfläche sehr dünn ausrollen und ausstechen. Auf ein mit Backpapier ausgelegtes Backblech auslegen und 8–10 Min. backen. Auf einem Gitter auskühlen lassen.

Haferkekse

vegan
17–20 Kekse
20 Min. + 12 Min. Backzeit

20 g Cranberries · 40 g Dinkelvollkornmehl · 60 g feine Haferflocken · 2 TL Backpulver · 1 Msp. Zitronenabrieb · 40 g Banane · 30 g Zuckerrübensirup · 50 ml Olivenöl

- Backofen auf 180 Grad vorheizen. Cranberries grob schneiden, mit Mehl, Haferflocken, Backpulver und Zitronenabrieb vermischen. Banane mit einer Gabel verschlagen, mit Zuckerrübensirup und Öl verrühren und unter die Mehlmischung ziehen. Mit einem Teelöffel kleine Häufchen auf ein mit Backpapier belegtes Backblech legen. Ca. 10–12 Min. goldbraun backen.

Himbeerplätzchen

25–30 Kekse
1 Stunde Kühlzeit + 20 Min. + 10 Min. Backzeit

250 g weiche Butter · 125 g Puderzucker · 1 Pkg. Vanillezucker · 375 g Dinkelmehl 1050 · 1 Glas Himbeermarmelade · Mehl für die Arbeitsfläche

- Butter ca. 10 Min. weiß-cremig rühren. Zucker und Vanillezucker dazugeben und so lange weiterrühren, bis der Zucker aufgelöst ist. Mehl über die Buttermasse sieben und zügig zu einem geschmeidigen Teig kneten. Teig in Folie wickeln und mindestens 1 Stunde kühl stellen.
- Die Arbeitsfläche einmehlen, den Teig portionieren und 2 mm dick ausrollen. Kreise von 4 cm Durchmesser ausstechen und bei jedem zweiten ein Herz aus dem Kreis ausstechen.
- Backofen auf 180 Grad vorheizen, die Plätzchen ca. 10 Min. backen. Herausnehmen und direkt die Kekse ohne Herzchenausschnitt mit Marmelade bestreichen und mit einem ausgeschnittenen Keks belegen. Abkühlen lassen und in einer Dose mit dazwischen gelegtem Pergamentpapier aufbewahren.

Schnelle Kekse

vegan
Für 20–25 Stück
10 Min. + 15 Min. Backzeit

100 g Zucker · 125 g Dinkelmehl 1050 · 125 g Dinkelvollkornmehl · 110 ml Olivenöl · ¼ TL Salz · 1 gestr. TL gemahlener Kardamom oder Fenchel · Puderzucker zum Bestreuen

- Alle Zutaten zu einem Teig verkneten und in eine Rolle mit einem Durchmesser von 3–4 cm formen. Backofen auf 180 Grad vorheizen.
- 8 mm dicke Scheiben von den Rollen schneiden und auf ein mit Backpapier ausgelegtes Backblech legen. Ca. 15 Min. backen, auf ein Gitter setzen und mit reichlich Puderzucker bestreuen.

Schoko-Ingwer-Konfekt

25–30 Stück
15 Min. + Abkühlzeit

150 g geschälte Mandeln · 100 g kandierter Ingwer · 200 g schwarze Kuvertüre · 1 Pr. Salz · Ingwerpulver

- Mandeln trocken in einer Pfanne rösten, grob hacken. Ingwer fein schneiden, Kuvertüre schmelzen, Mandeln und Ingwer unterziehen und mit den Gewürzen abschmecken. Mit 2 Teelöffeln kleine Häufchen abstechen und auf Backpapier kalt werden lassen.

Schokotrunk

vegan
4 Personen
5 Min.

8 Datteln · 35 g Cashewkerne · 800 ml Haferdrink · 2 EL Kakao

- Alle Zutaten zusammen pürieren und unter Rühren aufkochen.

Tipp: Für Erwachsene Chili dazugeben.

Heißer Apfelsaft für die Kinder

2 Personen
5 Min.

½ l Apfelsaft · 80 g Sahne

- Apfelsaft erhitzen, Sahne schlagen, Apfelsaft auf 2 Becher verteilen und Sahne darauf geben.

Tee mit Rotwein für die Erwachsenen

vegan
2 Personen
5 Min.

500 ml schwarzer Tee · Zucker · 2 EL Rotwein

- In einen Becher Tee (250 ml) 1 TL Zucker und 1 EL Rotwein geben und dazu frisch gebackene Kekse genießen.

Frisch dazukaufen

- 900 g stückige Tomaten aus dem Glas, 800 g Spitzkohl, 6 Chicorèe (mittelgroß), 1 rote Paprika, 1 gelbe Paprika, 200 g Möhren, 200 g Zucchini, 1 Bund Frühlingszwiebeln, 1 Chinakohl, 500 g Hokkaido-Kürbis, 700 g Austernpilze
- 3 Datteln, 2 Birnen, 3 Zitronen, 1 reife Mango, 1 Orange, 2 Äpfel, 20 g Datteln
- ½ Bund Petersilie, ½ Vanillestange, 1 Lorbeerblatt, Ingwer, 2 Chilischoten, 1 Msp. Piment
- 120 g Ziegengouda, 40 g Parmesan, 100 ml Sahne, 400 ml Kokosmilch, 300 g Räuchertofu
- 4 Eier

Aus dem Vorrat

- Kidneybohnen, Paniermehl, Vollkornrundreis, Maismehl
- Olivenöl, Rapskernöl, Sesamöl, Kürbiskernöl, Kokosöl, Apfelessig
- Salz, Pfeffer, Zucker
- Zwiebeln, Schalotten, Knoblauch
- Majoran, Kreuzkümmel, Koriander, Cayennepfeffer, Koriandersamen, Zimt, Curry
- Haselnüsse, Mandeln, Paranüsse, Cashewkerne, Rosinen, Kürbiskerne
- Gemüsebrühe, Tomatenpassata, Tomatenmark

Mögliche Beilagen

- Spätzle, Schupfnudeln, Kartoffelpüree, Wildreismischung
- Vollkornfladenbrot
- Lauchgemüse, Möhrensalat
- vegane braune Sauce

Nüsse: schmecken, tun gut, geröstet, als Mus, herzhaft oder süß

Was wir landläufig als Nuss bezeichnen, ist botanisch gesehen noch lange keine! Nur die Haselnüsse haben ein Recht auf den Namen Nuss. Mandeln, Walnüsse und Pistazien sind Steinobst, Erdnüsse sind Hülsenfrüchte und Paranüsse Kapselfrüchte. Was ihnen gemein ist: Sie sind sehr reich an Fett – aber an gesundem!

Steckbrief Nüsse

Nüsse haben es in sich, mit einem Fettgehalt von 40–65 Prozent liefern sie jede Menge Energie. Neben einem hohen Gehalt an mehrfach ungesättigten Fettsäuren liefern sie Eisen, Zink, Selen und Eiweiß und sind daher in der vegetarischen und vegane Küche zwingend erforderlich. Schmecken Nüsse ranzig, bitter oder schimmelig, sollten Sie die Finger davon lassen. Paranüsse oder Pistazien können das von Schimmelpilzen gebildete unsichtbare Aflatoxin enthalten. Werfen Sie dann am besten die ganze Portion weg. Achten Sie beim Einkauf auch darauf, dass Nüsse weder mit schwefliger Säure, so wird die Schale der Mandel heller und weicher, noch mit Bleichlauge, so bleibt die Walnuss nach dem Waschen hell, behandelt worden sind. Dunkel und verschlossen in Schraubgläsern halten sich Nüsse 2–6 Monate. Je stärker der Verarbeitungsgrad, das heißt geschält, gehobelt, gemahlen oder gehackt, umso kürzer ist die Haltbarkeit. Nüsse lassen sich in jeder Form sehr gut einfrieren.

Nusskräuterkuchen

Für 4 Personen
30 Min. + 1 Stunde Backzeit

50 g Haselnüsse · 50 g Mandeln · 50 g Paranüsse · 100 g Cashewkerne · 400 g stückige Tomaten aus dem Glas (Abtropfgewicht). 3 Eier · 3 Datteln · ½ Bund Petersilie · 120 g Ziegengouda · 2 TL Majoran · ½ TL Salz

- Nüsse in einer Pfanne trocken rösten, auskühlen lassen und im Standmixer oder elektrischen Gemüseraffel mahlen. Tomaten abgießen und sehr fein würfeln.
- Backofen auf 180 Grad vorheizen. Eier verquirlen. Die Datteln sehr fein schneiden. Petersilie waschen, trocknen, sehr fein schneiden, Gouda fein reiben. Alle Zutaten miteinander verkneten und in eine mit Backpapier ausgelegte Kastenform füllen, glatt streichen. 45–60 Min. backen.

Das passt dazu: vegane braune Sauce (siehe S. 39), Lauchgemüse

Spitzkohl mit Birnen und Vanille

vegan
Für 4 Personen
25 Min.

800 g Spitzkohl · ½ Vanillestange · 2 EL Rapsöl · 2 Birnen · Salz · Pfeffer · Zitronensaft · 100 g Haselnüsse

- Spitzkohl waschen, vierteln, Strunk herausschneiden und in 2 cm breite Streifen schneiden. Vanillestange aufschneiden, Mark herauslösen und mit Rapsöl und 2 EL Wasser in einer hohen Pfanne erhitzen. Spitzkohl darin anschwitzen.
- Birnen waschen, vierteln, entkernen und in dünne Spalten schneiden. Mit Vanillestange zu dem Spitzkohl geben, evtl. etwas Wasser angießen und zugedeckt bissfest dünsten. Mit den Gewürzen abschmecken. Haselnüsse trocken in einer Pfanne rösten, grob schneiden und über den Kohl streuen.

Das passt dazu: Spätzle oder Schupfnudeln

Gratinierter Chicorée

Für 4 Personen
30 Min. + 20 Min. Backzeit

6 Chicorée (mittelgroß) · 1–2 EL Rapskernöl · 1 Ei · 40 g Parmesan · 20 g Paniermehl · 1 Mango, reif · 100 ml Sahne · 100 ml Gemüsebrühe

- Chicorée waschen, halbieren, Strunk kegelförmig herausschneiden. Öl mit 1 EL Wasser erhitzen, Chicorée darin 2 Min. von beiden Seiten anbraten. Chicorée kurz abkühlen lassen.
- Backofen auf 210 Grad vorheizen. Ei in einer Schüssel verquirlen, Parmesan reiben und mit dem Paniermehl vermischen. Mango schälen und in dünne Streifen schneiden und in eine Auflaufform legen. Die Schnittfläche vom Chicorée in das Ei tauchen, dann in die Parmesanmischung und mit der panierten Fläche nach oben in die Auflaufform geben. Gemüsebrühe und Sahne angießen und 20 Min. gratinieren.

Das passt dazu: Kartoffelpüree oder Wildreismischung

Austernpilze in Curry-Kokos-Rahm

Vegan
Für 4 Personen
45 Min.

700 g Austernpilze · 2 Schalotten · 1 EL Kokosöl · 1 EL Curry, mild · 1 EL Maismehl · 400 ml Kokosmilch · 300 ml Gemüsebrühe · 20 g Rosinen · Salz · Zitronensaft

- Pilze mit einem Küchenkrepp säubern und in Streifen schneiden. Schalotten abziehen und würfeln.
- Öl in einer breiten hohen Pfanne erhitzen, Schalotten, Pilze darin anbraten, Curry und Mehl dazugeben und kurz mitbraten. Mit der Kokosmilch und der Brühe ablöschen.
- Rosinen dazugeben und offen bei mittlerer Hitze 20–25 Min.. und gelegentlichem Rühren garen. Mit Salz und Zitronensaft abschmecken.

Das passt dazu: Vollkornreis mit Roten Linsen und Feldsalat mit Äpfeln und Walnüssen

Kleinigkeit: Kürbissalat

500 g Hokkaido-Kürbis mit 2 Äpfeln grob raspeln, mit Kürbiskernöl, Apfelessig, Salz und Pfeffer abschmecken und mit gerösteten Kürbiskernen bestreuen.

Chili con Tofu

vegan

Für 4 Personen

8–12 Stunden Einweichzeit + 45 Min. Garzeit + 45 Min. Ausquellzeit + 60 Minuten

100 g Kidney-Bohnen · 1 Lorbeerblatt. · 1 TL Kreuzkümmel · 1 TL Koriander · 2 Knoblauchzehen · 2 cm Ingwer · 1 Chilischote · 1 TL Zitronenabrieb · 1 Gemüsezwiebel · 2 EL Sesamöl · 1 rote Paprika · 1 gelbe Paprika · 200 g Möhren · 200 g Zucchini · ca. 500 g stückige Tomaten aus dem Glas · 500 ml Tomatenpassata · 300 g Räuchertofu · Salz · Cayenne-Pfeffer · Tomatenmark · Zucker

- Bohnen in einem Sieb waschen und mit der 3–4-fachen Menge Wasser und dem Lorbeerblatt 8–12 Stunden einweichen, 45 Min. garen und 45 Min. ausquellen lassen.
- Kreuzkümmel und Koriander trocken in einer Pfanne rösten. Knoblauch abziehen, Ingwer schälen, Chilischote waschen, entkernen. Gewürze mit Knoblauch, Ingwer, Chilischote und Zitronenabrieb sehr fein cremig mörsern. Zwiebel abziehen, fein würfeln.
- Öl in einem großen Topf mit 2 EL Wasser erhitzen, Zwiebel glasig dünsten. Gemüse waschen, evtl. schälen und fein würfeln, zu der Zwiebel geben, kurz anbraten. Gewürzcreme dazugeben. Tomatenstücke und Passata dazugeben und bei mittlerer Hitze geschlossen ca. 30 Min. garen. Tofu mit einer Gabel krümelig zerdrücken, mit den Bohnen dazugeben. Weitere 20 Min. zugedeckt köcheln. Evtl. mit Flüssigkeit korrigieren. Mit Salz, Cayenne-Pfeffer, Tomatenmark und Zucker kräftig abschmecken.

Das passt dazu: Vollkornfladenbrot

Zeit sparen: Bohnen am Abend einweichen, am Morgen kochen und ausquellen lassen.

Gewürzreis mit Rosinen und Chinakohl

vegan

Für 4 Personen

50 Min.

1 Bund Frühlingszwiebeln · 1 kleine rote Chilischote · 2 EL Olivenöl · 250 g Vollkornrundreis · 60 g Rosinen · 60 g Mandeln · 1 TL Koriandersamen · 1 Msp. Piment · 1 Msp. Zimt · Salz · 1–2 EL Olivenöl · 1 Chinakohl · 2 EL Sesamöl · 1 Orange · Salz · Pfeffer

- Zwiebel waschen, in feine Ringe schneiden. Chilischote waschen, entkernen, in sehr feine Streifen schneiden. Öl in einem großen Topf mit 2 EL Wasser erhitzen, Zwiebel und Chili darin anschwitzen. Reis, Rosinen und Mandeln dazugeben, gut umrühren und mit 600 ml Wasser ablöschen. Bei mittlerer Hitze ca. 35–40 Min. garen. Koriander trocken in einer Pfanne rösten, anschließend grob mörsern, mit Piment und Zimt unter den Reis rühren. Vor dem Servieren mit Öl beträufeln.
- Chinakohl waschen, vierteln, den groben Strunk herausschneiden und die Blätter in feine Streifen schneiden. Sesamöl mit 2 EL Wasser in einer breiten hohen Pfanne erhitzen, Chinakohl darin bissfest dünsten, Orange filetieren und vor dem Servieren unterrühren. Mit Salz und Pfeffer abschmecken.

Das passt dazu: Möhrensalat

Frisch dazukaufen

- 1 Stange Lauch, 100 g Möhren, 100 g Sellerie, 100 g Petersilienwurzel, 1 kg Schwarzwurzel, 400 g Shiitake-Pilze, 200 g Esskastanien (vorgegart), 1 kg Hokkaido-Kürbis, 1 grüne Paprika, 500 g Weiß- oder Spitzkohl, 500 g Champignons, 500 g Weißkohl
- 60 g getrocknete Aprikosen, 60 g getrocknete Pflaumen, 5 Zitronen
- 1 ½ Bund Petersilie
- 200 ml Sahne oder pflanzliche Sahne, 300 g Seitan, 200 ml Kokosmilch, 400 ml Milch oder pflanzliche Milch, 100 g Feta, Schmand, 20 g Butter (oder Olivenöl)
- 30 g Kokoschips, 6 Eier

Aus dem Vorrat

- Dinkelvollkornmehl, Paniermehl, Kichererbsen, Maismehl, Grünkernschrot, Kartoffeln, 1–2 EL Reismehl (bzw. Maismehl, Weizenvollkornmehl oder Weizenmehl Type 1050)
- Olivenöl, Rapskernöl
- Salz, Pfeffer
- Zwiebeln
- Majoran, Curry mild, Cayennepfeffer, Rosmarin, Kümmel
- Walnüsse
- Gemüsebrühe, Senf, Sojasauce, Tomatenmark

Mögliche Beilagen

- Vollkornreis, Pellkartoffeln, Bulgur, Kartoffelpüree
- Gemüse der Saison, Feldsalat mit Walnüssen
- dreierlei Tofu (siehe S. 33) oder Rührei
- Apfelauflauf mit Vanillesauce, Apfelmus

Petersilie: viel Aroma, das sich gut anpasst

Petersilie ist das mit Sicherheit bekannteste und vielseitigste Küchenkraut. Fein geschnitten oder als ganzes Blatt dient Petersilie und ihre Wurzel zum Würzen von Gemüse, Bratlingen, Hülsenfrüchten: für Suppen, Saucen, Spaghetti, Kartoffeln.

Steckbrief Petersilie

Das aus Süditalien stammende, weltweit verbreitete Küchenkraut erfreut sich größter Beliebtheit. In Deutschland wohl bekannt ist die milde krause Petersilie, die seit jeher ihren festen Platz auf den Salzkartoffeln hat. Die glatte Petersilie hat ihre krause Schwester mittlerweile ein bisschen verdrängt, auch weil sie feiner und aromatischer im Geschmack ist. Wurzelpetersilie ist die geschmacksintensivste Vertreterin und bildet neben Karotte, Lauch und Sellerie einen festen Bestandteil im Suppengrün. Ob Petersilie, wie im Mittelalter behauptet wurde, Männer stark und Frauen schwach macht, sei dahingestellt, sicher ist, dass sie jede Menge an Vitamin C, Provitamin A, Folsäure, Kalzium, Kalium und Eisen enthält. Achten Sie beim Einkauf auf grüne und knackige Stiele und Blätter, so hält sich das Küchenkraut gewaschen und trocken geschleudert in einem Tiefkühlbeutel bzw. einer Kunststoffdose verpackt sicherlich 5–7 Tage im Kühlschrank. Wurzeln, sofern sie knackig, fest und ohne Risse sind, lassen sich im Gemüsefach 2–3 Wochen lagern! Gewaschen, getrocknet und geschnitten können Sie Petersilie portionsweise einfrieren.

Schnelle Kartoffelsuppe

optional vegan
Für 4 Personen
20 Min. + 20 Min. Garzeit

1 kg Kartoffeln · 1 Stange Lauch · 100 g Möhre · 100 g Sellerie · 100 g Petersilienwurzel · 1 Gemüsezwiebel · 2 EL Rapskernöl · 1,2 l Gemüsebrühe · 1–2 TL Majoran · 100 ml Sahne oder pflanzliche Sahne · Salz · Pfeffer

- Kartoffeln schälen, würfeln, Lauch, Möhre, Sellerie, Petersilienwurzel waschen, würfeln. Zwiebel abziehen, würfeln.
- Öl mit 2 EL Wasser in einem großen Topf erhitzen, Kartoffeln, Gemüse und Zwiebel anbraten, mit der Brühe ablöschen und ca. 20 Min. geschlossen garen, anschließend pürieren.
- Majoran und Sahne einrühren und mit Salz und Pfeffer abschmecken.

Das passt dazu: Apfelauflauf mit Vanillesauce

Seitancurry mit Trockenobst

vegan
Für 4 Personen
1 Stunde Einweichzeit + 35 Min.

60 g getrocknete Aprikosen · 60 g getrocknete Pflaumen · 300 g Seitan · 2 EL Dinkelvollkornmehl · 1 EL Kokosöl · 1–2 EL Curry, mild · 400 ml Gemüsebrühe · 200 ml Kokosmilch · Salz · Cayenne-Pfeffer · Zitronensaft · 30 g Kokoschips

- Aprikosen und Pflaumen halbieren bzw. dritteln und mind. 1 Stunde in 120 ml Wasser einweichen. Seitan würfeln, mit Mehl vermischen.
- Öl in einer hohen Pfanne erhitzen, Curry einrühren, Seitan darin kräftig anbraten, mit der Gemüsebrühe und der Kokosmilch ablöschen. Offen ca. 15 Min. unter gelegentlichem Rühren köcheln. Trockenobst mit der Flüssigkeit dazugeben, weiter 5 Min. köcheln, mit Salz, Cayenne-Pfeffer und Zitronensaft abschmecken.
- Kokoschips trocken in einer Pfanne rösten und über das Curry streuen.

Das passt dazu: Vollkornreis, Gemüse der Saison

Zeit sparen: Am Morgen die Früchte einweichen.

Kichererbsen mit Shiitake-Pilzen

optional vegan

Für 4 Personen

8–12 Stunden Einweichzeit + 45 Min. Garzeit + 45 Min. Ausquellzeit + 30 Min.

200 g Kichererbsen · 2 Zwiebeln · 400 g Shiitake-Pilze · 200 g Esskastanien (vorgegart) · 1 EL Olivenöl · 1 Bund Petersilie · 100 g Sahne oder pflanzliche Sahne · Salz · Pfeffer · Zitronensaft · Sojasauce · Rosmarin

- Kichererbsen 8–12 Stunden in der 3–4-fachen Menge Wasser einweichen, 45 Min. garen und weitere 45 Min. ausquellen lassen.
- Zwiebeln abziehen, fein würfeln. Shiitake-Pilze mit einem Küchenkrepp abreiben, den unteren Stielansatz knapp abschneiden, die Pilze halbieren bzw. vierteln. Kastanien würfeln.
- Öl in einer hohen breiten Pfanne mit 1 EL Wasser erhitzen, Zwiebeln, Pilze und Kastanien darin anbraten und so lange unter Rühren garen, bis die Pilze weich sind. Petersilie waschen, klein schneiden und mit der Sahne zu den Pilzen geben. Gegarte Kichererbsen dazugeben und mit Salz, Pfeffer, Zitronensaft, Sojasauce und Rosmarin kräftig abschmecken.

Das passt dazu: Bulgur

Zeit sparen: Kichererbsen am Abend einweichen, am Morgen kochen und ausquellen lassen.

Schwarzwurzel in Senfsauce mit Kruste

optional vegan

Für 4 Personen

25 Min. + 15 Min. Backzeit

1 kg Schwarzwurzel · Saft von 1 Zitrone · 300 ml Gemüsebrühe · 1 Grundrezept Béchamelsauce · 1–2 EL Dijon Senf · 10 Walnüsse · 3 EL Paniermehl · 3–4 EL Olivenöl

- Schwarzwurzeln schälen, waschen, in mundgerechte Stücke schneiden und in Zitronenwasser legen. Schwarzwurzeln in der Gemüsebrühe bissfest garen. Mit einem Schaumlöffel herausnehmen, kalt abbrausen und in eine Auflaufform geben.
- Backofen auf 200 Grad vorheizen. Mit der Garflüssigkeit nach Grundrezept eine Béchamelsauce (siehe S. 38) zubereiten, Senf einrühren und über das Gemüse geben. Walnüsse fein hacken, mit Paniermehl und Olivenöl zu Streuseln verarbeiten, über das Gemüse streuen und 15 Min. backen.

Das passt dazu: Pellkartoffeln und dreierlei Tofu oder Rührei

Kürbis-Tortilla

Für 4 Personen
25 Min. + 30 Min. Backzeit

1 kg Hokkaido-Kürbis · 1 Zwiebel · 1 grüne Paprika · 1 EL Rapsöl · ½ Bund Petersilie · 6 Eier · 200 ml Milch · 1 EL Maismehl · Salz · Zitronenschale · Pfeffer · 100 g Feta

- Backofen auf 180 Grad vorheizen. Kürbis waschen, halbieren, entkernen und in kleine Würfel schneiden. Zwiebel abziehen, fein würfeln. Paprika waschen, fein würfeln.
- Rapsöl in einer ofenfesten hohen Pfanne mit einem EL Wasser erhitzen und Zwiebel und Kürbis darin 3 Min. anbraten. Petersilie waschen und mit Eiern, Milch und Mehl pürieren. Eiermilch würzen und über das Gemüse geben. Feta würfeln und darüber streuen. Ca. 20–30 Min. im Backofen stocken lassen.

Das passt dazu: Feldsalat mit Walnüssen

Weißkohlbacklinge mit Grünkern

vegan
Für 4 Personen
30 Min. + 20 Min. Backzeit

300 ml Gemüsebrühe · 1 EL Olivenöl · 100 g Grünkernschrot · 500 g Weiß- oder Spitzkohl · 500 g Champignons · 1 Zwiebel · 1 EL Olivenöl · 2 EL Paniermehl · 2 EL Tomatenmark · 1 TL Senf · Salz · Pfeffer · Majoran

- Brühe mit dem Öl in einem Topf mit geschlossenem Deckel aufkochen, Grünkernschrot einrühren, 5 Min. bei mittlerer Hitze köcheln lassen und 20 Min. auf der ausgeschalteten Herdplatte auskühlen lassen.
- Weißkohl waschen, vierteln, den Strunk herausschneiden und sehr fein schneiden beziehungsweise raspeln. Champignons mit einem Küchenkrepp säubern, Stielansatz abschneiden und sehr fein würfeln. Zwiebel abziehen und würfeln.
- Öl in einer Pfanne mit 1 EL Wasser erhitzen, Zwiebel, Weißkohl und Champignons darin bissfest dünsten. Grünkernschrot mit dem Gemüse und den restlichen Zutaten zu einem Teig verkneten und pikant abschmecken. Backofen auf 180 Grad vorheizen. Mit einem Eisportionierer halbe Kugeln formen, diese auf ein mit Backpapier ausgelegtes Blech legen und 20 Min. backen.

Das passt dazu: Apfelmus und Kartoffelpüree

Kleinigkeit: Weißkohlsalat

500 g Weißkohl fein raspeln, mit Salz verkneten und mit Schmand, Kümmel und Zitronensaft abschmecken. Apfel grob raspeln und mit gerösteten Walnüssen unter den Weißkohl ziehen.

Festliches Menü für die Feiertage

Weihnachten und ein festliches Menü bringen gute Stimmung und Genuss für die ganze Familie. Hier darf es mal etwas ganz Besonderes sein. Weihnachten ist schließlich nur einmal im Jahr.

Feldsalat mit Birnenvinaigrette

vegan

Für 4 Personen

20 Min.

2 TL Quittengelee · 3 EL Birnensaft · 3 EL weißer Balsamessig · Salz · 2 EL Olivenöl · 2 EL Rapskernöl · 100 g Birne · 1 Schalotte · Agavendicksaft · 200 g Feldsalat · 100 g Petersilienwurzel · 6 Walnusskerne

- Quittengelee mit Birnensaft, Essig und Salz verrühren. Öl unterziehen. Birne waschen, vierteln, entkernen und in sehr feine Würfel schneiden. Die Schalotte abziehen und ebenfalls sehr fein würfeln. Birne und Schalotte zu der Sauce geben und mit Agavendicksaft abschmecken.
- Feldsalat und Petersilienwurzel waschen, Petersilienwurzel raspeln, Walnusskerne grob hacken und den Salat mit dem Dressing kurz vor dem Servieren vermischen.

Herzhafter Kastanienkuchen

vegan

Für 4 Personen

15 Min. + 35 Min. Backzeit

2 Schalotten · 200 g Knollensellerie · 1 EL Olivenöl · 800 g Kastanien, gegart · 150 g Tofu · 6 getrocknete Tomaten in Öl · 3 EL Olivenöl · 1 TL grüner Pfeffer · Salz · Zitronensaft · gemahlenes Steinpilzpulver · Sesamöl für die Form

- Schalotten abziehen, sehr fein würfeln. Sellerie waschen, grob raspeln. Öl mit 1 EL Wasser erhitzen, Schalotten und Sellerie darin anschwitzen.
- Backofen auf 180 Grad vorheizen. Kastanien und Tofu mit einer Gabel fein zerdrücken. Tomaten sehr fein würfeln, Pfeffer leicht andrücken. Alle Zutaten miteinander verkneten und mit Salz, Zitronensaft und Steinpilzpulver kräftig abschmecken.
- In eine mit Sesamöl eingefettete Kastenform füllen und fest andrücken. 25 Min. backen, kurz auskühlen lassen, auf eine Platte stürzen und noch einmal 10 Min. in den Ofen geben und backen.

Cranberry-Preisselbeer-Sauce

vegan

Für 4 Personen

40 Min.

50 g Cranberries · 100 ml Orangensaft · 100 g Preisselbeerkompott · Salz · Pfeffer · Wacholderbeeren

- Cranberries grob hacken und 20 Min. in dem Orangensaft einweichen. Preisselbeerkompott unterrühren und die Sauce 15 Min. offen köcheln lassen. Mit Salz, Pfeffer und Wacholderbeeren abschmecken.

Das passt dazu: Herzhafter Kastanienkuchen

Kartoffelklöße

vegan
Für 4 Personen
30 Min.

1 kg Kartoffeln, mehlig kochend · 100 g Dinkelmehl Typ 1050 · 2-3 EL Olivenöl · 1–2 TL Salz

- Kartoffeln am Vortag als Pellkartoffeln kochen, abkühlen lassen und kühl stellen.
- Kartoffeln pellen, durch eine Kartoffelpresse geben oder fein reiben. Mit Mehl, Öl und Salz zu einem Teig verkneten und ca. 20 kleine Klöße formen. In einem großen breiten Topf Salzwasser zum Kochen bringen und jeweils 10 Klöße darin gar ziehen, mit einem Schaumlöffel herausnehmen und die erste Portion warm stellen.

Apfelrotkohl

vegan
Für 4 Personen
30 Min.

500 g Rotkohl · 1 TL Salz · 250 g Äpfel · 1 EL Kokosöl · 3-4 EL Apfelessig · 1 Msp. Zimt · Pfeffer · Agavendicksaft

- Rotkohl, waschen, vierteln. Strunk herausschneiden und Kohl fein schneiden bzw. hobeln. In einer Schüssel mit dem Salz kräftig durchkneten. Äpfel waschen, vierteln, entkernen und in sehr feine Spalten schneiden.
- Kokosöl in einer hohen Pfanne erhitzen, Äpfel darin anbraten und Kohl hinzufügen. Evtl. sehr wenig Wasser hinzufügen. Mit Essig ablöschen. Bei geschlossenem Deckel ca. 20 Min. weitergaren und mit Zimt, Pfeffer und Agavendicksaft abschmecken.

Mousse-au-chocolat

vegan
Für 4 Personen
10 Min. + 4 Stunden Kühlzeit

150 g Zartbitter-Schokolade · 400 g Seidentofu · 100 ml Hafersahne · 2 EL Rohrohrzucker · evtl. 1 TL Espressokaffee, instant

- Zartbitterschokolade im Wasserbad schmelzen und mit Seidentofu, Hafersahne, Zucker und Espressopulver langsam aufpürieren.
- Mousse in eine Form geben oder auf mehrere kleine Gläser verteilen und mindestens 4 Stunden kühl stellen.

Literatur

Koerber Kv, Männle T, Leitzmann C: **Vollwert-Ernährung – Konzeption einer zeitgemäßen und nachhaltigen Ernährung.** Haug, Stuttgart, 11. Aufl. 2012

Leitzmann C, Keller M: **Vegetarische Ernährung.** Ulmer, Stuttgart, 3. Aufl. 2013

Leitzmann C, Müller C, Michel P, Brehme U et al.: **Ernährung in Prävention und Therapie**, 569 S. Hippokrates, Stuttgart, 3. Aufl. 2009

Watzl B, Leitzmann C: **Bioaktive Substanzen in Lebensmitteln**. Hippokrates, Stuttgart, 3. Aufl. 2005

Rezeptverzeichnis

Sommer
Winter

Bibliografische Information der Deutschen Nationalbibliothek
Die Deutsche Nationalbibliothek verzeichnet diese Publikation in der Deutschen Nationalbibliografie; detaillierte bibliografische Daten sind im Internet über http://dnb.d-nb.de abrufbar.

Programmplanung: Uta Spieldiener

Redaktion: Dr. Sabine Klonk, Stuttgart
Bildredaktion: Christoph Frick

Umschlaggestaltung und Layout: CYCLUS · Visuelle Kommunikation, Stuttgart

Bildnachweis:
Umschlagfoto vorn: Foto von Meike Bergmann, Berlin und Illustration von Grafikbüro Schaaf, Germersheim
Autorenfoto Edith Gätjen: Andrea Rena Fleißgarten
Fotos im Innenteil: S. 19, 39, 91, 141, 176, 193, 225, 231: Holger Münch, Stuttgart;
Alle Rezeptfotos: Chris Meier, Stuttgart;
S. 4: ©shangarey - stock.adobe.com; S. 5: ©Flaffy - stock.adobe.com; ©romablack - stock.adobe.com; S. 6: ©Marina Lohrbach - stock.adobe.com; S. 8: ©Photographee.eu - stock.adobe.com; S. 26, S.28: ©LIGHTFIELD STUDIOS - stock.adobe.com; S. 30: ©drubig-photo - stock.adobe.com; S. 37: ©Photographee.eu - stock.adobe.com; S. 40: ©marilyn barbone - stock.adobe.com; S. 44: ©weyo - stock.adobe.com; S. 69: © Ovidiu Iordachi; S. 86: ©B. and E. Dudziski - stock.adobe.com; S. 125: ©globalmoments - stock.adobe.com; S. 130: ©almaje - stock.adobe.com; S. 177: ©yatcenko - stock.adobe.com; S. 178: ©Liliya Trott - stock.adobe.com; S. 201: ©Africa Studio - stock.adobe.com; S. 217: ©romablack - stock.adobe.com

Zeichnungen: Christine Lackner, Ittlingen

2. Auflage 2020

Printed in Germany

Repro und Satz: CYCLUS · Media Produktion, Stuttgart
gesetzt in Adobe InDesign CC
Druck: AZ Druck und Datentechnik GmbH, Kempten

Gedruckt auf chlorfrei gebleichtem Papier

ISBN 978-3-432-11089-9 3 4 5 6
Auch erhältlich als E-Book:
eISBN (ePub) 978-3-432-11090-5

Wichtiger Hinweis
Wie jede Wissenschaft ist die Medizin ständigen Entwicklungen unterworfen. Forschung und klinische Erfahrung erweitern unsere Erkenntnisse. Ganz besonders gilt das für die Behandlung und die medikamentöse Therapie. Bei allen in diesem Werk erwähnten Dosierungen oder Applikationen, bei Rezepten und Übungsanleitungen, bei Empfehlungen und Tipps dürfen Sie darauf vertrauen: Autoren, Herausgeber und Verlag haben große Sorgfalt darauf verwandt, dass diese Angaben dem Wissensstand bei Fertigstellung des Werkes entsprechen. Rezepte werden gekocht und ausprobiert. Übungen und Übungsreihen haben sich in der Praxis erfolgreich bewährt. Eine Garantie kann jedoch nicht übernommen werden. Eine Haftung des Autors, des Verlags oder seiner Beauftragten für Personen-, Sach- oder Vermögensschäden ist ausgeschlossen.

Geschützte Warennamen (Warenzeichen) werden nicht besonders kenntlich gemacht. Aus dem Fehlen eines solchen Hinweises kann also nicht geschlossen werden, dass es sich um einen freien Warennamen handelt.

Datenschutz
Wo datenschutzrechtlich erforderlich, wurden die Namen und weitere Daten von Personen redaktionell verändert (Tarnnamen). Dies ist grundsätzlich der Fall bei Patienten, ihren Angehörigen und Freunden, z.T. auch bei weiteren Personen, die z.B. in die Behandlung von Patienten eingebunden sind.